图解

经典读本 理想藏书

精编精释 全彩读本

小公司做大做强25招

越简单越实用的商业法则

初之◎编

中国华侨出版社
北京

图书在版编目（CIP）数据

图解小公司做大做强25招 / 初之编.—北京：中国华侨出版社，2017.12

ISBN 978-7-5113-7188-1

Ⅰ.①图… Ⅱ.①初… Ⅲ.①中小企业－企业管理－图解 Ⅳ.① F276.3-64

中国版本图书馆 CIP 数据核字（2017）第 266232 号

图解小公司做大做强 25 招

编　　者：初　之

出 版 人：刘凤珍

责任编辑：墨　林

封面设计：中英智业

文字编辑：铭　烨

美术编辑：刘　佳

经　　销：新华书店

开　　本：720 毫米 ×1040 毫米　　1/16　　印张：26　　字数：602 千字

印　　刷：三河市万龙印装有限公司

版　　次：2018 年 5 月第 1 版　2018 年 5 月第 1 次印刷

书　　号：ISBN 978-7-5113-7188-1

定　　价：68.00 元

中国华侨出版社　北京市朝阳区静安里 26 号通成达大厦 3 层　　邮编：100028

法律顾问：陈鹰律师事务所

发 行 部：（010）88866079　　传　真：（010）88877396

网　　址：www.oveaschin.com

E-mail：oveaschin@sina.com

如发现印装质量问题，影响阅读，请与印刷厂联系调换。

前　言

随着我国市场经济的快速发展，许多有志于投身商海的人，都将拥有自己的公司当作人生的一大追求。然而，把公司开起来并不难，但如何让公司在竞争激烈的市场中生存下去并做大做强，却不是一件容易事。这不仅需要胆识、资金和人才，还需要有完善的创业战略和经商技法。现实情况是，茫茫商海，大小公司林立，真正的赢家却寥寥无几。市场风云变幻莫测，商海浪涛此起彼伏，适者生存、优胜劣汰是商场中永恒的竞争法则。每一天，都有大批的新企业如雨后春笋般出现在大家的面前；同样，每一天，也都有大批企业突然间消失在众人的视野中。或许这些消失的企业各有缘由，但无法做大做强这个病症却是其中的首要因素。

创办公司、从事经营的根本目的就是为了赚钱，而公司能否做大做强正是一家公司经营成败的标志。所以，对企业管理者来说，将公司做大做强是始终不渝的追求目标。逆水行舟，不进则退，不能做大做强的企业将无法维持生存，自然会被市场淘汰。美国著名管理专家吉姆·柯林斯说："对于企业而言，利润就像人体需要的氧气、食物、水和血液一样，它虽然不是生命的全部，但是，没有利润，就没有生命。"因此，如何让企业赚钱，不断做大做强，是企业管理者在变革时代寻求企业发展需要思考的根本问题。

创业初期的艰难时期如何度过？怎样让公司良性运作，步入正轨？资金周转不顺畅怎么办？管理和用人不到位怎么办？公司不赢利怎么办？这些问题无时无刻不在困扰着每一位初涉商海的人，而这些问题，正是决定一家公司能否生存进而能否做大做强的关键。纵观世界上许多成就卓越的成功商人，无不拥有一套系统完整的创业战略、具体可行的经营方案以及独特的赚钱门道。倘若经营者没有掌握经营、用人、管理、提高公司竞争力等技巧，一家公司是难以在市场竞争中求得生存与发展的。

在这个商业竞争激烈、市场变幻莫测的年代，要想让公司拥有持续的成长能力，公司经营者必须不断提高商业素质，培养高超的创新能力，学习最新的经营管理知识。基于此，我们经过归纳、分析、整理，精心编写了这本《图解小公司做大做强25招》，它是揭示公司成长之道的指南，是茫茫商海中的寻宝秘籍。

我们将成功的大公司的经营门道和成长技法加以汇集、提炼，总结出了将小公司做大做强的25个绝招，几乎涵盖了小公司发展壮大过程中所遇到的各种难题及解决方案，希望能给广大的经营者以一定的启发和帮助。书中提到的一些问题，你可能现在没有碰到，并不当一回事，但是可以肯定在经营的过程中一定会或多或少碰到相关的问题。书中既有深刻透彻的理论，又有趣味横生的案例；既有成功人士的经验之谈，也有失败之人的教训体会……本书力求避免以往商务用书枯燥的理论教条，而是从实际出发，深入浅出地告诉你一些有指导性的意见、新鲜实用的点子以及放之四海而皆准的规律和法则。通过本书，你可以学到创业初始阶段的经营管理技巧，直至获得巨大财富的全套经营管理经验，它将使你拥有全面的经商技能，学到让企业赚钱的方法和技巧。如果一个创业者能将其中精华一一掌握、融会贯通并加以实践，定能在商海中纵横驰骋，实现赚钱赢利的目的，成为商战中的赢家。

小公司从小到大、由弱到强，其实往往也就那么关键的几步，关键的几步走好了，就可以使公司做大、做强、做久。关键的几步走错了，公司就必定走向下坡路。希望本书能为小公司的经营者们提供一些参考建议，让小公司的老板们在经营的过程中能少走一些弯路，并在此基础上能实现做大做强的目标。美国经济学家埃德蒙·菲尔普斯说："市场竞争不同情弱者，生死存亡靠自己。"优秀的公司经营者们在市场竞争中总是不断解决公司运营中出现的各种问题，并最终在分析问题与解决问题中一步步做大做强。

目 录

创业之道：
最重要的是活下来和赚钱

"活下来"才能赚钱

作为小公司的创业者，当务之急是怎样才能生存下去，而不是急功近利地想要一夜暴富，因为只有活下来才有赚钱的可能。

在市场经济中，经营风险是无时不在的。由于小公司的财力有限，承担风险的能力相对较弱，摆在小公司面前的第一件事就是好好活下来。

中国有句俗话叫"胜者为王"，对于小公司来说不如把它改为"剩者为王"更好。公司首先应当考虑的是生存的问题，只有在确保生存的基础上，才能求得更好的发展。如果生存都出现问题，何来发展。

小公司的发展存在着一个问题，那就是经营者对自己的发展前途通常都非常看好，有的甚至把公司的"五年规划""十年规划"都设计好了。实际上在创业的初期不能够节约每一寸金，生存的问题还没有解决好，就盲目设计未来，准备进行企业的"大跃进"，往往在发展的过程中就轰然崩塌。

有数据表明，中国企业平均寿命为7年左右，民营企业平均寿命只有3年，中关村电子一条街5000家民营企业生存时间超过5年的不到9%。相当多的中小企业"出师未捷身先死"，而它们不是死于激烈搏杀的竞争对手手里，而是由于自身在创业初期没有打好生存基础就盲目发展。

对于小公司来说，首要目标应当是快速获取企业的经营利润，获得生存的资本，为企业的发展奠定基础，注入新鲜血液。

一位做百货生意的经营者，认为该行业竞争太激烈，赚钱很不容易。他一门心思想赚大钱，对市场境况做过分析后，他认为建材生意应该比较挣钱。一位下属劝他说，现在建材这一行已经人满为患，需要大量资金注入才能实现盈利，我们贸然投入，有可能会栽在上面。这个小老板说："赚钱才是最重要的，不冒风险怎么能赚大钱。"他执意投入，结果因资金周转不灵，建材生意始终不见起色，老本几乎赔光。

这位小老板所犯的错误就是不懂得"有活下来的资本，才有赚钱的资本，不能'好好活'，也就不可能赚大钱"。

公司赚钱的第一步是先要活下来，那么就需要做好以下准备工作。

1.不过分乐观

认为总会有人购买你的产品，是一个完全错误的观念。新建公司必须研究目标

◇ 小公司成立之初需要注意的两点 ◇

小公司成立之初，通常是小公司能否生存和发展下去的关键时期。在这个关键的时期，创业者最需要注意的两点是：

1.招合适的人

创业者既要管生产，又要管销售，还要管财务，这样的多面手是很难的。所以，寻求合适的合作伙伴，雇用精干的员工，是小公司活下来乃至成功的重要因素。

2.控制成本

小公司不要在固定资产、装修及安装设备上投入过多、过早。要懂得控制成本，有利润才能保证公司活下去。

当然，想要公司存活下来还需要做很多的努力，但是上述两点对于企业初期存能否存活下来十分重要，应该引起创业者的注意。

市场，找出有哪些竞争对手，并对他们的销售做出实事求是的估计，从而有的放矢把有限的资金投放到目标市场上。

2.谨慎扩张

初期成长太快，许多人就以为扩大规模就没有问题了。但成长是一个持续的过程，并不表明你马上就要扩张。在成长初期，公司的规模和结构将迅速发生变化。随着销售量的增长，需要大量的资金支持。因此，这时公司如果发展过快，会超出公司现有的资金、资源和管理能力的界限。

3.充分规划

通常在公司扩大规模之前，必须完成大量的前期调研和准备工作，这都需要做出充分的估计和规划，以便对资金和人手做出更好的分配。

4.资金不能断

开始时务必估计好资金的需求量，并留有余地，以防不测之变。如果事先有预测并仔细安排好了现金流计划，将有助于你清楚地知道何时需要多少资金，从而心中有数，不会因现金流的问题而导致公司生存出现困境。

把赢利放在第一位

对很多人来说，创业的头几个月不赚钱，属于正常现象。但是，创业者必须对盈亏有所控制，如果企业迟迟不赚钱，处于一种盈亏失控的状态，那就是一个非常危险的信号。创业者最不应该放任一种现象：金钱回报远远低于自己的预期。

一位企业家曾直言不讳地表示："我很早就学到一个教训，与其为了面子而去维持一个不赚钱的事业，还不如放下身段，去从事现金流源源不断的生意。假如无法从市场获得合理的回报，利润不如预期，就表示你的创业点子可能有问题了。"

每一个企业的经营者都应该增加自己对金钱和数字的敏感度，用经济效益作为衡量事业成败的一个关键因素。离开了这一点，创业很难取得成功，所有与创业相联系的价值也将荡然无存。

当你努力让企业活了下来，那么必须要将赢利放在第一位，具体来说要做到：

1.具备赚钱的欲望

日本"经营之神"松下幸之助就曾说过："企业家的使命就是赚钱，如果不赚钱那就是犯罪。"英特尔公司的前首席执行官格鲁夫也说过："一个企业家赚钱叫道德，相反，企业家不赚钱就是缺德。如果企业家不赚钱，肯定会给社会、给家庭、给个人、给团队、给员工造成严重伤害的。"

不管什么事业，成功的原理都只有一项，那就是"确保最低利润的获得"。公司一定要有利润，才能生存发展。每个人都要懂得这个道理。

当松下电器公司还是小工厂的时候，松下就带着产品四处兜售，客户中就有一位所谓的"杀价高手"。每次松下带东西给他看，他总是能还价下来，让松下无利润可图。

当松下准备"认输"的时候，心里突然浮出了一个画面。他突然想起一张张在松下工厂里勤奋工作人员的脸。因为他每天也有一半的时间在工厂同他们一起工作，所以能够充分体验到那种闷热和辛苦的感觉。当年轻员工们的脸浮现在松下心头的时候，他不得不把事情重新考虑一番。松下认为：如果让步到那种价钱，实在也对不起正在厂里工作的同仁们。

于是，松下就把这些情形说给对方听，并且说："这些好不容易才做出来的产品，价格都经过合理地计算，如果还遭到杀价，那岂不是糟糕透了？希望你别再杀价了。"对方一直盯着松下的脸，在听完他这么说以后，最后终于屈服了。

松下电器公司的产品不只品质优异，价格也很公道。从此，信用也逐渐建立起来了。

松下始终认为无论是商业或其经营策略，除非在正当的成本外，加上合理的利润，作为销售价格，否则就不是合理的定价策略。

2.具备赚钱的本领

作为一个小公司的经营者，最应该做的事情就是在遵守法律和社会公德的前提下，努力地去赚钱。

在历史上，金钱曾被一些民族广泛地看作一种罪恶，但犹太人除外。犹太人认为，赚钱是最自然的事，如果能赚到的钱不赚，这简直是对钱犯了罪。小公司的老板一定要敢于挣钱，善于挣钱。

上海有一个文峰国际集团，老板姓陈名浩，当时是一个40多岁的男人。1995年，陈浩带着20万元钱来到上海，从一个小小的美容店做起，现在已经在上海拥有了30多家大型美容院、一家生物制药厂、一家化妆品厂和一所美容美发职业培训学校，并在全国建立了300多家连锁加盟店，个人资产超过亿元。

作为经营者，应该培养赚钱的本领，坚持自己的信念和目标，什么都别想，好好挣钱，这是经营者最大的生存智慧。

小本生意重在周转快

怎样才能让商人在他们所从事的行业中赚到比别人更多的钱？答案就是：资金周转快的生意最赚钱。

商品短缺时代，"囤积居奇"发大财，然而在商品过剩、现金为王的今天，最重要的经营手段就是在产品更新换代之前"快速出手，多多出手"。

1.提高周转率

"转=赚"，这是这个时代最重要的商业特征。过去，最有效的赚钱手段是卖高价——提高利润率。今天，最显著的赚钱手段已变成提高周转率。过去利润高但是最终赚钱少，因为卖得少；今天利润低但是最终赚钱多，因为卖得多。

◇ 如何提高周转率 ◇

对于不同行业领域的老板们而言，不同行业有不同的周转方式和周转周期。那么，对于中小企业而言有哪些方法提高周转率呢？

提高生产率，降低成本

成本降低之后可以省下资金，用于周转其他的环节，从而让资金周转起来。

刺激购买，实现周转

购买量越多，库存越少，销售利润就越多，这样资金回收越快，也就周转越快。

总之，小企业的老板应该想尽方法让生意的每个环节都快起来，真正实现快速周转。

这个很好理解，一旦从事了某个行业，目标客户群就固定了，此时你所想的是如何将东西卖得更快。因为每周转一次，你才能达到企业经营的根本目的——赚钱。你周转得越快，赚的钱才越多。

在这个"快鱼吃慢鱼"的时代，你必须殚精竭虑，必须食不甘味，必须为改变资金周转率有所作为。

2.薄利多销

薄利多销毫无疑问受到了众多公司热捧。采用薄利多销的策略吸引消费者和客户，是提升周转速度的高招。

台湾宏基电脑董事长施振荣少年时代曾有经商的经历，他曾经帮着母亲卖鸭蛋和文具。鸭蛋3元1斤，只能赚3角，只有10%的利润，而且容易变质；文具的利润高，做10元的生意至少可以赚4元，利润超过40%。看起来卖文具比卖鸭蛋赚钱。

但出乎意料，卖鸭蛋远比卖文具赚得多。这是为什么呢？鸭蛋虽然利润薄，但最多两天就能卖完积存；文具虽然利润高，但有时半年甚至一年都卖不掉。鸭蛋利薄多销，所得的利润远远大于周转慢的文具。

寻找市场空白

经营者不仅要关心自己能做什么，有什么样的创意，更应该关心消费者需要什么，谁是你的潜在客户。你是为自然人服务还是为机构服务？如果是自然人，他们是什么样的人？如果是机构，是什么样的机构？

服务对象一定要明确，最好只聚焦于一个群体。假如你把服务对象锁定为"女人"，那这个范围就太大了。你应该进一步描绘其年龄、职业、收入、消费习惯等情况，并针对这部分人制定市场策略。

对经营者而言，只有眼光独到，寻找到市场的空白，才能发现赚钱的目标。做别人想不到的事，就是要另辟蹊径。寻找市场空白的好处是可以减少竞争。市场有许许多多的空隙，就看你能不能发现。

1.从供求差异入手

在市场经济条件下，宏观供求总是有一定差异的，供求差异正是企业的商机。必须把握市场的供求差异，才能找到缝隙市场。

（1）需求量与供应量的差额

市场需求总量与供应总量的差额就是企业可以捕捉的商机。假如城市家庭中某类产品的市场需求总量为100%，而市场供应量只有10%，那么，对企业来说就有90%的市场机会可供选择和开拓。

（2）供需结构的差异

市场供应产品结构和市场需求结构的差异是企业可以捕捉的商机。产品的结构包括品种、规格、款式、花色等，有时市场需求总量平稳，但结构不平衡，仍会留下市场"空隙"。企业如果能分析供需结构差异，便可捕捉到商机。

（3）需求层次的差异

消费者需求是不同的，即使面对同一类产品的需求也存在差异性，这是可以捕捉的商机。有的收入极高而社会上却没有可供消费的高档商品或服务；有的则消费水平过低而社会上却忽视了他们需求的极低档商品，而这些就是企业开拓市场的机会。

2.从市场遗漏的方向入手

每个企业都有它特定的经营领域。比如木材加工公司所面对的是家具及其他木制品经营领域，广告策划公司所面对的是广告经营领域。对于出现在本企业经营领域内的市场机会，我们称之为行业市场机会；对于在不同企业之间的交叉与结合部分出现的市场机会，称之为边缘市场机会。

边边角角往往易被人忽视，而这也正是企业可以利用的空隙。小公司要充分发挥灵活多变、更新快的特点，瞄准边角，科学地运用边角，做到人无我有，通过合理的经营，增强自己的竞争实力，最终达到占领目标市场的目的。

有这样一个例子：

1990年，当海尔调查洗衣机市场时发现，夏天洗衣机卖得特别少。为什么夏天人们洗衣服洗得特别勤，洗衣机反而卖不动呢？经过市场调查才发现，当时市场上只有4公斤、5公斤的大洗衣机，消费者夏天的衬衣、袜子换下来天天洗，用大洗衣机洗又费水又费电，干脆用手洗就行了。

并不是夏天人们不需要洗衣机，而是没有适合洗衬衣和袜子的小洗衣机。根据消费者这个需求，海尔研制开发了一种"小小神童"洗衣机，洗衣容量为1公斤，3个水位，最低水位洗两双袜子。这种洗衣机夏天投入市场后很快就供不应求了。

正因如此，它不仅成为国内外市场的"明星产品"，也成为企业不断创新开拓市场的"典范之作"。"电风扇一转，洗衣机完蛋；电风扇一停，洗衣机准行"是洗衣机业内对洗衣机市场淡季和旺季阶段性特点进行概括的一句"顺口溜"，"小小神童"洗衣机使这句顺口溜变得过时。

海尔利用创新使夏天洗衣机销售的淡季做到了淡季不淡，而且把夏天人们的洗袜子、洗衬衣的问题解决了。

别人没有发现市场需求的生意往往隐藏着极大的机会。因为没有人跟你竞争，所以做起来就稳如泰山，钞票就会滚滚而来。

成长过快，死亡也快

管理学大师德鲁克认为："成长过快绝对是企业经营的一种危机。任何组织的规模在短期内迅速扩大了一倍或者两倍，这就代表着组织扩张的速度超过了它原本使用的企业认知的限度。"

小公司在成长壮大的过程中，一定要把控发展的速度，要让规模的扩张与企业的环境相适应。有时，过快发展并不一定是件好事。

1.不宜过分追求速度

公司在创建以后，成长是一个必经的过程。然而，过分追求成长的速度无异于自找死路。

企业的发展仅靠规模扩张是不够的，规模扩大到一定程度，应放慢发展速度，使企业有个喘息的机会——这是客观事物发生和发展的必然。

2.不要把发胖误认为是成长

德鲁克说，企业最危险的错误就是把发胖误认为是成长。一个企业如果把不能做出贡献的活动抛开，那它将会遇到麻烦：那种活动只会消耗力量，损害成长的真正潜力。真正的成长绝不是简单的数量累加，而是必须在经济成就和经济成果方面有所增加。

老板厨房电器在经历了近三十年的市场磨炼后，其在吸油烟机市场已多年稳居全国第一。

和绝大多数的浙江民营企业家不同，老板厨房电器董事长任建华是一个不折不扣的改革派，他引进风险投资和期权制度，并坚决主张企业上市。任建华表示，公司上市的目的：第一是把核心员工留住，即使只做小股东，感觉也是不一样的。第二，上市后，消费者的信任度也会提高，公司上市本身就是一个广告。股民买我们的股票，也会买我们的产品。再次，资金充裕了，我们会更有实力扩大原有的规模，同时对企业的财务制度也是一种监督。

以前，总是有人呼吁要把企业做大做强。但是任建华却说："中国大部分企业都还停留在提供产品的阶段，每一天都有企业倒下去，也不断有新企业注册。最终我们要做长寿企业，做大并不是我们的目标。我们的目标是做行业第一的和长寿的企业，而不是虚胖的企业。"任建华认为，企业的大不是通过没有节制的投资，把产值做得多大，关键是要看你的企业在行业中的地位有多高。

他说："企业开发相关的延伸产品是可以的，但跨行业发展，把适合一种产品的名字，硬安到其他产品上去，消费者肯定是不认账的。这样的做法导致牌子倒掉、企业垮掉的例子太多了。"对于强，他更是有着自己独特的见解：衡量"强"的指标应该是产品的竞争力在行业中是不是强，而不是规模大。

正是源于对企业成长如此清醒的认识，没有执着于公司规模的扩张，老板厨房电器的业务规模却得到了持续增长，保持行业第一。

对于小公司经营者来说，不能把企业员工数量的增加或是办公地点的扩大看作是企业的成长，应该看企业是否在它的领域占据了更多的市场和资源，是否在某个领域有了实质性的成绩和突破。只有认清这个事实，才能让企业健康稳健地发展。

◇ 把控企业发展速度 ◇

企业发展过快并不是一件好事情，只有稳扎稳打才能让企业长寿，针对企业发展过快问题，企业应把好两个"关"：

1. 企业发展速度要与企业管理水平相适应

企业发展速度太快而相应的企业管理水平未能提高、人才培养等跟不上，就有可能造成管理滑坡，影响企业经济效益。

2. 企业发展速度与企业资金的调转速度相适应

如果资金不能及时回笼，公司没有足够的资金支持企业的发展速度，企业将因为发展过快而陷入被动。

因此，想要长期把企业做下去，一定要打好基础，而不是一味追求发展速度，只有合适的发展速度才能让企业健康成长。

选择项目要精准定位

所谓"狼有狼道，蛇有蛇道"。新公司成立以后，一定要给自己经营的项目以明确的定位。实践中，在寻找商机的过程中，自然不会有人好心地告诉你哪里有钱赚。因此，要想寻找到适合自己的创业项目就得靠自己。

对创业者来说，项目的选择直接或间接地决定着其所创事业的将来。所以，创业者在进行选择时，一定要仔细斟酌，结合自身条件，选择一个适合自己创业的项目。

在选择项目的过程中，往往走过不少弯路，看似赚钱但实际并不赚钱。所以选择项目不是只靠勇气就能解决一切问题的，千万不能盲目，应该根据自己的实际情况来确定。

经营者应该找准适合自己的行业项目，千万不可人云亦云，盲目跟风，否则面临的可能就是创业失败。

在面对众多的创业项目信息时，创业者不要不愿意舍弃。要从市场以及自身实际条件出发进行选择。很多项目确实很好，但是其对投资者自身的要求已经超过了投资者自身能力范围之外。这样的选择就得不偿失了。

良好的创业项目，不是你到街上走一趟回来就能够发现的，而是要经过长期的考察，加上系统的分析才能够发现的。在寻找适合自己的项目时，切记关注以下几点：

1.搞清楚你面临的市场是什么

寻找适合自己的项目，首先需要搞清楚你面临的市场是什么，然后就是你所做的项目在市场中的价值链的哪一端。只有提前确定好自己的市场位置，才能比较出是谁在和你竞争，你的机遇在哪里。

2.对市场做出精确的分析

确定好你的市场位置之后，接下来你就要开始分析该市场了。你首先应该分析这个市场的环境因素是什么，哪些因素是抑制的，哪些因素是驱动的。此外，还要找出哪些因素是长期的，哪些因素是短期的。如果这个抑制因素是长期的，那就要考虑这个市场是否值得去做。只有经过对市场的正确分析，你才能进一步做出更好的选择。

3.找出市场的需求点

经过一番细致的对市场的分析，你就很容易找出该市场的需求点在哪里，然后对该需求点进行分析、定位，对客户进行分类，了解每一类客户的增长趋势。如中国的房屋消费市场增长很快，但有些房屋消费市场却增长很慢。这就要对哪段价位的房屋市场增长快，哪段价位的房屋市场增长慢做出分析，哪个阶层的人是在买这一价位的，它的驱动因素是什么。要在需求分析中把它弄清楚，要了解客户的关键购买因素。

4.及时了解市场的供应情况

在了解了市场需求后，应该及时地了解市场的供应情况，即多少人在为这一市场提供服务，在这些服务提供者中，哪些是你的合作伙伴，哪些是你的竞争对手。不仅如此，作为一名创业者，你还要结合对市场需求的分析，找出供应伙伴在供应市场中的优劣势。

5.如何在市场份额中挖到商机

作为一名经营者，在了解了市场需求和供应后，所应该做的下一步是研究如何去覆盖市场中的每一块，如何在市场份额中挖到商机。对市场空间进行分析时最好的情况是，在关键购买因素增长极快的情况下，供应商却不能满足它。而新的创业模式正好能补充它，填补这一空白，这也就是创业机会。这一点对创业公司和大公司是同样适用的，对一些大公司的成功的退出也是适用的。对新创公司来讲，这一点就是要集中火力攻克的一点，这也是吸引风险投资的一点。

6.根据自身的资本进行项目选择

资本少的公司经营者可以选择一些最简单的方法。如在大城市批发些服装、杂货等，去比较小的城市出售。对于特色类的东西，一般情况下市场虽小，但是利润还是很不错的。

资本中等的公司经营者可以选择依靠或者依托别人的现有资本、生产材料等方式创业。如现在很多的国有企业效益不是很好，你可以租赁他们的车间，或者在他们的企业附近生产制造同类的产品。因为你比他们小，成本自然会低些，自然价格比他们的便宜，这样顾客很有可能会选择购买你的产品或者选择你为他们的生产提供辅料、配件等。

资本雄厚的公司可以选择那些同类产品少的，远期的前景很好的项目。如环保行业、保健行业、妇幼行业等。这些行业市场的需求很大，但是产品很少或者不够完善，存在很大的发展空间。

7.根据性格进行项目选择

经营者的性格是创业者是否成功的关键因素。如果经营者的性格是急躁型的，并且一时半会儿修正不了的话，适合做贸易型的项目，而不应该选择生产型的项目。因为生产型的项目需要很长时间的市场适应期，需要具有坚强的耐力，需要在市场上历练，需要一个市场对公司品牌的认知过程。为了确保项目的生存和可持续发展，需要不断地扩大公司的规模，但是一旦创业者撑不住的时候，他的设备、半成品就一文不值了，经营者必然会陷入累累纠纷的泥潭之中。性情急躁的创业者也不能选择娱乐服务型的项目，因为现在的客户是越来越挑剔了，有时候刁钻的客人会让创业者暴跳如雷，那样客人将越来越少，最终的结果必然是关门大吉。以上两类项目适合温柔耐力型性格的创业者。当然，创业者如果有合伙人，并且他们的性格能够互补，也可以选择与自己性格不符的项目。反之，千万不要冒险。

◇ 选择容易赚钱的领域 ◇

有的经营者总是不断抱怨自己命运很差，做一个项目，不行，再换一个还是不行。就我国目前的现实讲，以下这些领域赚钱可能会相对容易一些：

1.延年益寿领域

当温饱问题解决后，人们首要关注的是如何延年益寿。人们为了留住青春和健康，防止衰老，是不惜金钱的。

2.休闲娱乐领域

随着社会经济的发展，吃喝已不再成为人们的主要追求，而是产生了休闲的欲望，随着钱越来越多，人的这种欲望就越强烈。

3.婴幼儿领域

父母无一例外都望子成龙、望女成凤，围绕着婴幼儿而开发的服装、教育、游乐、培训等持续火热。

8.根据专长进行项目选择

经营者的特长、专业、才智、阅历在某种情况下会成为选择项目的主要根据。这有利于经营者一开始就进入娴熟的工作状态，使他的初始创业成功率高出很多。当然，经营者如果具备较高的才智和较丰富的阅历，确认自己能力非凡，哪怕没有什么学历，也可以选择很好地适应创业者的初创项目，不一定要选择自己熟悉的东西。事在人为，因为经营者会在短期内就会熟悉那个行业，这样的成功案例也很多。

不主张一个人抛弃自己的专业特长来选项，要知道具备专业特长且不失才智和阅历的人比比皆是，他们在业内才是真正容易的成功者。

不追求盲目做大

"大"有大的好处，"大"意味着有规模，有品牌，有占有率；但"大"也有大的缺点，在这个不断变化的世界里，大企业往往很难快速改变固有的商业模式，容易错失良机。"小"的优势则在于灵活，小企业可以和客户有更多的互动，从而更快速地做出正确的决策。

而当小企业的经营者从一种宏观的角度进行思考时，小就是大。对于小公司而言，不能盲目追求做大。

1.不做大店做小店

1873年，一场世界性的经济危机之后，企业明显向"大"的方向倾斜。一两个实力雄厚的家族企业开始垄断整个行业，它们就像滚雪球一样越滚越大，使集团之外的人很难有所作为，即使有人偶尔滚起一个小雪球，也会很快就被大雪球碾碎、吞并。比如在美国，洛克菲勒和摩根两大家族的影响力就几乎渗透到家家户户。

到了20世纪70年代，在世界经济版图上，少数大企业仍保持绝对的优势地位。人们普遍认为大企业提供了绝大多数的就业机会，是社会繁荣稳定的基础。

然而1973年第一次石油危机的爆发，迫使很多大企业大批裁员，大企业体制僵硬的缺点开始暴露出来，"大就是好"的观点受到了广泛质疑。

1979年，美国经济学家伯克发表了一项研究成果，揭示美国在1969年到1979年这十年间，百名员工以下的中小企业创造了81%的工作。也就是说，与大企业相比，中小企业才是美国社会经济发展最重要的推动力。

从数量上看，今天的中小企业也远远超过了大企业。据一份资料显示，在APEC（亚太经济合作组织）地区，95%的企业是中小企业，雇佣的劳动力总数占本地区就业总人口的80%以上。在美国、日本等国家，也存在数量庞大的微型企业，它们被定义为"穷人创办的企业"，却催生出一代代财富新贵，并提供了大部分的就业岗位。

2.找到自己的特色

人常说："隔行如隔山。"现代社会分工愈来愈细，虽然各种行业之间紧密地联系在一起，但它们之间还存在着各种隐形的看不见的隔阂，有着独自的经营门道。

对于经营者来说，无论你是初涉商海，还是久经商海，从事一种自己不懂或不太熟悉的新行业，都要谨慎，不可盲目行事。道理很简单，让缝纫师去做家具，家具肯定做不好，同样，如果让木匠去裁衣，衣服穿起来肯定也不会合身。

李嘉诚先生说："当一个新生事物出现，只有5%的人知道时赶紧做，这就是机会，做早就是先机；当有50%的人知道时，你做个消费者就行了；当超过50%时，你看都不用去看了。"

今天，如果一件事大家都在做，成了"时髦"的行当，那么这块市场可能已趋于饱和。在这些地方投资或者创业，是非常困难的。因此，创业尽量不要赶时髦，而要另辟蹊径，寻找可钻的空子。

优秀的企业经营者善于发现并抓住市场空白，满足某一群体的特殊要求，他们擅长于钻空子，并从中找到自己的特色，将自己的生意做大。

3.把小生意做到极致

在没有能力钓到大鱼之前，应该专心钓一些小鱼。从一种最简单的模式起步，经过不断的积累、磨炼，往往就能产生惊人的结果。

商业世界里，大企业家是少数，普通的经营者很多。这和自然界的食物链一样，越往上去动物越高级。做生意要从小投资开始，因为这是做大生意的基础。

在经营项目选择上，小投资比大项目有更多优势，制造业、商业、手工业、服务业等众多行业都是小投资大显身手的场所。

微不足道的小商品，往往却是生活中不可缺少的东西，居家过日子谁也离不开。因此，做小投资，不但所需资金少，而且由于受众面广，市场风险小，更能保本。

很多人都在谈论"规模化""大格局"，但对小本创业者而言，与其盯着大事业、大生意，还不如现实一点，多关注身边的小机会、小生意，充分把握"细分市场"这个概念，探索其中的生存之道。

战略之道：
找对方向，为小公司插上腾飞的翅膀

没有战略注定会失败

如果企业在一种无序、无战略的状态下简单经营、粗放经营，这样的企业注定会失败。公司经营必须以一定的战略为前进方向，在现代企业管理中，"战略"一词演变为泛指统领性的、全局性的、左右胜败的谋略、方案和对策。企业战略可以理解成企业谋略，是对企业长期发展的计划和谋划。

对于小公司而言，没有明确的方向和目标是很危险的，稍有不慎就可能失败。这就要求公司经营者拓宽思路，懂得并运用战略管理。

1.要明确战略方向

管理之父彼得·德鲁克说："每当你看到一个伟大的企业，必定有人做出过远大的决策。"这里，他强调了战略对公司发展的重要意义。

战略是以公司未来发展为基点，明确了公司的战略问题，也就明确了"我是谁""我在哪""我去哪"等公司的根本方向性问题。

制定战略的过程，就是为企业未来发展进行选择和定位的过程。战略确定企业的所为与不为，战略代表着未来商业的重点，战略为根据企业自身资源结合外部环境而选择的一个可获得持续竞争优势的空间。

战略很重要，对公司的发展思考一旦停止，企业就会驶向下滑的方向。这种思考，不是好高骛远，不是个人兴趣，不是一时冲动，是在正确评估企业资源和条件，科学对待企业发展前景的基础上为公司发展所做的深远思考。

一旦战略迷失，有可能会丧失自己的优势，在发展过程中逐渐沦为被动状态。乔布斯引领的苹果公司孤注一掷以创新战略引领全球时，微软的发展战略就受到其影响，并且出现了徘徊不前的境况。

2.不能只注重业务管理

即使是小公司，也需要从业务管理向战略管理转变，不能只埋头拉车不抬头看路。在发展的历程中，要从机会思考向战略思考转变，不能再迷恋和期待一次机会的得失，而应注重长远发展的成功。

"现在是战略制胜的时代"，很多企业家也在摩拳擦掌跃跃欲试，小米公司的雷军就是一个优秀的战略家。

在雷军召开小米手机发布会之前，小米手机就已成为不少人的热点话题。小米手机推出后，预定就火爆异常，始终处于供不应求状态。

小米火热的表现超出了人们的想象，这一切源于掌门人雷军的战略运用。小米的战略定位是这样的，不靠硬件赚钱的模式上发展手机品牌，软硬件一体化，定位中档机市场2000元，价格向下看、配置向高端机上靠齐，甚至领先。这个产品空间以及利润空间的考虑，其他厂商不太好进入。

小米相对于一般的Android厂商的优势是有多个差异化竞争手段。而雷军运用自己的那些关联公司进行服务对接，就有了其他手机厂商都不具有的优势——低成本、高效率、整合速度快和双向推动作用。

集硬件、系统软件、云服务三位一体的小米手机赢得了拥护的欢迎，这就不难想象为何出身只有数年的小米可以引起一阵旋风了。

一个小公司，当没有资源、品牌和用户的时候，就必须找到一块最适合的战场，让大公司看着眼馋，却不敢进来。

小公司需要找出自己与竞争对手的比较优势和劣势，在不确定性的环境中发现并抓住成功的机会。

3.确定何所为，何所不为

成功的公司，必须确定自己何所为，何所不为。重新审视自己所处的行业环境和发展趋势，看看是朝阳产业还是夕阳产业，是限制性产业还是非限制性产业，是完全竞争、不完全竞争还是寡头垄断，以此做出自己的战略判断。

不管企业实施何种形式的战略，其目的都是在确定公司的未来发展重点。如同重拳出击一样，把自己主要的精力放到某种业务方向上。无论在企业的任何发展阶段，企业一定要清楚自己的发展重心。

公司经营者应该把发展重点放在具有竞争优势的业务上。稳定而具有相当竞争优势的主营业务，是企业利润的主要源泉和生存基础。公司应该通过保持和扩大自己熟悉与擅长的主营业务，尽力扩展市场占有率，以求规模经济效益，把增强企业的核心竞争力作为第一目标。

即使是规模过小的公司，也需要制定战略，一个企业的成功往往是战略管理的成功。如果战略有问题，单纯靠改善内部运营效率来做大做强的做法无异于缘木求鱼。

◇ 企业战略三步骤及影响因素 ◇

企业战略的实施一般包含战略制定、战略选择和战略实施三个步骤。

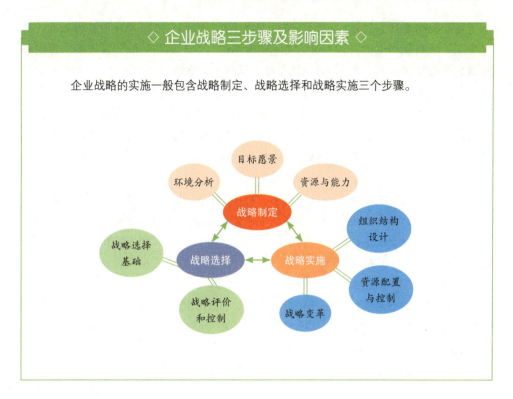

战略目标要从实际出发

公司的战略规划，不是根据战略理论所描述的美好前景去生搬硬套，而是要根据自身的情况来制定。企业的发展就好比建筑楼阁，需要在坚固的地基上一层层、严谨有序地进行，每个步骤都应该认真对待，这样才能保证不会出现"豆腐渣"工程。

公司战略一旦脱离实际，很容易对整个企业造成冲击。目标难以达成，容易引发员工的无力感与挫败感，甚至导致人才的大量流失。更糟的是，企业高层通常认定战略正确，只是执行不力，从而"归罪于外"，不断强调执行，这样有可能促使公司在错误的道路上越走越远。

1.战略不切实际会付出代价

制定不切实际的战略目标是不可取的。某些公司刚起步，就一心想做一个市值几百亿的公司，一心想设计一个没有天花板的舞台，其结果只能是，"企而不立，跨而不行"。

因为企业只有一步一个脚印地发展才能建成参天大厦。否则，假如企业设定了不切合实际的发展目标，必将付出沉重的代价，甚至被市场淘汰。企业的战略目标不应是空洞的策划、规划，而应该是符合企业发展规律和满足企业利益相关者的科学决策。战略规划应该根据企业的实际情况来进行。假如我们单凭着战略的理论和所谓案例去发展企业，那一切就只能是纸上谈兵，最终落得一败涂地。

有的中小型公司老板根本不相信什么战略规划。在他们的思维当中，他本人就是战略，他的思维驰骋到哪里，企业的战略就制定到哪里；还有的则沉溺于自己创业初期的成功，自我崇拜，贪大求快，请一些所谓的战略专家无限放大自己的愿望和理想，甚至把自己想象为"巨人"，标榜五年后将跻身××强行列……不切实际的幻想不是战略规划。

一些小公司老板在为实现其所谓的"心中梦想"时，大刀阔斧，不惜投入，结果却兵败城下。一些中小公司在没有充分考虑企业承受能力的前提下，超水平、超实力扩建，结果企业也因资金匮乏面临破产。由此可见，没有战略和不符合企业自身发展的战略同样害人。

2.战略需要切合实际

战略目标要立足实际，看到自身的现实，跳出"圈子"看问题，从更高的层面把握企业的发展方向和目标，从而合理制定战略。战略目标不是冒进的宣言书，不是大跃进的口号，要切合企业发展的实际。

海尔公司的经营战略的脉络是：首先坚持七年的冰箱专业经营，在管理、品牌、销售服务等方面形成自己的核心竞争力，在行业占据领头羊位置。1992年开始，根据相关程度逐步从高度相关行业开始进入，然后向中度相关、无关行业展开。首先进入核心技术（制冷技术）同一、市场销售渠道同一、用户类型同一的冰柜和空调行业，逐步向黑色家电与知识产业拓展。这种符合企业现实情况的战略规划，保证了海尔品牌的长青。

小公司制定的战略规划必须立足实际，实施科学的战略规划，就必然能为企业的发展提供充足的动力。

公司战略应结合自身特点

小公司在制定经营战略时，应结合自身的特点，分析市场中的情报，选择多样的发展战略，以便为企业创造制胜的条件。

小公司发展战略的特点是由小公司自身的特点所决定的，但是每一个具体的企业又具有不同的特点。因此，小公司需要根据企业的具体特点来正确地选择发展战略，才能在复杂的市场竞争中站稳脚跟，实现企业的生存与发展。特别是由于小公司承受风险的能力较弱，发展战略的正确与否对小公司生死存亡的决定意义更为重要。

在小公司的发展战略制定与选择中，需要注意以下几点：

◇ 战略规划对小公司的作用 ◇

公司战略的广泛作用对小公司的发展而言是全方位的，具体可以归纳为以下几个方面：

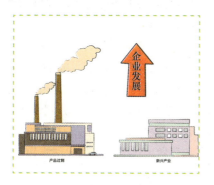

1.使企业顺利、快速成长

通过制定战略规划可以使企业经营者对企业有一个全面正确的认识，从而把握机会，利用机会，扬长避短，求得生存和发展。

2.提高生产经营的目的性

制定战略规划，就使企业有了发展的总纲，就可以进行人力、物力、财力的优化配置，以保证生产经营战略目标的实现。

按规划给你们小组这些预算，你们争取月底前完成项目。

根据我们的战略规划，现在将做出调整……

3.增强管理活力

战略管理是一个全面性的管理，做好战略管理，就可以围绕企业经营目标进行组织等方面的相应调整，从而增强企业的管理活力。

1.注重规模意识

小公司虽然具有一系列的优势，但其固有的劣势多半是由于企业的规模太小造成的。从本质上来讲，任何一个企业都具有发展规模的内在冲动。小公司唯有不断发展壮大，才能克服自身固有的缺点。在激烈的市场竞争中，得过且过、不求进取是站不住脚的。在现代市场经济条件下，企业随时需要准备应付新的挑战与变化。一个不思进取、不求发展的小公司是不可能获得成功的。

2.避免急于求成

当小公司的进取心过强时，在战略上容易犯好大喜功、急于求成的冒进错误。正是由于企业的规模较小，小公司通常都急切地盼望进入大型企业的行列。过于雄心勃勃的发展计划往往使小公司在财务上陷入困难的境地，这是小公司破产的最常见的原因之一。因此，小公司的发展战略计划更需要从实际出发，对企业的内部和外部条件进行实事求是地分析，对市场的发展趋势做出科学、客观的预测和判断。

3.不宜与大企业对着干

小公司的发展战略通常不宜采取与大型企业对着干的办法。由于小公司的规模小、实力不足，特别需要从自己的实际情况出发，避开市场上大型企业的竞争锋芒，争取在大型企业竞争的缝隙中求生存、求发展。在一般情况下，小公司与其和大型企业在市场上针锋相对，不如与相关的大型企业携手并进，甘当大型企业的配角，在相互协作中寻求发挥自身优势的机会。

4.战略具有一定弹性

小公司的发展战略需要较强的适应性或弹性，以发挥小公司经营灵活、转产方便的优势。虽然小公司的发展战略同样是为解决长期发展问题而提出来的，但是由于客观上小公司的发展战略受到各种约束因素的制约，小公司的发展战略特别强调能够适应客观条件的变化，具有一定的弹性或灵活性。

5.需要员工认同

小公司的发展战略更需要全体员工的认同和参与。小公司的约束机制不同于大型企业的约束机制。在小公司中，人与人之间的直接沟通较多，个人因素的作用要远远强于大型企业。因此，小公司发展战略目标的实现在更大程度上依赖于全体员工的认同与参与。

确保战略的前瞻性

企业不仅需要对市场需求"快速反应"，企业更需要关注未来的发展，企业经营者更要有基于前瞻性的战略眼光，优秀的企业战略必须建立在掌握趋势的基础上。

要想有更好发展，就必然要看清潮流，超前思考，掌握发展趋势，确保自己战略的前瞻性。假如企业管理者对发展思路、目标都不明确，对发展趋势不敏感，不善于长远思考、规划未来，那么这样的企业就会从走弯路到走下坡路，又谈何发展呢？

凡事预则立，不预则废。俗话说"抢先一步赢商机"，如果不善于谋划未来，只是鼠目寸光，关注当前，那么就会失去未来潜在的效益，企业的发展就没有后劲。

1.掌握市场的趋势

在市场竞争激烈的今天，企业管理者必须具备超前的战略意识，就必须提前了解、研究客户和消费者的潜在需求，通过不断挖掘市场潜力，拓宽产品的市场份额来获得更大的赢利空间，这样才能战胜对手，在市场竞争中取得优势。

"二战"爆发后，美国一家规模不大的缝纫机工厂的生意受战争影响，销售情况一直不好。工厂主汤姆当然知道军火生意最挣钱，但是军火生意却与自己无缘。于是，他把目光转向未来市场，一番思索后他决定改行，改成什么？他的回答是："改成生产残疾人使用的小轮椅。"一番设备改造后，工厂生产的一批批轮椅问世了。

因为战争的缘故，很多在战争中受伤致残的人都纷纷购买轮椅。工厂生产的产品不但在美国本土热销，连许多外国人也来购买。但随着战争的推进，人们也不禁发出疑惑："战争马上就要结束了，如果继续大量生产轮椅，还卖给谁？"

汤姆胸有成竹，他反问道："战争结束了，人们的想法是什么呢？一定是想要过上健康幸福的生活。而健康的体魄是人们追求的重点。因此，我们要准备生产健身器。"

一番改造后，生产轮椅的机械流水线被改造成了生产健身器的流水线。刚开始几年，工厂的销售情况并不好。这时老汤姆已经去世了，但他的儿子保罗坚信父亲的超前思维，依旧继续生产健身器材。十几年的时间，健身器材开始大量走俏，不久就成为畅销货。由于走在了市场的前面，且这种产品的需求量随着时间的推移越来越大，由此推动企业规模的不断扩大，保罗也跻身到了亿万富翁的行列。

超前意识是一种以将来可能出现的状况面对现实进行弹性调整的意识。它可以创造前景，进行预测性思考，可以使我们调整现实事物的发展方向，从而帮助我们制订正确的计划和目标并实施正确的决策。那么，超前意识是怎样培养的呢？

一个成功的企业家，他绝不会轻易做出一项战略。在市场经济时代，能登高望远，对形势的发展有一定的预见性，在商业活动中才能占尽先机，获得的实惠便可以先人百步、千步。一个成功的企业不死咬着一个战略不放，因为他看得到更高更远的战略目标。

越是领先，空间就越大，越是挤在拥挤的人流大潮中，空间就越小，生活的道

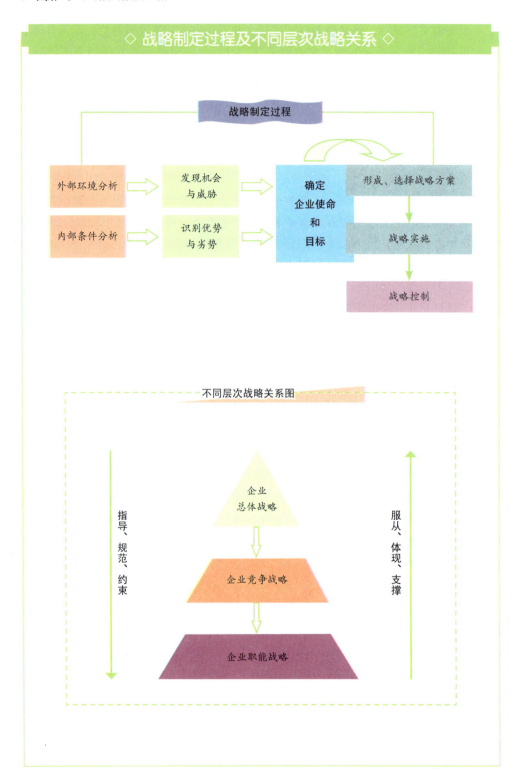

理本来就是如此简单。

2.不要习惯于追逐热点

不少公司的老板总热衷于追逐热点，看别人现在干什么赚钱就去干什么，看哪里是热门区域就往哪里跑。可明明看上去不错的机会，好不容易削尖脑袋挤了进去，可又因为刚刚起步，竞争不过对手，有时候甚至挤都挤不进去。其实，事物发展总是有比较清晰的发展脉络和趋势。

在掌握趋势的基础上，提前占位和先期介入策略没有是非对错，但其实施的前提是要对发展趋势和时间节点有一个较为准确的把握。

如果我们在准确把握发展趋势的基础上，能够在别人还未行动甚至是浑然未觉之时出手，就能确保自己战略的前瞻性，让自己成为先行者。当别人发现热门之后再行进去，我们已经牢牢站稳脚跟，再难以同我们相抗衡。

当然，这样的战略也会带来一些负面效应，那就是先期介入的几年内，需要承受没有赢利或者利润很少的痛苦，对资金实力和个人毅力都有很大的考验。

3.看准未来3~5年的前景

"要想好几十年，甚至上百年的战略规划"，这样的想法其实是一个毫无科学依据的伪命题。

哈佛商学院的约翰·文图拉教授，在对61209家失败企业研究之后，他得出一个数据：有50.7%左右的企业寿命最多只能够持续五年的时间；而持续十年以上的只有24.7%。制定战略的时候，瞄准未来三五年，能够做好、做到位，就很不错了。

制定发展战略，也需要求实精神，站在企业发展实际、结合自身成长规律，进行科学预测、分析，做好未来3~5年的规划。

把成长放在第一位

有的公司老板把利润放在第一位，"五年规划""十年规划"中突出的只是利润，实际上这是在盲目设计未来，只重视利润而忽视成长，小公司做大做强也比较难。

企业的目标是利润，但利润都是有陷阱的，尤其是短期利润的诱惑常常会使企业丧失了获得长期利润的源泉。对短期利润的追逐会使企业的有限资源越摊越薄，会造成主业市场影响力、管理者精力以及综合竞争力的衰减。

企业的战略一定要把成长放在第一位，具体来说：

1.适度利润

这个计划的主要任务是去获取一个"适度利润"，而不是去追求毫无价值的"利润极大化"，因为任何时期，成长第一战略是管理者应该遵循的。如果目标利润制定过高，将会把企业带进冒进、疯狂的境地。

比如，一个年投资十几万元的餐饮店，却想要达到"星级酒店水平"，这对它来说显然不合适；再如，一个十来个人的微型箱包生产企业，却有着去开拓欧美市场的远大战略，这看起来不理智；又或者一家年销售十几万元的初创企业，有人建议它"技术领先"，成立"单片机"研究开发部门，去申请ISO国际质量认证，而事实上这个公司目前连个专业技术人员都没有。

目标利润一旦被确定就成为管理的导向，并对预算的执行过程产生制约作用。市场是讲究平衡的，当你开始为追求高额利润而进行规划时，事实上你已经失去捕捉未来商机的机会。企业的资源和条件是有限的，当所有资源都在为追求高额利润努力时，企业也就全部或者部分放弃了对未来商业机会的关注。

2.立足于当前

在企业发展的初期，切勿把"200%的年增长率""行业龙头""科技领先""多元化经营"这类远大抱负当作战略目标。应当着眼于当下的生存状况，特别是在经营战略上，应当以保生存为目标，不要盲目套用大企业的经营方法。而在公司经营管理上，企业重点的思考方向应该是，公司如何能够盈利？如何能够生存下去？如何能够取得自身独特的竞争优势？

企业在发展的不同阶段都需要确定战略，尤其是中小企业在发展初期，更需要制定合理的战略目标。有人认为，因为规模小，产品单一，面临的市场范围较小，所以影响企业的因素也相对较少，所以不需要什么正式的战略。既然以前的成功依赖某种"洞察"或"直觉"，以后至少在一段时间内也可以依赖这种天赋，而创业企业更是因为具有更多的不确定性，恐怕战略即使制定下来也是"计划赶不上变化"。事实上，这种观念显然是错误的，小企业的成功其实也是归因于当初的某种正确的战略选择。

3.着眼于长远

对于初创期的企业来说，企业首要的目标是成长。如何以合适的价格将适合的产品送到目标客户手中是此时企业战略要考虑的中心议题，所以其战略的核心应当是企业生存的核心，也就是产品。企业有限的资源都要围绕这个目标来配置，配置的效率和效果决定企业未来的"生存质量"。此时，企业可以将一定的销售额和市场占有率作为衡量标准，将实现它们作为企业战略。

对企业的发展而言，利润无疑是重要的，但成长应该放到更加突出的位置。"稳胜求实，少用奇谋"是一代中兴名将曾国藩多年实战经验的总结。做企业也是如此，企业生存的根本是基础实力，企业领导者要有长远策略，一步一步、一个阶段一个阶段地发展，一味追求利润，反而最终追求不到利润。

慎重采用多元化战略

有人认为，人不能在一棵树上吊死，做企业也必须多元化发展。多元化对于成熟企业或许有价值，但对于初创的小企业来说往往是很危险的。古人云："鱼，我所欲也；熊掌，亦我所欲也。二者不可得兼，舍鱼而取熊掌者也。"

世界500强企业中的绝大多数企业都会涉及不止一个业务方向，但他们都是依靠其强大的核心业务起家、发展，取得辉煌业绩，直至领导整个行业。如沃尔玛连锁超市、通用汽车、英特尔芯片、微软操作系统，等等。立足核心业务进行发展，已经成为优秀企业取得持续领先的秘诀。

许多失败的企业案例说明，偏离核心业务进行大规模扩张往往难以取得成功。但是，很多企业管理者看不到这一点，在某一领域取得成功的他们认为同样能够在多元化道路上取得成功。

当李东生选择了走多元化的道路之后，TCL这个曾经是中国彩电业的龙头的企业，就在大踏步地走下坡路。三年时间里，在花费了令人咋舌的6个亿作为前期投资之后，TCL在信息产业上几乎"全军覆没"，很多项目更是血本无归。

以TCL为例，中国企业的多元化历程与一场血泪斑斑的征战差不多。多元化战略自有自己的优势和缺憾，怎样趋利避害，将它的缺憾转化为优势，是每一个实施多元化战略的企业所必须考虑的问题。

无数的企业在多元化的道路上败下阵来，又有更多的企业斗志昂扬地奔上去。这时，失败者的经验告诉我们：多元化是有前提条件的。

1.内在条件

（1）核心竞争力。企业要实施多元化经营，一定要有核心竞争力。核心竞争力是企业多元化战略的基础与灵魂，是企业能否进行多元化经营的重要条件。评价企业是否有核心竞争力，主要看企业是否有核心的技术、是否有核心的管理能力。只要一个企业有了这两个方面的能力，就表明它已经在该行业具有了自己的核心竞争力，这就为企业实施多元化战略提供了战略基础。

（2）多元经营的行业相关性。企业的竞争优势可以扩展到新领域，实现资源转移和共享，所以当企业多元化经营的其他业务最好要与原有的业务有所关联，这样有助于在新行业站稳脚跟，成功的机会较大一些。

（3）足够的资金。企业进行多元化经营战略是需要资金的，有时光靠自有资金是无法满足需要的。因此企业必须具有较稳定的资金来源，否则一旦多元化后，资金接济不上就会陷入财务危机。

2.外部机会

外部机会就是在多元化之前一定要研究是否有市场需求，市场容量如何，市场成熟度如何，未来的发展前景怎么样等关键问题。

只有在正确评估内在条件和外部机会的基础上，紧密结合自身的核心竞争力，全面分析多元化经营的利弊，制订出详细的发展规划，企业的多元化之路才能成功。

管理者如果无视企业的自身资源条件和环境的变化，一味为了多元化而多元化，不但达不到目的，反而会给企业带来更大风险。近年来多元化战略遭遇很多失败的例证，就证明了这个道理。

◇ 走多元化战略要注意的事项 ◇

企业如果想要走上多元化发展道路，需要注意两件事：

一是做好内功，搭建完美的管理平台。只有好的管理才能让我发展的方向不出现偏差。

二是紧抓核心业务不放，多元化道路上最能够成就的一般都是核心业务，如若遭遇失败，最先恢复元气的也必定是核心业务。

总之，小企业在选择多元化战略时一定要慎之又慎，千万不可盲目选择。

如何实施蓝海战略

红海战略是指在现有的市场空间中竞争，是在价格中或者在推销中作降价竞争，他们是在争取效率，然而增加了销售成本或是减少了利润。红海有着极强的"感染性"，价格竞争的战火会蔓延到任何一个角落，自由竞争的市场上很难有一个能让某一家企业独享的市场机会。

很多公司的管理者认为，开拓蓝海市场是不错的选择。而蓝海战略是开创无人争抢的市场空间，超越竞争的思想范围，开创新的市场需求，开创新的市场空间，经由价值创新来获得新的空间。

小公司实施蓝海战略，需要了解什么呢？

1.蓝海战略的高门槛

蓝海战略强调价值创新，但创新本身的风险并不比不创新的价值小。对于小公司而言，必须对此有个清晰的认识。

对大多数企业来说，"蓝海战略"有着很高的门槛。因此，也不是任何企业都可以向这个方向迈进。很多企业在现有的红海竞争中就已经难以招架，也就很难分出精力来进行价值创新，没有深邃的洞察力也就注定没有实施蓝海战略的能力。

企业家如果缺乏长远的战略目光，蓝海战略也救不了你，对缺乏"红海智慧"的企业来说，谈蓝海战略，无异于痴人说梦。

开拓蓝海市场，企业需要承担培育市场的任务，这需要极大的成本。即便如此，市场的培育具有极大的外部性，培育市场的企业未必能够享受到市场成熟的成果创新太小，市场接受程度高，但又达不到摆脱红海竞争的目的。

2.蓝海究竟在哪儿

有不少人认为，代表未来发展趋势的新兴领域，有着广阔的机会，是一座未被开发的金矿。有一大堆例子可以佐证这个判断，比如石油行业崛起成就了一批人，钢铁行业迅猛发展成就了一批人，IT行业崛起成就了一批人，房地产行业兴起又成就了一批人，新兴领域似乎从来就直接等同于蓝海。

20世纪80年代，日本企业在世界上的名头很响亮，索尼、松下、丰田等企业成为世界级品牌。就在这个时候，美国以IBM为首的公司开始生产个人计算机及各种配件。美国公司首先找到日本企业，要求为美国代工。但只有NEC做了规模不大的投入。

此后，美国又去韩国和中国台湾寻找代工工厂，把辅助产品交给他们代工。结果，韩国的三星、LG得以迅速崛起，中国台湾新竹工业园也大规模地生产电脑配件，成为世界最大的代工基地。日本不少企业失去了一个发展机会，在笔记本市场奋起直追，最后在整个电脑硬件领域只有这块市场有一席之地。

20世纪90年代，美国开始了互联网的建设，日本企业觉得互联网只适合于军事

◇ "梦"的幻想——蓝海战略 ◇

　　针对竞争战略理论的缺陷，韩国战略学家W·钱·金教授和美国战略学家勒妮·莫博涅教授2005年提出了蓝海战略理念。"蓝海"是相对"红海"而言。

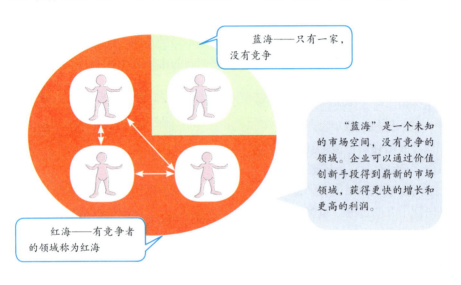

蓝海——只有一家，没有竞争

　　"蓝海"是一个未知的市场空间，没有竞争的领域。企业可以通过价值创新手段得到崭新的市场领域，获得更快的增长和更高的利润。

红海——有竞争者的领域称为红海

出现竞争者，蓝海变成红海

　　但是所谓的"蓝海"，只能在竞争对手未进入的一刻出现，但很快竞争对手进入，"蓝海"快速地变成了"红海"。

红海

　　所以说，蓝海战略只能短期改善企业遇到的竞争状况，但并没有解决竞争战略理论的缺陷。如果用形象的比喻，蓝海战略是一个"梦"的幻想！

应用，再次集体选择了放弃。在如今的互联网世界里，韩国和中国远远走在了日本的前面。

众所周知，日本曾经是全球领先的游戏产业大国。随着互联网的发展，网络游戏时代已经来临。但众多日本企业却坚守在以掌机、家用机为主的电子游戏市场。韩国近些年抓住机遇，在网游市场中独树一帜，中国网络游戏厂商们也凭借着多年来艰苦卓绝的努力获得了立足之地。

在互联网发展的浪潮中，日本企业的战略决策失误使得日本在全球的IT潮流中远远落后。与处在知识经济时代的美国相比，它已经落后了一个层次，因为日本企业丧失了蓝海战略的机遇。

事实上，无论是新行业还是老行业，如果投资规模和产能远远大于未来数年可预计的市场容量，整个行业都可以看成是一个红海。一个领域是否属于真正的蓝海，当然与该行业未来的成长性有很大关系，但更为关键的是投资和产能是否过剩。

3.蓝海有风险

蓝海战略的风险在于，只要某种趋势被大家都认识到，甚至成为社会共识，就很容易导致一哄而上，投资和产能过剩，竞争的惨烈程度和生存下来的难度，可能会远远超过原本普遍不被看好的领域，甚至超过红海竞争的程度。

蓝海战略听起来是美妙的，但要注意，蓝海战略只是给整个行业的企业指明了方向，对于某个具体的企业来说，是没有任何实际意义的，它只是在众多的企业压成本、抢渠道、打广告、拼价格的时候，给大家提一个醒，还有一个领域可以"血战"，那就是价值创新。

提到蓝海战略的时候，实际上有一个假设前提，就是别人不会跟进或跟不上。但实际情况不是这样的，蓝海不是某个人的蓝海，前方虽然海阔天空，但你却未必能够先人一步。企业想尽千方百计减轻竞争的压力，但竞争却会如影随形伴着企业，哪怕是在通向蓝海的路上。

值得注意的是，单独的蓝海战略是难以成功的。一个想要通过价值创新获得成功的企业，必须还要接受一个事实，就是大量的模仿者和跟随者，没有足够的竞争手段来对付这些跟随者，蓝海战略只是一个空壳。

小公司遵循长尾战略

"长尾战略"描述了这样一个新的时代：一个小数乘以一个非常大的数字等于一个大数，许许多多小市场聚合在一起就成了一个大市场。

长尾战略的关键在于，小公司可以关注那些被大公司所疏忽的小市场。在被大公司所垄断的市场中，长尾战略为小公司提供了一种战略选择。

对小公司来说，需要了解长尾战略的一些内容：

1.长尾理论

长尾理论是网络时代兴起的一种新理论。由于成本和效率的因素，当商品储存流通展示的场地和渠道足够宽广，商品生产成本急剧下降，以至于个人都可以进行生产，并且商品的销售成本急剧降低时，几乎任何以前看似需求极低的产品，只要有卖，都会有人买。这些需求和销量不高的产品所占据的共同市场份额，可以和主流产品的市场份额相比，甚至更大。

要使长尾理论更有效，应该尽量增大尾巴。也就是降低门槛，制造小额消费者。不同于传统商业的拿大单、传统互联网企业的会员费，互联网营销应该把注意力放在把蛋糕做大。通过鼓励用户尝试，将众多可以忽略不计的零散流量，汇集成巨大的商业价值。

在对目标客户的选择上，阿里巴巴总裁马云独辟蹊径，事实证明，马云发现了真正的"宝藏"。马云与中小网站有不解之缘，据说这与他自己的亲身经历有关。当年，竞争对手想要把淘宝网扼杀在"摇篮"中，于是同各大门户网站都签了排他性协议，导致几乎没有一个稍具规模的网站愿意展示有关淘宝网的广告。无奈之下，马云团队找到了中小网站，最终让多数的中小网站都挂上了他们的广告。此后，淘宝网歪打正着地红了，成为中国首屈一指的C2C商业网站。马云因此对中小网站充满感激，试图挖掘更多与之合作的机会，结果让他找到了重要的商机。

在中国所有的网站中，中小网站在数量上所占比重远远超过大型门户网站，尽管前者单个的流量不如后者，但它的总体流量仍是相当庞大。而且，中小网站由于过去一直缺乏把自己的流量变现的能力，因此，其广告位的收费比较平民化。这恰好符合中小企业广告主的需求。过去，一个网络广告如果想要制造声势，只能投放在门户网站上，但其高昂的收费令中小企业很难承受。2008年6月18日，马云的第七家公司阿里妈妈网站宣布正式上线。

在日常经济生活中常有一些颇有趣味的商业现象可以用"长尾理论"来解释。如在网上书店亚马逊的销量中，畅销书的销量并没有占据所谓的80%，而非畅销书却由于数量上的积少成多，而占据了销量的一半以上。

再如彩铃等数字音乐的出现，让深受盗版之苦的中国唱片业，找到了一个陡然增长的、心甘情愿地进行多次小额支付的庞大用户群。此前，有意愿进行金额可观的正版音乐消费的客户群，其数量少得可怜。

2.长尾战略的弊端

如果说"长尾战略"是一种理论观点的探讨，甚至是经济生活中的一种经济业态，无可厚非，但如果以它引导企业行为，其效果未必是乐观的。

首先，长尾绝不意味着仅仅是把众多分散的小市场聚合为一个大尾巴，而是还需要一个坚强有力的头部，以及头部与尾巴之间的有效联系。

其次，无论怎么说，相对大公司的畅销品讲，"长尾"是非热销产品，属遗留产品或滞销品，无论在企业还是在市场上，都属"处理品"，任何企业都不可能有意或着力生产这些产品，更不可能把这些滞销品和处理品作为企业的利润来源甚至是利润支撑。否则，那就是本末倒置，舍近期大利去追逐远期小利。

再次，在传统商业现有的游戏规则下比较难实现。因为传统商业目前仍然是以"销售量带来的收益持平或者超过成本"这一商业常识作为指导，如果在自己的"零售网络"中最终聚集的用户数量还是非常少的话，依然无法通过这种产品赢利。这时要在"长尾市场"中做生意，不是为时已晚，就是压死企业的最后一根稻草。

长尾战略是把双刃剑，只有对它正确认识且能正确运用它的人，才能运用它来为自己创造财富。否则就会一败涂地。因此，对待"长尾理论"的正确态度是，要慎重，要因产品制宜，一般情况下，单一企业不宜使用。

灵活运用跟随战略

实力相对较弱的企业，为了尽快赶上领先的企业，经常采取"跟随战略"，选择一个跟随对象，然后在产品、定价、甚至包装等方面模仿领先企业。这是弱势的小公司避免被领先企业甩开的好战略。

小公司在运用跟随战略的过程中，需要注意什么呢？

1.立志做挑战性企业

小公司在激烈的市场环境中，很少能成为领先型的公司，一般多采用跟随战略。但是，这类公司分为两种：一种是挑战型企业，即积极向市场上的领先者和其他竞争对手发起进攻，以获得更大市场份额的企业；另一种是跟随型企业，即满足于现有的市场地位，只是随着领先者的战略变化，做出相应的调整。挑战型企业和跟随型企业都会采取跟随者战略，但是内涵不同。

挑战型企业的跟随战略是一种主动的战略，其目的在于争取更大的市场份额；而跟随型企业小心谨慎，避免使用进攻性方式使顾客脱离领导型企业，因为这种方式很容易导致领导型企业的报复性措施。挑战性企业往往使用不至于引起领导型企业报复的集中和差异化方法。而跟随型企业的跟随战略则是一种被动的战略，它满足于现有的市场占有率和利润水平，因而没有紧迫的战略性问题，只是随领先者的变化而变化，以保持自身现有的地位。

2.低调实施跟随战略

媒体形容蒙牛发展是火箭般的速度。殊不知，在蒙牛的起步阶段，其制定出来

◇ 跟随形式 ◇

市场跟随，也就是在大企业成功培育某种消费习惯后向消费者提供更优化的解决方案，从而赢得自己的利润空间。

技术创新"跟着走"便是不战而屈人之兵的上策。不过"跟着走"的信息一定要灵，动作一定要快，否则，就会跟不上。

明确自己的品牌在市场上和顾客心目中的位置，根据被跟随者的弱点实施有足够攻击力的产品、服务、渠道创新及整合营销传播，从而赢得顾客。

的发展战略相当"低调",但是,没有人否认这个战略的正确性。

首先,他们在产品选择上,没有和伊利、光明等当时的强势品牌正面对立,选择在不为他们两家所重视的利乐枕产品上进行突破。这为蒙牛赢得了成长空间和时间。果然,后来他们很快就把利乐枕做到全国最大。

其次,在品牌定位上,他们非常"务实"地选择和利用了两个机会:一是人人知道内蒙古乳业第一品牌是伊利,但不知道第二品牌是谁;二是人人知道来自内蒙古大草原的牛奶就是好牛奶。于是,他们提炼出"争做内蒙古乳业第二品牌""请到我们草原来""自然,好味道"等品牌诉求点,通过把握"神五""超级女声"等大型事件,开展各种传播和促销活动,迅速获得消费者认知,产品快速覆盖到全国市场,一跃成为行业内最知名品牌。

分析蒙牛的战略,可以看到乳业竞争现实情况和自身资源情况——刚刚起步的蒙牛一穷二白,既没有资金实力,也没有生产实力——他们只好避开锋芒,选择利乐枕产品。正是看到一时无法超越伊利的发展现实,他们提出跟随战略,将自己定位在第二品牌上。

这种务实的战略规划和发展目标设计,使蒙牛在内蒙古大草原上迅速崛起,成为蒙古草原上的另一颗璀璨明珠。

人才之道：
优秀人才是公司发展的重要助力

招到最合适的人才

选择对公司"合适的人才"是至关重要的。招聘人才一直是企业头疼的事情，随着劳动力资源的变化，找到合适的人才并非是件容易的事情，尤其对那些正走在创业路上的小公司而言。

经营效果的好坏，95%的因素都取决于选择什么样的人，在企业经营中可能会犯下的最严重的错误就是选错人、用错人。选错人的后果不仅仅是支付工资的损失，损失是无法估量的，你失去的最多的是时间和机会，还有对整个公司内部所带来的负面影响等等。

尽管很多经营者都意识到了人才的重要性，也开始想尽办法去网罗人才，但并不是每一个经营者都能够很好地识人、用人。为了能够在企业中聚集一批促进企业发展的优秀人才，现在的关键就是如何选择人，对企业经营者而言，应注意以下问题：

1.不要轻易选择

绝对不要轻易选择一个人，尽管你情感上很喜欢。在招聘时，可能会由于应聘者的优秀外表或某些出色表现，而把其他如聪明、能干等优点，一并加诸他身上。为避免"光环效应"产生的不良后果，需全面考察应聘的人。

有这样一个故事：

清朝时，杭州有个商人叫石建，他决定扩大自己的经营规模，这样必须要为自己招聘一位好帮手。怎样才能找到理想中的人选呢？不少人都愿意来给他当徒弟，最后石建确定了三个面试对象，说好三者取其一。

到了面试这天，三位候选人一进门，石建便安排他们到厨房去吃饭，面谈决定谁留下。

当第一个人饭后来到店前时，石建问他吃好了没有？他回答说："吃饱了。"

◇ 正确的招人步骤 ◇

各个公司的规模不同、生产技术特点不同、招聘规模和应招人数不同，因此，挑选人才的方式也就不同。但一般来说，可按以下步骤进行：

1.把收集到的有关应招者的情报资料进行整理、汇总、归类，制成标准格式。

2.将应招者的情况与工作说明书、工作规范及公司的要求进行比较，初步筛选，把全部应招者分为三类：可能入选的；勉强合格的；明显不合格的。

3.对通过审查的应招者进行笔试、面试及心理检测。然后依据考试检测的情况，综合考虑应招者的其他条件，做出试用、录用决定。

又问："吃什么饭？"回答说："饺子。"再问："吃了多少个？"回答说："一大碗。"石建说："你先休息一会儿。"

第二个人来到了店前，石建问："吃了多少饺子？"回答说："40个。"石建也让他到旁边休息一会儿。

当石建以同样的问题考问第三个面试者时，他这样回答："第一个人吃了50个，第二个人吃了40个，我吃了30个。"听了这番回答，石建当场拍板，第三个人留下。

石建为什么要留下第三个人呢？他认为第一个人头脑不灵，只管吃，不计数。第二个人只记自己，不管他人。唯有第三个人，既知自己，又能注意观察别人，而这一点正是生意人必须具备的眼观六路、耳听八方的潜能。果然，第三个人被雇用后精明能干，很快成了石建的得力助手。

2.科学的选人方法

运用传统的选人方法，大多只是填表、面谈、看档案就试用，这样是不会给企业带来新鲜的"血液"的，同时，旧有的选人制度也忽略了人才的实用性。所以，要想真正地为企业找到人才，就必须有一套科学的选人方法。

为了选择到正确的人选，应该遵循以下步骤：

（1）进行工作分析和工作者分析

对于招聘和招聘什么人，不要那么盲目，而是要有计划进行。需要确定需招聘人才的知识技能和职责，以及需要几个人。

（2）进行招募工作

人才招聘的手段有很多种，常见的有刊登广告、人才交流会、猎头公司或就业机构去招人。招不同水平的人才要用不同方式，以避免不必要的浪费。小公司在招聘时切不要把公司的好处说得天花乱坠，倒不如把自己公司的优点缺点如实告诉应聘者，那么聘用的人员，很少有人不满意。

（3）把握住选人的关键

有一位公司经理想招一个助理，人事部门选出五位候选人，如何才能选择呢？选聘助理的关键在于他是否能成为经理工作上的好帮手。

千方百计吸引人才

不管是生产规模，还是人员、资产拥有量以及影响力，小公司都难以与大公司匹敌，这使得大部分的小公司对于人才而言，发展的风险要高于大型企业。

所以，对于小公司而言，在选人之前，先不是思考如何选，而是用什么来吸引人才。怎样吸引人才，这是一个重要的课题，建立有效的吸引人才的机制，才能在日益激烈的竞争中获得长期生存与持续发展的动力和能力。

小公司要善于发挥自己的各种优势，有效地利用企业有限的资源，以各种方式努力创造吸引并留住人才的条件。

1.靠薪资、福利吸引人才

获得薪资报酬是人们工作的第一目的。小公司虽然在薪资方面无法与大公司抗衡，但也可以制定一套有自己特色的灵活的薪酬制度，一般可以采取"底薪＋奖金（绩效）"的模式："底薪"可以与企业原有的薪酬制度统一，基本上差距不大，而"奖金（绩效）"可以根据工作性质和人才层次的不同采取不同的计量标准和评价方式。

这种模式可以满足人才日常生活的基本需要，使他们可以安心专注于本职工作，也提供了充分调动人才积极性所必需的物质激励。

对于从事技术工作的人才、管理工作的人才、市场方面工作的人才，可以采取不同的薪资激励方式。

2.靠事业吸引人才

人才需要成长，只要小公司能为人才提供足够的成长空间，优秀的人才也愿意来小公司工作。吸引人才靠事业，许多企业的管理层都充分认识到这一点。为留住人才，进行大胆授权，给人才创造施展才能和价值的空间，同时针对中高级管理人员和核心员工进行配股，让他们成为企业的股东，使他们把自己的命运与企业的命运紧密联系在一起，从而使他们稳定下来。如果能帮助优秀人才设计出符合自己个性特征的职业发展道路，让员工清楚地看到自己的成长之路，他们必定会感到欢欣鼓舞，备受激励。

3.靠股权吸引留住人才

在引人、留人上，小公司还可以顺应企业改革的潮流，在"产权明晰"上下功夫，制定多样的、具有吸引力的股权政策。可以采用如下几种方式：

期股：即企业向人才提供的一种在一定期限内按照某一既定价格购买本公司一定数量股份的权利。

干股：即企业送给人才的一种特殊股权，可以享受分红但不拥有产权。

岗位股：即一种只与岗位对应的股权。

贡献股：即根据员工对企业的贡献而给予的一种股份。

知识股：即根据人才的知识背景或特殊技能而给予的一种股份。其具体做法是企业在总股份中分出一块专门用于吸引人才，该项的要点是对人才价值的合理评价，以确保企业和人才双方的利益。

每个企业都有自己的特点，引用股权的形式必然各不相同。企业可以根据自身的实际情况灵活运用。

4.用优良的环境激励人才

优良的环境不仅能有效地留住人才，而且也能起到很好的激励员工的作用。公司的目标清晰，制度流程规范，办公条件与工作资源的不断改进与完善，领导的认可，良好的内部沟通与人文环境等，都会对人才产生很大的吸引力。小公司可以在这些方面做出努力，营造舒适和谐的人文环境，真正做到以环境留人。

5.用真挚的感情感动人才

要想长期有效地激励员工，管理者除了要满足员工合理的物质需求和安全保障外，还应关注员工的精神和情感方面的需求。公司全心全意地照顾员工，做到以情感人，员工才会全心全意地回报公司。

要吸引人才，更要吸引人才的心，这对中小企业而言，其影响效果尤为明显。

用人先要识人

小公司本就规模不大，它不是慈善机构，这就要求用人者必须慧眼识真才，把真正的人才选拔出来，把庸才淘汰下去。这就需要用人者具备卓越的识人本领。

公司的经营者要善于识别和发现潜在人才，更需要识才的好本领。有的人才是含而不露，等待知遇之人；有的人才没有机会施展自己的才能，只好暂时埋没着；有的人才连他自己也不知道自己有多大的能力。这就靠用人者有爱才、求才的迫切心情，有细微的观察能力和分析能力，有不拘一格使用人才、在实践中考验人才的魄力，有长时间观察、考验人才的耐心，有不怕纠正在识别和使用人才上失误的胆量。还要在实践中，通过业绩来识别人才，而不能凭一些空言大话的表象，或是只凭文凭、评语、档案这些死的东西，或是凭一些只能说明过去的东西及主观随意性较强的东西去识才和选才。识别人才是用人的基础，切不可掉以轻心。

识别人才的方法有以下几点：

（1）检验是否具备雄心壮志。优秀的人必然有取得成就的强烈成功欲望。他通过更好地完成工作，不断地去寻求发展的机会。

（2）检验是否具备解决问题的能力。如果你发现有许多人需要他的建议、意见和帮助，那他就是你要发现的人才了。因为这说明了他具有解决问题的能力，而他的思想方法为人们所尊重。

（3）检验能否带动别人完成任务。注意是谁能动员别人进行工作以达到目标，因为这可能显示出他具有管理的能力。

（4）检验能否做出正确决定。注意能迅速转变思想和说服别人的人。一个有才干的人，往往能在相关信息都已具备时立即做出决定。

◇ 优秀人才的必备因素 ◇

要想为公司的发展选聘到真正所需要的人才，需要考虑以下几个因素：

1.具备优秀的工作能力

　　人才的学历并不重要，重要的是有一技之长，能够独立开展工作，有创新精神，爱岗敬业，脚踏实地地工作。

2.具备良好的心理素质

　　社会的竞争是激烈与残酷的，而这势必给每一个员工造成强大的压力。这就需要员工具备良好的心理素质。

3.具有积极的工作态度

　　积极的工作态度，往往能为本人带来工作激情和动力，进而提高工作效率。这是公司在日常经营管理时应该考虑的因素。

（5）检验能否执行到位。如果他是一个很勤奋的人，他从不会去见老板说："我们有问题。"只有在问题解决了之后，他才会找到老板汇报说："刚才有这样一种情况，我们这样处理，结果是这样。"

（6）检验是否主动积极。一个优秀人才通常能把上级交代的任务完成得更快更好，因为他勤于做"家庭作业"，他随时准备接受额外任务。他认为自己必须更深地去挖掘，而不能只满足于懂得皮毛。

（7）检验是否勇于负责。除上面提到的以外，勇于负责是一个优秀人才的关键性素质。

当然，有以上这些考察人、识人的要点和注意的方面还是不够的，我们还必须在实践中通过各种方法去有意识地考察他们的能力和水平。

任用比自己更出色的人

山外有山，人外有人。在一家公司中，经营者可能是一个优秀的人，但下属在某一领域比公司经营者强是很正常的。承认下属比自己强，并不是件丢人的事，因为发现和培养人才是管理能力的重要表现。作为公司的经营者，你可以不懂最新的科学技术，但是你可以通过有效的管理，整合在各专业领域业务能力强的下属来完成使命，而能做到这一点，就是优秀的管理者。

对于能力强的下属，要给他们安排富有挑战性的工作，只有这样才能充分调动他们的积极性，极大限度地发挥他们的潜能。

1.善用比自己优秀的人

美国钢铁大王卡内基的墓碑上刻着这样一句话："一位知道选用比他本人能力更强的人来为他工作的人安息在这里。"

卡内基虽然被称为"钢铁大王"，但他却是一个对冶金技术一窍不通的门外汉，他的成功完全是因为他卓越的识人和用人才能，他总能找到精通冶金工业技术、擅长发明创造的人才为他服务。齐瓦勃是一名很优秀的人才，他本来只是卡内基钢铁公司下属的布拉德钢铁厂的一名工程师。当卡内基知道齐瓦勃有超人的工作热情和杰出的管理才能后，马上提拔他当上了布拉德钢铁厂的厂长。正因为有了齐瓦勃管理下的这个工厂，卡内基才敢说："什么时候我想占领市场，什么时候市场就是我的。因为我能造出既便宜又好的钢材。"几年后，表现出众的齐瓦勃又被任命为卡内基钢铁公司的董事长，成了卡内基钢铁公司的灵魂人物。

到20世纪初，卡内基钢铁公司已经成为当时世界上最大的钢铁企业。卡内基是公司最大的股东，但他并不担任董事长、总经理之类的职务。他要做的就是发现并任用一批懂技术、懂管理的杰出人才为他工作。卡内基曾十分肯定地说过："即使将我所有工厂、设备、市场和资金全部夺去，但只要保留我的技术人员和组织人员，四年之后，我将仍然是'钢铁大王'。"卡内基之所以如此自信，就是因为他能有效地发挥人才的价值，善于用那些比他更强的人。

2.对有才能的人进行约束

一般有能力的下属都有点恃才傲物，有时甚至爱自作主张。作为公司的经营者，必须要用制度约束他们，多与他们进行思想沟通，力争达成共识和共鸣。

然而每个上司对待能力强的下属的态度却千差万别，正是由于这不同的态度和做法，不仅影响着能干的下属的命运，同样也影响着自身利益。那么，作为一个上司，要善用优秀的下属并能驾驭他。

美国内战期间，约瑟夫·胡克将军毛遂自荐，当上了北方联邦军队的一个重要指挥官。但是，随着时间的推移，人们发现，胡克将军不是合适的人选。他谈起话来桀骜不驯，是如此地任性。于是，林肯总统写了他任总统期间的最尖锐的一封信，批评他的短处，使他发挥他的长处，共同促进事业的成功，但还要注意不能引起他的反感。

他是这样批评胡克将军的："我任命了你为波托马克军团司令。当然，我做出此决定是有充分理由的。然而，我想最好还是让你知道有几件事我对你并不是很满意的。

"我相信你是一个英勇善战的战士。为此，我当然是赞赏的。我也相信你没有把政治和你的职业混淆起来，这一点你是对的。你对自己充满信心，这即使不是必不可少的品质，也是可贵的品质。

"你有雄心，在一定的范围内，这一点是有利而无弊的。但是我认为，在伯恩赛德将军指挥兵团时，你放任自己的雄心，尽你之所能阻挠他。在这一点上，你对国家，对一位最有功劳的、可尊敬的兄弟军官犯下了极大的错误。

"我听说，并且我也相信，你最近说我们的军队和我们国家需要一个有绝对权威的统治者。当然不是因为此，而正是不顾此我才给你下达命令。只有取得战功的将军才能做有绝对权威的统治者。我现在需要你取得军事上的成功，而我将承担独裁的风险。

"政府将一如既往尽全力支持你，并支持所有司令官。我非常担心你曾助长军队里的批评和不信任司令官的风气，现在正冲着你来了。我将尽全力协助你刹住这种风气。无论是你还是拿破仑——如果他在世的话——都不会在这种风气盛行的军队里得到好结果，而目前要防止急躁。但是要干劲十足，戒备不懈，勇往直前，为我们夺取最后的胜利。"

无疑，林肯是一位优秀的管理者。"好马"大多是"烈马"，这让管理者苦恼，但是运用策略，自己一样可以驾驭这些比自己出色的"烈马"，并且能为己所用。

能力强的员工过分张扬，就容易招致其他组织成员的嫉妒甚至反感，成为组织成员中的众矢之的。遇到这种情况时，管理者要善意地帮他改正缺点、更新观念，使组织形成团结合作、积极进取的健康氛围。

◇ 领导者要善于选用比自己更优秀的人 ◇

寻找比自己能力强的员工，发展员工的能力，这也是领导者的天职。

团队能力

领导者的价值不在于他自己的能力有多强，而在于能够任用和带领更多有能力的人达成团队目标。而选用优秀的员工更能做出好的成绩。

领导者敢于用比自己能力强的人，也能从这些人身上学到更多东西。能力越强，那从他们身上学到的东西就会更有价值。

你做得非常好，这方面我得向你学习！

生活目标表

因此，作为领导者，不能因为员工比自己更优秀就不任用，而是应该主动去选择优秀的人才，这样才能让自己的团队更出色！

区别对待不同的下属

任何一个公司的领导，下属总是包含不同的人。但对待不同的下属，要区别对待，充分发挥他们的优势，从而真正形成团队的合力。

唯有以不同的方法，区别对待不同的下属，才能让他们各尽其力，共同促进公司的发展。

1.表现比较好的人

一是用他的长处，使他用自己的实绩展示自我。二是用人才互补结构弥补他的短处，保证他的长处得以发挥。最重要的是，建立适合他的激励机制，使其保持一贯。

2.表现一般的人

给其在他人面前表现自己的机会，求得别人的信任和自己的心理平衡。也要注意鼓励他们用自己的行动证明自己的能力，激励他们不断进步。

3.表现较差的人

可以给他们略超过自己能力的任务，使他们得到成功体验，建立起"可以不比人差"的信心，同时注意肯定他们的长处，一点点起动起来。

4.有能力的老员工

可以采取以目标管理为主的方式。在目标、任务一定的情况下，尽量让他们自己选择措施、方法和手段，自己控制自己的行为。还可适当扩大他们的自主权，给他们回旋的余地和发展的空间。

5.能力较弱的人

可以采取以过程管理为主的方式。用规程、制度、纪律等控制他们的行为过程；也可用传帮带的方式，使他们逐渐积累经验、提高能力。

6.有能力的年轻人

对有经验的中老年人，可以让他们做稳定性的、改进性的、完善性的工作。而对有能力的年轻人，可以给他们开拓性的、进取性的、有一定难度的工作，并注重对他们的培养，使其未来能独当一面。

7.优点、弱点明显的人

取其所长，避其所短。长处显示出来了，弱点便容易得到克服。管理者要多用感情沟通，在具体工作安排上体现扬长避短，使他们真正发挥自己的能力。否则，被束缚住了手脚就很难有所作为。

8.有特殊才能的人

一定要尽可能给他们最好的条件和待遇。特殊人才，特殊待遇，这是我们应该遵守的原则。他们中有的人并不是安分者，可能有这样那样的毛病和问题，以致很不好管理。对此我们不只是要容忍，而且应该做好周围人们的工作，以便使他们能够集中精力发挥长处和优势。在特殊情况下，还应该放宽对他们的纪律约束和制度管理，甚至采取明里掩盖、暗中支持的办法。

9.有很强能力的人

可采取多调几个岗位、单位的办法，既能够让他们发挥多方面的、更大的作用，又可以调动他们乐于贡献、多出成绩的积极性。

10.被压住了的能人

最有效的办法就是给他们显示自己本领的机会，等有了成绩，被公众认可了，在必要时就可以调回来加以任用。另一个办法是把压他们的人调开，让能人上来。这都要根据具体情况决定。

11.跟自己亲近的能人

"自己人"用起来最顺手，但是公司经营者用这类能人一定要注意"度"的把握，一是调离自己的身边，让其显示自己的才干。好处是，因为和自己的关系好，到底是不是能人还可以再看；如果真正有能力，别人也会服气。二是采取外冷内热的办法严格要求，使他们不依靠领导，而是依靠自己，不断地求得发展。

12.道德上有缺陷的能人

如果公司发展确实需要这样的人才，可采取这样的办法，给他以监督、约束，比如会计、审计、监察人员，在职能权力上约束他。

不能被重用的几种人

有时管理者求才心切，发现某人有一技之长，便不问其他，委以重任。殊不知，有些人虽然学有所长，但由于自身的某一方面存在致命的弱点，有朝一日说不定会因此坏了企业的大事。

总结起来，有以下几类人不能重用：

1.自命不凡的人

有些人根本无法容忍别人的一切举止、想法。对于这种自命不凡的人，各种"人际关系训练法"都治不好他们永远埋在心底的精神特质。把这种人一个个地互相隔离开来，乃是最好的解决方法，而且是唯一的解决方法。这种自命不凡的人对谁都看不起，觉得世上唯有自己最有能耐。

2.权力欲强的人

权力欲望过强的人浑身上下都散发着"权谋家"所特有的"气味"，时时刻刻在别人面前显示自己的能力。这种人有能力，而且已经下定决心，一定要升到最高层的位置，不达到目的，誓不罢休。他们对于工作尽心尽力，无须别人督导。

他们那种带着使命感的热忱促使他们努力表现自己。这种人把工作当作自己的生命，而不是调剂人生的手段。这种人没有爱好或嗜好，凡是花时间的兴趣，他们一概没有。这种权力型的人只有野心，没有计划。任何事或人阻碍了他们的野心和计划，都会使他们暴跳如雷。这种人只有在不动弹的那一刻，才会停止他的奋斗。要记住：这种人的本性是极其自私的。

◇ 两种员工要慎用 ◇

什么样的员工都有可能存在于公司，或许某一方面才能出众就会得到重用，但是下面这两种人，作为领导一定要慎用：

经理，我看您最近休息不好，听说这个管用，您试试？

1.谄媚的人

谄媚型的人深信，如果能迎合管理者，就能步步高升，却不注重提升自己的工作能力。如果这类人得到重用，一定会阻碍公司的持续发展。

2.投机的人

这些"投机"的人在找工作时投机，也在工作上投机，他们的目标专注于晋升或增加工资，而不是把精力放到兢兢业业的工作上。

听说这次我们要选小组长……

人不是十全十美的，也就不存在完美的员工，但是，在选择员工的时候，还是应该全面了解，任人唯贤，注重员工的品德。

3.过分稳重的人

四平八稳型的人处世轻松，满不在乎；心眼不坏，也有工作能力。这种人是相当有能力的人，这确实值得小企业雇用。但是，他们缺乏权力型那种人的干劲和创造力，这种人在事业上四平八稳，处世哲学是"谁也不得罪"，他们可在短时间内赢得同事和下级的尊重。他们最主要的缺点是已经失去干劲，只是想谋取一个舒适的职位而已，根本不可能跟别人竞争比赛。

这类人才往往不堪重用，因为没有锐气的人才很难促进公司的继续成长。

4.爱虚荣的人

虚荣型的人渴望自己是富人和名人的知己。这种人只要一有机会，就会滔滔不绝地向别人叙说他与某些有名望的人常有往来。实际上，他的所谓名人朋友可能根本不认识他；或者认识，也只知道他是个"牛皮大王"而已。尽管如此，这种人仍然会使出浑身的解数，使人相信他是块做经理的好材料。按照这种人的逻辑，他当了经理，有那么多名流朋友，还怕小企业没有后台吗！而实际上，这种人没有什么真本事，只会夸夸其谈、信口开河，畅谈他的社交生涯。

5.理论主义者

公司不是研究机构，若问他"这件事情怎么样"，他说一大堆这个主义、那个观点，就是没有说出解决事情的方法。这种人也许可以成为很好的学问家，但绝不是有效率的员工。

6.不会交际的人

做人最重要的是人格完整，但生活习惯各不相同。商务接洽的人没有圣人，抽烟、喝酒、跳舞的人更容易增强发挥和顾客的亲和力。不烟不酒，一板一眼虽不算缺点，但对商务需要来说，可能不利于开展业务。

对于公司发展来说，不会交际的人，不可用做企业营销等外部工作。

设法留住优秀的人才

企业中优秀的人物，他们为企业创造的效益，远远高于普通员工，根据按劳分配原则，他们的所得，也应远远高于社会平均薪酬。因此，优秀人才的薪酬应随行就市，确保其薪酬与其创造的价值相应，甚至不能低于意欲挖角的竞争对手的出价。支付具有绝对竞争力的薪酬，是留住优秀人才的第一招数。

以高薪来留住优秀人才，这是很多企业的管理常用手法，这个方法之外，给予优秀人才一定的经费、人员、资源的支配权，让他们参与企业决策，为他们搭建一个宽广的平台，有助于提升他们的忠诚度和工作热情。留住最优秀的人才，防止人员"跳槽"，这是当今每一位管理者都面临的头痛问题。管理者应该未雨绸缪，早做防范，绝不可轻易让优秀人才从自己手中溜走。

1.量才而用

如果优秀人才不辞而别另择高就，公司上下事先却无人觉察或知道并没人报告，实际上这是公司经营管理不善的反映。公司经营者对此应早有发现，并尽量使其回心转意。

一个员工工作量的多少并不能说明他对公司的满意程度如何。经常有人仅靠自己的能力和遵守公司的管理制度就能圆满或超额完成自己的定额，但内心里他并不真正喜爱这份工作。一位负责销售工作的部门主管，工作成绩在公司连年都超定额，收汇、利润都很可观，是公司的骨干。但他却对制作电视广告情有独钟，希望有朝一日成为电视制作部门的主管。从公司角度出发，他留在销售部门是最理想不过，但他却一心想往到电视部门。此时如果有合适的广播电视公司，他一定会义无反顾地离开销售工作去接电视制作。

这种情况下，可以让他同时兼做两项工作，如果他确实才华横溢，兼做两项工作都很出色，不仅满足他对兴趣的追求，又为公司留住了人才，不会因人才流走而担心销售额下降了。

2.宽以容才

有些人走的原因很简单："与领导不合！"与领导不合的原因是很多的。人们常常认为，责任在领导，如果他能在发生冲突时，显出自己的宽宏大量，不去斤斤计较下属，那么许多问题是可以解决的。

领导对下属应敏感体谅，而员工则应随时把自己情绪上的波动、工作中的合理要求及时告诉领导，这是双方呼应的事。当领导的人不可能真正了解员工的内心世界，相互经常地进行工作、思想交流是保持上传下达、减少隔阂的有效办法。

3.谨慎外揽人才

破格升职，在为公司招揽人才的同时，往往也带来一些不必要的麻烦。

当你的公司招聘到一位能力强、有开拓创新精神的年轻人，并且舆论公认此人日后必然会成某经理的接班人时，你必须认真思考：给他什么样的职位，如何提拔他更好？

如果在他的任用问题上稍有疏忽，处置不当，将会给公司带来不必要的麻烦。要么这位优秀者会因位置不好而另寻高就；或者会使那资历比他高、工作时间比他长、职位较低甚至较高的人为此而抱怨公司一碗水未端平，厚此薄彼。用人的事，不是小事，不可轻视。

4.注重培养

假如一位胸怀抱负的能人在公司里仍做低级员工的工作，其才干并没有得到充分肯定，此时此刻他要求离职另求发展是很正常的。

刚刚离开学校到公司工作的大学生、研究生，若不对他们加强管理、注重早期培养、压担子的话，在两三年内他们最容易"跳槽"。他们年轻有为，前程远大，正是公司的希望所在，并且已熟悉了公司业务，如果让他们流失，公司将再去培养新手。对这些，不少公司并没有引起高度重视。

对此，应把新来的员工看作是公司的一笔长期投资，精心地培养督促他们。安排公司有能力的主管或员工指导他们，让他们承担一些力所能及或是超过其能力的

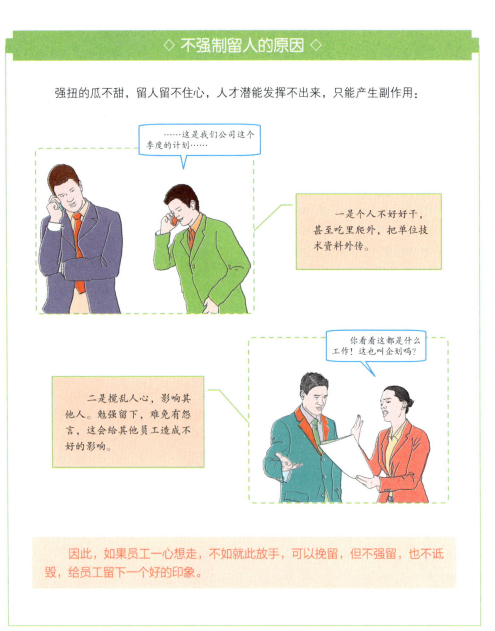

◇ 不强制留人的原因 ◇

强扭的瓜不甜，留人留不住心，人才潜能发挥不出来，只能产生副作用：

……这是我们公司这个季度的计划……

一是个人不好好干，甚至吃里爬外，把单位技术资料外传。

你看看这都是什么工作！这也叫企划吗？

二是搅乱人心，影响其他人。勉强留下，难免有怨言，这会给其他员工造成不好的影响。

因此，如果员工一心想走，不如就此放手，可以挽留，但不强留，也不诋毁，给员工留下一个好的印象。

工作。这一切就如一个长期项目，并不期待马上得到回报或收回投资。只要他们在公司工作的时间愈长，公司得到的回报将愈大。

5.适时加薪

波音公司的专家们对450多名跳槽者的调查表明，其中有40名为增加工资与管理者进行了谈判，27名因被加薪而留下来继续为公司效力。

实践表明，适时加薪，能使大多数员工看到前途，感到希望。从另一角度说，一些老员工本身就是公司的一笔巨大的无形资产，与所加薪资比较，聪明的管理者会倾向于选择什么呢？这当然是不言而喻的了。

6.不强制留人

企业管理强制留人，留得住下属的人，但却留不住下属的心。强制留人，不但对下属不利，对自己也不利，实际上是一种愚蠢的双输行为。

有些企业，对要调离者降职、调换工作，企图"杀一儆百"，最后发展到意气用事，企业为不放人而不放人，个人为离职而离职。其实这正好南辕北辙，要离职者后路已无，一心要走，舆论也会日渐同情他。因为这类员工一般对公司都做出过贡献，现在和公司闹僵，最终也只会挫伤留下者的积极性，损害了企业形象。

如果我们在放人的同时，还开一个小范围的欢送会，肯定过去的成绩。给予实事求是的评价，表明忍痛割爱的心情，这样的好聚好散是有战略眼光的做法。留下者看到企业爱才，处理问题实事求是，充满了温馨和人情味，不是人走茶凉，会使调离者感恩戴德，无形中为企业树立了良好的形象。

多从内部挖掘人才

每一个企业本身就是一个人才库，管理者需要善于从这个人才库中发现和挖掘急需的人才。

松下幸之助从不去著名大学里选择人才，而是十分注意从公司内部员工中发现人才，量才使用，在使用中注重实际工作能力和效绩，用人不论亲疏。他把许多年轻人直接提拔到重要工作岗位上，如1986年松下幸之助提拔名不见经传的山下俊彦出任松下公司总经理，而将自己的女婿，松下正治由总经理改任总董事长。这次人事安排令人十分惊讶，因为山下俊彦不仅与松下幸之助毫无血缘关系，而且又年轻。但松下幸之助慧眼识英才，山下俊彦出任总经理后，根据世界市场形势的变化和家用电器发展趋势，果断地改变原公司生产体制，由生产家用电器单一制造系统扩展为生产电子科技产品等多门类的生产体系，使公司销售额逐年增加，造就了松下电器公司新的发展阶段——山下时代。

因为空降等外部延揽的方式相比较内部栽培而言，存在种种弊端。当岗位出现空缺的时候，优先考虑内部员工是很必要的，这是因为：

1.员工看到晋升希望

这是促进员工发展的需要，如果看不到晋升希望，员工就会失去奋斗的动力。一个企业能够在内部实现晋升机制，本身就是激励员工更好发展的有效途径。这种机制能够激发员工的工作热情，提高工作效率。

2.内部人员更熟悉环境

内部员工对企业的了解更加深入，一般不存在水土不服的问题。企业需要的人才不仅要专业技术过硬，更要有经验，这样才能以最快的速度投入工作，最快地收到实效，而挖掘内部人才正好适合这一要求。

3.招聘成本较低

从外部引进的人才，其人力资源成本往往是当前员工的数倍甚至数十倍，很容易引起当前员工的不满，从而在工作配合上出现诸多的敷衍和不到位状况。

从外部选用人才是人才选用的一种重要途径，但是，从企业内部培养和选拔人才也是获得人才的重要途径之一。如今，越来越多的企业重视从内部选拔领导者，国际上许多知名跨国公司如通用、联想、宝洁都非常重视培养自己的员工，而且高级管理人才基本也都是自内部选拔。

那么，作为企业的经营者，应如何从企业内部挖掘人才呢？企业内部每隔半年或者一年就能让各个层次的干部、职工实行一次内部的调动，以有效地提高人才的使用效率。

实际上，每一个企业都是一个潜在的人才库，如果能够调整企业内部人才的使用位置，不仅可以从中发现人才，而且也可以在具体的实践经验中造就大批的人才。这样既可以降低人才的培养成本，同时也可以激发人才的创新精神，为企业创造巨额的利润。

敢于提拔和重用"外人"

不少企业家深谙这个道理，他们敢于在关键位置提拔重用"外人"，企业也因此获得发展。

不过，人才的引进是为了促进企业更好的发展，"空降兵"的加盟并不意味企业管理者就可以高枕无忧。"外人"能否适应水土，能否为企业带来新的发展，才是企业管理者需要注意的关键所在。

在一家拥有一百人左右的公司里，近半数的员工都是跟着老板打江山过来的，彼此很信任。本来公司里气氛融洽，年轻人又多，办公环境很轻松，下班后大小聚会也是常有的事儿。但是，随着新任主管张素的到来，公司的气氛悄悄起了变化，

◇ 学会利用"外人" ◇

要恰到好处地利用外部人才，公司管理者就要做到以下几点：

……对于这个问题，大家有什么好的想法吗？

1.发挥智囊团作用

智囊团原则上使你得以把他人的经验、训练和知识所汇集的力量，当作是自己的力量一样加以运用。

2.尊重贤士

管理者不可能处处高明，只有借用外部人员的高明之处，才能真正用人不疑。因此，领导者应该虚怀若谷，恭以待人。

您是这方面的专家，您看看有什么好的办法吗？

独立空间

管理者　　员工

3.不设框框

管理者不应以任何形式把自己的主观意志强加给所任用的人，而应积极地为他们创造一个独立进行工作的环境。

大家工作时正襟危坐，说话时谨小慎微，下班后行色匆匆，就怕被新主管抓住工作上的把柄。

张素是公司老板从对手那儿挖过来的"空降兵"，她对于出现这种情况感到很委屈，"我来之前，公司的管理确实太松散了，人浮于事，效率不高，老板既然重金请我来，我觉得就应该发挥自己的作用，把能办的事情办好。"基于这样的思考，她决定从自己部门的工作入手，整顿办公室纪律，严肃工作程序和流程。

又到月底，员工开始去财务报销一些日常的办公费用。上一任主管往往不看这些花花绿绿的发票，立即就在报销单上签字。张素却非常认真，逐条逐笔详细审核。从中她发现了很多问题：有总款额核算不对的，有发票种类和事由不符的，有非公务开支不应报销的。她的这种做法，效果明显，一个月下来，办公开支减少了数万元，老板甚为满意。但公司上下对她意见已经很大。

没过多久，那些利益受损的老员工开始集中向张素开火。"没能力""搞派系""自以为是"，他们对张素的这些负面评价越来越多。甚至在部门经理会议上，有人公然指责财务部门不支持工作。随着向老板打小报告的人越来越多，本来对张素还很信任的老板逐渐对她不满起来。在张素来到这个公司的两个月之后，老板为了维护公司的和平氛围，只好将张素解雇。

面对这种情况，企业的管理者一定要看到任用"外人"所遇到的阻力。企业的老员工可能会制造麻烦来抵制外来管理者，而外来管理者又想尽快树立起威信，通常都会拿老员工开刀。同时，引入"空降兵"的企业管理体系和管理基础往往又是空白，一般不太讲究规则。

外来人才要想运作好，势必要不按套路出牌，由此产生了"空降兵"和老员工的职业行为、职业方式上存在的沟通困难和天然文化冲突。企业的老员工和职业经理人的磨合是一个痛苦而漫长的过程，企业管理者要妥善处理好两者的关系，既要让"空降兵"才华得以表现，又不会过分伤害到原来的老员工。

显然，管理者不能因噎废食，关键位置上敢用外人，还是值得提倡的。

为自己选好副手

对于企业的经营者而言，培养一个好的二把手，是非常有必要的。管理者不是超人，他不可能每一次都能及时地赶到需要他的地方。管理者如果拥有一个好的二把手，就相当于多了一个分身，当发生紧急情况而管理者不在时，二把手可以代替管理者主持全局，很好地处理那些棘手的问题。一个好的二把手，不仅可以成为管理者最有效的执行者，也可以让管理者能够集中精力思考大问题，而不必为那些琐碎的小事大伤脑筋。

　　如何慧眼识金，在如此众多的下属中寻找一个出色的二把手，是一项非常艰巨的任务。在选择二把手时，不仅要考虑候选人的资历及办事的能力，还要选择那些受到员工的普遍尊敬，以及敢于对管理者说"你错了"的人。

　　选择一个合格的二把手不容易，管理者一旦找到了适合的人选，就要全力栽培，通过各种方法帮助他成熟起来。

　　具体来说，副手需要达到的基本要求包括以下几点：

1.具备全局观

　　作为领导的副手，应善于站在领导的角度思考问题，如果没有全局观，其实质与下级干部无异。领导也可以对其进行潜移默化的教育，使之能充分发挥副手的作用。

2.应替领导承担部分责任

　　领导的过程，必然是一个得罪人的过程，副手应善于替领导着想，并不怕开罪于人。如果把矛盾都上交给领导，领导必然焦头烂额，这就不是一个好副手。副手的主要作用就是替领导承担部分责任，让领导腾出精力专心思考大问题。不肯替领导承担责任的人，不能选择其作为副手。

3.应做好领导的参谋

　　领导毕竟也是凡人，不可能事事正确。副手应多替领导思考问题，提出自己的看法并纠正领导的错误。如果对领导的任何意见都表示赞同，就失去了副手的意义。在大多数企业中，对领导点头称是的人太多，如果副手也是如此，错误的决策就无人敢于纠正，这是相当危险的。

4.应与领导高度互补

　　副手尽力朝领导短处的方向发展，以弥补领导的短处，这样才会形成水乳交融的上下级关系。如果副手一味朝领导长处的方向发展，只可能形成一种"竞争"关系。比如，某外贸公司的总经理德语很好，其副手的德语也不错，那么，总经理非但不会欣赏副总经理的德语，反而可能挑出副总经理的语法错误。反之，如果总经理法语一流，那么，总经理一定会欣赏副手流利的德语。

5.应尽力帮助领导树立威信

　　副手应该主动处理一些领导不便亲自参与的事情，义不容辞地承担起这个责任，使领导成为团体的精神支柱和信心源泉。

制度之道：
建章立制，小公司发展需要制度护航

做大做强需要制度护航

制度存在的意义，是使企业的行为可以预期，比如过马路，我们要制定交通规则，车在左边，人在右边，如果没有这个规则，你走在大街上就没有安全感觉，车祸会接踵而至，而有了制度，就可以预期企业的运行。制度的另外一个重要意义，是对于企业长远利益的保障。

良好的企业制度才能够保证公司的持续发展。有不少公司的经营者认为自己"有本事""有魅力"，只要自己负责经营企业，就一定能促使公司持续繁荣，但是事实上他们忽略了公司制度的重要性。

不可否认，企业家或因杰出的才能、非凡的人格魅力，或因"时势造英雄"而成为公司的绝对主宰和精神领袖，公司的发展与壮大系于一人，但"一人身系天下安危"，这种脆弱的人治直接影响企业长远、稳定的后续发展。

1.公司制度化后才有生命力

管理学家罗宾斯指出，当组织开始制度化后，它就有了自己的生命力，独立于组织建立者和任何组织成员之外。它具有稳定性和连续性，不会因为领导的更换而发生变化。

对一个企业组织来说，有一个个人魅力强的领导是好事，但要把这种好事延续下去却较难。一位企业的管理者曾说："为什么我们第一代企业领导人一旦退休，或者突然发生意外的时候，这个企业就垮了？原因就在这里，它没有制度化。因而，只有为企业建立了一种制度的企业家才能算是成功的企业家。比如说美国，一提就提到开国之父华盛顿，他制定了美国宪法和民主的选举制度。他的伟大在这里，而不在于他是开国总统。实际上对企业来说，成功与否关键在制度。就是我不在，公司还能很好地发展下去，这才是最大的成功。"

不管是谁当领导，都能将公司经营好，这才是持久的管理。怎样才能做到呢？

这就需要制定相应的制度，按照相应的制度办事。

台塑集团创办人王永庆，他学历不高，但他深知企业制度的重要性。从建立台塑，到带领台塑走上商业巅峰，他一步一个脚印地建立和完善着企业的制度。如今，台塑集团已经成为世界闻名的大型企业。令人称奇的是，在屡次经济波动中，台塑都没有受到多大影响，一直保持着稳健的增长。作为一个巨大的实业帝国，能够在经济波动乃至经济危机中逆流而上，完善的制度功不可没。

王永庆认为，只要制度完善，可以杜绝很多弊端。在王永庆的推进下，台塑建立了完善的制度，涉及到企业运营的方方面面，使得台塑人可以做到"人尽其用""人尽其心"。这种制度也保障了在外界环境发生变化的时候，企业仍然能够在既定的轨道上稳健运行。

2.制度可以避免不可预见行为

所谓不可预见行为，指某个人在某件事结束以后，不清楚下一步将会发生什么。有了制度以后，下一步该干什么已经清清楚楚。

一个组织的长生不老绝不仅仅依赖于其英雄人物的"超凡卓识"，而在更大程度上依赖于制度体系。没有人是永远成功的管理者，只有用制度才可以永远地固定下来，并加以传承。

制度化的企业可以靠一套制度来纠正个人的错误，即使最高领导人做出了错误的决策，也有一套纠错机制。这样，企业的决策者可以退出，但企业可以依靠制度而长青。任何人都是企业机器上的一个零件，零件坏了可以换，但整部机器仍在正常运行。有很多企业正是靠制度获得了新生。

20世纪80年代起步的康柏公司，在CEO罗德·凯宁的领导下取得了优秀的业绩。他们高质量的手提电脑与高速、大容量的微电脑曾风靡一时。公司成立5年后销售额突破10亿美元。但当80年代末，电脑开始普及之后，凯宁顽固地坚持高质量、高价格，反对低价、大批量普及的潮流。这时，董事会决策制度发挥作用，撤掉了顽固不化的凯宁，康柏又走向新生。

一个人无论多伟大也不能不犯错误，依靠个人的企业无法消除个人错误引起的恶果，而法治企业有消除这种错误的机制。

3.制度能规避机会主义行为

那些不遵守规则的人，因为制度的不健全，专门钻空子牟取暴利，这就是典型的机会主义行为。

制度化建设是企业赖以生存的基础，是企业行为准则和有序化运行的体制框架，是企业员工的行为规范和企业高效发展的活力源泉。英国首相丘吉尔曾说，"制度不是最好的，但制度却是最不坏的"。

当企业形成完整的制度体系后，不仅是企业领导，一般员工的执行也有了延续性。当某员工离开某岗位时，接管其岗位的后来者能够迅速地遵循现有的"制度"

展开工作，继续推动工作向前发展。这就是跨国公司职员可以频繁流动或较长时间休假，但公司照样能有效运转的奥秘。

◇ 制度对于企业的重要性 ◇

一个成熟的企业都会有自己完整的制度，只有这样企业才能长期发展下去，可见制度对于企业的重要性。

这个是干什么啊，我完全不知道……

……哈哈，这个有意思，晚上我们就去那里……

领导不在，玩会游戏……

一个企业，假如缺乏明确的规章、制度和流程，那么工作中就很容易产生混乱，有令不行、有章不循。

如果企业制度严明，他们会按照制度的要求进行工作，会在制度允许的范围内努力促进企业效益和个人利益最大化。

这次你又要立功了！

这是我按要求整理出来的……

因此，即使是小公司，也应该建立健全自己的制度，让企业早点步入正轨。

制度是有效的竞争力

世界500强，诸如沃尔玛、微软、花旗银行、IBM等等，它们家家都有管理操作规范文本。以麦当劳为例，全世界任何地方的分店做出的汉堡包全都一模一样，其工人和服务员的操作规范文本摞起来有半人高，就是管理者的操作规范文本也厚达数千页。

由此可见，小公司要想做大做强，就必须完善制度，走正规化管理的道路，这样各项事务才能井然有序，信息沟通才快捷、高效，对市场环境的适应能力才强。完善的制度是管理最有力的保障和支持。是否要建设和完善自身的制度，不是企业自身愿与不愿的问题，而是企业是否要发展的问题，是否要增强竞争力的问题。

对小公司而言，完善合理的制度具有重要意义：

1.制度是企业存在的基础

没有制度，就根本谈不到企业的存在，当然更谈不到企业的发展。公司作为各种生产要素的组合体，其运营必须建立在基本的制度基础上，任何一个小公司都必须以制度作为基础。

2.制度是企业运行的保障

公司必须要按照一定的程序运行，而要按照一定的程序运行，就必须要有一个运行的程序，程序要对企业运行有约束，那么约束企业运行的程序是什么？不是别的，就是制度。因此，制度实际上就是约束企业并且保证企业有序化运行的一种准则。没有良好的制度，就没有企业的有序化运行。

3.制度是企业发展的活力源泉

企业的所有经营活动，无论是生产经营活动，还是资本经营活动，都是建立在合理的制度基础上。考察那些优秀的企业，他们得以高效发展，制度是他们的活力源泉。

4.制度是企业发展壮大的必然选择

当企业发展到成规模的时候，必然要求把企业的思想理念，决策措施，考评策略，调控体系，通过制度的方式进行递进和传达，从而建立和实现自己的体系，实现做大做强的目的。

5.制度是企业参与竞争的必要手段

企业之间的竞争日益强烈，除物质基础、人力资源等硬件条件外，管理策略、思想、意志和精神等软件要素的重要载体可以说就是制度。

在今天的日益激烈的竞争背景下，企业的制度化程度如何，是竞争力的直接体现。同时，合理的制度建设可以建立一支高效的企业团队，规范作业流程和员工工作行为，使得企业形成一个融洽、竞争、有序的工作环境。只有在这样的环境中，员工才能最大限度地发挥自己的潜能，使组织工作效率最大化。

6.制度可以把管理者从琐务中解放出来

完善的制度能使现代企业纷繁复杂的事务处理变得简单，企业管理者不再需要将大量宝贵时间耗费在处理常规事务中。这样，常规事务的处理也变得有章可循，企业的工作可以处于一种有序的状态中。

7.完善的制度有利于促进企业正规化

企业通过各种制度来规范组织成员的行为，更多的是依据制度来处理各种事务，而不是以往的察言观色和见风使舵，使企业的运行逐步趋于规范化和标准化。这些处事原则更加符合市场经济的要求，使企业能够顺利地融入市场竞争。

8.规范的制度更容易吸引人才加盟

一方面，规范的制度本身就意味着需要有良好的信任作为支撑。在当今社会信任普遍处于低谷之时，具有良好信任支撑的企业在人才竞争中很容易获得优势；另一方面，规范的制度最大程度地体现了企业管理的公正性和公平性，人们普遍愿意在公平、公正的环境下参与竞争和工作；同时规范而诱人的激励制度也是企业赢得人才争夺战的最为有力的武器。

为公司建章立制

一个科学的完整的制度，是一个具有可操作性的、能保障执行到位的制度，它通常由以下三个部分构成：

制度中的原则性条款，是管理者希望员工做什么，不要做什么。原则条款通常都是笼统的要求，只说做什么，没说怎么做，缺乏具体、细化的操作方法。

实施执行程序，是针对原则条款，订出具体的实施方法和标准，主要解决怎么做，如何执行的问题，使原则条款转化为可操作的程序规定。

有效的检查程序包括：谁检查，按什么程序检查，检查者要负什么责任，怎么约束、检查检查者。它是制度执行机制中最关键的部分。缺少检查程序，制度执行就没有保障。

一个科学有效的制度，它的三个组成部分是相互依存、缺一不可的。其中，最重要的是检查程序（它是制度结构中的重中之重）；其次是执行程序，原则条款为最轻。

结构决定功能，正是由于制度结构的缺陷，导致了许多机构的制度成为摆设。怎样才能建立合理的制度呢？以下几个要点可供参考：

1.制度设计体现合理性

因为制度设置的不合理性，主管也无法对员工完不成任务而进行处罚，结果更造成了制度根本得不到执行。

某白酒企业，公司为各个区域的员工都规定了严格的月业绩考核任务指标。但

◇ 健全的制度应具备的特征 ◇

公司要获得长久的发展，必须自成立开始，就要不断建立健全制度。唯有健全的制度，才能为企业持续发展提供机制保障。那么，对小公司而言，什么才是好的制度？它应该具有什么特征？

1.利益相关性

当员工能够认识到制度是在保护自己的利益时，他们会积极地维护制度，愿意接受制度的约束。

2.权威性

必须坚持在制度面前人人平等，不允许有任何特殊与例外——违反者必须接受制度的惩罚。

虽然你是他们的经理，但是出错了还是要按制度给你惩罚的……

按制度规定，我们职位的工作就是负责前台接待工作……

3.具体性

好制度对员工在什么岗位上要做什么都规定得很清楚，能够使员工趋利避害，保证企业正常有序发展。

白酒消费市场带有明显的季节性，在旺季，员工基本上都可以完成，而在淡季，几乎没有一个人能完成任务。结果造成了在淡季，员工工作积极性大为消退，因为即使再努力去工作，任务目标还是无法完成。比如在淡旺季行业，制定制度时就可考虑这些因素。

2.制度设计体现激励性

制度的设计如果体现激励性，则能充分调动员工的积极性，体现出效益；反之，如若制度设计不具激励性，不仅不能激发员工的工作热情，反而会滋生员工的抱怨情绪。

3.制度设计体现科学性

要让制度体现科学性，却不是一件容易的事情。下面的例子或许能给人启发。

7个人同住在一个小木屋中，他们想用非暴力的方式解决吃饭问题——分食一锅粥，但是没有任何容器称量。怎么办呢？大家试验了这样一些方法：

方法一：拟定一人负责分粥事宜。很快大家就发现这个人为自己分的粥最多，于是换了人，结果总是主持分粥的人碗里的粥最多最好。

方法二：大家轮流主持分粥，每人一天。虽然看起来平等了，但是每个人在一周中只有一天吃得饱且有剩余，其余6天都饥饿难耐。

方法三：选举一位品德尚属上乘的人，还能维持基本公平，但不久他就开始为自己和溜须拍马的人多分。结论：毕竟是人不是神！

方法四：选举一个分粥委员会和一个监督委员会，形成监督和制约。公平基本做到了，可是由于监督委员会经常提出多种议案，分粥委员会又据理力争，等粥分完，早就凉了！

方法五：每人轮流值日分粥，但是分粥的人最后一个领粥。结果呢？每次7只碗里的粥都是一样多，就像科学仪器量过的一样。

哪种制度最能体现科学性？很显然是最后一种，制度无须复杂化，只要体现科学性，就是有效的制度。

4.制度设计体现严肃性

企业的制度要体现严肃性，正如治军必严，而要管理企业，也必须发挥制度的作用，功则奖，过则罚。

实现制度化管理的步骤

实现制度化管理，是现代企业的发展趋势，也是企业提升自身管理水平与竞争力的必由之路。但同时我们也应该认识到，制度化管理的实现不是一蹴而就的，尤其对于小公司而言，制度的建设与实施是一个循序渐进的系统工程，要稳步推动。

那么小公司该如何进行制度化建设和管理呢？

1.确定根本制度

企业要有类似于国家的宪法的"根本大法"，对制度进行指导和制约。这个"根本大法"可以是企业的发展战略，所有的公司制度都围绕企业的战略展开。

成熟的企业应该有一个章程来明确哪些规定应该由谁来制定，由谁来审查，由谁来通过，如果修改，应该是什么程序等等。制定这样一套制度以后，"朝令夕改"就没有那么容易了。

2.确立制定一般规章制度的程序

一般来说，制度越少越好，但是在公司壮大的过程中，不可避免会制定一些子制度，如部门制度、考勤制度、奖罚制度等等。

制度是否能达到预期目的，在一定程度上取决于制定程序是否民主化，制定者是否具有务实精神。一般情况下，制度的制定过程应当充分地体现制定者或企业的民主意识和务实精神，这就需要制定规章制度时必须遵循这样一个过程：调查——分析——起草——讨论——修改——会签——审定——试行——修订——全面推行。

就是说，规章制度的制定要经过充分调查，认真研究，才能起草。草稿形成以后，要发到有关职能部门进行反复讨论，斟词酌句，缜密修改，经过有关会议审定，然后在小范围内试行检验，并对试行中暴露出的问题和破绽，认真进行修改。其中，重要的规章制度还要提请董事会、党委会或职代会通过，再报上级管理部门批准。只有遵循上述基本程序，组织所制定的管理制度才能切合实际，具有权威性和现实性，在管理过程中才会收到预期效果。

3.确定参与制定规章制度的人员

在许多企业里，规章制度绝大多数都是由几个高层领导来制定的，甚至具体到某一业务标准也是由他们来制定。这种现象似乎已成为一种习惯，但高层领导可能对现场作业流程并不了解。因此，需要从企业中抽调一些不同部门、不同层次的人来制定规章制度，并确定一个将来执行规章制度操作管理的人，来共同参与其中，必要时可请管理咨询专家和企业同仁共同设计。这样制定的规章制度就比较规范且容易进行具体的操作实施。

4.确定规章制度的内容

不同的企业因其生产性质和行业背景的不同，所确定的规章制度的内容也有所不同。企业的制度内容可以借鉴优秀企业的制度内容，但是无论如何必须建立在适合本公司环境土壤上，切不可照搬照套。

一般来说，公司的规章制度可以包括：企业的民主管理制度；集中管理与分散经营相结合，即集权与分权相结合的运行机制；以参与国际竞争、占领国际市场为目标的经营战略体系；企业的文化生活制度；配套的营销管理、产品研究与开发管理、生产管理、财务管理、人力资源管理等具体制度。

5.要对制度进行宣传培训

制度制定出来后，要进行广泛地宣传，让每一个员工知晓。尤其是对新员工，公司制度首先成为他们学习的第一课，也是必修课。应加强制度的学习与教育，把制度约束与员工的自我约束有机地结合起来。让员工先"知法"，企业应建立员工手册，手册中可以将企业的制度收编进去。这样也可以确保新进员工能很快适应企业，进入工作状态。

领导要带头服从制度

在某些公司会遇到这样一种现象：制度制定的很完善，哪怕是挂在最显眼的位置，员工却偏偏视而不见，致使制度无法执行，成了一种摆设。这种情况在一些小公司表现尤为突出。

制度不仅仅让员工的行为有了底线规范，更让管理变得简单、公正。因此，管理者要做好制度的建立者，更要做好制度的守护者与执行者，才能确保制度的执行对企业经营起到持续的正面作用。

1.言教不如身教

例如某公司规定早上9点准时上班，可是准时到的人却很少，大家总是在九点时才开始陆续到来，直到9点半才全体到齐。因为，领导一般9点半之后才会来。很明显，在这个公司已经有了一条"潜规则"——只要在9点半以前上班就可以。

在企业中不断加强制度建设的今天，一项好的制度能不能靠得住，关键要看领导者是否身体力行，是否用手中的权力去保护制度而不是超越制度。如果权力大于制度，那么，再多的制度也不过是制度，要想用这样的制度提升企业的执行力是不可能的。

2.领导者要带头执行

柳传志在很多场合说过："企业做什么事，就怕含含糊糊，制度定了却不严格执行，最害人！""在某些人的眼里，开会迟到看起来是再小不过的事情。但是，在联想，确是不可原谅的事情。联想的开会迟到罚站制度，二十年来，没有一个人例外。"

联想集团有个规矩，凡开会迟到者都要罚站。在媒体的一次采访中，柳传志表示："我也被罚过三次。"他说："公司规定，如果不请假而迟到就一定要罚站，但是这三次，都是我在无法请假的情况下发生的。罚站的时候是挺严肃的，而且是很尴尬的一件事情，因为这并不是随便站着就可以敷衍了事的。在20个人开会的时候，迟到的人进来以后会议要停一下，静静地看他站一分钟，有点像默哀，真是挺难受的一件事情。第一个罚站的人是我的一个老领导。他罚站的时候，站了一身汗，我坐了一身汗。"后来我跟他说："今天晚上我到你们家去，给你站一分钟。"不好做，但是也就这么硬做下来了。

柳传志认为，立下的制度是要遵守的。不以规矩，无以成方圆。所以，所有的企业组织，就都会有自己的制度，有制度可依，同时还应有制度必依。制度不是定来给人看的，而是定来遵守的。无论是谁，只要是这个企业组织的成员，就应该受

◇ 制度没有例外 ◇

制度是企业管理的基础和保证。因此，制度一旦制定下来就必须严格遵守，否则企业就会成为一盘"散沙"，危及企业的生存。

作为领导，这次是我错了，我接受惩罚！

1.管理者不要搞例外

身为管理者，在执行制度的同时，注意自己的行为举止，自己不要搞"例外"，否则将在下属面前失去威信，这将给自身的管理工作增加难度。

这是我们的制度规定，所有人必须遵守！

2.人人都要遵守制度

企业管理中，必须做到有制度可依，同时做到有制度必依。一旦制定，组织中的任何成员，都必须受到这个制度的约束。

若想让员工遵守制度，前提是领导者首先要管好自己，为员工们树立一个良好的榜样。领导的力量，往往不是由语言，而是由行为动作体现出来的，管理者的表率作用尤为重要。

63

这个制度的约束，这样才能发挥制度的作用。

著名管理学家亨利·艾伯斯说："上级领导的职责是把下级的行为纳入一个轨道，有利于实现组织目标。"但亨利·艾伯斯没有告诉我们，如何把下级的行为纳入轨道。以上有关柳传志的故事回答了这个问题，它包含两个步骤：制定统一规范的制度，并强有力地执行它。

制度与人情相结合

印度诗人泰戈尔说："上帝的右手是温柔的，但他的左手是严厉的。"企业管理也是一样，无情的制度与有情的管理相结合，才能实现优秀的管理。

小公司的发展必须要求以制度作为发展基础，同时也不能忽视制度执行过程中的人性化管理。

1.制度化管理不是大棒管理

但是管理者不能一味用"大棒"来管理下属，最好的方法是纪律与温情一起抓。

某公司员工孙名，以自己妻子生病为由，向公司申请借款人民币25万元。孙名根据公司的借款流程，首先写了个借款申请，申请书内容是这样写的："孙名向公司借款人民币25万元整，允许此借款分批从孙名工资和奖金中逐月扣除，借款期不超过2008年1月1日。"这个申请经公司的主管领导和部门经理签字同意后，公司的财务就分两次，用支票的形式向孙名支付了25万元借款，孙名也对此进行了签收。然而借款不到半年，孙名就忽然不辞而别，还有欠款20万元没有归还。无奈之下，公司只好收集证据向法院起诉，然而因找不到孙名，同时也没有任何担保，公司的维权之路困难重重。

导致该公司利益受损的主要原因在于它们制度方面存在严重缺失。首先借款流程就不完善。公司应当要求员工提供相关医疗病历证明，而不是单凭口头的说明。其次是借款形式不正规。双方没有签订借款协议书，导致很多权利义务都没有明确。再次是还款方式不明确。因为没有签订借款协议，双方也没有对涉及借款的一些事项做任何说明。最后是担保方式不存在。没有保证人保证担保，也没有用财产进行抵押担保。

很多员工抱怨企业的制度"冷冰冰"，但是只讲"情感"的企业几乎是没有的。正所谓"无情的制度，有情的管理"，优秀的企业一方面要重视制度的作用，另一方面也重视人情管理的作用。

2.制度与人情结合

在实际的管理过程中，制度管理与人情管理是可以并行不悖的。

某家酒店聘请了一位职业经理人，这是一位在外企工作多年的优秀人才，他为酒店制定了严格的制度，关于物品的摆放都有清楚的规定。

制度制定后，经理检查客房，他不仅用眼睛检查地面、窗帘、浴室，还伸手四处摸摸，发现一切都打扫得干干净净，没有任何灰尘，床也铺得很整齐。正当他满意地点头之际，却发现了一个严重的问题：茶几上的茶杯朝向错了。

这里说朝向错，不是说茶杯放得不够整齐，而是茶杯上五个事关酒店品牌的字不见了。按规定，杯子上的"某某大酒店"五个字应当向着门口，让客人一进门就看得见，以便传达酒店的品牌形象。

另外，那盒小小的火柴，也没有放在烟灰缸后面，而是放在烟灰缸旁边。这使经理大为恼火，他当众斥责服务员小温，说她工作粗心大意、不负责任、不懂规矩。

小温是一位18岁的女孩，刚入职不久。她因受不了被人当众斥责，便与经理顶撞起来。她说："这仅仅是一点儿小事，并不影响酒店的服务质量，客人也不会计较，你分明是鸡蛋里挑骨头，小题大做，欺人太甚。"

当天，受了顶撞的经理也很难过。他找到酒店的负责人交换看法，酒店负责人诚恳地说："在我们这样的小企业里，留住人才并不是件容易的事，另外大家的关系是平等的，唯有对员工满怀爱心，循循善诱，员工才能接受你的批评教育。这些90后的员工不习惯生硬的训导，拿对待外企员工的方式对待这些员工，他们一定会走人。"

这位经理人恍然大悟："原来我们在管理方法和思想观念上，存在着差距。我不了解企业的具体情况，只是就事论事，见她粗心大意、根本没有品牌意识，情急之下没有注意工作的方式和方法。"

他反思了一夜，第二天，出现在小温正在清洁的客房。小温有点愕然，他们不约而同地望向茶几上的茶杯，这回，茶杯摆对了。那一瞬间，他们相视而笑，仿佛昨天的"恩怨"已一笔勾销。他是来向小温道歉的，他说："我昨天在众人面前大声斥责你，伤了你的自尊心，这是我的不对。但是，杯子的摆法非讲究不可。"

中国有句古语："通情才能达理。"这位经理寓理于情的态度令小温感动，在短短的几分钟里，这位经理又赢得了下属的尊敬。从此，小温格外注意这样的细节，认真中又多了一种自觉。

从品牌管理的角度看，将"某某大酒店"五个字摆在显眼位置，不是一件小事，而是通过细节传达酒店品牌形象的大事。品牌既是管理的起点，也是终点，酒店提供的一切优质服务过程都在品牌中凝结。

后来，酒店针对上级批评下级的态度和方式，以及如何做好督导，如何有效解决冲突等，设立了专门的培训课程。酒店自身的企业文化就在差异和冲突的调解中得到提炼，逐渐积淀下来。一年之后，小温被评为酒店的"服务大使"，她在介绍经验的时候讲到了这件事对她的启迪。

在工作中，管理也要兼顾情理。因为在两者之中，细小的环节也可能引发大问题，管理不细则可能导致企业形象的损坏，情理不通则会引发不满，从而影响管理的实施。

按制度赏罚分明

自古以来，管理国家、军队、企业都有一条有效铁律，那就是"赏罚分明""奖勤罚懒"。

"赏"是对员工正确行为的一种肯定，帮助管理者旗帜鲜明地表明，员工哪种行为是自己所赞同的；"罚"是对员工错误行为的否定，表明哪种行为是被管理者所禁止的。

1.秉公执法

但凡有名的军事家，在治军上都是法纪严明的，诸葛亮更是如此。作为三国时期最为著名的管理者之一，诸葛亮管理所有军政事务，显然，假如没有一些手段，他是办不成事的，而诸葛亮的手段之一就是赏罚分明。对有功者，他施以恩惠，不断激励；对犯错误者，他严肃法令，秉公执法。有两件事可以反映诸葛亮的赏罚分明：

第一件事：诸葛亮首次北伐时，马谡大意失街亭，致使诸葛亮北伐之旅遭到彻底失败。诸葛亮退军后，挥泪斩了马谡。同时，诸葛亮对在街亭之战立有战功的大将王平予以表彰，擢升了他的官职。

第二件事：作为托孤重臣的李严，一直为诸葛亮所器重。但在北伐时，李严并没有按时将粮草提供给前线，反而为了逃避责任在诸葛亮和刘禅之间两头撒谎，诸葛亮不明就里，只得退军。后来诸葛亮了解到了真相，将李严革职查办。

街亭一战，可以说是诸葛亮平生最为狼狈的一次。街亭战后，诸葛亮对马谡的罚以及对王平的赏，都充分地体现了诸葛亮恩威并施的不凡智慧，通过他的举措，军纪得到了整肃，士兵的士气也被大大地鼓舞了。

在现代企业管理中，管理者也应该像诸葛亮一样，有奖有罚、恩威并施，这也是对员工很重要的一个激励手段。形象一点来说，就是要管理者用好手中的棒棒糖和狼牙棒，要使员工明白，努力工作就能尝到棒棒糖的甜，犯了错误也会感受到狼牙棒的痛。

2.有理有据

赏罚分明，就要做到有理有据。摩托罗拉就是赏罚分明的代表。摩托罗拉每年的年终评估以及业务总结会一般都是在次年元月进行。公司对员工个人的评估是每季度一次，对部门的评估是一年一次，年底召开业务总结会。根据一年来对员工个

◇ 赏罚需要注意的问题 ◇

管理者在赏罚分明方面要注意三个问题：

这次事故是因为小李的疏忽，所以必须要有相应的处罚！

1.有过必有罚

一个组织必须讲究制度和纪律，团队事务是公，不能因为个人私交感情而对过失不惩罚。

2.有功必有赏

下属有功劳而不能获得奖赏，他会心生怨气，陷入懈怠，工作失去主动性和积极性。

3.讲求公平

赏罚一定讲求公平，否则会引起员工的抵触心理。

人和部门的评估报告，公司决定员工个人来年的薪水涨幅，并决定哪些员工获得了晋升机会。每年二三月份，摩托罗拉都会挑选一批优秀员工到总部去考核学习，到五六月份会定下哪些人成为公司的管理职位人选。

摩托罗拉员工评估的成绩报告表很规范，是参照美国国家质量标准制定的。摩托罗拉员工每年制定的工作目标包括两个方面：一个是宏观层面，包括战略方向、战略规划和优先实施的目标；另一个是业绩，它可能会包括员工在财政、客户关系、员工关系和合作伙伴之间的一些作为。摩托罗拉员工的薪酬和晋升都与评估紧密挂钩，虽然摩托罗拉对员工评估的目的绝不仅仅是为员工薪酬调整和晋升提供依据。但是，在摩托罗拉根据评估报告进行员工薪酬调整和晋升的过程中，评估报告已经扮演了表现摩托罗拉赏罚分明的一个最为重要的工具。

企业和军队，都是组织。一个军队赏罚分明，可以提升军队战斗力；一个公司赏罚分明，可以提升企业的市场竞争力。

让制度与企业文化理念相契合

当前，在很多小公司，制度和文化存在两张皮现象，制度是制度，文化是文化。企业的制度并没有跟企业的核心价值观关联起来，具体的制度条文也未能很好体现企业的核心文化理念。

有些公司一方面提出了自己的价值观，另一方面制定制度时却没有将企业的价值观贯彻到制度中去。结果导致了企业制度完全成为约束性的条款，导致与企业核心价值观的脱节。但如果不执行，这样的制度就形同虚设，企业的制度也失去了效力。

因此，小公司在进行企业文化建设时，必须确保制度与文化理念的契合。做到二者的契合，其前提是保持制度制定与文化理念的一致性。

1.让员工了解自己的角色

员工希望个人成功，希望通过企业的成功而达成个人的成功，因此，在大部分情况下，员工的利益与企业的利益是紧密联系的。企业帮助员工实现成功的方法，首先是要让他们了解他们在企业制度制定中的角色要求，并使之努力符合甚至超过这些要求。

企业可以通过多种方法让员工了解他们的角色认知：

（1）正规的工作说明。正规的工作说明把每一项工作的参与程度做了说明，并对其要求逐一进行详细解释，以保证工作的成功。

（2）制定制度时上下级面对面的会谈与沟通。管理者、监督者通过与部下面对面的会谈来了解他们的要求，向他们讲清楚他们在其中发挥的作用。

（3）如果制度发生了基于文化理念的变化，而员工还是基于自身利益而固守原来的想法，那么，管理层需要做的工作就是让员工更加明确地认识到自己在文化变革和制度变革中的位置，并力求让他们心甘情愿地拥护新的制度，扮演新角色。

企业在实施文化变革时，很显然对企业工作人员的要求也会随之改变。管理者必须以不同于往常的方式进行管理，还必须对新的行为进行奖励和评估。企业员工同样必须以不同于往常的行为行事，不同的企业文化类型会要求有不同的角色要求。

2.制度的方向定位

制度是为企业发展服务的，作为企业文化变革的部分，基于公司文化理念的制度将引导企业不断发展。因此，企业应让员工们了解企业为了创建一个有利的企业文化环境已经做了哪些工作，正在从事什么工作，了解企业期望他们能做出的贡献，在新的制度面前应该保持怎样的态度等等。不管企业运用的是哪一种手段，企业都需要对现有的和将来加入的员工经过这一过程的教育。

3.持续性的信息交流

企业必须对文化变革所产生的制度变迁向企业员工充分通报，通报的内容可以包括：这一变革主要是为了提高职责能力，还是为了利用团队化所产生的协作或实现对重要而稀缺的技能的有效使用。实施的新政策或工作程序，对原有政策和工作程序的改进，要从深度上加以说明。

4.对文化的控制

企业文化带动制度变革过程中肯定会不时地出现很多问题，因此，要建立一种发现变革中的问题和情况并对此加以解决的机制。这种机制是用以发现可能妨碍到进步或导致失败的警示系统，是员工向企业汇集信息的手段，是用以产生新观念和改善文化变革进程的工具。这种程序鼓励员工提出自己的想法、建议或问题，同时要求提出的问题一定要得到解决和落实。

5.制度要得到员工认可

千万不要将这个条件简单化，因为它正是从制度上升到企业文化的重要一步，而通向这一步的核心就是把握制度效力点所在的问题。制度的效力点不在别处，就在人的心灵。只有做到了这一点，制度才能真正与文化理念相契合，并支撑企业的整个文化大厦。制度制定是为了将价值观转换为员工共同行为，是固化企业文化的过程。当制度内涵未得到员工的心理认同时，制度只是管理者的"约束文字"，至多只反映管理原则和规范，对员工只是外在的约束。当制度内涵已被员工心理接受，并自觉遵守与维护而形成习惯时，制度才能凝固成为一种文化。

尽管制度建设是文化建设的基础和保障，但是制度要更好地体现企业文化建设。成为企业文化的良好支撑和具体体现，也不是无条件的、自然而成的，必须将硬性的制度嵌入到作为软性管理手段的企业文化之中，使企业制度与企业文化理念契合起来。

融资之道：
吸纳资金的同时，并不放弃控制权

做好融资前的思考

小赵大学毕业之后，针对学校地处中原，学生爱吃面的习惯，想创办一家面馆。经调研发现，用新鲜的菠菜、南瓜、番茄、白菜、胡萝卜等蔬菜汁，和着面粉做成的五颜六色"蔬菜面"深受食客喜爱，他于是决定加盟一家蔬菜面店。

由于刚毕业，资金成为小赵面临的首要瓶颈，但被创业的兴奋刺激着的小赵，大概估算了一下未来小店发展的状况，就开始热火朝天地大干起来。先联系加盟店，然后想店名、选址，忙着去工商局登记……等忙活一阵子之后，小赵发现加盟费、设备、店面等等，都需要资金，而自己的资金却寥寥无几。小赵失落了，他不知道自己该怎么做？

兵法云：兵马未动，粮草先行。经营公司离不开资金，因为在赚钱之前，免不了要大把花钱。仅就开支大项而言，就有房租、设备、货物、原材料、员工薪水等等。没有钱，可以说寸步难行。小公司创业，虽然所需资金不多，但一下子拿出几十万元甚至是几百万元，对不少人来说也非易事，所以少不了要筹集资金。

融资不足是创业者失败的重要原因，经营者无论是刚刚开始营业或者是扩大经营，若没有足够的资金很难达到预期目的。

经营者过多融资或融资不足、筹到的资金与公司的需求不匹配、低估资金成本，都会带来严重的负面影响。

在企业发展之初，尤其需要制定筹备资金的计划，否则，不管你有多好的构想、企划，如果没有完善的筹备资金的计划，一定会遇到经营不振、倒闭等困扰。风险投资、银行、政府……存款、贷款、借款……公司发展的资金究竟从哪里来，这些都需要经营者思考。

在融资前，制订所需资金的数量、时间和期限等计划时，经营者需要回答下面几个问题：

1.筹集资金做什么？

开办或购买公司、增加营运资本、为季节性销售旺季备货、购买新设备或新设施、扩大销售等。

2.需要筹集多少资金？

经营者者在决定需要多少资金时，必须考虑公司的类型、发展的阶段、增加营运资金还是固定资产因素。

3.何时归还所借资金？

若公司需要长期融资，用以购买新设备，需要向借贷方展示企业获利能力，并约好何时归还所借资金。为应付季节性营业变化，有的经营者需要短期融资，当存货售完、销售旺季过后，可归还所借资金。

4.能否承受资金成本？

经营者必须明确这样的问题，即融资带来的收入要超过其成本。

一个精心制订的融资计划可以使公司有充足的资金用于自身发展，防止在最后一分钟仓促寻找资金。因此公司必须制订非常细致的融资计划，依据营业计划，可做出资本开支预算、损益计划等。

制订详尽的融资计划

其实，资金是制约企业经营的重要一环。任何经营者希望公司获得持久的发展，都应该有一个周全的融资计划。

制订详尽的融资计划对于经营者而言，不仅可以节省许多不必要的开支，还可以减少经营过程中遇到的各种麻烦。

一个周全的资金融资计划，应该包含以下几个方面的内容：

1.计算回收期

投资回收期就是使累计的经济效益等于最初的投资费用所需的时间，可分为静态投资期和动态投资期。投资回收期的计算方法是将初始投资成本除以因投资产生的预计年均节省数或由此增加的年收入。

2.计算现值和终值

现值就是开始的资金，终值就是最终的资金。

3.计算融资成本

企业因获取和使用资金而付出的代价或费用就是企业的计算融资成本，它包括融资费用和资金使用费用两部分。企业融资总成本＝企业融资费用＋资金使用费用

4.融资渠道

融资渠道主要有：国家财政资金、专业银行信贷资金、非银行金融机构资金、

其他企业单位资金、企业留存收益、民间资金、境外资金。

5.融资方式

融资方式主要有：吸收直接投资、发行股票、利用留存收益、向银行借款、利用商业信用、发行公司债券和融资租赁。

6.融资数量

（1）融资数量预测依据：法律依据、规模依据、其他因数。

◇ 企业融资要量力而行 ◇

小公司筹资都有其代价，这是市场经济等价交换原则的客观要求。正由于此，小公司在筹资过程中，筹措多少才算适宜，这是公司经营者必须慎重考虑的问题。

因此，小公司在筹资过程中，必须考虑需要与可能，做到量力而行。

（2）融资数量预测方法：因素分析法、销售百分比法、线性回归分析法。

7.融资可行性分析

（1）融资合理性：合理确定资金需要量，努力提高融资效果。

（2）融资及时性：适时取得所融资金，保证资金投放需要。

（3）融资节约性：认真选择融资来源，力求降低融资成本。

（4）融资比例性：合理安排资本结构，保持适当偿债能力。

（5）融资合法性：遵守国家有关法规，维护各方合法权益。

（6）融资效益性：周密研究投资方向，大力提高融资效果。

（7）融资风险性：企业的融资风险是指企业财务风险，即由于借入资金进行。

负债经营所产生的风险。其影响因素有：经营风险的存在、借入资金利息率水平、负债与资本比率。

找到合适的投资者

融资的企业都希望找到一个合适的投资者，可并不是每个公司都能如愿以偿。有的公司能拿到投资者上千万美元的投资，有的只能望"钱"兴叹了。寻找到一个适合你的投资者，对于经营者来说，最重要的是要看他是不是一个优秀的投资者，适合不适合做你的投资者，这应该是企业家最关心的问题。

企业家在确定好优秀投资者的同时，也要明确这个投资者适合不适合做你的投资者。投资者加入企业后，能够从多个方面如资本运作、战略把握、改善管理、拓展业务、平衡关系等对公司施加影响。

对于进行资金整合的企业来说，了解风险投资公司的投资趋向很重要。现在各种投资机构很多，不同的机构有不同的风格和能力。你一个10万元的项目不可能去找做1000万元投资人，反过来，你1000万元的项目找到只能投几十万元的投资人也是没用的。

对于经营者来说，好的投资者可以给企业带来很多的价值。无论是本土的投资者还是国际的投资者，他们的对项目、团队的衡量标准应该都是一致的。

1.投资者帮助完善商业模式

一般意义上来讲，优秀的投资者可以帮助企业家完善企业的商业模式，使其赢利模式更加的清晰、可持续。

2.投资者帮助完善团队

有些经营者在刚开始创业的时候，存在团队成员的分工不明以及团队整体的凝聚力不强等问题，投资者可以帮助企业家优化团队建设。而且投资者还可以通过其人脉关系，为企业家团队扩充优秀人才。如天使投资人邓锋在正式投资"红孩子"

后，北极光为红孩子聘请了一位沃尔玛卸任的全球副总裁担任独立董事。

3.投资者促进企业拓展业务

投资者可以起到敲门砖的作用，由于投资者见多识广，人脉资源非常丰富，企业家在发展过程中，如果觉得和一些大的公司合作会对企业的价值有很大的提升的话，就可以借助投资者的敲门砖，获得和该企业高层对话的机会。

4.投资者带来品牌效应

优秀的投资者体现价值的另一方面在于，他可以带来一些具有品牌效应的东西，如红杉资本、IDG投资者等。由于这些投资者机构有自己的品牌优势，并为大多数企业所认同，所以企业家在获得这些投资机构的融资时，也同时享有了这些品牌所带来的价值。

避免陷入融资的误区

现在许多公司的经营者，最苦恼的就是缺乏资金。可是要想办实业，经商做买卖又都离不开资金，没有资金就只能是纸上谈兵。

对资金的渴求，往往让不少经营者陷入了融资的误区，结果导致资金没有争取到，反倒吃了"一鼻子灰"。

对经营者而言，必须要尽量避免陷入融资的误区：

1.不要弄虚作假

有些公司的老板，为了及时获得自己所需的资金，往往不择手段。弄虚作假，是他们常用的手段之一。

老陈的公司想开展一项新业务，可是手中缺少资金，因此他打算向银行申请贷款。本来，这是一件很正当的事情，直截了当地向银行提出自己的申请就行了。可是，由于求"资"心切，陈老板担心银行不会迅速借款给他，于是，他谎报自己公司的经营状况，进行渲染和夸大，力图表明自己是可靠的。

对于陈老板的经营状况，银行很快就调查清楚了。他们从别的途径得知，陈老板的经营状况并没有他所说的那样好。实际上，他所经营的公司，经营状况虽然没有他说得那么好，但也还算是良性发展。但是，谎报"军情"，被银行识破后，其贷款申请被严词拒绝，投资计划也化为泡影。

不仅在贷款时不可弄虚作假，采用别的融资方式时，也绝对不能弄虚作假。一旦弄虚作假被识破后，不仅借不到所需的资金，也影响了自己的声誉，对于以后的融资也极为不利。

2.不要融资而不投资

融资的目的是为了投资，使公司的规模扩大、增加利润，而绝不是为了增加银行的资金规模。

　　然而，有些公司的经营者却在这么做。他们在通过融资筹集到钱款之后，便把投资的事完全抛在了脑后，投资的项目不见踪影。这种公司的下场是可想而知的。

◇ 融资莫要贪多 ◇

　　很多公司的经营者总想能够筹集到更多的资金，盲目相信融资越多越好。实际上，这是一种不正确的想法。

> 从这个统计来看我们公司大概需要……

　　公司经营者在融资之前就必须对融资多少有个清晰的规划，在融资时应当遵循"需要多少，便融多少"的原则。

　　如果在融资时贪心太重，不从公司的发展实际出发的话，往往会透支公司未来发展的潜力，甚至会导致公司破产。

倒闭

　　想一口气吞下过多的食物，往往最后什么食物也吃不到。因此，经营者要避免这种错误，融资时不要贪多。

公司经营者们务必要牢记，融资而来的钱是不能轻易花掉的，更不能挥霍和浪费。借来的钱在使用时要慎之又慎。如果融资的钱不用来投资，还不如不去融资，免得白白浪费了心血。

尝试租赁融资

租赁融资，又称设备租赁，或现代租赁，是指实质上转移与资产所有权有关的全部或绝大部分风险和报酬的租赁。资产的所有权最终可以转移，也可以不转移。

租赁融资适合资源类、公共设施类、制造加工类企业，如遇到资金困难，可将工厂设施卖给金融租赁公司，后者通过返租给企业获得收益，而银行则贷款给金融租赁公司提供购买资金。制造企业可通过该项资金偿还债务或投资，盘活资金链条。

从国际租赁业的情况看来，绝大多数租赁公司都是以中小企业为服务对象的。由于中小企业一般不能提供银行满意的财务报表，只有通过其他途径来实现融资，金融租赁公司就提供了这样的平台，通过融物实现融资。

由于租赁物件的所有权，只是出租人为了控制承租人偿还租金的风险，而采取的一种形式所有权，在合同结束时最终有可能转移给承租人，因此租赁物件的购买由承租人选择，维修保养也由承租人负责，出租人只提供金融服务。

在租金计算原则方面，出租人以租赁物件的购买价格为基础，按承租人占用出租人资金的时间为计算依据，根据双方商定的利率计算租金。它实质是依附于传统租赁上的金融交易，是一种特殊的金融工具。

融资租赁这种整合资金的方式也有一定的风险，其风险来源于许多不确定因素，是多方面并且相互关联的。企业家在整合的过程中要充分了解各种风险的特点，才能全面、科学地对风险进行分析，制定相应的对策。融资租赁的风险种类主要有以下几种：

1.产品市场风险

在市场环境下，不论是融资租赁、贷款或是投资，只要把资金用于添置设备或进行技术改造，首先就应考虑用租赁设备生产的产品的市场风险。这就需要了解产品的销路、市场占有率和占有能力、产品市场的发展趋势、消费结构以及消费者的心态和消费能力。若对这些因素了解得不充分，调查得不细致，有可能加大市场风险。

2.金融风险

因融资租赁具有金融属性，金融方面的风险贯穿于整个业务活动之中。对于出租人来说，最大的风险是承租人的还租能力，它直接影响租赁公司的经营和生存。

因此，对还租的风险从立项开始，就应该备受关注。

货币支付也会有风险，特别是国际支付，支付方式、支付日期、时间、汇款渠道和支付手段选择不当，都会加大风险。

3.贸易风险

因融资租赁具有贸易属性，贸易方面的风险从订货谈判到试车验收都存在着风险。由于商品贸易在近代发展得比较完备，社会也相应建立了配套的机构和防范措施，如信用证支付、运输保险、商品检验、商务仲裁和信用咨询都对风险采取了防范和补救措施。但由于人们对风险的认识和理解的程度不同，有些手段又具有商业性质，加上企业管理的经验不足等因素，这些手段未被全部采用，使得贸易风险依然存在。

4.技术风险

融资租赁的好处之一就是先于其他企业引进先进的技术和设备。在实际运作过程中，技术的先进与否、先进的技术是否成熟、成熟的技术是否在法律上侵犯他人权益等因素，都是产生技术风险的重要原因。严重时，会因技术问题使设备陷于瘫痪状态。其他还包括经济环境风险、不可抗力等等。

争取银行贷款

银行贷款被誉为整合融资的"蓄水池"，由于银行财力雄厚，而且大多具有政府背景，因此在经营者心中成为融资的首要选择。

相对于其他融资方式，向银行贷款是一种比较正式的融资方式。但事实上，企业家要想获得银行贷款的确不容易，但也不是完全不可能。

综观大部分经营失败的原因，无论失败的根源在哪里，最后都会体现在"差钱"上，资金链断裂又筹措不到钱。因此对于企业家来说，无论你是经营初期需要资金，还是在发展中期扩大生产需要银行的资金援助，与银行搞好关系都是非常重要的。而且，企业家要想顺利得到银行的贷款，还必须对银行借贷的形势和流程有所了解。

北京市的王女士下岗后一直给别人打工，收入低不说，还要整天看老板脸色行事。后来她产生了自己创业的想法。结合北京市外来人口不断增多和房价日益上涨的形势，单身公寓一度受到北漂族的青睐。在经过一番市场调查和综合衡量之后，她决定开家单身公寓。她准备先在劳务市场附近租赁五套旧房，进行改造和装修，然后分别租给单身打工人员或外地求学者。按照初步预算，装修以及购置简单家具的开支为6万元。房主要求一次预交一年房租，三套房子需预付2万元，这样总体的创业启动资金是8万元。王女士家里并没有很多的积蓄，所以这8万元钱像大山一样

◇ 银行贷款的类型 ◇

对于小公司的经营者来说，银行提供的贷款主要有以下类型：

银行贷款

1.创业贷款

创业贷款是指具有一定生产经营能力或已经从事生产经营活动的个人，因创业或再创业提出资金需求申请，经银行认可有效担保后而发放的一种专项贷款。

2.抵押贷款

企业家可以土地、房屋等不动产做抵押，还可以用股票、国债、企业债券等获银行承认的有价证券做抵押，向银行获取贷款。

银行贷款

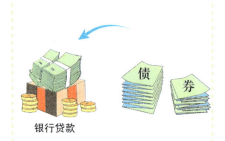

银行贷款

3.保证贷款

如果你没有存单、国债，也没有保单，但你的配偶或父母有一份较好的工作，有稳定的收入，这也是绝好的信贷资源。

公司应重视银行贷款融资的多种方式，不断加强和银行的合作关系，给公司提供了一个更大的融资想象空间，这也是考验公司资金整合创新能力的一个大舞台。

挡在面前。她犹豫了很久，甚至一度想放弃，但单身公寓的良好市场前景又确实让她动心。

犹豫之际，她向一位在银行专门从事信贷工作的朋友求教，这位朋友向她推荐了银行刚刚推出的一项叫作创业贷款的新业务。在朋友的指点下，她以自住的房作抵押，到银行办理了创业贷款。依靠这笔创业贷款，王女士的单身公寓很快开了张，并且生意非常红火，扣除贷款利息等开支，每月的房租净收益在2000元左右。

经营热情与资金"瓶颈"是共存的，不过从王女士依靠银行贷款成功发展事业的例子可以看出，如今银行的贷款种类越来越多，贷款要求也不断放松，如果根据自己的情况科学选择适合自己的贷款品种，个人发展事业将会变得更加轻松。

选择股权融资

融资不再是上市公司或大型企业的专利，对于中小公司来说，选择一种较为现实和便捷的融资方式进行融资是其成长壮大的必由之路。

股权融资属于直接融资的一种。长期以来，人们都认为股权融资是大企业的事，与中小投资者、小本企业家不相干，其实情况并非如此。股权融资是指企业的股东愿意让出部分企业所有权，通过企业增资的方式引进新的股东的融资方式。股权融资所获得的资金，企业无须还本付息，但新股东将与老股东同样分享企业的赢利与增长。这种融资方式对于企业家来说，也是一种较为现实和便捷的融资方式。

1.注重控股权

方兴未艾的股权融资，能在短时间内得到越来越多的认可，成功案例的不断出现。对于企业家来说，来自股权融资的资本不仅仅意味着获取资金，同时，新股东的进入也意味着新合作伙伴的进入。但是在进行股权融资时，企业家需要注意的是对企业控制权的把握。

在融资时一定要把握住企业的控股权，而且在开始时最好是绝对控股，而不是相对控股。做不到这一点，则宁可放弃这次融资，或者以一个较好的价钱将现有企业全部转让，自己重敲锣鼓另开张，再找一个事业做。这是一个原则性的问题。

2.采取分段融资

企业家也可以选择分段融资的方式，将股权逐步摊薄。这样做有两方面的益处。首先是融资数额较少，比较容易融资成功。其次，可以保证企业家对公司绝对的控股权，而且在每一次融资的过程中，都可以实现一次股权的溢价和升值。但是，这对企业家的企业和项目要求很高，必须是优质的企业和项目才能为企业家争取到发言权。

3.选择好合作伙伴

股权融资的另一个结果就是投资者以股东的身份加入公司，因此企业家还要妥善处理好和投资者的关系，尽可能选择好合作伙伴。投资者和企业家的根本目的不同，以及对企业的理解程度不容，导致在看问题时，角度和出发点容易产生根本的不同，因而容易引起和激化矛盾。因此选择一个好的合作伙伴对企业家是至关重要的，可以起到如虎添翼作用。企业家在决定采用股权融资的时候，建议最好选择对本行业有一定的了解，或者与本企业同处于上下游产业链中可以降低交易成本的战略投资者。

4.建立清晰的股权结构

任何一种股权融资方式的成功运用，都首先要求企业具备清晰的股权结构、完善的管理制度和优秀的管理团队等各项管理能力。所以企业自身管理能力的提高将是各项融资准备工作的首要任务。

一个企业一旦决定要进行股权融资，企业家也可以尽早让一些专业的中介机构参与进来，帮助企业家包装项目和企业。除要进行一些必要的尽职调查外，还要根据本企业的实际情况，设计相应的财务结构及股权结构。同时在股权的选择上如是选择普通股还是优先权均要仔细推敲，企业家切忌采取拍脑袋的方式来代替科学决策。而且融资是一个复杂的过程，这个过程涵盖企业运营的方方面面，为了避免走弯路，减少不必要的法律风险，企业家要借助专业的中介机构。

在进行股权融资时，为了达成各方都满意的股权投资协议，就需要根据投资性质确定不同的运作方式。另外还要发掘对手财务信息中的隐藏债务，设计出符合双方利益的担保机制，设计科学的法人治理结构，等等，都需要有专业机构的意见。如果企业想通过股份制改造进而上市，更是一项纷繁浩大的系统工程，需要企业提前一到两年时间（甚至更长）做各项准备工作。而这些具体操作都需要专业人士指导，那么券商、律师事务所、会计事务所、评估事务所的提早介入就显得异常重要。

随着我国投资市场日趋火暴，一些极具市场潜力的优质中小企业也成了投资方四处争抢的"香饽饽"。以股权融资为代表的资金整合模式，将为中小企业的企业家融资助一臂之力。

领导之道：
笼住员工的心，小公司创业讲究同甘共苦

做一个优秀的领导者

对小公司而言，最终将公司带往何处去，很大程度上取决于公司的领导者自身的魅力。公司领导优秀，往往能带领公司向优秀的方向发展。

因此，小公司的经营者必须首先要从自身做起，做一个优秀的领导者。具体来说，经营者必须做到如下几个方面：

1.才干出众

由于小公司的性质，公司领导者需要比别人更加出色，才能带动和吸引跟随者。领导者不仅要努力学习管理才能，还要学习本行业的各种技能，不当门外汉。在困难来临时，要勇于承担责任，不畏艰险，冲在前头，为战胜困难做出表率，带领全体员工战胜困难。真正受员工爱戴的领导会少说多做，不做表面文章。一切从实际出发，真真切切地为员工谋福利，办实事。

2006年新东方教育科技集团在美国纽交所上市，新东方董事长俞敏洪的资产一跃超过10亿元人民币，成为中国最富有的老师。

作为新东方掌门人的俞敏洪是一个优秀的领导者。他带领他的公司从小到大，由弱到强，最终发展成为著名的培训品牌。

1991年，俞敏洪离开北大后，开始在一个叫东方大学的民办学校办培训班，学校出牌子，他上交15%的管理费。尽管困难重重，但拼死拼活干了一段时间后，俞敏洪的培训班渐渐有了起色。1993年，在一间10平方米透风漏雨的小平房里，俞敏洪创办了北京新东方学校。

俞敏洪是一名优秀的教师，而他的优秀却是自己奋斗出来的。1978年，俞敏洪高考失利后回到家里喂猪种地。由于知识基础薄弱等原因，俞敏洪第一次高考失败得很惨，英语才得了33分；第二年又考了一次，英语得了55分，依然是名落孙山。1980年，俞敏洪坚持考了三年后，最终考进了北京大学西语系。

领导者的综合素质越高，知识越丰富，能力越强，就越会受到大多数员工的尊重和信赖。

2.情商出众

领导者必须情商出众。要在下属中树立权威，赢得人心最重要的是以理服人，公正待人。俗话说："有理走遍天下，无理寸步难行。"道理没讲清，下属会认为你是无理取闹，下属把怨气憋在心里还好一点，万一和你当面争执起来，你这个上司可就没法当了。

要求下属必须遵从，就必须具有足以让下属心服口服的领导力，这样的威信只有靠平时一点一滴才能树立起来。

做高情商的管理者要具有高度的忍耐力，不会随意在员工面前发脾气，也不会因为市场不好而悲观失望。

3.树立威望

领导者必须正确认识自己手中的权力结构，职位权可以被别人拿走，而一旦有了威望权，别人是拿不走的，永远属于你自己。因此，通过加强威望权来充实职位权，决不能够仅仅凭借自己手中的职位权，在那发号施令。如果忽视自身的威望权，这样的管理注定将会遭遇失败。

有的管理者缺失了威望权，就在员工中失去了支持的基础，管理工作必定难上加难，而威望又是在日常的管理工作中一点一滴地形成和积累起来的。假如管理者知识超群、经验丰富、能力突出，或者关心下属、处事民主、实事求是、令人佩服，那么他在企业中就有一种实际上的影响力和支配力，员工都心甘情愿跟随和听从他。

树立起领导者的威信，在很大程度上取决于自身的良好素质，包括资历、业务水平、品格、知识、才能和情感等诸多方面。要想使管理者具备较强的影响力，就必须努力提高自身的素质。

学会与员工分享

作为公司的领导者，经营的核心在于"分享"，共享胜利果实，甚至有时候宁愿自己亏一点。在生活中，我们可能都有类似的体验，那些愿意与人分享的人才能够得到人们的帮助，他们的事业也比别人做得更大更成功。

经营者要笼住员工的心，必须注重"分享"的力量，具体来说包括以下几点：

1.有分才有享

有这么一个寓言故事：

有个人在天使的带领下去观看天堂和地狱。他发现地狱里的人都围着大桌子吃饭，每个人手上都绑着一支柄很长的勺子，尽管餐桌丰盛，勺子里面盛满了食物，他们却因为勺柄太长吃不到自己的嘴里，一个个饿得面黄肌瘦，痛苦不堪。天使又带他来到天堂。他看到天堂里同样是一群人手上绑着长柄勺子在同样的桌子上吃饭，与地狱不同的是，这里的每个人都红光满面，精神焕发——因为他们在用自己手上的勺子喂给对面的人，互相都能够吃饱。

◇ 如何与员工分享 ◇

作为领导者，在具体的团队建设中，如何才能做到与他人进行分享呢？

这是最新得到的消息……

1.主动与团队成员分享信息

要想团队成员为了达成一个目标而努力工作，首先一定要保持内部信息的畅通，这是基础。

这次我们取得了不错的成绩，都是大家的功劳……

2.主动与团队人员分享功劳

当取得了一定的成绩后，管理者要学会分享，指出这样的成绩是大家共同努力的结果，从而增强员工的归属感、荣誉感和自豪感。

只有学会了分享，才能让团队更加凝聚，这样才能发挥团队最大的能力，不断取得良好的成绩。

各顾各自还是分享互馈，地狱与天堂只是一念之差。分享与协同是团结和信任的纽带，只有与他人共享资源和机会，才能在团结互助的氛围下合作共赢。

构建团队也是如此，管理者首先要学会与他人进行分享，才能更好地合作。分享是合作的基础，不愿舍、只想得的管理者是自私的，没人愿意与这样的人一同共事。

很多管理者，他们身边有很多的资源，但他们不愿意拿出来与员工分享。他们不明白，智慧与技术是越分享越多的。对于管理者来说，所谓"分享"就是能"分"才能"享"。

假如团队领导者是个喜欢独占功劳的人，相信他的员工也不会怎样为他卖力。反之，如果团队领导者能乐于和员工分享成功的荣耀，员工做事也分外卖力，希望下次也一样成功。

2.分享促进公司成长

要想增加团队成员的凝聚力，管理者一定要学会与他人分享，让每个人都感受到你时刻在为大家考虑，如此，企业才能在市场上占领更为优越的位置。

美国零售大王山姆·沃尔顿在总结自己的成功时候说："和帮助过你的人一起分享成功是我成功的秘诀。"山姆·沃尔顿认为，与所有员工伙伴共享利润是以合作伙伴的方式在对待他们，公司和经理通过这种方式，改变了与员工伙伴之间那种特定的正常关系，使得这些员工伙伴在与供应商、顾客和经理的互动关系中开始表现得像个合作伙伴。而合作伙伴是被赋予权力的一类人，所以员工伙伴会觉得自己也被赋予了权力，从而以更加认真和积极的态度来看待自己肩上的责任。山姆·沃尔顿说："让员工伙伴完全参与到公司中来，从而成功地给他们灌输了一种自豪感，使他们积极参加到目标确立和实现并最终赢得零售胜利的过程中来。"通过与所有员工伙伴共享利润以及赋予他们在工作岗位上的权力，山姆先生赢得了员工伙伴极大的忠诚，这也是他创办的沃尔玛如此成功的重要原因。

我们不妨向这些优秀的团队领导者学习，用他们分享的智慧来团结我们的员工，让每个人都心甘情愿地为团队的发展做出最大的贡献。

其身正，不令而行

"其身正，不令而行；其身不正，虽令不从。"意思是说，只要自己的行为端正，就算不下任何命令，部下也会遵从执行；如果自己的行为不端正，那么无论制定什么政策规章，部下也不会遵从执行。

作为公司的最高决策管理者，公司老板的一言一行都会受到公司成员的关注，也会对员工造成深远的影响。所以，要想使管理卓有成效，就要懂得"正其身"。

玛丽·凯是当今世界上著名的女企业家，她非常重视管理者在员工中的榜样作用。她说："管理者的行为受到其工作部门员工的关注。下属往往模仿部门负责人的工作习惯和行为，而不管其工作习惯和行为的好坏。例如，我习惯在下班前把办公桌清理一下，把没干完的工作装进包里带回家，坚持当天的事当天做完。尽管我从未要求过我的助手和秘书也这样做，但是她们现在每天下班时，也常提着包回家。假如一个经理经常迟到，工作散漫松懈，上班期间打私人电话，经常因喝咖啡而中断工作，那么，他的部下大概也会如法炮制。"

管理者只有带好头、树好榜样，才能赢得下属的信任与追随，这是任何法定权力都无法比拟的一种强大的影响力和号召力。管理者职位越高，就越应重视给人留下好的印象，因为你总是处于众目睽睽之下。

1.正人先正己

正人先正己，做事先做人，管理之道正是如此。因此，领导者无论职务多高、权力多大、资历多深，都应该要求别人做到的自己先做到，这样才能树立起威望，增强执行力，提高管理效率。

领导的工作作风就是团队的工作作风，一个懒懒散散的管理者，其下属也不会勤快到哪里去！管理者应该考虑到自身的榜样作用，注意自身的一言一行。

能"正其身"的管理者浑身都闪耀着一种人格魅力，会有形或无形、有意或无意地感染下属。如果管理者不能严于律己，却又对员工要求严格，员工自然不会服从。优秀的管理者首先应该做到"正身"以感染员工，为员工树立榜样。

2.影响和带动他人

企业的经营者之所以让追随者愿意追随，在于其自身拥有独特的人格魅力。

1942年，"二战"进行得如火如荼。随着战争局势的变化，盟军与德军的战场逐渐转移到北非。盟军最优秀的将领之一巴顿将军意识到自己的部队可能无法适应北非酷热的气候。一旦移师北非，盟军士兵的战斗力就有可能随着酷热的天气而减弱。

战争不会随着人的意志而转移，摆在盟军面前的只有一条路：那就是适应。为了让部队尽早适应战场变化，巴顿建立了一个类似北非沙漠环境的训练基地，让士兵们在48℃的高温下每天跑一英里，而且只给他们配备一壶水。巴顿的训练演说词就是："战争就是杀人，你们必须杀死敌人；否则他们就会杀死你们！如果你们在平时流出一品脱的汗水，那么战时你们就会少流一加仑的鲜血。"

虽然人人都意识到战争的残酷性，但酷热的天气还是让许多士兵暗地里抱怨不已。巴顿从不为训练解释，他以身作则，和士兵们一样在酷热的环境中坚持训练。当士兵们看到巴顿每次都毫不犹豫地钻进闷罐头一样的坦克车中时，再多的怨言也只能变成服从。

显然，巴顿把自己当作是普通的一个士兵，在这个角色上，他以完美的职业军人精神树立了典范，起到了榜样作用。在巴顿的带头作用之下，整个军队的训练进

◇ 如何成为具有影响力的带队者 ◇

公司的经营者如何做才能成为具有影响力的带队者呢？不妨用以下方法：

1.成为遵守制度的模范

管理者不仅是制度的制定者，更要是制度权威的忠实维护者。

2.为目标的达成全力以赴

大多数人都喜欢与将感情和身心都奉献给工作的人共事。

3.具有超强的解决实际问题的能力

轻而易举地解决掉别人无法解决的问题，能够获得追随。

行得非常顺利。正是有了这样的训练，在随后的北非战场上，巴顿的部队迅速适应了沙漠环境，以较小的代价一举击败德军，取得重大胜利。

企业也就是军队，其管理者也必然是像巴顿将军一样，成为具有强大影响力的带队者，才能促进团队成长。建立成功的团队，就需要管理者推动团队成员共同进步。

尊重员工的尊严

杰克·韦尔奇结合几十年的管理经验认为：尊重别人是企业管理者的基本素质。要想成为一名出色的管理者，要学会用人，必须从尊重人才开始。

每一个人都有自己的尊严，即使是在工作场所中被视为无用的人，也有他自己的想法与自尊心。他或许看似低能，却在某一方面潜藏着特长；也许他一无所长，但他却也因此比别人更勤奋努力。因此，管理者且不可因为下属工作能力或为人处世上有一些毛病就对之持嫌弃的态度，一个值得下属尊敬和爱戴的领导者应当时刻把下属的尊严放在心头。

尊重下属是人性化管理的必然需求，当员工感受到被尊重，他们才会真正感到被重视、被激励，做事情也才会真正地用心用力。

尊重员工是刻在骨子里的，而非口头上的。领导者必须明白，下属的自尊心是应该受到保护的。不伤害下属的自尊心，不仅是尊重人格，而且对搞好企业大有好处。调查研究表明：凡是自尊心很强的人，不论在什么岗位上，都会尽自己的努力而不甘落后于人。人有了自尊心，才会求上进，有上进心才会努力工作。

如果去问一位企业经营者："进下属的房间是否需要敲门？"有许多经营者都会不以为然地说："整个企业都是我的，还需要敲什么门呢？"能否让下属感受到自己受到尊重，往往取决于点点滴滴的小事。

伤人自尊心是管理的大忌，以下两点应当引起管理者的注意：

1.不揭人疮疤

一般说来，人们并不喜欢揭人疮疤。性格上生来就喜欢揭人疮疤的人是少数，但在情绪不好的时候，甚至在暴怒的时候，可就很难说了。尤其是领导者，因为人事材料在握，对别人的过去知道得一清二楚，怒从心头起时，就难免出口不逊，说些诸如"你不要以为过去的事情就没人知道了"之类的话。

领导者要杜绝揭人疮疤的行为，除了要知晓利害，学会自我控制外，还须养成及时处理问题的习惯。不要把事情搁置起来，每个问题都适时地解决了，有了结论，以后也就不要再旧事重提，再翻旧账。

2.不让下属丢脸

让人丢脸这种行为，不仅对事情没有任何的帮助，反而使受辱的一方不能心服口服，甚至会憎恨在心。要做到不使下属的工作热忱消失，让人丢脸可以说是领导者的最大禁忌。

对员工倍加关心

俗话说："浇树要浇根，带人要带心"。对于企业经营者来说，把下属的心暖热，对员工的真情关心无疑是一剂激励的良方。

每个员工都有自己的尊严，他们都希望别人看得起自己。管理者对下属的关心，对下属投注感情，尤其是对下属私事方面的关心与照顾，可以使他们的这种尊严得到满足，甚至让他们感激涕零。

例如，团队中有一个人得了一场病，请了半个多月的病假。如今他恢复健康，头一天来上班，如果管理者对他的到来面无表情，麻木不仁，不加半句客套，这肯定会让员工感到心里不舒服。再比如，团队中的一位年轻人找到了一位伴侣，不久要喜结连理，难道管理者不冷不热的只管催促着他干活？

优秀的管理者大都知道感情投资的奥妙，不失时机地进行一些感情投资，会起到非常好的激励效果。韩非子在讲到驭臣之术时，主要偏重于赏罚两方面，但有时感情投资更能打动人。

在某餐厅，适逢餐厅员工下班，有位员工刚骑上自行车时，不小心摔下来，看上去摔得不重。但此时，只见餐厅经理快速起身跑了过去，扶起那位员工关切地问："摔得重不重？要不要给你找辆车去医院看看？"员工回答："不用。""你看腿都摔破皮了，去餐厅搽点药，歇歇再走吧。"

经理小心地扶着她回到餐厅，然后就去找药，找到药后，又亲手替员工擦上，还对她说如果不舒服，下午就不用来上班了，算公假。那位员工连声说："不用，不用。"

如果企业的管理者都能像这位经理一样表现出对员工的诚挚的关切，那么企业何愁不能发展呢？要知道这种做法比发几百元钱奖金更能赢得这位小姐对公司的忠心。

管理者对于下属，不仅仅是工作上的指挥和领导，要想把工作做好，要想团队工作更上新台阶，管理者必须要将对下属的关心和关爱落到实处。特别是下属遇到什么特殊的困难，如意外事故、家庭问题、重大疾病、婚丧大事等，管理者在这种时候，对员工无论是物质上还是精神上的关心都可谓雪中送炭。这时候，下属会对领导产生一种刻骨铭心的感激之情。

管理者可以采取关心措施来激发员工对企业的感情，在企业内部培养出一种团队式的友情与和谐的氛围，形成员工同舟共济、苦乐相依的感情链，以此激励员工的工作热情。具体而言，管理者必须从以下几个方面做出努力：

1.树立关心员工的意识

人是最富感情的动物，每个人都需要得到别人的尊重、信任和关心。作为团队的成员，当然希望得到别人尤其是团队领导者的重视、信任和关心。如果管理者能够给员工一份关怀，员工便会以双倍的努力来报效组织。假若管理者只将员工当作劳动力去看待，在管理过程中不能体现人文关怀，那么员工必定会丧失工作热情。

2.把员工当作朋友来交往

作为企业的管理者，不但自己需要良好的业务技术素质，还要良好的思想素质

◇ 处处关心员工 ◇

作为企业的管理者，要处处关心员工，要帮员工所需，解员工所难。

员工如果在工作、生活和学习当中出现了思想上不稳定的情绪，决不能对下属动辄训斥辱骂，甚至大发脾气。

特别是要对关系到员工切身利益的问题上，要一碗水端平，决不能靠哥们义气、靠私人感情去管理团队。

管理者如果能从情感上给员工一些温馨和感召，使得在这个团队中工作的人，在情感的驱动下自觉地工作，团队当然会高速运转。

和工作作风，在工作、生活和学习当中要和同事们平等相处。如果总觉得自己在其他员工面前高人一等，员工不会喜欢这样的管理者。所以管理者要以朋友心，善待团队的每一名员工，真正成为团队成员们的知心朋友。比如个别员工责任心不强，工作上出了小差错，管理者既不姑息迁就，也不乱加指责，使他切身体会到管理者是在真心实意地在关心、帮助、爱护他。

要懂得有效授权

有很多公司的经营者工作十分繁忙，可以说："两眼一睁，忙到熄灯"，一年365天，整天忙得四脚朝天，恨不得将自己分成几块。这种以力气解决问题的思路太落后了，出路在于分身术：管好该管的事，放下不该管的事。而授权就是管理者走向成功的分身术。

公司在发展过程中，千头万绪，即使是能力很强的管理者，也不能独揽一切。作为管理者应该树立这样的一种观念：管理者的职能不仅是做事，还在于成事！因此，管理者必须要学会向员工授权。

授权的好处有很多：管理者可以从琐碎的事务中解脱出来，可以激发员工的工作热情和干劲；可以增长员工的能力和才干；可以发挥员工的专长，弥补管理者自身才能的不足。其实，人们都知道授权的好处，但是有的授权起到了好效果，有的授权却导致了混乱，这是为什么呢？一个关键的问题在于授权者的态度。

正确的授权应该包括以下四个方面的内容：

1.要看重员工的长处

任何人都有长处和短处，如果管理者能够着眼于员工的长处，那么他就可以对员工放心大胆地予以任用。如果只看到员工的短处，那么他就有可能由于担心员工的工作而加倍操心。这样，员工的工作积极性必然会降低。作为班组的领导者，不妨在授权的时候让员工真切感受到对他的信任感。

2.不仅交工作，还要授权力

领导者将工作目标确定以后，需要交付员工去执行，此时必须将相应的权力授员工。一般来说，将工作委托给员工去干，这一点是不难办到的，因为这等于减少自己的负担。将权力授给员工，就不那么简单，因为这意味着自己手中权力的削弱。身为企业的领导者，应该把权力愉快地授给承担相应工作的员工。当然，所授的权力也不是没有边际的。

3.不要交代琐碎的事情

作为一个领导者，对待员工最忌讳的就是"婆婆嘴"。既然已经授权给下属去做，就不应该对下属指东指西，使下属无所适从。否则，下属的自主性不易发挥，责任感也随之减弱。

4.要给予适当的指导

身为领导者，千万不要以为授权之后就万事大吉了。尽管将权力授予员工，但责任仍在自己。作为一个领导者，将权力授出之后，还应该对员工进行必要的监督和指导。若是员工走偏了方向，就应该帮助修正；若是员工遇到了难以克服的困难，就应该给予指导和帮助。

不事事包揽，不一竿子到底，不越级，不错位，不揽权，管好自己的人，办好自己该办的事，这样的领导才会轻松而游刃有余。

掌握批评的艺术

批评本身就不是一件愉快的事情，所以管理者更应该注意自己在批评时的态度，不要有个人成见，保持友善的气氛。英国小说家毛姆有一句话很有名："人们嘴上要你批评他，其实心里只要赞美。"

管理者在对下属进行批评时，一定要讲究方式方法，讲究批评的艺术。当下属犯错误时，不少管理者最直接的反应就是凶狠地训斥或者责骂，这样做并不会有助于问题的解决。既然错误已经犯下了，再多的批评也已经于事无补。

事实上，直接批评的方式并不可取，不仅难以令下属信服，而且容易伤害其自尊，甚至影响管理者以后工作的开展。

一个好的上司，都应该懂得用"打了棒子给蜜枣"的策略对待下属，以获得一个好的结果。"打了棒子给蜜枣"意思是说，当管理者批评下属之后，为了安慰或者挽回尴尬的局面，而再对其进行适当的安抚补救措施。对此，一些优秀的管理者可谓是深谙此道。

俗语说"打人一巴掌再给一个甜枣"，虽然不能轻易地"打一巴掌"，但既然"打"了，给与不给"甜枣"，其效果便大不相同。正如亡羊补牢的农夫，丢了羊，再补牢，至少保证不再面对丢羊的情况发生。及时补牢也是一个不是办法的办法。当你一时冲动当众责备了你的下属时，不妨一试，相信会有效果的。

所以，对于不同的对象，管理者应该选择不同的批评方式与选择不同的时机，以达到良好的批评效果。主要可以从以下几个方面去努力：

1.注意批评的场合

要知道，当他人在场时，哪怕是最温和的方式也可能会引起被批评者的怨恨。无论是否辩解，他也能够感到自己丢了面子，甚至会让他觉得你在贬低他的人格，这样绝对不能起到良好的批评效果。

作为一个管理者，批评员工一定要考虑批评的时间、场合或者时机是否合适。

◇ 批评方法因人而异 ◇

　　批评，要讲究艺术性，不能与对方的自尊相对抗，要注意保护对方的自尊。为此，就要对不同人采取不同的批评方式，做到批评因人而异。

1. 面对迟钝型反应者：直接批评法

　　直截了当地严肃批评，来促使其认识错误、改正错误。

2. 面对敏感型反应者：暗喻批评法

　　巧妙地暗示对方，让其意识到自己的错误，并主动改正错误。

　　这次我们本来很有把握，但是因为提交材料的时间太迟造成一些影响……

　　是我提交的材料，看来是因为我……

　　这次是我疏忽了，结果造成这么大的损失，我应该负责。这次你没有按时完成报表，对工作进度的影响也很大……

3. 面对理智型反应者：自我批评法

　　先指出自己的错误，然后再批评对方的错误。

比如，领导带着下属到客户那里去拜访，当领导发现下属在言谈举止上存在问题时，最好不要当着客户的面对其提出批评。这个时候，管理者需要做的是将下属的缺点给掩饰过去。当没有旁人在的时候，再对其提出批评。

2.对事不对人

有些人在批评员工时，总是会这样说："从你做的这件事就能看出你这个人怎样！"这是批评之大忌。也有的管理者，批评时喜欢新账旧账一起算。批评时，最好只针对事情，而不能够以个人的人格、品性等来说事。比如，你可以这样说："小王，根据你往常的表现，你不应该犯这样的错误，是否有什么原因使你这次没有做好充分的准备……"这种气氛十分有助于让对方认识到领导不是在攻击他这个人，而是针对事情本身。

3.有褒有贬

有一个简单的妙方可以让员工接受批评：有褒有贬，在批评下属的错误和指出其不足的同时，不忘给予他成功方面的某些肯定。

美国著名的女企业家玛丽·凯·阿什在对待员工工作中出现的问题时，采取的做法就是"先表扬，后批评，再表扬"的"夹心饼"批评艺术。这就是说，无论批评什么事情，必须找点值得表扬的事留在批评前和批评后说，决不可只批评不表扬，即加在两大赞美中的小批评的"夹心饼"式批评，这是玛丽·凯·阿什严格遵循的一个原则。

她说："批评应对事不对人。在批评前，先设法表扬一番。在批评后，再设法表扬一番，力争用一种友好的气氛结束谈话。如果你能用这种方式处理问题，那你就不会把对方臭骂一顿，要让当事人确切地知道，他们对他的行为是怎么样的气愤。主张这样做的人认为，经理应当把怒火发泄出来，让对方吃不了兜着走，决不可手软，发泄过了以后，或许以一句带有鼓励对方的话结束谈话。尽管一些研究管理办法的顾问鼓吹这种办法如何如何有效，但是我不敢苟同。你要是把人臭骂一顿，那他也必定吓得浑身哆嗦，绝不会听到你显然是骂够了之后才补充的那句带点鼓励的话。这是毁灭性的批评，而不是建设性的批评。"

管理者批评员工的目的无非是要让对方改正错误，同时能够激励他，希望他能做出更好的成绩来。而如果管理者直接批评对方，会刺痛对方的心，达不到应有的良好效果。而如果你能够适时地把握批评的"度"，则会使被批评者欣然接受。

善于激励他人

合理运用激励对于管理者来说并不是简单的事。管理者在制定和实施激励时，应该注意以下的原则，才能提高激励的效果。

1.肯定员工价值

管理者首先应肯定员工及其工作的价值。重视员工，发现员工的能力，使员工得以充分发挥才能，对员工来说本身就是一种有效的激励。

2.激励要因人而异

不同员工的需求不同，激励措施起到的激励效果也不相同。即便是同一位员工，在不同的时间或环境下，也会有不同的需求。在制定和实施激励措施时，管理者要调查清楚每个员工真正需要什么，然后利用自己手中的权力制定相应的激励措施。

为了激励员工更好地完成工作目标，某企业发布了一项奖励措施：年终工作业绩靠前的200位同事，将奖励一次到黄山旅游的机会。这项措施对参加旅游的A、B、C三人身上产生了不同的反映。

A：从来没有去过黄山，并且一直很想去黄山旅游，听到这项措施后非常高兴。公司的奖励措施令他大为振奋，并下定决心要在今后的工作中加倍努力。

B：虽然以前去过黄山，不过已经是很多年前了。此次听到自己可以去黄山去旅游时，心情还是非常高兴。在工作上，他表现得比以前更尽心尽力了。

C：是一个年轻的员工，去年刚结婚，并且选择度蜜月的地点就是安徽的"两山一湖"。他听到今年再去黄山旅游时，他并不兴奋。当然，在工作上，他还是和以往一样按部就班。

3.信赖员工

通常被信赖的员工都会心甘情愿地为信任他们的上司赴汤蹈火。作为管理者，要在行动、言辞上处处表现出自己信赖员工的诚意。

4.奖惩适度

奖励和惩罚会直接影响激励效果。奖励过重容易使员工产生骄傲和满足的情绪；奖励过轻会让员工产生不被重视的感觉，起不到激励的效果。惩罚过重会让员工感到不公，甚至会失去对企业的认同，产生怠工或破坏的情绪；惩罚过轻会让员工轻视错误的严重性，从而可能还会犯同样的错误。

5.公平对待员工

公平性是班组管理中的一个重要原则，任何不公的待遇都会影响员工的工作效率，影响激励效果。取得同等成绩的员工，一定要获得同等层次的奖励。如果做不到这一点，管理者宁可不奖励。

6.精神激励与物质激励相结合

赞美、表扬、精神上的支持和鼓舞是激发员工斗志必不可少的"催化剂"，如能和奖金、红利等物质上的奖励环环相扣，就更能激发员工的工作热情。

决策之道：
决策失误是公司最大的损失

必须牢牢抓住决策权

管理学大师西蒙认为管理就是决策，决策是管理者的主要职责。李嘉诚就曾经这样给自己定位："我是杂牌军总司令，我拿机枪比不上机枪手，发射炮弹比不上炮手，但是总司令懂得指挥就行。"小公司的决策权对于经营者而言，同样重要。

决策从来不是由多数人来做出的。多数人的意见虽然要听，但做出决策的，只能是管理者一人。当然，作为掌握决策大权的管理者，既要"厚德载物，以理服人"，也得做到"该出手时就出手"，当机立断，掌握大权。没有强势的姿态就做不成事情。

林肯作为一代优秀的美国总统，他上任后不久将六个幕僚召集在一起开会，讨论其提出的一个重要法案。幕僚们的看法不统一，七个人激烈地争论起来。在最后决策的时候，六个幕僚一致反对林肯的意见，但林肯仍固执己见，他说："虽然只有我一个人赞成，但我仍要宣布，这个法案通过了。"

很多人可能会被林肯的独断专行所迷惑，但其实，林肯已经仔细地了解了其他六个人的看法并经过深思熟虑，认定自己的方案最为合理。

而其他六个人持反对意见，只是因为条件反射，有的人甚至在人云亦云，根本就没有认真考虑过这个方案。既然如此，林肯作为决策者，自然应该力排众议，坚持己见。

对管理者而言，一般而言，决策分为以下几种类型：

1.个人决策和集体决策

个人决策是以个人决定的方式所作的决策，集体决策是管理集体所做的决策。在工作中，根据不同的情况，采取个人决策或集体决策的方式。尤其遇到日常一般性事项和问题，则通常由管理者自行决策，不必事事依靠集体决策，以免延误行动时机。

2.单项决策和多项决策

单项决策是就单个事项或目标做出决策，其情况（人、事、物）比较单纯。多项决策是涉及多个事项或目标的决策，内容繁多而复杂，涉及时间和空间各个方面。

3.常规决策和特殊决策

常规决策是指管理者对经常、反复大量出现的事情做出决策，它具有一定的规律性，因此，可以利用例行的程序进行决策。而特殊决策则是非常规决策，指对偶然出现的事情做出决策。凡是过去没有出现过、涉及面广且新的事情和问题，没有可供决策遵循的程序，管理者必须有能力鉴别出这些特殊的事情和问题，及时做出科学、正确的决策，顺利处理这些问题。

对常规性决策，管理者可以沿用惯例。但是对非常规性决策，管理者需要充分发挥创造性和高超的决策技术。

管理者要善于决策

优秀的企业领导都懂得决策的重要性，但是，多数人在面临决策的关键时刻都觉得很为难。

决策随着问题的变化而变化，大体上可以分为程序化决策和非程序化决策。

1.程序化决策

程序化决策是指该问题重复出现，定义清楚，并且存在着解决问题的程序。因

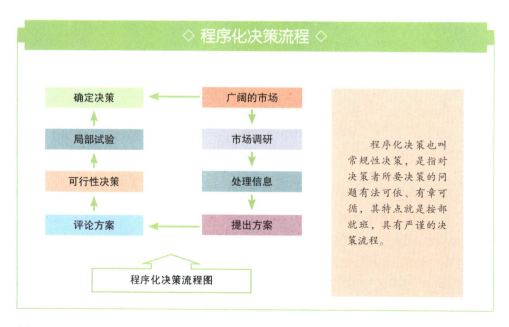

◇ 程序化决策流程 ◇

确定决策 ← 广阔的市场

局部试验 ← 市场调研

可行性决策 ← 处理信息

评论方案 ← 提出方案

程序化决策流程图

程序化决策也叫常规性决策，是指对决策者所要决策的问题有法可依、有章可循，其特点就是按部就班，具有严谨的决策流程。

为业绩衡量标准通常很清晰，关于目前业绩又有充足的信息，能够在备选方案中区分出来，并且选定方案成功的概率较大，所以程序化决策往往有着清晰的结构。

在程序化决策的实例中也包括了决策规则。比如，什么时候更换办公室电脑，什么时候报销管理者的差旅费，或者申请人是否有从事某项技能的专业资格。

2.非程序化决策

和程序化决策相反的是，非程序化决策是指问题新奇，难以定义，并且不存在解决问题的既有程序。一个组织在没有认清问题之前或者不知道应如何应付的时候，一般情况下使用非程序化决策。明白清楚的决策标准并不存在，而且可供选择的方案混乱，是否能找到理想的解决方案也就并不确定。一般为非程序化决策找到备选的解决方案并不容易，所以解决方案也就因问题而异。

英特尔公司从来没遇到过对有缺陷奔腾芯片的指控的问题，由于不确定性强而且决策复杂，公司没有对这个问题的处理经验。对于英特尔公司来说，没有这方面的经验，在复杂的非程序化决策中做出选择是不易的。但许多非程序化决策牵扯到战略计划，这无疑就又加大了难度。

美国西北航空公司的新任首席执行官汤姆森决定以停飞41架飞机，削减4200个工作岗位，废止机票折扣作为使经营不佳的公司重新盈利的战略措施。汤姆森和其他高层管理者分析复杂的问题，评价可行的方案，对如何使公司重新盈利做出选择。

改变战略计划从而使公司盈利是美国西北航空公司在面对危机时所做出的非程序化决策。对于一些特别复杂的非程序化决策，可以称之为"乖戾"。在解决乖戾的问题上，仅仅是关于如何定义的问题就可能转变成一项主要任务。乖戾的问题与管理者在目标和可行性方案上的冲突，快速变化的环境，决策因素之间模糊的联系相关联。或许处理某一乖戾决策的管理者解决了问题，但这只能说明他从一开始就错误地定义了问题。

在日新月异的今天，商业环境也在迅速变化着。管理者和组织所面临着非程序化决策比例越来越高的问题。现在的环境提高了所需决策的数量和复杂性，同时也提高了对新的决策过程的要求。

了解科学决策的步骤

决策是经营者的核心能力，经营者的任务在于，要深入分析每一项决策的可行性，并有效协调近期目标和远期目标，不能顾此失彼。

具体说来，管理者可以按以下几个步骤进行：

1.明确目标导向

决策目标是决策者所要达到的决策结果。决策目标具有严格的规定性：一是质的规定性，二是量的规定性。前者是决定决策方向正确与否，效益及影响好坏的尺度。任何不符合公司发展利益的目标，以及违反客观规律的目标，都有存在错误的质的问题。后者主要包括数量、时间两种规定性。数量定得太大，时间定得太紧，或者数量小，时间松，都会造成不必要的失误和损失。如果目标定得不切实际，无法实现，则会造成更大的灾难。只有注意做到质量与数量、速度与效益的统一，才能制定正确目标。

2.确定具体目标

识别问题能力的高低是领导决策能力高低的重要反映，是衡量一个人杰出与平庸的尺度。领导者应通过信息反馈、对照比较、偏差记录、特征观察、组织诊断等方式发现问题与界定问题。发现问题并确认该问题有必要通过决策加以解决后，领导者就要确定目标。只有确定了正确的决策目标，才能为未来发展指明方向，没有目标的决策是盲目的决策。

3.拟定备选方案

领导者的决策特别是重大决策应初拟几种可供选择的方案，本着择优汰劣原则，权衡利弊，全面对比，最后选择一个最佳方案，这就是我们常说的"可行性分析"。拟订备选方案，须依据一定的目标，有了目标，就有了拟订备选方案的准则和尺度。现代决策一般要求有多个备选方案以供选择。如果只有一个方案，决策实施孤注一掷，即使成功了也是侥幸。

4.优选行动方案

达·芬奇认为，为了获得有关某个问题的构成的知识，首先要学会如何从许多不同的角度重新构建这个问题。人们发现自己看待某个问题的第一种角度太偏向于自己看待事物的通常方式，就会不停地从一个角度转向另一个角度，重新构建这个问题。人们对问题的理解随着视角的每一次转换而逐渐加深，最终便抓住了问题的实质。领导者对备选方案分析对比，选择最优方案，这是决策过程的关键一步。

5.进行反馈调控

决策的实施过程，也是反馈调控的过程，即领导者将决策的实施情况与结果的信息反馈到整个运作过程中，以做到发现偏差，采取纠偏措施，使决策目标或方案不断完善。我们并不要求企业的决策者在每次决策中都必须亦步亦趋地完成以上步骤，尤其是许多危机决策和现场决策时，领导者根本就没有时间考虑那么多，只能说将这种决策思维养成一种习惯，然后灵活运用。

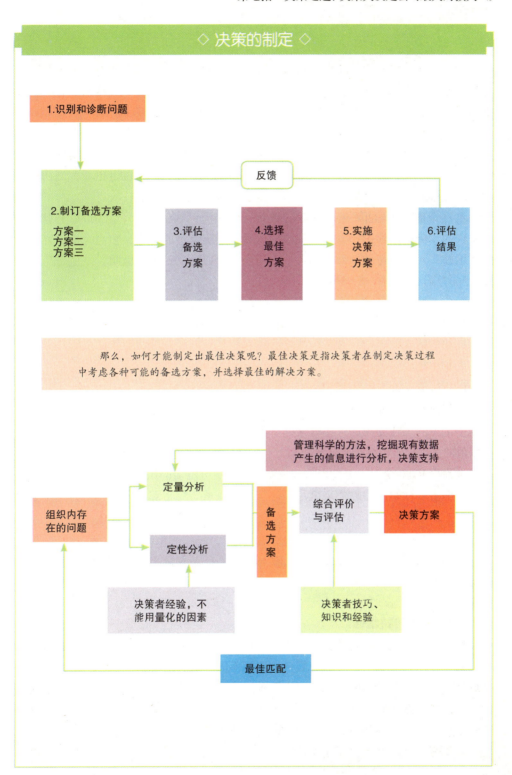

◇ 决策的制定 ◇

1.识别和诊断问题

反馈

2.制订备选方案
方案一
方案二
方案三

3.评估备选方案

4.选择最佳方案

5.实施决策方案

6.评估结果

那么，如何才能制定出最佳决策呢？最佳决策是指决策者在制定决策过程中考虑各种可能的备选方案，并选择最佳的解决方案。

管理科学的方法，挖掘现有数据产生的信息进行分析，决策支持

定量分析

组织内存在的问题

定性分析

备选方案

综合评价与评估

决策方案

决策者经验，不能用量化的因素

决策者技巧、知识和经验

最佳匹配

以长期赢利为方向

一个企业的经营决策不能仅仅看它现在的利润率表现，更需要看它未来的发展前景。如果企业暂时赚钱了，却不去提升自己的竞争力，那么以后这家企业的钱会越来越难赚。所以，管理者的经营决策要把精力放在持续赢利方面。

1.赢利具有长久性

持续赢利指企业既要能赢得利润，又要有发展后劲，赢利具有可持续性、长久性，而不是一时的偶然行为。"360杀毒"是国内免费杀毒软件的开创者，当初做出免费试用的决策，让如今的"奇虎360"成为互联网行业的新宠。

虽然奇虎360只能算是杀毒业的新兵，但在周鸿祎的领导下，360安全卫士以"狠狠的"免费招式掀起了安全领域的风暴。做出免费的承诺，在当时是"冒天下之大不韪"，因为免费软件面临着一个问题：如何赢利？事实证明，"免费"的决策让360尝到了甜头。

顺应互联网的免费趋势，360安全卫士推行的赢利模式很简单：普遍性服务免费，增值服务收费。周鸿祎和他的团队认为，免费的软件能够吸引足够大的用户群。只有足够多的用户，才能为未来的赢利打下良好的基础。在软件价格低廉的情况下，即使有1%的360用户，每个月哪怕花费几块钱，付费也是庞大的市场。正是基于这样的认识，周鸿祎最终才做出了360免费的决策。

增值业务也体现在360安全浏览器上，上面集成谷歌、百度、有道搜索框，每天有成千上万的人在使用，这些搜索框每天都在给360带来利益，同时360安全浏览器中投放的文字广告也会带来不少收入。

凭借着360安全卫士等免费软件，奇虎获得尽可能多的用户群，并通过提高软件功能和丰富多样的产品种类来满足不同客户的需求。对于那些只有少数人需要的个性化服务，奇虎360将针对部分用户提供增值服务从而赢利。

如今，奇虎360已经拥有了庞大的消费群体，奇虎360正进入稳定发展中。

管理决策必须建立在持续赢利的基础上，持续赢利是对一个企业是否具有可持续发展能力的最有效的考量标准。一旦有了庞大的消费群体，收益就有了保证，这个赢利模式也就能持续！

2.赢利具有可持续性

经营决策考验管理者的智慧，每个企业都是一个复杂的个体，其所处的商业环境不同、客户定位不同、产品与服务的选择不同、拥有的资源不同，所以，如何决策最终实现可持续赢利的问题变得不简单。持续经营模式将唤醒经营者们对企业的命门——商业模式的重视、认知和思考，帮助更多经营者掌握识别、规划、评价、创新企业商业模式的知识和技能，以便为企业塑造成功的商业模式，将有助于创业者思考并解开企业持续赢利的奥秘。

决策确定后，要达到持续赢利的道路并不平坦，企业赢利是一个长期积累的过程。在刚开始的时候，肯定会存在很多困难，但是不要轻易放弃，一旦转行，厂房重新建造，机器重新购买，产品重新创造，客户重新开发，创业者前期的投入就白费了。所以做企业坚持很重要，因为坚持会让你的经验越来越丰富，行业越来越熟悉，客户越来越多，能力越来越强。当企业拥有了这些资源实质上就等于创业者增加了企业的竞争实力。

即使是一个资金比你雄厚的企业，他在没有经营能力的前提下也是无法与你竞争的。所以企业要想持续壮大，永远立于不败之地，就需要在自己的行业内做精、做专、做细。当你成为这个行业的专家，自然就成了市场的赢家。

成功的商业经营决策要做到放眼未来，而不是追求短期的利润。企业管理者也需充分认识行业的扩展性和成长性，从实际出发，把着眼点放到长期赢利上。

管理者要果断决策

企业面对瞬息万变的市场，机会总是稍纵即逝，必须以快节奏、快速度抢占市场"空白点"。企业决策者应具备敏锐的观察能力和判断能力审视整个市场，果断决策对企业经营者来说尤其重要。

"机会可遇不可求"，这是任何人都明白的道理，但是身为管理者，是否也有这样的经历：面对机会总是犹豫不决，想着多考虑、多分析，为了下一个准确的决策，迟迟地下不了决定。好不容易做了决定之后，又时常更改……到最后，可能决策下来了，可是执行的时机已过，浪费了很多宝贵的资源和精力。

1.不要犹豫不决

在《拉封丹寓言》中，有一只著名的驴子：它非常饿，到处找吃的，终于看到了在它前面的两堆草。它迅速跑过去，却为难了，因为两堆草同样鲜嫩，它不知道应该先吃哪一堆。它犹豫不决，在两堆草之间徘徊，一直在思考先吃哪一堆。因为不知道如何选择，最终这头驴子在两堆草前饿死了。

寓言故事用夸张的笔法生动再现了生活中的现象：我们身边的管理者往往决策不果断，在拖延中浪费了宝贵的时间和生命。

兄弟二人前去打猎，在路上遇到了一只离群的大雁，于是两个猎人同时拉弓搭箭，准备射雁。这时哥哥突然说道："把雁射下来后就煮着吃。"他弟弟表示反对，争辩说："家鹅煮着吃好，雁还是烤着吃好。"两个人争来争去，一直没有达成一致的意见。这时来了一个打柴的村夫，听完他们的争论后笑着说："这个很好办，一半拿来蒸，一半拿来煮，就行了。"两个猎人停止了争吵，再次拉弓搭箭，可是大雁早已经没影儿了。

◇ 克服决策时的偏见 ◇

在决策之前，选择最佳决策方案之前一定要设法消除阻碍决策的一些因素：

过分自信

过分自信的人，总是认为自己无所不知，但事实上并不可能知道所有的事情。

确认性偏见

我们寻找支持性的证据，但对那些反驳或怀疑这些证据的信息却往往视而不见。在决策过程中，这种类型的偏见随处可见。

定式性偏见

我们利用关于一个人、物或事件的有限的信息将他或它们划分归结到一个大的类别中，然后把这一类别的所有特点都强加到该人、物或事件的身上。

我们为兄弟二人的行为而捧腹时，也会思考：在他们看到大雁时，如果及时射箭会得到雁，在他们拖延一小会儿后，雁已经飞走了。

犹豫不决的人总是喜欢先想到失败的结果，他们不敢做决定，害怕承担因此产生的责任。他们无法确定事情的结果，或好，或坏，或者有什么意外。他们害怕明天就会为自己今天的决定后悔，因为明天可能会发生更美好的事情。他们怀疑自己有做大事的能力，长此以往，原本很多美妙的想法消失殆尽，成功也就离他们越来越远了。

2.做到以快取胜

《孙子兵法·作战篇》中说道："兵贵胜，不贵久""其用战也胜，久则钝兵挫锐"，意思是用兵打仗，贵在快速反应，而不宜旷日持久，旷日持久会使军队疲惫，锐气受挫。经营者如果能敏锐地发现市场的潜在需求并果断决策，调整产品定位，则会更为容易地迎合市场需求，分享到市场的这份"蛋糕"。

管理者在变幻莫测的市场环境中，必须要做出自己敏锐的判断。抓住市场的动向，能够快速甄别出各种繁杂的信息，找出真正能够影响企业策略的机会，并能够立即行动起来。而一个经营者的市场快速反应能力其实是综合实力一种体现，建立在一定的组织基础之上，又要求企业的产品研发、采购、生产、销售、信息处理各个部门通力配合。

而对于一个企业的经营者来说，对市场的迅速反应与果断决策是建立在一套完整的机制之上的。商业竞争已经跨过了"大鱼吃小鱼"的阶段，现在已经是"快鱼吃慢鱼"的时代了。

引导员工参与决策

虽然说，决策是经营者个人的事情。但在不少情况下，员工在某项决策出台之前是毫不知情的，这样，就导致有些员工不理解决策的含义，不知道自己该做些什么，更谈不上是不是努力地去做了。

在决策的过程中，经营者可以尝试引导员工参与决策，积极引导他们提供意见或建议，以此作为自己决策的参考。

1.重视员工的意见

决策者必须要重视别人的意见，必须善于把自己的决策通过员工参与的方式体现出来。积极引导员工参与决策，使得管理者处于决策的主动地位，并能积极地引导员工参与决策，以提高业绩。

战国时期，秦王嬴政执掌大权后，下了一道逐客令：凡是从别的国家来秦国的人都不准居住在咸阳，在秦国做官任职的别国人，一律就地免职，三天之内离境。

李斯是当时朝中的客卿，来自楚国，也在被逐之列。他认为秦始皇此举实在不可取，因此上书进言，详陈利弊。

他说：从前秦穆公实行开明政策，广纳天下贤才，从西边戎族请来了由余，从东边宛地请来了百里奚，让他们为秦的大业出谋划策；而当时秦国的重臣蹇叔来自宋国，邳豹和公孙枝则来自晋国。这些人都来自于异地，都为秦国的强大做出了巨大贡献，收复了20多个小国，而秦穆公并未因他们是异地人而拒之门外。

李斯认为，秦始皇的逐客令实在是荒唐之极，把各方贤能的人都赶出秦国就是为自己的敌国推荐人才，帮助他们扩张实力，而自己的实力却被削弱，这样不仅统一中国无望，就连保住秦国不亡也是一件难事。李斯之言使得秦始皇如醍醐灌顶，恍然大悟，急忙下令收回逐客令。正因为秦始皇听取了李斯的建议，不仅留住了原有人才，而且吸引了其他国家的人才来投奔秦国。秦国的实力逐渐增强，十年之后，秦始皇终于完成统一大业。

古人云："兼听则明，偏信则暗。"管理者要重视听取下属的意见，这样才能全面客观地了解事物，做出正确的决策。

从管理角度来说，决策者全面听取各方意见，尤其是听取下属的反面意见，可以团结有不同意见的下属，也能赢得下属的尊重和信任，提高组织的凝聚力。

2.主动听取员工的意见

对管理者而言，决策建立在丰富的信息基础上，需要对企业经营中的不同情况进行有效判断。但是任何决策者都不可能掌握全部的信息和资源，所以决策者必须重视别人的意见，尤其是员工的意见。尽管某些意见不能被采纳，但至少可以作为决策的参考，即使是那些反对意见，也可以提醒决策者需要规避决策中的风险。

20世纪80年代初的巴西，有个小伙子里卡多·塞姆勒，大学毕业后就进入父亲的机械公司工作。

老塞姆勒希望儿子能接手自己的生意，可是企业每年的销售额却始终停留在几百万美元。塞姆勒上班后，他发现从中国和英国进口的茶叶开始在巴西流行，老塞姆勒觉得既然茶叶流行起来了，制茶机肯定会有市场，于是决定大批量生产制茶机。可是塞姆勒却说："父亲，我们能不能先征求一下员工的意见再生产？"

老塞姆勒不屑地说："员工们难道比我更会做生意吗？做生意就是讲究一个快字，哪有时间和他们商量，谁能抢得先机，谁就是胜利者！"这项决策最终由老塞姆勒拍板。

企业的制茶机生产线全面铺开，然而让老塞姆勒没有想到的是，半年过去了，这些机器却还压在仓库里。他们的投资遭遇了失败。

一天，塞姆勒在车间巡视时，听到两个员工的谈话。一个说："我们根本就不适合生产制茶机！"另一个说："气候条件注定巴西只适合种植咖啡和大豆，茶叶虽然在巴西流行起来了，但巴西本国却无法种植出优质的茶叶来，没人种植，当然就不会有人购买制茶机了！"

塞姆勒无意间听到的这个谈话，却给了他以启发。他认为，"智者千虑，必有一失"。所以，一家公司真正的CEO应该是每一位员工，只有尊重每一位员工的意见，才能做出更加明智的决策！

后来，父亲老塞姆勒把公司交给了只有23岁的塞姆勒。塞姆勒接管公司后，首先在办公室门口挂了一只意见箱，员工对公司有何建议，都可以放进意见箱。每一

◇ 共同决策 ◇

单枪匹马是做不出任何事情的。在团队合作能力日益被重视的今天，决策也应该学会群体参与，融入大家的智慧。

1.知识共享

知识共享实质上是形成组织内部记忆的过程，只有通过知识共享，才能互通有无，共同提高，从而做出科学的决策。

2.深度会谈

深度会谈的目的是要超过任何个人的见解，进行得当，人人都是赢家，个人可以获得独自无法达到的见解。

没有人能仅靠自己就能获得成功，只有懂得多向别人学习，多寻求别人的帮助，才能通过整合其他人的智力资源，增强自己的优势，让决策的思维更加开阔。

次做决策，塞姆勒都要开会讨论，而且还要把结果公布出来，让所有员工们参与，只有大家同意之后才能实施。

因为员工们能参与决策，员工们的工作积极性不断提高，不到五年的时间，公司的销售额已增长到1.6亿美元，成为巴西增长速度最快的公司之一！

这家公司就是巴西最大的货船及食品加工设备制造商"塞氏公司"。目前，里卡多·塞姆勒让员工参与决策的管理经验，已经被全球76家商学院作为教学课程进行推广和传授。

任何时候都要坚持理性

管理与决策鱼水不分，成就一个企业，需要100%的决策正确，而毁掉一个企业，有时只要有一个决策失误就可完成。据微软公司调查显示：超过74%的商业决策落后于预定计划，每年损失740多亿美元。虽然导致决策失误的因素很多，但不理性决策尤为突出。于是，如何克服决策的不理性，成为企业决策管理的重中之重。

美国俄亥俄州立大学的管理学教授保罗·纳特在历时二十年的研究中发现，大约有三分之一的决策最初就是失败的，因为这些决策从未被执行过。当把那些只得到部分执行或一开始被采用后来又被放弃的决策考虑在内时，失败率就攀升到50%。然而，从这些失败的案例中分析，由于不理性导致的决策失误又几乎占到了50%。

作为企业的管理者，必须具备快速判断、快速反应、快速决策、快速行动及快速修正的综合能力。保持理性决策的能力，在关键时刻敢于拍板，需要管理者在决策之前做好以下几项工作：

1.决策前的追问

在做出某项决策之前，必须对自己的决策做出一些思考，如决策的目的、原因、怎么执行、何时执行等一系列问题。

2.要考虑五个因素

一是要考虑风险（Risk），即决策实施之后的各种不利因素，或各种副作用，要制订相应的对策。

二是要考虑对手（Rival）。要知道在决策时，你的竞争对手也在决策。所谓知己知彼，考虑对手的决策、善于双赢，才能确保企业立于不败之地。

三是要考虑关系（Relation）。每一个决策都不是孤立的，它牵扯到方方面面的利益关系和人际关系。只有理顺关系，决策才能成为现实。

四是要考虑报酬（Reward），这是激励实干者，提高决策力的一个极为重要的途径。

五是要考虑结果（Result）。为什么要做这个决策？这个决策实施后能够带来什么结果？值不值得做这个决策？企业的领导者决策者在决策时要强调务实和效益，要结果导向，不能只考虑动机愿望，只制定目标计划。

3.有可选择的余地

做意向决策，需要在不同的方案中优中选优。比如，所在企业缺少一位管理人员，你不仅可以在本企业内部挑选，也可以在国内其他企业里挑选，甚至可以在国外挑选。

4.要借助"外脑"

紧握住决策的权力不妨，并不意味着仅仅只依靠决策者的头脑，需要借助"外脑"。既可以是本企业本系统的员工，也可以是企业外部的专家学者，或者是一切可提供决策参考的人员。通过向外界借智，可以有效提高企业管理决策者的决策力。

建立科学的决策机制

管理者在做决策的时候，要参照一定的标准。只有这样，才会不失偏颇，才会有理有据，才能做出优秀、高效的决策来。

建立科学的决策机制需要从以下几个方面努力：

1.预测体现科学性

预测是现代企业决策科学性的一个重要方面，也是现代决策技术方法的一个重要内容。科学决策不但要求决策主体掌握翔实的过去和现在的有关信息，而且要求其通过对上述信息的分析，通过丰富的想象以及严密的逻辑思维和敏锐的判断，提出和形成关于决策对象及决策条件的可能发展的趋势和方向，甚至具体情形。预测能力是应变能力乃至决策能力的一种标志，也是提早采取相应措施的前提。

2.明确决策主体

明确是说关于决策的性质、目标、范围、时效、标准、进程、方式语义等概念和表达要明确，能用数量表示的就用数量表示；周详是说决策方案及其执行的设计要完备，全面考虑到与该项决策相关的各个行为主体或因素。

3.决策要有现实性

这方面的关键问题，在于全面考虑特定决策所涉及的政治、经济、文化、价值观念、意识形态、员工情绪、利益集团等因素的影响，以及人力、物力、财力的充足程度和执行单位的理解、意愿的程度等综合条件，使决策建立在现实的基础之上，这就要求找出变可能性为现实性的条件，以实现决策目标。

4.实现员工参与

企业决策在名义上是行政领导的权力和功能，在实质上则是集体智慧的结晶，尤其在现代化的企业里，可以说每一项企业决策都需要许多学科的知识和数据，都是许多部门和人员共同努力的结果。因此，就需要实行以上级与下级，专家与公众相结合为主要特征的、多元参与的民主化决策过程，执行领导持有最终决定权。此外，行政组织内部各个部门、层级和各项业务之间相互联系、彼此制约的组织关系，也要求在决策过程中实行民主参与。

5.体现经济效益

经济效益的核心问题，是取得良好的投入产出比，即企业决策及其执行过程中的付出小于实际的社会经济效益。换言之，即决策的积极意义大于消极意义，收益减去付出大于0。经济效益的衡量直接反映出决策主体的价值观，不同的比较对象和衡量方法可能得出完全不同的结论。

6.优选方案

这是决策过程中的关键一步，即从若干决策方案中选择一个最优化的方案为实际执行的规范。这就要求科学地运用理论、标准、数据和技术方法，对已经成型的

◇ 决策方式要灵活多变 ◇

决策是在不断变化的内、外部环境条件下，为变革现状和开创未来，树立新目标和采用新方法与措施的活动，其实质是一种创新性的活动。

方案进行审时度势、优劣虚实的分析、论证和比较，从中选择一个最优化的方案。在实际过程中，方案选择往往不是以最优化为标准，而是以相对的满意为标准，因为满意标准往往是现实的标准。选择是现代决策的核心问题，可以说没有选择就没有决策，尤其是企业决策，选择特别重要。

7.运用信息技术

主要指尽可能运用现代科技设备和手段，如电脑和因特网。这样不仅有利于扩大信息的获取量，提高处理信息的速度，而且有利于及时把握环境的动态和条件的变化，根据反馈及时做出调整或修正，以保决策的时效性。

8.应变

应变是指对决策潜在问题的分析、评价、控制报警和应变措施，主要是指决策潜在的不利因素。一项较为完备的决策通常应当包括应变的内容，这在实践中常常表现为所谓的"第二套方案"。适应则是指对变化的反应。

由于企业决策及执行一般常常需要相当一段时间才能完成，而其间的变化几乎是不可避免的，这就需要在决策时留有余地或一定的伸缩性，并以此业对付较小幅度的变化，变化幅度较大时，就需要用应变的方式加以解决了。

执行之道：
没有彻底的执行，一切都等于零

呼唤优秀的企业执行力

很多公司都有这样一种困惑：拥有先进的技术、高素质的员工和正确的战略方针，但执行效益就是不够理想。优秀的企业并不缺乏伟大的战略，真正需要的是执行力。大量的公司由于执行不力而失败、亏损，它们在给我们带来惨痛教训的同时，更给我们带来警醒：执行怎么重视都不为过。

如果没有人将公司经营者的意图不折不扣地执行下去、贯彻下去，公司运营会陷入停滞。公司的生存和发展离不开优秀的执行者。

世界上最成功的企业无一不是拥有着不折不扣的执行者，所有优秀的企业都致力于打造一支具有强大执行力的队伍和组织。只有拥有了强大执行力的人，企业才能拥有强大的执行力。

美西战争爆发以后，美国必须马上与西班牙反抗军首领加西亚将军取得联系。加西亚将军隐藏在古巴辽阔的崇山峻岭中——没有人知道确切的地点，因而无法送信给他。但是，美国总统必须要尽快地与他建立合作关系。怎么办呢？

有人对总统推荐说："有一个名叫罗文的人，如果有人能找到加西亚将军，那个人一定就是他。"

于是，他们将罗文找来，交给他一封信——写给加西亚的信。关于那个名叫罗文的人如何拿了信，将它装进一个油纸袋里，打封，吊在胸口藏好；如何在三个星期之后，徒步穿越一个危机四伏的国家，将信交到加西亚手上——这些细节都不是我想说明的，我要强调的重点是：

美国总统将一封写给加西亚的信交给了罗文，罗文接过信后，并没有问："他在哪里？"

像罗文这样的人，我们应该为他塑造一座不朽的雕像，放在每一所大学里。年轻人所需要的不仅仅是学习书本上的知识，也不仅仅是聆听他人的种种教诲，而是更需要一种敬业精神，对上级的托付，立即采取行动，全心全意去完成任务——"把信送给加西亚"。

这是节选自《致加西亚的信》的一段内容，这本小册子出版100年来，全球销售逾8亿册，这个送信的传奇故事在全世界广为流传，"罗文"作为优秀执行者的形象深入人心。

执行力引起了全球有识之士的持续关注。正因为如此，公司领导者都在努力寻找坚决服从、尽职尽责、追求结果的卓越执行者。罗文就是这样的人。

那么，具备优秀执行者的基本素质条件是什么呢？

1.态度上：没有任何借口

当麦金利总统把给加西亚的信交给罗文时，罗文没有问加西亚将军在什么地方，也没有问寻找加西亚将军的途径，甚至没有要路费，因为即使问了也没用，谁也不知道加西亚在哪儿，不知道他是否活着。罗文只是怀揣着一个任务，一个目标——把信送给加西亚，就上路了。他越过了千山万水，历尽了千辛万苦，想尽了千方百计，最后出色地完成了任务——把信送给了加西亚。

员工要在接到任务时，不应该问为什么，而应该努力想尽一切方法去完成任务。

2.能力方面：手段专业化

当罗文接过信之后，把它装进一个油布制的袋里，打封，吊在胸口……这一系列动作正是一个送信员的专业操作手段，充分体现了罗文完成工作时所具备的专业技能。

在企业中，具有良好态度的人确实有，但是往往由于缺乏专业化手段的操作，最后不能出色地执行任务。因此，企业要提高员工的执行力，就必须加强对员工专业技能和专业化操作手段的培养，这是成功的必经之路。

3.结果方面：须提供满意答卷

企业管理一定要以任务倾向为主导，关键是要看员工能否完成任务，能否交出完满的答卷，这就是"实践是检验真理的唯一标准"。

现代企业需要的执行者，不仅是那些能严格按指令办事的人，更是能提供优秀结果的人。公司经营者需要像罗文一样具备优秀执行力的人。

把责任落实到人

小公司能否做大做强，其执行力的关键在于不折不扣地把企业的战略执行到位。每个人都应该在其位，谋其职，行其权，负其责，始终以高度负责的精神来完成工作，才能确保圆满落实。

责任心的有无、强弱，直接关系到执行的有无与强弱。无论员工的能力有多强，如果责任意识淡化，必然会导致对该完成的工作打折扣。

小岩是某集团员工，工作多且烦琐，时常听到他的抱怨"工作太多""时间太紧""每天都忙"……

小岩究竟是怎么"忙碌"的呢？早晨8：30准时上班，然后吃早餐和酝酿工作情绪花掉半小时。工作两个小时后，发现该午休了，于是翻翻当日报纸来等待中午吃饭休息。下午从1：30工作到4：30，他又按捺不住了，决定活动活动手脚，或和同事聊聊天，因为还有一会儿工夫一天的工作就结束了。算一下他每天真正工作的时

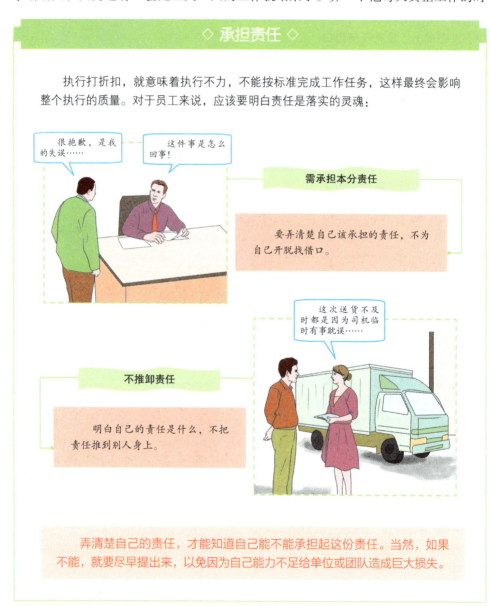

◇ 承担责任 ◇

执行打折扣，就意味着执行不力，不能按标准完成工作任务，这样最终会影响整个执行的质量。对于员工来说，应该要明白责任是落实的灵魂：

很抱歉，是我的失误……

这件事是怎么回事！

需承担本分责任

要弄清楚自己该承担的责任，不为自己开脱找借口。

这次送货不及时都是因为司机临时有事耽误……

不推卸责任

明白自己的责任是什么，不把责任推到别人身上。

弄清楚自己的责任，才能知道自己能不能承担起这份责任。当然，如果不能，就要尽早提出来，以免因为自己能力不足给单位或团队造成巨大损失。

间只有5个小时，这中间还包括其他事情的干扰。

小岩就是在这样繁忙中度过了一天，他以为以后天天都是在平静而忙碌中度过，因为他自认为工作很"努力"。但是，一封无情的解雇书还是送到了他面前。

有多少员工会在小岩的身上看到自己的影子呢？又有多少个"小岩"存在于办公大楼的一个个角落？

无论做什么工作，在什么岗位上，都应该认真承担自己的责任，员工都应该把责任意识放在心上，用强烈的责任心强化执行。一个有责任心的员工，会想尽办法，竭尽全力地完成任务，并且会培养"不折不扣"的执行精神，强化执行品质和效果。

有一位老会计，从事财务工作几十年，没有做错过一笔账。有人问他为什么能做到这点，他的同事说："你不用看他记账，只要看一下他扫地就明白了。"

原来这位老会计，扫地都与众不同。他总是那样一丝不苟，干净利落。他扫完地后，你会发现他扫过的地方比清洁工扫过的都要干净。别人又问他是怎么做到这一点的，他说："什么事情，如果你觉得它没有价值，那你就可以不去做它。但是，如果确定要去做了，你就要做好，这是一种责任心。因为你已经选择了做这件事，这就是你的职责，你怎么还能三心二意、马马虎虎地对付呢？"

像清洁这样的小事情可能看起来没什么了不起，对企业的效益也没有直接影响。但往往就是从这些事情上，可以看到一个员工的责任意识和工作态度。有的人接受任务后，敷衍了事、漫不经心，本来可以一次完成的事情，偏偏要不停地折腾才把事情完成，最后给自己、公司和客户都带来不必要的损失。

明确每个人的执行角色

一个公司的执行力，很大程度上取决于每个人的执行力认知。也就是说，执行者能否实现执行目标，能否在执行过程中充分展示自己的能力，落实自己的责任，首要的问题是他能否充分认知自己的岗位角色。如果能够认知你的角色，那么你就会想尽一切办法落实自己的责任；如果你认为那不是你的分内事，你就会视而不见，使责任落实无处，最后可能会造成严重后果。

一位成功学大师说过："认清自己在做些什么，就已经完成了一半的责任。"在一个企业里工作，首先你应该清楚你在做些什么。一个连自己工作都做不好的人，怎么能让他担当更重大的责任呢？

明确自己的执行角色，首先要知道自己能够做什么，然后才知道自己该如何去做，最后再去想怎样做才能够做得更好。清楚自己的执行角色，还有一点好处就是，有可能减少对责任的推诿。只有角色定位模糊的时候，人们才容易互相推卸责任。

要清楚自己在做什么、应承担什么责任，先应确认自己的角色。整个公司是一台大机器，每个零件的作用都是不一样的。一个人在整台机器上处于什么位置，自己应该清楚。比如某个人是一家公司的销售人员，他的责任是了解本公司产品的优势和劣势，处理好公司与经销商之间的关系。如果他不清楚自己公司产品的竞争优势和公司的经营战略，不清楚经销商的经营思路和资金实力，那么高效执行也无从说起。

清楚自己的角色，在自己的岗位上不推诿塞责，这是高效执行最本质的要求，也是最能展示一个人职业素养的细节。企业的执行角色可以分为高层管理者、中层经理、基层员工三个层次予以观察。

1.高层执行角色

公司高层领导的行为是执行目标最正确的方向指示牌。他们的执行力度决定了中层、基层员工对执行目标的理解与领会程度，对任务的重视程度，因而直接地影响着执行力的方向和力度。

打造公司的执行力，高层领导者是第一执行人，也是第一责任人。高层领导者常常坐在办公室里痛斥下属落实不力，事实上团队的落实力很大程度上源于领导者的落实力。高层领导者必须永远记住：兵熊熊一个，将熊熊一窝。因为权力与责任都在最高管理层手中。高层领导者必须时刻关注执行，做出快速的决策与回复，带头遵守公司的流程，建立组织的执行体系与落实力文化等。在落实上，需要高层领导者做的事情太多太多！

2.中层执行角色

中层们要做的第一件事就是认清自己的角色。在组织系统中处于中坚位置的中层管理者的处境通常是"上有老，下有小，中间还有兄弟姐妹找"。工作关系的复杂给中层管理者带来难度，但是中层执行者的落实更显得十分关键，不容忽视。

没有执行的战略是一纸空文，而盲目的执行将导致结果与目标南辕北辙，甚至将企业推入万劫不复的境地。作为中层，理解战略、分解战略才能有效地执行战略。

中层们的价值就体现在带队伍、抓任务、最后圆满完成公司的任务目标的执行力上。作为承上启下的关键角色，中层就是让企业与员工捆绑发展的那个绑带，可以说企业的执行力很大程度上取决于中层的执行力。

3.基层执行角色

没有执行就没有结果，作为一项任务的排头兵，基层执行者的每一个行动都直接影响着目标的达成。组织落实力，绝大部分产生于基层员工的落实力。基层员工就是企业的手和脚，离开了手脚，公司一定无法发展壮大。

每一个基层员工都应提升自我岗位的执行能力，必须遵循"认真""听话""自发"的法则。认真是基层员工的基本工作态度，听话是执行到位的基本保障，自发是对执行力的进一步深化。

树立"第一责任人"的意识

在执行的过程中要有负责的精神，并且能够将任务落实到底，这是公司经营者对每个员工的期望。一个具有"第一责任人"意识的员工，能够主动承担使命，一旦他开始一项任务，必定执行到位，让人放心。

真正的成功者对于自己的任务和目标，能够承担起自己的责任。他们不见得有超凡的能力，但是他们能够积极主动地执行任务，并最终呈现完美的结果。他们具有很强的使命感，他们总是发动全身的智慧去有效落实。这种负责到底的坚持和行动，才是构建高效执行力永恒的法则。

美国著名演说家格里·富斯特的秘书有个重要的任务，就是让格里·富斯特和他的材料及时到达顾客那里。对此，不同的秘书可能会采取不同的做法。

一个秘书是这样做的：利用快递公司将东西送出去。在这个过程中他获得了正确的信息，包括客户地址、送达日期、联系人、材料的数量和类型，他还亲自包装盒子以保护材料，并及早提交给快递，为意外情况留下了时间。

另外一个秘书却不止这样做。她利用快递公司将东西送出去，并给接收人打了电话，确认是否已收到快递。在通话中，她得到一个重要信息：听众有可能会比原来预计的多400人，于是她寄了600份。同时，在通话中，接收人问到一个重要问题，"是否需要在演讲开始前让听众手上有资料"。她告诉接收人，通常会发，但如果有变动，会及时通知。

毫无疑问，后一个秘书是让格里放心的秘书。因为她是一个负责到底的优秀执行者。

在工作中，很多人会说，会做，但是却往往停留在"说过了""做过了"的层面，对于是否到位，是否直指结果，却没有更多的考量，这显然不是真正的负责。

你做了，但可能没有效果、没有达到要求。如果真是这样的执行，做与不做从根本上没有什么区别。

接受任务就是一种承诺，负责到底是对承诺的践行。李嘉诚说过："一经承诺之后，便要负责到底，即使中途有困难，也要坚守诺言。"一旦我们开始执行，就要做好每一个环节，直到结果浮出，这才是真正具有负责精神的执行者。

"第一责任人"处在执行的核心地位，对事情负有全面责任。在工作中，第一责任人要真正负起首要的责任，这就要求员工应该积极主动地解决问题，把工作执

◇ 落实责任 ◇

　　每个人都有每个人的责任，只有把自己的责任认真落实，才能让工作更加顺利。那么，怎样才能更好地落实责任呢？

主动承担责任

　　当问题出现时，不管你是不是承办人，只要是公司的事，你都要主动承担责任，主动帮助客户解决问题。

做好后续服务工作

　　当问题找到员工的时候，员工就是第一责任人，要主动做好后续工作。

以公司利益为上

　　不管发生什么事情，只要涉及公司利益，就要把自己当成"第一责任人"，把公司利益和问题视作自己的责任。

行到位。

有家公司有个家具部，一个客人来买床，那张床很贵，大约10万元人民币，可惜那个公司没有可以搭配的床头柜。于是，客人就对家具部的店长说："你们能帮我配一个床头柜吗？你们公司的我看了，都不好。"

店长马上说："没问题，我帮你找一下，你有空来看。"店长在一天之内就调到了三个床头柜，然后请那位先生过来看。其实那三个床头柜都不是那家公司的，但是在其他地方总是找得到的，再找不到也有办法从其他家具店调过来。结果客人从三个床头柜里面挑了一个，这个10万元的生意就做成了。

当每一个员工都把自己当作问题的"第一责任人"时，就有可能让所在的公司兴旺发达。只要问题一出现，就要解决问题，这是非常重要的。

给员工"对"的明确标准

有很多公司的员工，在领导布置任务的时候，看似听得很明白，但却因为没有真正搞清楚要如何操作，最后在执行后出现了上级不满意的结果。

问题出在什么地方？出在领导者没有给员工明确的标准上。员工要想有效执行，完整领会上级的意图很重要。

也许有些人会觉得，只要完成了任务，有了结果，过程就不重要了，何必非得按照上级的吩咐按部就班呢？我们说条条道路通罗马，这种理解也没错。但是，很多时候，执行的灵活性是要有一个大前提的，就是有一个基本的标准。

领导者在布置工作、下达任务、发出指令时的本意或精神实质，希望达到某种目的或标准，这些需要完整地传达给员工。如果对上级的意图理解不透，把握不准，员工往往会费力不讨好，很难按照上级的期望完成任务。

领导者有时候不可能将每件事情的前因后果都向下级解释清楚，但还是有必要站在员工的角度，交代尽可能详细，只有这样才能让员工领会上级的意图，才能执行到位。这也要求员工，不仅对于上级明确安排的事情，要充分理解、不折不扣地执行，而且对于上级没有明确说出来的事情，也要站在上级的角度多思考，自己如何才能做得更好。

小李在一家公司当行政助理。一天，总经理把小李叫到办公室，吩咐他安排一辆车，到机场去接一个人，并且特别叮嘱他让老司机开车去接这个人。

小李从同事那里了解到，因为过几天公司要请一位专家来做培训，这个人可能就是那个专家。

小李先是打电话到了后勤，结果该部门的同事说经常接贵宾的几个老司机不是正在休假，就是正出外勤，最迟也要第二天才有空闲。小李想，反正是接人，接到

◇ 保证任务准确下达 ◇

　　为什么上级对同一项任务预期的结果和汇报上来的结果相差甚远？接受任务如何能够保障执行的结果不会偏离目标太远？这些都是关于任务不走样的追问，下面的几点建议希望能够给你启示：

1. 要求员工积极回应

　　上级下达命令时一定要认真，态度端正。管理者要在交代重点事项时，获得员工的肯定回应后，再说下一点。

2. 做好记录

　　好记性不如烂笔头，再好的记性，都会有所遗漏，尤其是当给下属布置任务较多的时候，就要必要让员工带上笔记本，把分派的任务逐条记下来。

3. 听完任务之后，要复述一遍

　　复述命令能够确保没有遗漏，即使遗漏了内容，也能够及时补上。同时也是执行前纠错的重要步骤，可以大大减少执行误差。

了就行,谁去接都一样,不一定非得是老司机去。于是小李另外找了一个新来的年轻司机,他对人热情,还很有冲劲。

小李很满意自己的安排,可让他没想到的是,接到人后,总经理发现接人的是年轻的司机,而不是老司机,当即就发了火。

总经理说:"我不是特意告诉你让老司机开车去接吗,你为什么要自作主张?"小李很委屈,自己明明是好心,并且已经完成了任务,怎么反而挨了批评呢?

其实,小李如果懂得要充分领会上级的意图,在派人去接之前,就应该先了解一些细节:要接的人是什么身份?与公司是什么关系?总经理打算用什么规格的礼遇?等等。还有特别叮嘱老司机去接是什么意思?

只有弄明白了上司是要借"迎接"这个机会,向客人表达相当级别的礼遇,就会知道,总经理要的这个司机不仅驾驶技术好、道路情况熟,而且对公司认同感强、谈吐得体,懂得什么时候在客人面前说什么话,知道在酒店开什么档次的房间⋯⋯

要明确"对"或"错"的标准,就要员工完全领会上级的指示,这就要求在执行之前领导和员工之间做好沟通。员工还需要事先明确执行的方式方法,这一环节需要向有经验的人请教。总之,在执行任务之前,先要问好想好多操一些心,这样才能有力地避免在执行过程中大费周折而使结果大打折扣或根本无法实现预期的效果。

让执行具备可操作性

小公司要做大做强,流程是关键。但随着企业外部环境的变化和内部运行低效率状况的出现,很多企业面临着执行困境。为了提高企业的执行力,企业在进行流程设计时,必须保证流程的可操作性。

当流程管理简单且清晰化后,流程内容就一目了然,便于企业员工按流程办事,让执行更具有"可操作性"。

为便于理解,我们用简单的做菜过程来分析执行的可操作性。

如何实现洗菜与切菜的过程呢?

第一道工序是洗菜,怎么洗、用什么工具洗、要洗到什么程度,这都需要有清晰的认定。比如洗白菜,要把菜叶掰开洗,叶梗靠近根部的地方泥土最多,是清洗的重点,要泡在水里把泥土洗干净,叶子部分可能会有虫子,要在水里翻动着冲刷⋯⋯

第二道工序是切菜,怎么切、用什么工具切、切多大,就是对这道工序操作的程序规定。比如切芹菜要一寸长，切白菜6分长，切萝卜片要一分厚。先从中间破开成两半，平放着切。切的时候手指尖要往里缩，刀背靠着指关节上下滑动，不然就容易切伤手指……这些标准和方法就是切菜的操作程序。

　　如果是在酒店里、食品厂里进行工业化、商业化经营运作的话，就必须按严格的执行标准操作，否则就会出现质量问题、食品安全问题，这就是执行的可操作性。

◇ 让标准更加明确化 ◇

规则不在于多而在于精，在于可执行、具有操作性。具体来说包括以下两点：

1.执行标准应具体、准确

　　例如，"要求冷却水流量适中"，什么是流量适中？界定的不是很清楚，执行起来有难度。我们可以这样表达："冷却水流量适中，流速为××。"

2.明确操作方式和结果

　　比如"安全地上紧螺丝"。这是一个结果，应该描述如何上紧螺丝。应写明使用什么工具，向左或向右拧多少圈。

　　总体来说，标准要非常具体，使每个读过标准的人都能以相同的方式解释。只有数字标准，才能达到这一要求，所以标准中应该多使用图表和数字。

一个流程通常就是由多个工序衔接而成的。比如"星级一条龙服务"流程，被分解为研发、制造、售前、售中、售后、回访六个服务环节，各个环节都有规范化、制度化的操作要求。拿售后服务过程来说，其又被分解五个动作和服务工序：一副鞋套（进门时套上自带的鞋套）；一块垫布（干活时先在地上铺一块自带的垫布，以免弄脏用户的地板）；一块抹布（安装维修完毕后，用自带布把电器擦干净）；一张服务卡（填写服务卡，作为用户档案管理的数据库资料）；一件小礼物（送给用户一个广告小礼品）。

一个岗位可能包含若干个小的工作流程和工序，为了实现可操作性，在很多公司的管理中，领导会强调用简单的管理规章、一看就比较明了的内容、篇幅不太长的形式来进行有效管理。简单的操作步骤执行起来往往更让人得心应手。操作性越强，执行起来就越容易到位。

执行应该强调操作性，告诉下属实际操作方法比一味进行理论上的指导更重要，这样他们才会真正懂得该"怎么做"。

少一点"应该"。不要跟员工说"你应该……"，时间长了，不仅起不到好的作用，反而会让员工产生逆反心理，凭什么非得这么做，我换一种方式怎么就不行呢？我偏要用别的方式！

多一点"怎么办"。一些更具有操作性的方法，可以让下属直接找到执行的方向，工作变得更有效率，避免产生矛盾，执行起来才会更到位。

强调可操作性是企业追求效率、减少差错的重要手段，也是强化执行的要求。企业如果能够将流程规则、工作体系做到可操作、可执行，那么，这个规则运作起来就会非常顺利。

跟进执行的环节

工作计划或工作流程出来后，你是否因为没有及时跟进员工的工作，而给企业造成过巨大的损失，或者因为信息不对称而导致低下的执行力？及时跟进可以避免员工在操作过程中的失误给企业造成不必要的损失。同时，还可以避免因为信息不对称而产生的执行力低下的问题。

有效执行仅靠自觉是不够的，靠挂在墙上的制度也是远远不够的，必须要强有力地跟进、检查与监督。

世界经济局势的转变致使某家高科技公司受创颇重，营业额下滑得厉害。为了提高公司的营业额，执行长亲自检视其旗下一个重要事业部经过修正后的运营计划。

首先他赞扬事业部主管带领属下提出了提升绩效的运营计划，随后指出他们尚未达到应有的投资回报率目标。接下来他根据事业部的工作现状询问具体的解决方案。

"你认为你该怎么做？"他询问事业部主管。

主管回答说："如果有工程师从旁协助，应当能大幅提升绩效。"说完又加了一句，"我需要20位工程师。"

执行长转向工程部门的主管，问他是否能拨出工程师来协助这个计划。工程部主管迟疑了半分钟之后，以冷漠的语气表示："工程师们不会愿意替事业部做事。"

执行长注视他良久，开口道："我确信下星期一你会指派20位工程师到事业

◇ 有效监督 ◇

堵住执行环节的漏洞，有效的监督必不可少。企业要实现有效的监督，可以从以下两方面着手：

你们怎么回事？让小王来管理都管不了了是吗？现在我亲自来监督……

1.上下配合，及时跟进

有的问题只需加以跟进，稍做努力就可解决，而有的问题纷繁复杂，是具体执行人员所不能及，此时上级就要激流勇进、力排众难。

我想跟您确认一下这次项目的进度……

2.要做到不断跟进、检查与监督

要做到不断跟进、检查与监督。可以制定并贯彻奖惩条例，完善监督体系，减少执行误差。

部。"说完后便起身离开，走到门口时，他转身对事业部主管吩咐："我要你每个月固定召开视讯会议，成员包括你本人、工程人员、财务长，还有我和生产部经理，必须确保这项重要工作的进度。"

此后，执行长多次过问此事，终于确保了该项计划的圆满完成。

IBM前总裁郭士纳曾说："人们不会做你希望的，只会做你检查的。你强调什么，那就检查什么，你不检查就等于不重视。"很少有人会十分在意没有人去强调和检查的东西，因为你不检查就代表不重视，就代表它可有可无。既然如此，谁还会把时间和精力花费在这种可有可无的事情上呢？如果你想保证多项工作都得到切实的执行，那唯一的办法就是不断跟进、检查与监督。

跟踪流程的一个重要目的就是及时发现和解决问题，确保执行结果。在实际工作中，执行总会遇到大大小小的问题，如果没有及时对执行情况进行跟踪，就很难从根本上解决问题。

某公司需要在某日到宾馆举行一次会议，会议的组织人员必须对宾馆提供的服务进行跟踪，就会议设备、会场布置、餐饮安排等事项与宾馆逐一进行落实。总经理对下属说："不要以为已经跟宾馆说过了，宾馆就应该知道怎么做，或者认为已经签过合同了，就不会出问题。如果会议当日由于宾馆的过失未按要求提供相应的服务，这种过失对于公司来说是很难弥补的，所以组织人员必须要对过程进行全程跟踪。"

所以说，工作跟踪是实行流程管理的重要环节，具备良好执行力的员工都会严谨地进行工作跟踪，以确保执行人能依照原定进度完成当初承诺的目标，并找出工作的偏差。

因此，要有一套具体而详尽的日常实施计划，并把执行目标与日程捆绑在一起。如在每日之末、每周之末、每月之末、每季之末、每年之末的五个时间段，将目标转化到具体实施的时间表上。同时，加强对每个时间段的跟踪检查，按制定的工作标准进行考核，发现问题及时采取措施加以解决。

执行重在到位

强调执行到位，就是要求将工作做到100%。在工作中如果能完成100%，就绝不只做99%，尽可能地把工作做得比别人更快、更准确、更完美。

在企业执行的链条中，如果每个人都打点折扣，当由上到下传达一项任务，一个人差10%，下一个人又差10%，这样传下去，这项任务最终恐怕就面目全非了。以10人团队为例，如果每个人都做到90%，那么：$0.9 \times 0.9 \times 0.9 \times \cdots \times 0.9 = 0.3486$！即使是其中的某个环节没有做到位、做彻底，也会给企业造成损失。

◇ 执行到位 ◇

只要端正工作态度，遵循"做对、做全、做实"的标准，执行到位并不难。

这是我们的执行标准，严格按这个执行！

1.做对

就是对症下药，执行必须有明确的目标，并按标准执行，否则就可能偏离执行轨道，出来不合格的结果。

看看你们手上的资料还有没有遗漏？我们必须全面准备，不能有任何遗漏。

2.做全

任何工作，能做到100%，就绝不只做99%。培养周密细致的工作作风，一些细小的地方往往能影响整个执行的质量。

这是这次项目的成果……

3.做实

工作没有结果，不追求结果，是谈不上执行力的。要求在工作实效上下功夫，不做虚功，做一个真正的实干家，而不是语言上的巨人。

有位广告部经理曾经犯过这样一个错误，由于在审核广告公司回传的样稿时不够仔细，在发布的广告中弄错了一个电话号码——服务部的电话号码被广告公司打错了一个数字。就是这么一个小小的错误，给公司带来了一系列的麻烦和损失。

后来因为一连串偶然的因素使他发现了这个错误，他不得不耽误其他的工作时间并靠加班来弥补。同时，还让上司和其他部门的同事陪他一起忙了好几天。幸好错误发现得及时，否则造成的损失会更大。

从上面的案例可以看出：执行不到位会影响整个项目的进度，有时甚至会功亏一篑，然后还需要回过头来重新返工，不仅造成了资源的浪费，还造成了企业时间成本和人力成本的增加。

做事到位的人，永远是把每一项工作都做到最好；而做事不到位的人，永远是做得差不多就行。一位知名演员接受采访时曾说，差不多其实就是成功与失败的区别。每个人都应时刻谨记"做到100%"。

某公司原本要把一个大项目交给两家公司去做，于是要求两家公司准备好资料递交给他们审核。

其中，一家公司的董事长让经理将公司资料准备齐全，并在当天下班前将资料分别用传真以及快递的方式交给客户，并将客户企业的地址及电话抄给了总经理。总经理接到命令后便交给市场部主任，要求市场部负责完成此项任务。市场部主任分配部门业务骨干孙晓来跟进此事。恰好孙晓有事，他准备好资料后，便吩咐新入职的王华在主任审核完资料后帮忙将材料传真给客户，以及将材料用快递寄给对方。由于王华自己不会发传真，于是请行政部的李红帮忙传，自己则去联系快递公司发快递。结果，由于李红在传真时正好对方传真机没纸了，而王华在写快递单时把公司电话写错了，快递被延迟运送，客户没有及时收到资料，所以，取消了与这家公司的合作。

另外一家公司接到项目后，董事长则指定让市场部主管亲自负责，并要求他时时追问，主管很快安排好资料发了过去，为了确保准确传递，发出文件后，主管在当天又打了电话向对方确认。由于该公司员工做事认真、到位，获得了客户的整个项目。

俄国作家列夫·托尔斯泰说："如果你做某事，那就把它做好；如果不会或不愿做它，那最好不要去做。"摒弃差不多的思想，将每件事情都做到100%到位。接受一项任务，就要下定决心把它做好，做到位，做出结果，这样才可能取得成功。

质量之道：
没有品质的公司明天就会破产

质量决定市场

美国著名质量管理专家朱兰博士说过："提高经济效益的巨大潜力隐藏在产品的质量中。"质量关乎着一个公司的发展，企业要想在市场竞争中立于不败之地，树立自己的形象至关重要，首先是产品形象。这就需要企业从产品品种、产品质量、产品功能、产品价格、产品外形、产品包装等方面下功夫，而质量则是核心。

产品质量是当今市场竞争的焦点和根本手段，是产品能否在市场上取胜的一个关键性的决定因素。重视产品质量，这是小公司管理者寻求企业发展壮大的必然选择。

1.追求质量是一种管理艺术

对质量的保持就是对企业最好的回报。没有产品质量保证的企业必然死亡。华硕总经理徐世明认为，全世界没一个质量差、光靠价格便宜的产品能够长久地存活下来。湖北兴发化工集团股份有限公司董事长李国璋对员工提出了"谁不重视质量，谁就是砸牌子，我就砸谁的饭碗"的要求。

正泰集团的南存辉对质量的追求也到了令人叹服的程度，他有一句有名的话："宁可少做亿元产值，也不可让一件不合格产品出厂。"

有一次，正泰公司一批货物出口时，在运输过程中偶然发现有一件产品不合格，南存辉得知后，毅然要求全部开箱检查。为了不影响交货，这批货物由海运改为空运。仅此一项，企业的运费就多花了80万元。

追求产品质量，是达到产品完美无缺这一目标的最理想的做法。保证产品质量，对一个企业的可持续发展至关重要。优秀的企业管理者应当放弃眼前的蝇头小利，将目光放长远，以质量为核心建立起品牌信誉，只有这样才能经得起市场的考验。

1985年的一天，一位客户要买冰箱，结果挑了很多台都有毛病，最后勉强拉走一台。顾客走后，张瑞敏派人把库房里的400多台冰箱全部检查了一遍，发现共有76台存在各种各样的缺陷。张瑞敏把职工们叫到车间，问大家怎么办。多数人提出，也不影响使用，便宜点儿处理给职工算了。当时一台冰箱的价格800多元，相当于一名职工两年的收入。张瑞敏说："我要是允许把这76台冰箱卖了，就等于允许你们明天再生产760台这样的冰箱。"他宣布，这些冰箱要全部砸掉，谁干的谁来砸，并抡起大锤亲手砸了第一锤。很多职工砸冰箱时流下了眼泪。在接下来的一个多月里，张瑞敏主持了一个又一个会议，讨论的主题非常集中：如何从我做起，提高产品质量。

三年以后，海尔人捧回了我国冰箱行业的第一块国家质量金奖。正是因为这种小题大做的精神，促使了每一个海尔人落实自己的责任，保证了产品的质量，使海尔成为当时注重质量的代名词，并辉煌至今。

企业应当以长远利益为重，绝对不能以牺牲产品质量获得眼前利益。可见，产品质量关乎一个企业自身的前途。

2.实施有效的质量计划

如果企业能建立正确的观念并且执行有效的质量管理计划，就能预防不良产品的出现，使企业经营发挥效益，不会为整天层出不穷的质量问题而头痛不已。

许多公司常常使用相当于总营业额15%~20%的费用在测试、检验、变更设计、整修、售后保证、售后服务、退货处理以及其他与质量有关的成本上，所以真正浪费钱的是生产低劣品。如果企业实施有效的质量管理计划，那些浪费在补救工作上的时间、金钱和精力就可以避免。

井植是第二次世界大战后的日本企业家，他因成功地将三洋电机公司发展成为大公司而扬名国际市场。

三洋公司曾经有一批新产品，正准备大量生产的时候，却发生了问题，那就是装置电机部分的支轴断了。这个问题相当严重，弄不好就会使公司所有信誉毁于一旦。

井植得知了这一情况后，十分惊讶，但是富有风险管理能力的他并没有惊慌，而是立刻找人调查。结果，意外地发现已经生产的产品中，有一半以上的产品都是可能发生断裂的次品。

这时三洋公司在报纸上已大幅度地刊登了新产品的广告，产品上市的日期也近在眼前，却发生了这种致命性的错误。怎么办呢？

这些产品大约有1万个，相当于两个月的生产量，这么重大的损失，到底是不负责任地卖出去呢，还是眼光放远些，迅速收回？虽然不顾一切地将产品卖出去，可以获得眼前的利益，将资金暂时稳住，但是这些不良的产品将损伤公司建立的良好形象，以后在市场上可能就永无立足之地。权衡得失利害后井植毅然决然下令收回所有的产品。

◇ 消费者首选的质量标准 ◇

公司成长壮大的基础是企业的产品质量，产品质量在保证顾客满意的同时，是不是也有其固有的指标呢？答案是肯定的。

这款产品采用安全配方……

1.安全可靠

随着市场经济的发展，可供消费者选择的同类商品有很多，商品的安全性也愈来愈引起人们的重视。

2.坚固耐用

诺基亚之所以被广大的手机用户所喜爱，其中最重要的原因之一就是它的耐用性。小天鹅全自动洗衣机在国内市场上的占有率一直处于领先地位，这与其商品耐用性有关。

这款手机十分耐用，而且抗摔……

这款婚纱设计独特，采用最新设计理念……

3.独特新颖

全新产品的独特性、新颖性，可以看成是产品的功能设计，某一个零部件的设计也能使产品质量明显提高。

果然，井植的做法挽救了三洋公司，产品收回后经过重新改进投放市场，大受消费者的欢迎。假若井植当初不做出收回产品而将其卖出去的决定，三洋公司的产品信誉必定一败涂地。

一个企业要想在激烈的竞争中长盛不衰，就必须重视产品的质量，用高品质的产品和服务来征服市场，赢得顾客。

以优质为标准

小公司想要成长壮大，质量问题上容不得一丝马虎。在质量上偷奸耍滑，注定吃大亏。先把质量抓好，踏踏实实做好产品，而后再追求数量，追求规模上的扩大，这样才有意义、有价值。

重视产品和服务的质量，而不是为了追逐利润而单纯求数量，这是提升公司竞争力、把公司做强的不二法门。阿里巴巴总裁马云也说过："没有品质作保证，冲得快，死得更快。"

1.质量是基础

质量就是市场，是一个企业生存发展的保障，没有它，一切都只是空中楼阁。企业缺乏精细化意识，产品没有优质的质量保证，企业就没有发展可言。

一些公司取得了一定成绩以后，就开始求快，追求立即见效的经营策略，有的痴迷于风险投资、资本运营。结果，许多公司尽管完成了规模扩张、大规模并购，甚至完成了公司上市，但是公司的产品和服务质量没有跟上，最后真正成功者寥寥无几。

2.好质量提升美誉度

美国营销专家瑞查得和赛斯在研究中发现，顾客的满意与忠诚已经成为决定企业利润的主要因素，有的企业在市场份额扩张的同时利润反而萎缩，而有着高忠诚度的企业往往获得了大量利润。据调查，多次光顾的顾客比新顾客可以多为企业带来20%~85%的利润。因此，顾客的满意与忠诚已经成为决定企业利润的主要因素。特别是在我国现在的市场环境下，市场份额和利润的相关度已经大大降低，甚至有不少企业在市场份额扩张的同时利润反而萎缩，顾客的忠诚度更是成了影响企业利润高低的决定性因素。

另据美国一家咨询机构的研究表明，消费者对行业内的产品质量排序，关系到了企业的投资回报率。当一个企业的产品质量排在15位以上，其税前投资回报率平均在32%；当一个企业的产品质量排在15位以下，其税前投资回报率平均仅在14%。

美国盖洛普商业调查公司曾做过一项民意测验，题目是"你愿意为质量额外支付多少钱？"其结果甚至使那些委托进行调查的人都感到吃惊：大多数用户只要产品质量满意，就愿意多花钱。较高的质量直接带来了顾客的忠诚度，同时也支撑了较高的价格和较低的成本，并能减少顾客的流失和吸引到更多的新顾客。

产品质量与其美誉度呈正比例发展关系，质量每提高1%，美誉度就提升0.5%。而产品美誉度又和品牌形象有着密切联系，美誉度每提高0.5%，品牌形象就提升1%。品牌形象与销售量又有着直接关系，品牌形象每提高1%，销售量就提升0.5%。依次推演，当质量提高1%时，美誉度提高了0.5%，品牌形象提高了1%，销售量提高了0.5%。

事后控制不如事前控制

质量管理如同医生看病，治标不能忘本。许多企业悬挂着"质量是企业的生命"的标语，而现实中存在"头疼医头、脚疼医脚"的质量管理误区。造成"重结果轻过程"的现象，最终导致管理者对表面文章乐此不疲，而对预防式的事前控制和事中控制敬而远之。

魏文王问名医扁鹊说："你们家兄弟三人，都精于医术，到底哪一位医术最好呢？"扁鹊答说："长兄最好，中兄次之，我最差。"文王吃惊地问："你的名气最大，为何是长兄医术最高呢？"扁鹊惭愧地说："我扁鹊治病，是治病于病情严重之时。一般人都看到我在经脉上穿针管来放血、在皮肤上敷药等大手术，所以以为我的医术高明，名气因此响遍全国。我中兄治病，是治病于病情初起之时。一般人以为他只能治轻微的小病，所以他的名气只及于本乡里。而我长兄治病，是治病于病情发作之前。由于一般人不知道他事先能铲除病因，所以觉得他水平一般，但在医学专家看来他水平最高。"

单纯事后控制存在严重的危害。因为缺乏过程控制，生产下游环节无法及时向上游环节反馈整改意见，造成大量资源浪费。因为上游环节间缺乏详细的标准，造成公司各部门间互相扯皮，影响公司凝聚力，大大降低了生产效率。由此，员工的质量意识会下降，警惕性下降造成质量事故频发。最终严重的质量事故会影响公司的信誉，甚至造成失去订单或者带来巨额索赔，给公司造成严重经济损失。

事后控制不如事中控制，事中控制不如事前控制，可惜多数经营者未能体会到这一点，等到错误的决策造成了重大损失才寻求弥补。结果是亡羊补牢，为时已晚。

那么，如何提升事前控制的水平呢？

1.培养全程质量管理意识

不仅是决策者，更包括公司的所有成员，都需具备全程质量管理意识，还要让中层和员工形成良好的全程质量管理意识。每个下游环节员工就是上游环节的质量

◇ 质量下滑的原因分析 ◇

现在仍有很多企业不能保证产品的质量，以至于在竞争中渐渐落于下风，原因出在哪里呢？

1.员工责任心

企业的员工没有树立起高度的产品质量责任感，或者其本身在日常生活中就对自身要求不严格，对产品要求不严格，必然会对企业造成巨大损失。

2.管理者错误认识

有些企业管理者错误地认为高品质会带来成本的增加，从而允许甚至鼓励偷工减料行为的发生。

3.管理技术落后

对质量管理的认识还停留在事后检验的水平。有些企业虽然重视质量管理，往往对流行的质管方法技巧盲目跟风，结果流于形式，并未产生预期的效果。

监督员，出现质量问题要及时反馈给上游，杜绝不合格产品从自己手中流入下个生产环节。

2.制定详细的质量管理标准

从第一道工序到产品下线，从装箱到运输，每个环节必须制定详细的、可控制的管理标准。事前控制的重点放在产品开发和标准制定上。技术和标准一旦出现失误会给质量管理带来很大麻烦，因此应当从根本上尽量减少质量事故、降低质量管理难度。事中控制主要指从原料进厂到产品下线期间，按照工艺标准进行质量监督的过程。事中控制要求严格检查、及时反馈、及时整改。

3.利用业绩考核实现质量管理

之所以出现"重结果轻过程"现象，根本原因是质量工作没有真正与个人收入挂钩。业绩考核应当与每人的个人收入挂钩，考核是质量管理的杠杆。管理者应当根据公司的实际状况制定制造人员的产量和质量权重系数，进行双重考核。

4.重视客户和员工的作用

客户是产品质量的裁判。客户的不满是企业改进的方向，提高客户的满意度和忠诚度是企业长盛不衰的法宝。员工是产品质量的一线情报员，他们熟悉制造环节的每一个细节，调动他们的积极性和主动性是改善质量的最好措施。

建立严密的生产标准

工作需要标准化，也就是企业的各项管理业务都应该制定标准的程序和方法。在追求产品质量的公司，任何一个职位的职务权限和工作内容都规定得很详细，当发生人员变动时，工作的程序和方法仍然能够一如既往，不会出现因人废职的危险。

一个没有规则、没有标准的企业肯定是管理不到位的。粗制滥造的产品和服务，不仅浪费了宝贵的资源，污染了环境，消费者也不买账，企业利润就无从谈起。尤其在市场发展比较充分、利润空间逐渐缩小的情况下，更是如此。凡是能将小公司做大做强的，通常有标准化、程序化的严格管理。

日本的欧姆龙公司主要生产继电器，在产品生产过程中，有一道焊接工序，就是要将继电器放在焊接液中，两秒钟之后取出。这家公司为了准确控制焊接所需的最佳时间，特意设置了一只表，两秒钟后自动报时。非常准确地把握产品生产过程，这就是制造业中的标准化管理。

如何才能有效实现工作标准化呢？

1.制订生产运作能力计划

根据完成各项工作任务所需的标准时间，企业可以根据市场对产品的需求制订其人员计划和设备计划，包括设备投资和人员招聘的长远计划。也就是说，企业根据市场需求决定生产量，然后根据生产量和标准时间可决定每人每天的产出以及所需人数，再根据每人操作的设备和人员总数决定所需设备数量，在此基础上就可以制订设备和人员计划。

2.进行作业排序和任务分配

根据不同工序完成不同工作的标准时间，合理安排每台设备每个人的每天工作任务，以防止忙闲不均、设备闲置、人员闲暇的现象，有效地利用资源。

3.进行生产运作系统及生产运作程序设计

工作标准可以用来比较不同的生产运作系统设计方案，以帮助决策，也可以用来选择和评价新的工作方法，评估新设备、新方法的优越性。

进行全面质量管理

全面质量管理（TQC）是企业管理现代化、科学化的一项重要内容。它于20世纪60年代产生于美国，后来在西欧与日本逐渐得到推广与发展。它应用数理统计方法进行质量控制，使质量管理实现定量化，变产品质量的事后检验为生产过程中的质量控制。

全面质量管理可以为企业带来如下益处，如缩短总运转周期、降低质量所需的成本、缩短库存周转时间、提高生产率、追求企业利益和成功、使顾客完全满意、最大限度获取利润。

我们要形成这样的意识，好的质量是设计、制造出来的，不是检验出来的；质量管理的实施要求全员参与，并且要以数据为客观依据，以顾客需求为核心。

全面质量管理是一种永远不能满足的承诺，"非常好"还是不够，质量总能得到改进，"没有最好，只有更好"。采用统计度量组织作业中人的每一个关键变量，然后与标准和基准进行比较以发现问题，追踪问题的根源，从而达到消除问题、提高品质的目的。企业持续不断地改进产品或服务的质量和可靠性，确保企业获取对手难以模仿的竞争优势。

在具体推行过程中，可以从以下几个步骤来实施全面质量管理。

1.树立"质量第一"的思想

通过培训教育使企业员工牢固树立"质量第一"的思想，营造良好的企业文化氛围，采取切实行动，改变企业文化和管理形态。

2.制定标准

制定企业人、事、物及环境的各种标准，这样才能在企业运作过程中衡量资源的有效性和高效性。

3.推动全员参与

对全过程进行质量控制与管理。以人为本，充分调动各级人员的积极性，推动全员参与。只有全体员工的充分参与，才能使他们的才干为企业带来收益，才能够真正实现对企业全过程进行质量控制与管理。并且确保企业在推行全面质量管理过程中，采用了系统化的方法进行管理。

4.做好计量工作

计量工作包括测试、化验、分析、检测等，是保证计量的量值准确和统一，确保技术标准的贯彻执行的重要方法和手段。

5.做好质量信息工作

企业根据自身的需要，应当建立相应的信息系统，并建立相应的数据库。

6.建立质量责任制

全面质量管理的推行要求企业员工自上而下地严格执行。从企业领导开始，逐步向下实施。

对次品要毫不留情

次品是指一个产品单位上含有一个或一个以上的缺点。生产现场若要进行次品控制，公司管理者则应从了解以下方面的内容着手进行。

1.分析不良品产生的原因

不良品是企业不愿看到的，但又是很难避免的。因此，在生产过程中应切实分析不良品产生的原因，这样才能在生产作业中规避并实施改进措施。

2.做好不良品的隔离

生产现场对于不良品实施隔离可达到以下几个目的：确保不良品不被误用，最大限度地利用物料，明确责任，便于事项原因的分析。具体做法是：

（1）在各生产现场（制造、装配或包装）的每台机器或拉台的每个工位旁边，均应配有专用的不良品箱或袋，以便用来收集生产中产生的不良品。

（2）在各生产现场（制造、装配或包装）的每台机器或拉台的每个工位旁边，要专门划出一个专用区域用来摆放不良品箱或袋，该区域即为"不良品暂放区"。

（3）各生产现场和楼层要规划出一定面积的"不良品摆放区"用来摆放从生产线上收集来的不良品。

所有的"不良品摆放区"均要用有色油漆进行画线和文字注明，区域面积的大小视该单位产生不良品的数量而定。

3.不良品区域管制

（1）不良品区内的货物，在没有品质部的书面处理通知时，任何部门或个人不

◇ 不良品的防止措施 ◇

对不良品的防止，生产现场负责人可通过以下几种措施进行：

工厂职工流失严重，而新来的员工还不熟悉，产品质量已经不能保证！

稳定人员

人员流动的频率往往可以反映员工对工厂认同的程度，一切成长的条件都随着人员的流动而流失，品质也是一样。

良好的教育与培训

每一项工作都需要专业人员将专业知识及理论基础演化为实用性的技巧，尽快填补员工因工作经验的不足以及理念上的差异所造成的沟通协调困难。

职工培训

制定标准

标准是制度，是规定，是工作规则，也是工作方法。因此，制定各种标准必不可少。

工作标准

得擅自处理或运用不良品。

（2）不良品的处理必须要由品管部监督进行。

4.不良品的处置

不良品经过评审后就要对其进行处理，不同的不良品处理方法也不同。这里主要讲讲生产现场不良品的处置。

（1）明确相关责任人的职责。

对于生产线上的不良品，首先应明确相关责任人的职责。

责任人之一：作业人员。通常情况下，对作业中出现的不良品，作业人员（检查人员）在按检查基准判明为不良品后，一定要将不良品按不良内容区分放入红色不良品盒中，以便生产现场负责人作不良品分类和不良品处理。

责任人之一：生产现场负责人。首先，生产现场负责人应每两小时一次对生产线出现的不良品情况进行巡查，并将各作业人员工位处的不良品，按不良内容区分收回进行确认。然后，对每个工位作业人员的不良判定的准确性进行确认。如果发现其中有不良品，要及时送回该生产工位与该员工确认其不良内容，并再次讲解该项目的判定基准，以提高员工的判断水平。

（2）对当日内的不良品进行分类。

对当日内的不良品进行分类，即当一天工作结束后，生产现场负责人应对当日内生产出的不良品进行分类。

对某一项（或几项）不良较多的不良内容，或者是那些突发的不良项目进行分析（不明白的要报告上司求得支援），查明其原因，拿出一些初步的解决方法，并在次日的工作中实施。

若没有好的对策或者不明白为什么会出现这类不良时，要将其作为问题解决的重点，在次日的品质会议上提出（或报告上司），从而通过他人以及上司（技术人员、专业人员）进行讨论，从各种角度分析、研究，最终制定一些对策并加以实施，然后确认其效果。

（3）不良品的记录及放置。

当日的不良品，包括一些用作研究（样品）的或被分解报废等所有不良品都要在当日注册登录在生产现场负责人的每日不良品统计表上，然后将不良品放置到指定的不良品放置场所内。

认识ISO9000标准体系

ISO9000标准是国际标准化组织（ISO）在1994年提出的概念，是指由ISO/TC176（国际标准化组织质量管理和质量保证技术委员会）制定的国际标准。

科学技术的进步和社会的发展，使顾客需要把自己的安全、健康、日常生活置于"质量大堤的保护之下"；企业为了避免因产品质量问题而巨额赔款，要建立质量保证体系来提高信誉和市场竞争力；世界贸易的发展迅速，不同国家、企业之间在技术合作、经验交流和贸易往来上要求有共同的语言、统一的认识和共同遵守的规范；现代企业内部协作的规模日益庞大，使程序化管理成为生产力发展本身的要求。这些原因共同使ISO9000标准的产生成为必然。

1979年ISO组织成立质量管理和质量保证技术委员会TC176，专门负责制定质量管理和质量保证标准。1979年英国标准协会BSI向ISO组织提交了一份建议，倡议研究质量保证技术和管理经验的国际标准化问题。同年ISO批准成立质量管理和质量保证技术委员会TC176，TC176主要参照了英国BS5750标准和加拿大CASZ299标准，从一开始就注意使其制定的标准与许多国家的标准相衔接。

ISO9000的诞生人们并未等太长时间，在各国专家努力的基础上，国际标准化组织在1987年正式颁布了ISO9000系列标准（9000~9004）的第一版。ISO9000标准很快在工业界得到广泛的承认，被各国标准化机构所采用并成为ISO标准中在国际上销路最好的一个。

截至1994年底已被70多个国家一字不漏地采用，其中包括所有的欧洲联盟和欧洲自由贸易联盟国家、日本和美国。有50多个国家建立了国家质量体系认证/注册机构，开展了第三方认证和注册工作。有些国家，等待注册的公司队伍如此之长，要等上几个月甚至一年才能得到认证。ISO9000标准被欧洲测试与认证组织EOTC作为开展本组织工作的基本模式。欧洲联盟在某些领域如医疗器械的立法中引用ISO9000标准，供应商在某些领域必须取得ISO9000注册。许多公司得出的结论是，要想与统一起来的欧洲市场做生意，取得ISO9000注册是绝对有好处的。许多国家级和国际级产品认证体系如英国BSI的风筝标志、日本JIS标志都把ISO9000作为取得产品认证的首要要求，把ISO9000结合到产品认证计划中去。

ISO9000的作用分内外部：内部可强化管理，提高人员素质和企业文化；外部提升企业形象和市场份额。具体内容如下：

1.强化品质管理，提高企业效益

负责ISO9000品质体系认证的认证机构都是经过国家认可机构认可的权威机构，对企业的品质体系的审核是非常严格的。这样，对于企业内部来说，可按照经过严格审核的国际标准化的品质体系进行品质管理，真正达到法治化、科学化的要求，极大地提高工作效率和产品合格率，迅速提高企业的经济效益和社会效益。对于企业外部来说，当顾客得知供方按照国际标准实行管理，拿到了ISO9000品质体系认证证书，并且有认证机构的严格审核和定期监督，就可以确信该企业是能够稳定地提供合格产品或服务，从而放心地与企业订立供销合同，扩大了企业的市场占有率。可以说，在这两方面都收到了立竿见影的功效。

2.消除了贸易壁垒

许多国家为了保护自身的利益，设置了种种贸易壁垒，包括关税壁垒和非关税壁垒。其中非关税壁垒主要是技术壁垒，技术壁垒中，又主要是产品品质认证和ISO9000品质体系认证的壁垒。特别是，在"世界贸易组织"内，各成员国之间相互排除了关税壁垒，只能设置技术壁垒，所以，获得认证是消除贸易壁垒的主要途径。我国"入世"以后，失去了区分国内贸易和国际贸易的严格界限，所有贸易都有可能遭遇上述技术壁垒，应该引起企业界的高度重视，及早防范。

◇ 推行 ISO9000 体系的益处 ◇

ISO9000体系已经被世界广泛接受并推行，是因为这一体系的推行给企业带来很大的益处，主要有以下两点：

我们公司采用ISO9000系统，所以这锅的质量绝对有保障。

1.保证产品质量

此系统是预防错误的发生，而不是等错误发生后再去发现，因此对产品质量是一种很好的保证。

2.提高企业形象

这家企业是有ISO9000认证的，可以放心买了。

在市场竞争中，面对同样的产品，消费者更信赖已通过ISO9000质量管理体系认证的。因此，ISO9000质量管理体系认证无形中为企业在消费者的心中树立起了值得信赖的企业形象。

当然，这只是众多益处其中的两点，还有很多其他的好处，这也正是各个国家、企业纷纷采用这一体系的原因。

3.节省了第二方审核的精力和费用

在现代贸易实践中，第二方审核早就成为惯例，又逐渐发现其存在很大的弊端：一个组织通常要为许多顾客供货，第二方审核无疑会给组织带来沉重的负担；另一方面，顾客也需支付相当的费用，同时还要考虑派出或雇佣人员的经验和水平问题，否则，花了费用也达不到预期的目的。唯有ISO9000认证可以排除这样的弊端。因为作为第一方申请了第三方的ISO9000认证并获得了认证证书以后，众多第二方就不必再对第一方进行审核，这样，不管是对第一方还是对第二方都可以节省很多精力或费用。还有，如果企业在获得了ISO9000认证之后，再申请UL、CE等产品品质认证，还可以免除认证机构对企业的质量管理体系进行重复认证的开支。

4.在产品品质竞争中永远立于不败之地

国际贸易竞争的手段主要是价格竞争和品质竞争。由于低价销售的方法不仅使利润锐减，如果构成倾销，还会受到贸易制裁，所以，价格竞争的手段越来越不可取。20世纪70年代以来，品质竞争已成为国际贸易竞争的主要手段，不少国家把提高进口商品的品质要求作为限入奖出的贸易保护主义的重要措施。实行ISO9000国际标准化的品质管理，可以稳定地提高产品品质，使企业在产品品质竞争中永远立于不败之地。

5.有利于国际间的经济合作和技术交流

按照国际间经济合作和技术交流的惯例，合作双方必须在产品（包括服务）品质方面有共同的语言、统一的认识和共守的规范，方能进行合作与交流。ISO9000质量管理体系认证正好提供了这样的信任，有利于双方迅速达成协议。

6.强化企业内部管理

稳定经营运作，减少因员工辞工造成的技术或质量波动。

实现"零缺陷"管理

被誉为全球质量管理大师、"零缺陷"之父的菲利普·克劳士比早在20世纪60年代初就提出"零缺陷"的理念。克劳士比认为，精益生产管理是对品质追求零PPM（百万分之一）的缺陷率，追求客户100%的满意。

因人为失误或管理不善所造成的严重损失令人心惊，质量事关生存，有企业发出100-1=0的感慨。

100-1=0是产品质量的等式，即100件产品里，只要有1件不合格，那么这种产品的质量就不是100-1=99，而是100-1=0了。100-1=0这个等式，要求在质量上必须达到100%合格，如果出现1%的不合格，则所有的努力将可能化为乌有，因此在质量方面要追求尽善尽美、十全十美。

面对竞争日益激烈的市场环境，企业必须树立顾客利益至上的观念，这就要求任何公司的产品质量都不允许出现半点瑕疵，对产品的品质追求"零缺陷"。因为"差不多就好"、对产品质量进行妥协，都可能对顾客造成100%的损失，而这会对公司信誉造成巨大的损失。

零缺陷管理能够确保企业产品质量的稳定性，把零缺陷管理的哲学观念贯彻到企业中，使每一个员工都能掌握它的实质，树立"不犯错误"的决心，并积极地向上级提出建议，就必须有准备、有计划地付诸实施。实施零缺陷管理可采用以下步骤进行：

1.建立推行零缺陷管理的组织

事情的推行都需要组织的保证，通过建立组织，可以动员和组织全体职工积极地投入零缺陷管理，提高他们参与管理的自觉性；也可以对每一个人的合理化建议进行统计分析，不断进行经验的交流等。公司的最高管理者要亲自参加，表明决心，做出表率；要任命相应的领导人，建立相应的制度；要教育和训练员工。

2.确定零缺陷管理的目标

确定零缺陷小组（或个人）在一定时期内所要达到的具体要求，包括确定目标项目、评价标准和目标值。在实施过程中，采用各种形式，将小组完成任务的进展情况及时公布，注意心理影响。

3.进行绩效评价

小组确定的目标是否达到，要由小组自己评议，为此应明确小组的职责与权限。

4.建立相应的提案制度

直接工作人员对于不属于自己主观因素造成的错误原因，如设备、工具、图纸等问题，可向组长指出错误的原因，提出建议，也可附上与此有关的改进方案。组长要同提案人一起进行研究和处理。

5.建立表彰制度

零缺陷管理不是斥责错误者，而是表彰零缺陷者；不是指出人们有多少缺陷，而是告诉人们向零缺陷的目标奋进。这就增强了职工消除缺陷的信心和责任感。

品牌之道：
再小的公司，也要打造自己的金字招牌

品牌要有一个长期规划

一个品牌的树立无不是企业通过其过硬的产品质量、完善的售后服务、良好的产品形象、美好的文化价值、优秀的管理结果等因素来实现的。企业经营和管理者必须投入巨大的人力、物力甚至几代人长期辛勤耕耘，才能终有成就。

作为企业的管理者，品牌规划要着眼于未来，要具有前瞻性，为企业提供清晰、完整的发展方向，保证品牌的培育和使用效益的最大化。

1.着眼于长远

有人问松下幸之助："你觉得松下要多少年才能够真正成为世界品牌？"松下回答："一百年。"事实证明，松下没有花那么长时间。此人又问："打造一个品牌最重要的是什么？"松下说了两个字："耐心。"

树立品牌是一项长期而艰巨的工作，建立卓越的品牌并非一朝一夕之功，需要恰当的定位、长远的规划和耐心的坚持，需要专注和执着，更需要贴心的设计和优质的服务。中国百年老店同仁堂的历史诠释了真正的品牌是如何炼成的。

提起中药，许多人都不约而同会想到三个字——同仁堂。同仁堂是乐显扬创建于中国清朝康熙年间的一家药店，历经数代，载誉300余年。

同仁堂历经沧桑，"金字招牌"长盛不衰，在于同仁堂人注重自己的品牌，并化为员工的言行，形成了具有中药行业特色的企业文化系统。"质量"与"服务"是"同仁堂"金字招牌的两大支柱，坚持质量第一、一切为了患者是同仁堂长盛不衰的最根本原因。

历代同仁堂人恪守诚实敬业的药德，提出"修合无人见，存心有天知"的信条，制药过程严格依照配方，选用地道药材，从不偷工减料，以次充好。同仁堂不管炮制什么药，都是该炒的必炒，该蒸的必蒸，该炙的必炙，该晒的必晒，该霜冻的必霜冻，绝不偷工减料。像虎骨酒和"再造丸"炮制后，都不是马上就卖，而是

先存放，使药的燥气减少，以提高疗效。

代顾客煎药是药店的老规矩，冬去春来，尽管煎药岗位上的操作工换了一茬又一茬，但从未间断，也从未发生任何事故。如在1985年，当时每煎一副药就要赔5分钱，但药店为方便群众，把这一服务于民的做法坚持了下来。药店每年平均要代顾客煎药近2万副，此举深受患者和顾客欢迎。

百年老店就是在这样对质量和服务的执着追求中一步一步走过来的。只有百年老店才能产生真正的世界品牌。

2.要有培育品牌的意识

很多时候，企业都要经受诱惑。有的时候，有些事看起来是个很好的赚钱机会，但实际上可能是个陷阱。短期的利益当然重要，但作为企业，必须要有长期的规划，要具备培育品牌的意识。

因为短期的利益丢失长期的增益，企业永远不可能发展壮大。有的小公司决策者并不是有意去做一些违法、违规的事，只是没有找到合适的方法，为了生存只得随波逐流，最后还将企业带到危险的境地。

小张的家乡盛产黑木耳，他也开办了一家黑木耳加工贸易的企业，在当地和他差不多规模的小公司有上百家。很多公司都通过这个产品逐渐发展壮大了。于是，做这行的公司就越来越多，竞争也越来越大，直至引起了恶性竞争。

小张的利润额逐年下降，公司的发展举步维艰。于是有的人开始将一些发霉、变质、腐烂的黑木耳用墨汁或者其他材料浸染后，添加糖、淀粉，再经过化学加工，然后批发出售。更有甚者在黑木耳中加入水泥，增加黑木耳的重量。

小张正常的黑木耳生意被这些假冒伪劣产品挤得经营不下去了。在经过深思之后，小张并不愿意与这些掺假卖假的公司同流合污，寻思着公司发展的方法。

小张反其道而行之，他在香港注册了一家公司，再为自己的产品注册商标，将所有的产品都标明是香港公司监制，和家乡其他的产品区别开来。

他选择优质的黑木耳，通过真空压制变成一个个压缩饼干大小的标准化包装，用塑料袋密封好，一个家庭一次用一包泡发足够做一盘菜，十包用一个纸盒包装。

这样，产品的档次一下子提高了，价格也可以卖到很贵。现在家乡其他人做的散装黑木耳主要销往全国的农贸市场，如果做这种，可面向全国的超市销售。

新产品刚开始推出时，采购商们并不怎么感兴趣，因为小张的黑木耳批发价比一般散装、掺了假的高出很多，他们只是顺便带一点样品回去尝试一下。

正当作黑心木耳的都挣不到钱的时候，南方一家知名的报社针对黑心木耳作了专题报道，引起全国人民的关注，当初几百家黑木耳企业倒的倒，转的转，只剩下三十多家，几乎所有的造假企业都元气大伤。

小张的工厂却因为坚持生产优质黑木耳，而备受关注，公司的发展终于有了起色。

◇ 影响品牌信誉的因素 ◇

如今已是品牌化竞争的时代，要打造一个品牌是相当不容易，要守住品牌的信誉更是难上加难。那么，影响品牌信誉的因素有哪些呢？

1. 产品原因

产品原因主要包括产品的质量、价格、安全、蕴含技术等方面出现的种种问题，导致品牌信誉受到影响。

2. 人力资源原因

企业因某一掌握核心技术的人才流失或关键职位人员的衔接不善，会使企业的发展停滞，会对企业的品牌信誉造成无法挽回的损失。

3. 财务原因

财务管理不善和财务丑闻是财务危机的两大主要类型。前者会使整个生产陷入停滞状态；后者则会使广大公众产生强烈的不信任感，让企业遭受信任危机。

商品经济最核心的原则是公平交易。虽说道理很简单，可越是简单的道理，越是接近事物的本质。

企业要在竞争中站稳脚跟，必须要建立自己的品牌，除了做好产品和服务外，一定要沉下心，对品牌有长远的规划。在战略规划的指引下，将自己的品牌树立起来，让消费者产生信任感，从而带动企业的进一步发展。

认识品牌的特征

如今的消费者都注重品牌，亨氏公司首席执行官托尼·奥赖利说："一位家庭主妇打算买亨氏的番茄酱，当走进一家商店发现没有时，她就走出这家商店到其他地方去买。"这便是品牌效益的魅力和对品牌的系列记忆。

具体来说，品牌具有以下特征：

1.品牌是专有的品牌

品牌是用以识别生产或销售者的产品或服务的。品牌拥有者经过法律程序的认定，享有品牌的专有权，有权要求其他企业或个人不能仿冒，伪造。这一点也是指品牌的排他性，然而我们国家的企业在国际竞争中没有很好地利用法律武器，没有发挥品牌的专有权。近年来，随着我国企业国际竞争力的不断增强，我国商标被国外公司抢注事件也层出不穷。如大宝在美国、英国、比利时、卢森堡被抢注，全聚德、三鞭酒在韩国被抢注，红星在英国被抢注，大白兔在日本、美国被抢注，英雄和同仁堂在日本被抢注，此外，诸如红塔山、安踏、海尔、长虹、女儿红、杏花村、王致和等著名品牌都遭遇国外抢注。如此等等，人们应该及时反省，充分利用品牌的专有权。

2.品牌是企业的无形资源

品牌可以作为企业的无形资源，这种价值我们并不能像物质资产那样用实物的形式表述，但它能使企业的无形资产迅速增大，并且可以作为商品在市场上进行交易。2010年世界品牌排名第一的是美国的可口可乐，其品牌价值为67983百万美元，相当于其销售额的4倍。品牌作为无形资产其价值可以有形量化，同时品牌作为商品交易，比如有以品牌入股形式组建企业，有了以品牌的号召特许经营，更有加盟到名牌门下，以图发展。

3.品牌转化具有一定的风险及不确定性

品牌创立后，在其成长的过程中，由于市场的不断变化，需求的不断提高，企业的品牌资本可能壮大，也可能缩小，甚至某一品牌在竞争中退出市场。品牌的成长由此存在一定风险，对其评估也存在难度。对于品牌的风险，有时由于企业的产品质量出现意外，有时由于服务不过关，有时由于品牌资本盲目扩张，运作不佳，这些都给企业品牌的维护带来难度，对企业品牌效益的评估也出现不确定性。

4.品牌的表象性

品牌是企业的无形资产，不具有独立的实体，不占有空间，但它最原始的目的就是让人们通过一个比较容易记忆的形式来记住某一产品或企业。因此，品牌必须有物质载体，需要通过一系列的物质载体来表现自己，使品牌有形式化。品牌的直接载体主要是文字、图案和符号，间接载体主要有产品的质量，产品服务、知名度、美誉度、市场占有率。没有物质载体，品牌就无法表现出来，更不可能达到品牌的整体传播效果。优秀的品牌在载体方面表现较为突出，如"可口可乐"的文字，使人们联想到其饮料的饮后效果，其红色图案及相应包装能起到独特的效果，再如"麦当劳"其黄色以拱形"M"会给人们带来很强的视觉效果。

5.品牌的扩张性

品牌具有识别功能，代表一种产品、一个企业，企业可以利用这一优点展示品牌对市场的开拓能力，还可以帮助企业利用品牌资本进行扩张。

如何打造品牌

现如今，品牌影响力已成为左右顾客选择商品的重要因素。小公司在发展过程中，必须把追求打造品牌影响力作为奋斗目标。品牌影响力的打造不是随意而无规律的，需选择某一方向作为其主打模式。

比较常规的方法有以下几种。

1.以过硬的质量锻造品牌影响力

质量指的是品牌产品或服务的质量，是满足人们需要的效能，是品牌的核心。

提及"傻子"品牌，人们自然就知道这是指"傻子"瓜子，自然就会联想到"傻子"品牌。

"傻子"瓜子是安徽芜湖市个体经营者年广九为谋生而于1972年开始研制的。事关生存，这就决定其瓜子必须以优良的质量取悦消费者，取悦市场。由于时代的原因、技术的原因，开始时每天仅炒制十余斤，但年广九的瓜子却以外观均匀、果仁饱满、口味上佳的上乘质量，赢得了一大批稳定的顾客。在改革开放初期的1981年春天，年广九专程赴九江、武汉、南京、无锡、扬州、上海等地，采购了数十种不同牌号的瓜子，一一进行了品尝揣摩。在博采众长的基础上，年广九不断调整着配方进行试制，并不断找过路行人品尝，提意见，终于，他炒出了一磕三开、甜咸交融、味美生津、香气浓郁、风味独特的奶油瓜子。

消费者是商品最权威、最公正的评判者，富有特色的高质量的"傻子"瓜子一上市，立即就受到顾客的青睐。在推销"傻子"瓜子的商店，顾客排起了长队。在那个时候，产量有限，为了使排队的顾客都能买到瓜子，年广九不得不做出每人每次只能买

2斤的限购规定。1982年，"傻子"瓜子销往上海，精明的见多识广的上海人，居然也在销售"傻子"瓜子的商店前排起了长队。由此可见上乘的质量给品牌带来的效益。

确实，"傻子"瓜子的加工炒制，从选料配方、火候、沾卤等，均有一整套程序和要求，并且把年广九摸索的特有经验加了进去。再加上"傻子"瓜子在价格方面的优势，为其成名奠定了牢固的基础。1982年"傻子"牌在国家工商局注册，年

◇ 破坏品牌度的表现 ◇

对中小企业而言，很多经营者并不重视品牌的建设，存在不同程度的品牌自损行为，突出表现在以下两个方面：

成本：560元/台
售价：4200元/台

1.价高质次

一些企业把产品的销售价格定得远远高于生产成本，不仅严重地损害了消费者的利益，同时损害了企业自身的信誉。

2.不讲诚信

很多企业由于缺乏诚信，在销售商品的过程中，骗买骗卖，或不讲商业道德，不仅无法与分销商建立长期的合作关系，还会破坏企业的品牌形象。

买的时候你们说保修三个月，现在为什么又说不保修了？

企业的品牌想要建立起来需要很长时间，但是稍有不慎就会遭到破坏，因此，企业不仅要关注品牌的建设，还要注意不要出现破坏品牌的行为。

广九成为个体经济的典型，"傻子"瓜子也以其质量受到广泛传播。

为了锻造出高质量的品牌，首先在设计时就要有高标准，这就需要深入市场了解。其次，在品牌的成长道路上，不断创新，维持质量。最后，要运用科技，完善服务，促进质量飞跃，实现品牌的进一步提升。

2.以优质的服务锻造品牌影响力

为用户提供优质、完善的服务是打造品牌影响力的重要保证。服务应从售前的了解市场需求开始，包括售前调研、宣传；售中咨询；售后维修、保修、送货等等。世界知名企业在打造品牌影响力时，无不把服务作为一个重要的手段。美国著名的管理学家托马斯·波得斯和罗伯特·沃特曼在广泛调查了解了全美国最杰出的43家企业之后，总结出"服务至上"是这些企业的共同特征。"我们调查研究的最主要的结论之一，就是不管这些公司是属于机械制造业，或者是高科技工业，或者是卖汉堡的食品业，他们都以服务业自居。"这句话一语道破杰出品牌靠服务扬名天下的天机。

3.以广告宣传锻造品牌影响力

品牌具有了优秀的质量和服务后，还应加强对自身的宣传。在当今激烈的市场竞争中"好酒也怕巷子深"。在打造品牌影响力的过程中，需要强化宣传的方式，把品牌尽早灌输给消费者，以提高品牌知名度、注意度、认知度、美誉度，从而促进和扩大产品的销售，树立品牌形象。

关于广告作用，据国外的一项研究表明：创造一个名牌至少要投入1亿美元的广告费，而成为名牌后，每年投入的广告费又是不断递增的。这就是说，品牌的扬名、品牌影响力的打造，广告的投入是必不可少的。美国通用汽车公司前总裁史密斯先生说得好：靠停止做广告省钱的人，如同靠拨停表针节省时间一样愚蠢。

以质量保品牌

在竞争越来越激烈的时代，创建并且保住自己的品牌，无不是以上乘的产品质量作为市场竞争基础的。虽然产品的竞争表现为品牌的竞争，但是，品牌竞争所依仗的是产品的内在质量。一个品牌成长为名牌靠的是质量，一个品牌在市场上遭到抛弃也大多是因为质量出了问题。所以，也就是说，质量是品牌的生命之所系。

我们不能说质量好就一定是名牌，但是，产品质量差的肯定成不了名牌，甚至即使是名牌，也会因为质量有问题而倒牌子。质量不是现代企业品牌战略的充分条件，但却是一个不可或缺的必要条件。

1.质量是品牌的生命

质量是品牌的生命，大凡成功的商业品牌，都是以坚不可摧的质量作为后盾的，品质的好坏直接决定着品牌的生存、发展、延伸。

良好的质量意识和过硬的产品是所有优秀品牌长盛不衰的根本原因。作为成功的商人，在辛苦创业、占有了一定的市场份额之后，一定要时刻提醒、提升自己的质量意识，切不可因小失大，图一时的小利而最终丧失所有的成果，韩国三星集团的例子可以使我们深受启发。

◇ 质量是品牌的最重要的内涵 ◇

质量是反映实体，满足明确和隐含需要的能力的特性总和。换句话来说，质量是指产品和服务的使用价值和价值的总和。

这台机器的质量确实不错，很实用。

产品能满足消费者的使用功能，满足消费者可靠性、安全性、经济性的需要，从而培养消费者的满意度。

质量不好，即使用广告赢得了一定的知名度和消费者，最终依然要销声匿迹。质量是我们赢取满意度的重要手段。

以前好多顾客，现在连一个都没有了！

"质量就是生命"这是当前中国企业家常挂在嘴边的一句话，而且大家都认可这个理念，但是，这不只是一句随便说说的话，而是应该在实际生活生产中将这句话真正落到实处。

三星集团是韩国著名的电子企业，李健熙总裁在美国洛杉矶经过调查发现，三星电器的价值比日本货便宜，但是却不能吸引消费者，他立即召集三星的几位高级职员，首先把市场上最畅销的电视和录像机样品同三星的产品放在一起比较，三星产品相形见绌。然后让几位高级职员到商店询问三星产品为什么不受欢迎，得到的答案是设计粗糙、故障率高、售后服务差等。

由此，李建熙提出：三星人要摒弃重产量、轻质量的落后观念，树立质量至上的意识和管理思想。

这些观念无疑对三星品牌的成长、发展起到了至关重要的作用。没有这样的质量至上的思想，三星的道路无疑只有一条：退出市场。2005年以来，三星品牌的产品直逼索尼，主要是质量和性能的先进性起了决定性作用。

2.质量是品牌的基础

品牌的知名度、美誉度、忠诚度，品牌的市场占有率，品牌的成长性等，都来自于品牌所代表的产品的质量。没有质量的保证，就没有品牌的市场影响力和这些表现品牌竞争力的经济指标。

丰田汽车在中国市场上遭遇到了麻烦，其原因就在于旗下的产品出了点质量方面的问题。要保持品牌在市场竞争中的优势地位，产品的质量必须要自始至终有100%的保证。稍有不慎，就有砸牌子的可能。

中国制造过去在国际市场上口碑不好，主要是质量问题，典型的是温州鞋，因质量问题而饱受非议的温州鞋商，终于意识到质量对品牌的重要性，所以才有了今天享誉全国的红蜻蜓等品牌鞋。在产品质量基础上的品牌战略，价格不是最重要的。很多人愿意为品牌多付成倍的价格，也是因为品牌下的产品有质量的保证。品牌消费存在很多非理性的因素，品牌产品的性价比是理性消费的表现。

以服务保品牌

品牌竞争的更高形式是品牌服务的竞争。企业要想有效地搞好产品的市场营销，树立品牌形象，保持品牌的竞争优势，就必须在重视品牌质量的同时，遵循"服务至上"的经营宗旨，提高品牌服务的水平。

提供品牌服务可以表现在各个方面。美国福特汽车公司的品牌服务不仅包括维修服务、零配件服务、及时检修服务等，还包括汽车租赁服务。福特汽车公司率先推出汽车租赁业务，向用户提供两年收费低廉的汽车租费优惠，在融资性租赁期间，总公司还对出租汽车公司提供补贴。这样一来，就使得福特公司在对集团批量销售方面占据一定的优势。

日本的资生堂是一家美容化妆品公司，为了将品牌推向美国市场，他们推出了一系列迎合美国妇女喜好、包装精良、使用方便的美容化妆品，同时还提供优质的品牌服务。他们不仅待客亲切有礼、服务周到，而且还免费提供脸部按摩，耐心为消费者讲授美容方法。资生堂还记下消费者的生日，届时打电话送去生日祝福。

21世纪创建品牌的基本准则是使消费者满意。进入21世纪后，不能令消费者感到满意的品牌将无立足之地。在信息社会，企业要保持技术上的领先和生产率的领先已越来越不容易，靠特色性的优质服务赢得顾客，努力使企业提供的品牌质量和品牌服务具备能吸引消费者的魅力要素，不断提高消费者的满意度，成为了品牌竞争的更高形式。

优秀的品牌服务是创建品牌的重要保证。服务包括售前调研、宣传，到售中咨询以及售后维修、保修、送货等。顶级企业在管理品牌时，无不把服务作为一个重要手段。提升服务水平对于锻造品牌具有重要意义。

1.有利于提高企业品牌效益

实践证明，在市场竞争中获胜的是那些能够提供优质品牌服务的企业。美国一家民意调查机构，曾对未来几年内十二项品牌经营要素的重要性进行调查，结果有48%的人将品牌服务质量列为第一位。对于这个调查结论，"市场战略对利润水平的影响"研究数据库也提供了决定性的支持。

该数据库研究分析表明，品牌服务好的企业的品牌价格约高9%，它们的市场占有率每年增加6%；而品牌服务较差的企业市场占有率每年下降2%。品牌服务最好的企业，其销售利润率可达12%，而其余企业则仅为微不足道的1%。优质的品牌服务是造成品牌之间实力悬殊的根本原因。

美国波士顿福鲁姆咨询公司也在调查中发现，客户从一家企业转向另一家企业，10人中有7人是因为服务问题，而不是因为产品质量或价格。微软公司总裁比尔·盖茨说，微软公司80%的利润来自产品销售后的各种升级、换代、维修、咨询等服务，而只有20%的利润来自产品本身。美国马萨诸塞州沃尔瑟姆营销顾问公司经计算证实，随着企业的品牌服务的改善，企业的销售额会增加，其增加额是由改善的品牌服务所留住的回头客带来的。

品牌专家的研究表明，留住一个老客户所支出的费用，仅仅是吸引一个新客户的1/7。而且，老客户不仅是企业产品的使用者，也是企业品牌形象的义务宣传者。一个消费品方面的老客户会直接或间接地影响到37个新的消费者。因此，老客户是企业的一笔宝贵的财富，而优秀的品牌服务是赢得老客户的根本途径。

2.有利于提升品牌形象

优质的品牌服务可以增加消费者的利益和价值，从而提升品牌形象。消费者从购买的商品中获得的效用的大小，取决于他从消费该商品中实际得到的利益和满足与在他购买中付出的成本，包括时间、精力、价钱等相比较后的那一个变量。这个变量呈正增长，即购后使用利益提高或购买成本降低就会增加效用，反之，效用就会降低，甚至出现不满意。所以要想锻造品牌、成就名牌就必须增强服务意识，完善服务、增加服务的内容，如免费送货、无偿提供零件、无偿培训、定期保养和检修等。

优质的品牌服务是企业创建品牌的重要保证，也是全程品牌管理的重要内容，并且随着产品差异化的缩小，品牌所蕴含的服务显得更加重要。正如美国雷维特教授所言：“未来竞争的关键不在于工厂能生产什么产品，而在于其提供的服务是多少。”因此，企业要想创建知名品牌，必须完善品牌服务，并不断提升品牌服务的层次。

◇ 优质的服务有利于维护品牌形象 ◇

优质的品牌服务可以降低消费者承担的风险，从而树立并维护品牌形象。

你们这机器太卡了！

在消费实践中遇到不满意时，消费者就会产生抱怨和不满，进而给品牌形象带来不良影响。

企业若加强品牌服务意识，向消费者提供完善的售后服务，就可以减少或弥补消费者购买后的损失，从而取得消费者的理解，赢得消费者的信任。

这样给您处理一下，这门锁就好用多了，等会您可以试一下。

所以，有无服务，特别是售后服务以及提供的服务的多少，成为影响消费者购买及消费者的品牌信任度、追随度的重要因素。品牌服务已经成为消费者选择品牌的关键因素。

进行品牌维系

建立和维护企业的品牌不是一个孤立的工作，而是涉及方方面面的系统性的工作。具体来说，需要从以下几个方面把握：

1.科学合理的品牌质量管理体系

管理在市场经济活动中的重要性不言而喻。举个简单的例子：要生产出一支好烟，在前期不光要有好的烟叶原料、先进的生产技术和生产设备，还需要有一批高效精明的管理者和尽职尽责的员工，同时，在制作的每一道工序上都必须一丝不苟，不容许有丝毫的差错。在后期同样也需要先进的营销理念和勇于开拓市场的人员，要是这一系列的工作完美结合、密切衔接，就必须建立完善的品牌质量管理体系。

当前在中小企业中被广泛采用的一种管理模式是全员品牌管理，全员品牌管理是指品牌建设过程中，企业整个价值链上的所有人员都需纳入到品牌建设体系中，共同参与品牌的建设。

中小企业也应该借鉴这一管理模式：品牌质量关系着员工生存与发展，让员工与企业荣辱与共，自觉维护品牌质量，提升员工自我品牌价值。在品牌质量提升过程中，不管遭遇风吹雨打，始终不离不弃。品牌是员工的，为品牌大厦的建设打下坚实的地基。

品牌质量关系着经销商，让经销商视品牌为己出，努力去经营品牌质量，与企业风雨同舟，从"露水夫妻"转变成天长地久。

品牌质量关系供应商，让供应商与企业共患难，当品牌质量出现危机时，他不会无情地抛弃品牌。

品牌质量是企业价值链上所有人共同努力铸就的，只有每个环节的同心协力，才能形成品牌合力，让品牌屹立不倒。

2.承担的社会责任

应当深刻地认识到，品牌质量首先是伴随着产品的质量而产生的，生产者是质量的"第一责任人"，必须向社会提供符合法律法规和顾客要求的符合产品质量约定的产品，并在提供产品的过程中，不能给环境和社会带来危害和影响，保证资源的可持续利用，实现与社会的共同发展。在生产的实践过程中，不断提高技术，提高员工的技术和生产能力以促进产品质量的提高。同时，逐步影响上下游相关组织质量水平的提高，直至促进所处行业的整体质量水平得到提高。

在产品生产方面为了保证品牌质量，企业应严格遵循ISO9000族标准。ISO9000实施标准现已在世界许多国家和地区直接采用，成为国际通用的技术基础和质量保证能力确认的形式。企业要想占领国际市场，提高市场竞争力，必须有适销对路的优质产品。而ISO9000实施标准为品牌质量的保证提供了需求和动力，它对企业加强质量管理，提高产品质量，创名牌产品有巨大的作用。

3.满足消费者

从消费者角度来看，消费者在提高品牌质量问题的过程中起着至关重要的作用。一方面产品生产的目的是为了满足消费者的物质或精神方面的需求，消费者的需求是提高品牌质量的根本动力。

另一方面，归根到底消费者是质量问题的最直接受害者，产品最终是用于满足消费者需求的。如果每个消费者都能熟知自己应享有的合法权益，在参与社会生活和经济生活中依法行使自己的合法权益，依法提出对产品的要求。当合法权益受到侵害的时候能够拿起法律武器维护自身的利益，那么生产者将不得不依法经营，减少对消费者的侵害，从而逐步提高品牌质量问题。

最后，应加大力度想方设法提高消费者关注质量的意识，切实提高消费者依靠法律维护自身权利的能力，实现消费者懂质量、会维权，通过消费者主动提高对质量的要求，促进质量问题的解决。

有效处理品牌危机

要处理好品牌危机，企业就必须冷静地分析危机究竟是如何发生的，查找出导致危机的真正根源，了解危机已发展到什么状况，明辨危机对企业危害的深度和广度。简单地说，就是要抓住品牌危机发生的关键因素。

对危机的处理方法不同，得出的结果也就不同。这说明，发现问题比解决问题重要得多，认识危机是解决危机的首要前提。如果对危机的认识存在偏差，那么所采取的一系列应对措施都必然存在漏洞，要么不可能扼制危机，要么导致危机的进一步恶化。

不同的危机存在不同的特点，但其特点是有一定规律性的。任何危机都有其生命周期，通常分为萌芽阶段、发展阶段、减弱阶段、消失阶段。品牌危机的发生总是某个或某些矛盾激化的产物。企业面对危机，应把主要的精力放在处理品牌危机发生的关键因素上。

如果一家企业销售的产品出现了质量问题，并造成了严重影响，品牌形象受到伤害，这就是一次品牌危机。倘若某件产品出现严重事故，企业应尽快分析原因，加强质量控制，以免出现更多的质量问题，这是危机的关键。接下来，要把同一批次的产品迅速从市场上收回，或组织专人对同一批次的产品进行全面的质量检测。

品牌危机的传播速度是很快的，对品牌的负面影响也就十分迅速和全面。新闻媒介对品牌的负面报道又会起到推波助澜的作用。对于异常活跃的新闻媒体，企业若采取不合作的态度，态度生硬或隐瞒真相，只会使危机复杂化，把问题搞得更糟，更有可能刺激媒体的报道热情，或者使报道内容偏离事实，这对企业无疑是雪上加霜。在社会公众和新闻媒体的高度关注之下，如果企业处理得当，也是树立企业和品牌形象的好机会。

◇ 处理品牌危机的做法 ◇

当品牌出现危机的是，企业应该如何应对呢，以下几点做法是值得企业借鉴的。

我现场给你们演示一遍，你们就知道我们产品的质量如何了！

1.用事实阻挡谣言

企业只要说明事实，表白真相，消费者的认识就不会动摇，情感和行为倾向才能稳定。

2.引导舆论走向

谣言作为一种畸形的舆论，是出于人们的某种目的而故意制造的，破除谣言的最好办法，便是利用媒体的引导，使舆论回到事实基础上。

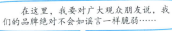

在这里，我要对广大观众朋友说，我们的品牌绝对不会如谣言一样脆弱……

谣言也差不多了，是时候出击了！

3.把握反击的时机

当谣言已经全部出笼，在内容上难以进行花样翻新，简单的重复将导致公众兴趣的递减。此时采取行动，有利于一举击溃谣言。

定价之道：
会定价的企业家才是真正的企业家

定价是一门学问

被誉为"全球战略定价之父"的汤姆·纳格曾说过："战略定价并非简单的提价，它是一整套关于企业如何为实现利润增长而构建的体系。"

在定价之前，管理者要先问自己几个问题：什么是企业的竞争优势？应该做哪些与众不同的事？什么样的消费者是企业所追求的？企业的优势应针对哪些类型的消费者？这些问题的答案，都能直接影响到战略定价。

但事实是，目前大多数企业的定价是由竞争环境决定的。如果竞争对手都在降价，而自己不降，一定会流失客户。有时明知道降价是条不确定的路，但危机之下不走不行。值得注意的是，迫于现金流压力、竞争对手打压、供应商等外部环境做出的价格调整，往往难免忽视成本和内部管理，从而可能让企业面临更大的危机。所以一个明确清晰的战略定价对于企业来说非常重要。

一家经济型的美国航空公司推出了一种超低价的机票，不过，该航空公司只提供航空业的一项最基本职能——从甲地飞到乙地。除此之外，不提供其他任何服务。如果你需要更好的位置和更好的服务，那么就得多付钱。

尽管如此，该服务一经推出，仍是大受欢迎，航空公司的营业额直线上升。顾客的大量加入，同时也带动了该公司其他业务的一并发展。经过这一次的战略定价，该家小型航空公司迅速成长为全美数一数二的航空企业。

从这个美国航空公司的案例中，管理者在制定企业价格机制时，便可推导出定价的几个原则：

1.低价

低价的商品总是能够吸引住用户，因而，企业的产品便能占领更多的市场份额。所以，管理者要想保证企业产品的营销顺利，战略定价首先要以低价开路。

低价的战略定价选择，也是市场竞争所决定的。面对激烈的竞争，任何企业的产品要想获取更多的市场份额，赢得用户是关键。低价，无疑是最有效的手段。

亨利·福特无疑是低价原则的最典型代表，他创造性的开发出"流水线—大批量—低成本"的汽车制造模式。这一模式充分满足了20世纪初汽车消费者的需求，也成为现代企业发展的成功典范。

◇ 定价的步骤 ◇

第一步

收集数据，信息主要包括市场需求信息、竞争环境信息。竞争环境信息主要包括竞争对手的产品销售、价格、成本、利润等信息。

第二步

对这些数据信息进行分析，判断出消费者对价格变动的反应。然后根据分析结果，确定产品的价格水平。

第三步

将新的定价与分销渠道和消费终端进行沟通，吸收他们的意见和建议。

第四步

确定出最终价格，并进入市场。对新定价在市场的反应进行跟踪评估。

在决定大批量生产汽车的时候，福特就认识到，必须让广大普通消费者相信，福特汽车就是为他们而生产的。通过批量生产的模式，福特将成本压缩到最低，于是，他采取了不断压低汽车价格的方式来吸引消费者。其营销策略看起来非常简单："每次把我们汽车的价格降低一美元，我就可以得到一千名新买主。"

福特以一种近乎狂热的态度，下调着其经典的T型车的价格：1908年，福特公司生产了6000辆T型车，每辆售价为850美元；1916年福特公司卖出了6万辆车，售价为360美元；而到1927年，在T型车的最后一年里，第1500万辆车走下生产线，售价仅为290美元。

福特在大规模生产的前提下，进行的低价策略取得空前成功。20世纪的前20年，整个汽车行业几乎是福特T型车的天下。低价的战略定价，也成就了福特公司，成为经济学上"规模经济"的经典案例。

2.获利

不过，为了获取市场份额，采取低于成本的价格，赔本赚吆喝，这只能是定价的权宜之计。管理者要清楚，企业需要的是获取利益。

也就是说，低价原则必须以获利为前提。如果价格低于企业所付出的成本，企业一直处于亏本做买卖的境地，这样的定价战略就值得商榷了。

仍然福特公司为例，在20世纪的头十年里，汽车行业上的产品差异性非常小，产品价格最低的公司往往能够轻而易举地赢得胜利。因而，以低价进行销售是公司成功的秘诀，但是到了20世纪30年代，当市场需求出现饱和时，这一方式遭遇到了困境。

从1927年到20世纪90年代，福特公司的收入一直落后于通用公司。福特的根本问题就在于，相信低价竞争的成功可以带来无穷的市场控制能力。

事实上，如果不能获得足够的利润，企业的低价战略反而会让企业陷入困境。为提高市场占有率而采取的低价策略，很可能会破坏未来的产业获利能力，因为未来的涨价将难以执行。

定价的技巧

金老板的超市刚刚开业的时候，整条街道就这一家超市，所以附近小区的居民和路过的路人都选择来这家超市购物。金老板店里的服务和商品价格都还可以，所以，自开业一直到不久前，生意一直不错。可是不久之后，同一条街道上又多了一家超市。奇怪的是，自从另一家超市开业以来，金老板发现前来自己超市购物的顾客不断地减少，甚至许多本来是自己超市的老顾客，却出现在了另一家超市的门口。金老板决定去另一家超市一探究竟。

金老板曾经怀疑是新开的超市比自己的超市服务或者促销做得好。于是，带着这些问题，某天傍晚，他亲自走进另一家超市，扮成顾客，想要去一探究竟。

金老板拿起购物筐，先去走货最快的日常家用品货架看看。走到家用品的货架前，他只看货架摆设，没有发现有什么差距，再大体看了一上商品种类，也是差不多的那几个牌子。纳闷之余，金老板低下头看超市物品的价签。一下子，他便全明白了。

原来，这家"对手"超市的许多护肤品都比自己超市卖得便宜。但是，其实没有便宜多少：金老板店里卖30元的洗发水，这家超市卖29元；金老板卖20元的洗衣粉，这家超市就卖19.8元。金老板又迅速查看了其他商品的货架，发现这家超市的不少商品都比自己商品便宜1元钱左右。他怎么也想不到，区区不到1元钱的差距，"对手"超市就取胜了。

金老板或许并不是那么清楚，自己的超市输了，是输在那区区一块钱的定价方式上。营销学者曾经做过调查，对于顾客来说，同样的商品，如果标价20元，客人的心里感觉是"这件东西要20多元钱"。而如果标价是19.8元，客人的心里感觉是"这件东西才不到20块钱"。所以，虽然只有不到1元钱的差距，但对于顾客来说，就会感觉在定价为19元的超市购物就得了很大的便宜。

一点小小的定价差别，所造成的顾客反应却大不一样。因此，我们在为自己的商品定价时，必须充分了解顾客的心理与定价的技巧。当然，还有金老板的教训——要了解竞争对手的定价。

定价的技巧有很多，一般来说，有以下一些方式可以参考：

1.特价标注

许多超市的店门口经常会有"开业特价""店庆特价""限时特价"，并张贴一些有代表性的特价商品，这就是一种特价定价法。顾客一看到某种常见的商品这家超市比别家超市便宜，在利益驱动下就会走入超市。所以，这种特价定价法，有利于吸引客人前来消费，也对其他商品的销售有拉动作用。

2.折扣定价法

许多超市对于销售的商品根据顾客购买的商品数量的多少，给予顾客不同的价格折扣。如一家超市曾经对自己超市内的酸奶实行这样的折扣策略，当顾客只买一瓶酸奶时，酸奶为8元/瓶，如果买两瓶或者更多，那么第二瓶和以后的都为5元/瓶。这种定价方法，就会吸引顾客购买多于一瓶的酸奶，从而拉动超市这种商品的销售。

3.吉祥数字定价法

中国人做什么事都讲究吉祥和运气，所以超市可以利用这一心理进行定价。比如在价中选择带"8"的数字，表示"发财"，"6"则表示"顺利"，"9"表示"永久"等。用这样的吉祥数字可以吸引图吉利的顾客前来超市购买这类定价的商品。如某超市在中秋佳节的时候，就有月饼红酒大礼盒，标价666元，购买的人络绎不绝。

4.整数价格策略

对于价格较高的商品，如高档商品、耐用品或礼品等可以采取整数价格策略。企业为了迎合消费者"价高质优"的心理，给商品制定一种整数价格。当消费者得不到关于商品质量的其他资料时，为了购买高质量的商品，常常有"高级店，高级

◇ 价格要满足消费心理 ◇

产品价格的高或低，是不同顾客的消费感受。消费者的心理是：高于自己心理价位的，就是高；低于自己心理价位的，就是低。所以，企业的定价一定要设法满足消费心理：

这么贵还说便宜！

这手链真漂亮，价格也便宜！

1.不同消费群的心理价格

在消费者心理中存在着这样一个潜在的规律：消费者对价格的反应与自己的消费能力有关。所以，企业要根据定位的消费者的消费能力来定价。

2.锁定消费需求

这款产品针对的就是白领，长期面对电脑的女士……

只要是产品的目标消费群体，他最为在乎的是产品的品质，而不是产品的价格。只要找到真正需求产品的人，价格问题永远不是大问题。

产品最终是被消费者买走，因此，在给产品定价的时候一定要根据消费者的心理，只有满足了消费者的心理，才能给产品一个合理的定价。

货""高价钱，是好货"的心理，以价格高低来辨认商品质量的优劣。

5.声望定价

声望定价指针对消费者"一分钱一分货"的心理，对在消费者心目中享有声望、具有信誉的产品制定较高价格。价格高低时常被当作商品质量最直观的反映，特别是在消费者识别名优产品时，这种意识尤为强烈。这种定价技巧不仅在零售商业中广泛应用，在饮食、服务、修理、科技、医疗、文化教育等行业也运用广泛。

6.招徕价格策略

为了迎合消费者求廉心理，暂时将少数几种商品减价来吸引顾客，以招徕生意的策略叫招徕价格策略。其目的是把顾客吸引到商场中来，在购买这些低价产品时也购买其他商品。

7.习惯价格策略

习惯价格是指那些顾客已家喻户晓、习以为常，个别生产者难以改变的价格。即使生产成本提高很大，再按原价出售变得无利可图时，企业也不能提价，否则会引起顾客的不满，只能采取降低质量、减少分量的办法进行调整。还可以推出新的花色品种，改进装潢以求改变价格。

一般成本定价法

作为企业市场战略的一部分，定价是一个很复杂也很敏感的问题，但也是提高企业利润最有力的武器之一。提升价格1%，企业的运营利润将相对应提升近10%。而企业成本削减或者是销售行政开支紧缩1%的，他们相对应的运营利润提升只有7.2%或者8%。

对公司经营者而言，最正常的定价方式就是成本定价法。成本定价法通常适用于生产中间产品的工业企业，往往采取完全成本加成法作为定价决策的基础。完全成本加成法，顾名思义就是完全成本加上一定的利润，其关键点在于核算完全成本。至于利润加成，是由公司参考投资回报率自行决定的。具体来说，完全成本包括以下组成部分：

1.产品成本

对于材料的核算比较简单，就是基于产品的物料清单、采购价格、加工成本及估算的报废率来核算。

2.人工成本

人工的核算相对复杂些，首先要计算出人工的单位时间成本，然后根据生产工艺路线计算出单位产品所消耗的单人单工位的作业时间，二者相乘就得出单位产品的人工成本。

这里需要注意的是：计算人工单位时间成本时，在除法算式中，分子的人工成本应包含工资、奖金、福利等，分母的工作小时数应只考虑真正用于生产的工作时数，否则人工成本就会被低估。另外，"单人单工位"是指假设由一个人从头至尾生产一个产品的理论用时。当然，在实际生产中不可能由一个人一个工位从头至尾生产，而是在每一个生产步骤中按最优的方式，安排多人多工位来生产，但在产品定价时我们要把所有人工抽象成单人单工位来计算。

3.折旧和摊销

折旧一般是针对通用机器设备，而摊销一般是指专属机器设备及研发等。通用机器设备的折旧按规定使用年限来计算单位小时折旧率，但要注意在除法算式中，分母小时数要使用机器正常工作小时（剔除正常维护、停机及一定概率的非正常停机等）。

而摊销则是将该产品的所有专属投入，如专属设备、项目研发等，按与客户约定的产品产量，摊销到单位产品上。也就是说当该产品累计产量达到约定产量时，这些所有专属投入就全部收回了，之后产量的产品价格就应剔除单位产品的摊销；反之，如果该产品最终的累计产量没达到约定数量，则专属投入没有完全收回，应向客户索要未收回的专属投入成本。

4.其他成本

各项费用包括制造费用、管理费用、销售费用和财务费用。各种费用的性质不同，在产品定价核算中的方法也有所不同。

歧视定价法

价格歧视实质上是一种价格差异，通常指商品或服务的提供者在向不同的接受者提供相同等级、相同质量的商品或服务时，在接受者之间实行的不同的销售价格或收费标准。经营者将同一种商品或服务，对条件相同的若干买主实行不同的售价，则构成价格歧视行为。歧视定价属于定价策略的范畴，无任何褒贬之意。

运用歧视定价有两个不可或缺的条件：一是实行歧视价格的商品本身是不能转卖的，谁购买谁消费，不能低价买进再高价卖出去；而是要能用一个客观标准对消费者进行细分，即分为需求弹性不同的消费群体。

对于商家而言，实行价格歧视的目的是为了获得较多的利润。如果按较高的价格能把商品卖出去，生产者就可以多赚一些钱。因此，生产者将尽量把商品价格定得高些。但是如果把商品价格定得太高了，又会赶走许多支付能力较低的消费者，从而导致生产者利润的减少。如何采取一种两全其美的方法，既以较高的商品价格赚得富人的钱，又以较低的价格把穷人的钱也赚过来。这就是生产者所要达到的目的，也是价格歧视产生的根本动因。

雷克萨斯是目前世界范围内最成功的日系豪华车，中国市场主要有GS300和GS430两款车型。2008年国内GS300 68.8万元的售价跟德国市场约合人民币44万元的价格比起来高了20余万元，更是比美国高出一倍的价钱。雷克萨斯GS430，在美国市场的售价为51500美元，在欧洲市场售价为54200欧元，折合人民币均只有40万元左右。而同一款汽车，在国内的售价却超过90万元。这就是歧视定价的一个案例。

价格歧视的前提是市场分割。如果生产者不能分割市场，就只能实行一个价格。如果生产者能够分割市场，区别顾客，而且要分割得不同市场具有明显不同的支付能力。这样企业就可以对不同的群体实行不同的商品价格，尽最大的可能实现企业较高的商业利润。雷克萨斯就是成功分割市场，将中国市场的富豪支付能力视

◇ 各种各样的价格歧视 ◇

凭学生证半价！

对不同人群进行的价格歧视。

售票处

淡季 60
旺季 100

按不同时间段进行的价格歧视。

15元/杯
续杯半价

利用同一产品的不同数量进行的价格歧视。

为最高，从而为它的"歧视定价"提供了依据。

在生活中，实行价格歧视的事例比比皆是。以前公园卖门票，对本国人卖低价，对外国人卖高价；大学生放假回家，只要手持学生证，就可以买到半价票；在北京坐公交车，如果刷卡便可以打五折；有的舞厅为了使舞客在跳舞时刻成双配对，甚至只对男士卖票，女士可以免费……

如果没有价格歧视，人人平等，实际上也未必会得到比较满意的结果。美国P&G公司曾经一直在采用"折扣券"制度，对积攒、保存、携带、出示"折扣券"的顾客（往往都是收入较低的顾客）实施优惠价格。1996年，P&G公司以区分消费者需求弹性成本太高之名决定取消这种制度。P&G公司的顾客愤怒了，连纽约州司法部都介入了此事，要求强制P&G公司执行"折扣券"制度。所以说，价格歧视本身也是另类公平的一种市场体现。

当企业有定价权时，实行歧视定价有助于实现利润最大化。主要的歧视定价可分为以下几种：

1.一级价格歧视

对企业而言，最有利的歧视价格就是对每一个消费者收取他愿意而且有能力支付的最高价格。这就需要把每个消费者都分开。当然，一般而言，进行这样的市场细分是极为困难的。但是某些特殊情况下，如果消费是完全分开的，相互不通消息，这种一级价格歧视也是可以实现的。

2.二级价格歧视

对一定数量的物品收取一种价格，对另一定数量的同样物品收取另一种价格。例如，某服装公司推出一种新的时尚女装，首先把高收入群体作为目标群体，这些人需求缺乏弹性，就可以对先上市的一批衣服收取高价。这部分人的需求得到满足后，就降低价格，卖给需求富有弹性的一般消费者。

3.三级价格歧视

根据不同市场上的需求价格弹性不同，实施不同的价格。其中运用最成功的就是国外的民航了。民航的歧视定价是指同一个航班同样航位的乘客所支付的单价不同。民航机票要实名凭证件登机，不能转让。此外，民航乘客可分为公务乘客和私人乘客，前者对价格缺乏弹性，后者对价格富有弹性。民航是怎么实行价格歧视的呢？他们把是否周六晚上在对方城市过夜作为区分两类乘客的标准并实行歧视定价。因为通过调查发现，在往返于两地的乘客中，公务乘客周六晚上通常不在对方城市过夜，而私人乘客没有这个规律。此外，提前购票时间也是区分两类乘客的标准，一般私人乘客出行都是有计划的，因而一般提前订购机票。

目标客户定价法

一般来说，消费者在购买商品时，对商品的质量、性能、用途及价格会有自己一定的认识和基本的价值判断，也就是说，消费者会自己估算以一定价格购买某商品是否值得。

在定价时，当商品价格与消费者对其价值的理解和认识水平相同时，就会被消费者所接受。反之，则消费者难以接受或不接受。

1.价格源自顾客的理解

以价值为基础的定价方法因此应运而生。营销者以消费者对商品的理解和认识程度为依据制定商品价格，就是以价值为基础的定价，这种方法的思路是：企业定价的关键不在于卖方的生产成本，而在于买方对商品价格的理解水平。

在南北朝时，有个叫吕僧珍的人，世代居住在广陵地区。他为人正直，很有智谋和胆略，因此受到人们的尊敬和爱戴，而且远近闻名。因为吕僧珍的品德高尚，人们都愿意和他接近和交谈。同时代有一个名叫宋季雅的官员，被罢免南郡太守后，由于仰慕吕僧珍的名声，特地买下吕僧珍宅屋旁的一幢普通的房子，与吕为邻。一天吕僧珍问宋季雅："你花多少钱买这幢房子？"宋季雅回答："1100金。"吕僧珍听了大吃一惊："怎么这么贵？"宋季雅笑着回答说："我用100金买房屋，用1000金买个好邻居。"

这就是后来人们常说的"千金买邻"的典故，1100金的价钱买一幢普通的房子，相信任何一个经济人都不会做出如此选择。但是宋季雅却认为很值得，因为其中的1000金是专门用来"买邻"的。

2.以顾客心理定价

美国吉列刮胡刀片公司创立之初只是一家默默无闻的小公司。而现在，吉列公司已经发展成为一家全球闻名的大公司。吉列刮胡刀片畅销全球，只要有人的地方，几乎就有吉列刮胡刀片。

1860年以前，只有少数贵族才有时间与金钱来修整他们的脸，他们可以请一个理发师来替他们刮胡子。欧洲商业复兴之后，很多人开始注意修饰自己的仪容，但他们不愿使用剃刀，因为当时的剃刀笨重而且危险，而他们又不愿花太多的钱请一个理发师来替他们整修脸部。19世纪后半期，许多发明家都争先恐后地推出自己发明和制造的"自己来"刮胡刀片，然而，这些新刮胡刀片价格太高，很难卖出去。一把最便宜的安全刮胡刀需要5块钱，相当于当时一个工人五天的工资。而到理发师那里刮一次胡子只不过花10分钱而已。

吉列刮胡刀片是一种舒适安全的刮胡刀片，但仅仅用"舒适安全"来形容的话，吉列刮胡刀并没有任何比其他品牌更高明的地方，何况其成本比其他品牌都要高。但吉列公司并不是"卖"它的刮胡刀，而是"送"它的刮胡刀。吉列公司把价格定在55分钱，这还不到它制造成本的1／5。但吉列公司将整个刀座设计成一种特殊的形式，只有它的刮胡刀片才能适合这种特殊的刀座。每只刀片的制造成本只需1分钱，而它却卖5分钱。不过消费者考虑的是：上一次理发店刮胡子是10分钱，而一个5分钱的刀片大概可以用6次左右。也就是说，用自己的刮胡刀片刮一次胡子的费用还不到1分钱，只相当于1／10的理发师费用，算起来依然是划算的。

吉列公司不以制造成本加利润来定刮胡刀座的价格，而是以顾客心理来定刮胡刀座的价格。结果，顾客付给吉列公司的钱可能要比他们买其他公司制造的刮胡刀更多。吉列通过这样"此消彼长"的方式使消费者购买到其心目中产品的价值，自然大获全胜。应当注意的是，这种"此消彼长"策略根据顾客的需要和价值及实际利益来销售产品，而不是根据生产者自己的决定与利益。简而言之，吉列的"此消彼长"代表了对顾客原有价值观的改变，而非厂商成本价格的改变。

这一策略一般用于互补产品（需要配套使用的产品），企业可利用价格对互补产品消费需求的调节功能来全面扩展销量。有意地廉价出售互补产品中处于不好销售的一种，再提高与其配套的另一种互补产品的价格，以此取得各种产品销量的全面增长。

捆绑定价法

捆绑定价也叫价格捆绑策略或捆绑价格策略，是指将两种或两种以上的相关产品，捆绑打包出售，制定一个合理的价格并销售的行为。当你购买文字处理程序Word时，同时还必须购买电子表格（Excel）、数据库（Access）和演示文档（PowerPoint）等程序。这是微软重要的成功策略之一——捆绑定价策略。这使得微软成为全球办公软件中绝对的"大哥大"，市场份额高达90%以上。

捆绑定价是企业对其市场支配力的充分利用，能够提高企业的利润。在捆绑定价的形式下，由于捆绑定价是将产品作为组合进行销售，经营者可以通过操纵产品组合中不同产品的价格，以实现自己的利润，扩大自己的盈利空间。

捆绑定价能够给企业带来更大的利益，但并非任何产品皆可进行捆绑定价组合，其实施需要相应的条件：首先，捆绑定价产品需要具备相当的市场支配力，从而可与竞争产品进行价格差别竞争。微软的办公软件便是如此。其次，捆绑定价产品之间需要一定的关联性。如产品之间在消费对象、销售渠道、品牌影响力等方面相近等。典型的例子是2004年，惠普推出购买指定机型，除了装备操作系统外，还会送JBL音箱及Photosmart 7268照片打印机，进行三合一整合捆绑销售。再次，捆绑定价产品的目标顾客要存在重叠性，产品组合是目标消费者所需要的。1996年，宝马在南非推出一种销售策略，将防盗窃抢劫保险费用与其新推出的车型进行捆绑销

◇ 捆绑定价的形式 ◇

捆绑定价已经成为企业一种常用的销售策略。根据捆绑定价性质，可以将其划分为以下几种形式：

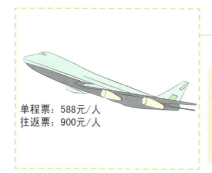

单程票：588元/人
往返票：900元/人

1.同质产品捆绑定价

同质产品捆绑定价，又可以把它划分为混合产品组合定价（如航空公司对往返机票的定价）和单一产品组合定价（如在酒吧里面啤酒必须成对买卖）。

这家的手机套餐1000元，包含一个市值800的手机，还有一张500元的电话卡。

2.互补式产品捆绑定价

即捆绑定价的产品在用途上具有互补性。例如饭店将几种不同的菜捆绑成一份套餐进行定价；银行对其提供的一整套不可分的服务进行定价。

只要买了我们的洗衣机，再购买同品牌冰箱就可以75折购买。

3.非相关性产品捆绑定价

被捆绑的产品不一定是和它一起销售产品的互补品，而只需要捆绑产品的消费能够给生产者带来有关消费者对基本产品的支付意愿的信息。

售。在保险费用不断提高的情况下，此策略对消费者极具吸引力。

捆绑定价可以增加企业对低需求消费者的供应。在分开定价的情况下，生产者可能对某些产品只供应高需求的消费者，而不供应低需求消费者。而在捆绑定价的情况下，生产者可以在榨取高需求消费者净剩余的同时，向低需求消费者进行销售，从而在一定条件下可以增加社会总福利。此外，捆绑定价可以降低交易费用。捆绑定价通过产品组合，降低了消费者的搜寻成本，尤其是在基本品和捆绑产品之间互补性非常强的时候，这种交易费用的节省就更加突出。同时，捆绑定价还可以降低消费者的交易费用，通过产品组合，消费者毕竟只通过一次交易就完成了购买。

尾数定价法

日常生活中，如果仔细观察货架上的价格标签，不难发现，商品的价格极少取整，且多以8或9结尾。比如，一瓶海飞丝怡神舒爽去屑洗发水标价22.1元、一袋绿色鲜豆浆标价0.8元、一台HP笔记本电脑标价8999元……不禁令人不解，如果采取像22元、1元、9000元这样的整数价格容易让人记住并便于比较，收银台汇总几件商品价格的时候更加便捷也不用找零。

其实这样的定价策略就是尾数定价策略。尾数定价是指利用消费者感觉整数与比它相差很小的带尾数的数字相差很大的心理，将价格故意定成带尾数的数字以吸引消费者购买的策略。目前这种定价策略已被商家广泛应用，从国外的家乐福、沃尔玛到国内的华联、大型百货商场，从生活日用品到家电、汽车都采用尾数定价策略。

据心理学家的研究表明，价格尾数的微小差别，能够明显影响消费者的购买行为。在西方国家，许多零售商利用这一心理特点来为商品定价。在美国市场上，食品零售价格尾数为9的最普遍，尾数为5的价格也很多，其普遍程度仅次于尾数为9的价格。据调查，尾数为9和5的价格共占80%以上。近年来，随着我国经济的发展，许多企业也逐渐运用这一特点为商品定价。

"尾数定价"利用消费者求廉的心理，制定非整数价格，使用户在心理上有一种便宜的感觉，或者是价格尾数取吉利数，从而激起消费者的购买欲望，促进商品销售。

超市、便利店的市场定位决定其适用尾数定价策略。超市的经营商品以日用品为主，其目标顾客多为工薪阶层。其动机的核心是"便宜"和"低档"。人们进超市买东西，尤其是大超市，如沃尔玛、家乐福、华联多是图价格低廉和品种齐全，而且人们多数是周末去一次把一周所需的日用品均购全，这样就给商家在定价方面一定灵活性，其中尾数定价策略是应用较广泛而且效果比较好的一种定价法。因为尾数定价不仅意味着给消费者找零，也意味着给消费者更多的优惠，在心理上满足了顾客的需要，即价格低廉，而超市中的商品价格没有特别高的，基本都是千元以下，而且以几十元的居多，因此在超市中的顾客很容易产生冲动性购买，这样就可以扩大销售额。

但尾数定价也并不是适宜所有的商家。超市、便利店等以中低收入群体为目

◇ 尾数定价法广泛应用的原因 ◇

尾数定价为什么会产生如此的特殊效果呢？其原因主要表现在：

1.便宜

标价99.9元的商品和100元的商品，虽然仅差0.1元，但前者给消费者的感觉是还不到"100元"的想法，因此使消费者认为商品更便宜。

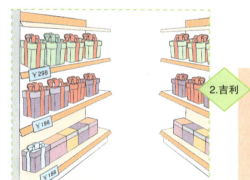

2.吉利

由于民族习惯、社会风俗、文化传统和价值观念的影响，某些特殊数字常常会被赋予一些独特的含义，企业在定价时如果能加以巧用，其产品就会因之而得到消费者的偏爱。

总之，带有尾数的价格会使消费者认为企业定价是非常认真、精确的，连零头都算得清清楚楚，进而会对商家或企业的产品产生一种信任感。

标顾客、经营日常用品的商家适合采用尾数定价策略，而以中高收入群体为目标顾客、经营高档消费品的大商场、大百货不适合采用尾数定价法，而应该用声望定价策略。

而大型百货商场应以城市中高收入阶层为目标市场。在购物环境、经营范围、特色服务等方面展现自己的个性；力争在目标消费者心中占据"高档名牌商店"的位置，以此来巩固自己的市场位置。大型百货商场应采用声望定价策略。声望定价策略是指利用消费者仰慕名牌商品或名店的声望所产生的某种心理来制定商品的价格。消费者具有崇尚名牌的心理，往往以价格判断产品的质量。认为价高质必优，这种定价策略既补偿了提供优质产品或劳务的企业的必要耗费，也有利于满足不同层次消费需求。

据有关资料介绍，我国消费者中有较强经济实力的占16%左右，而且这个比例有扩大的趋势。这些消费者虽然相对比例不大，但其所拥有的财富比例却占了绝大多数，这部分人群消费追求品位，不在乎价格。倘若买5000元的西装他们会很有成就感，而商场偏要采用尾数定价策略，找给他们几枚硬币，就有点不合时宜了。

但是，如今尾数定价在商场中过多、过频使用的现象反而会刺激消费者产生逆反心理，如由原来的尾数定价给人定价准确、便宜很多的感觉，变成定价不准确、不便宜、甚至是商家在有意识地利用人们的心理，进而产生对企业价格行为不信任的心理。

在我国目前现有的主要零售业态形式中，都可以看到类似的尾数心理价格的影子。不仅包括超市的大量日常用品，而且用于百货商店的服装、家用电器、手机等。如果从价格形式上不加区分地采用技法雷同的尾数价格，必然混淆各种业态之间的经营定位，模糊业态之间的经营特色，不利于商家发挥先进零售业态的优势，实现企业快速发展的目标。

第十二招

揽客之道：
为顾客着想，就能赢取顾客的青睐

重视与客户的关系

在现今物质极大丰富的时代，企业要想像以前一样，摆出一副高高在上的姿态，每推出新的产品就希望获得大量关注，这几乎是不可能的事情了。企业早就走出了卖方市场的时代，取而代之的是买方市场的时代，也就是客户为王的时代。

营销大师德鲁克也曾在他极具影响力的著作《管理的实践》一书中，着重强调了"以顾客为导向"的营销理念。重视客户的动向、满足客户的心理期望是企业在营销中的首要任务。

许多经营者虽然在口头上说"以客户为中心"，但长期的"思维定式"在其头脑中形成的还是以"我"为中心，即以"企业""产品"为中心的经营观念，对客户缺乏关注，不能很好满足消费者的心理期望，所以导致市场越来越小，生意越来越难做。

但是面对各种各样的客户，他们的需求也是纷繁复杂的，企业以有限的人力来关注和处理这么多不同的需求确实是耗时耗力的一件事。唯有留住客户，才能提高客户的忠诚度。在力所能及的情况下，管理者需要对客户的信息进行分类管理，根据不同期望值划分出不同客户类型。遇到同一类型的客户，可根据实际情况利用已有的经验来处理。

但是大多数公司通常关注的还是如何从每笔交易中能获得多少利润，这种观念极易导致企业发生短期行为，既不利于提高客户的忠诚度，也不利于企业的长期发展，最终很容易丧失客户。

那么，如何与客户真诚合作，取长补短，互惠互利，携手并进，在壮大客户的同时，自己也可从中获得源源不断的收益呢？具体来说，公司经营者如何建立稳固的客户关系？

1.做点记录

在面对面地和客户或你希望成为顾客的人谈话时，你都应该做记录。这条颇有价值的建议是美国销售培训专家斯蒂芬·希弗曼提出来的，他认为，做笔记的方法是一种有效的销售和顾客服务工具。

在你做笔记的时候，能够发出所有的有用信息。你能够让顾客知道你在听，他要说的话对下面的事情将起重要的作用，以及你对这次谈话非常重视，要留下一份永久记录。千万不要跳过这一步。

◇ 两点让你轻松维护好客户关系 ◇

客户不是只做一次就可以，而是想办法维护好与客户的关系，与之成为长期合作关系。而想要与客户打好关系，下面两点非常重要：

1. 微笑

人们都喜欢和那些快乐的人打交道，所以，在面对客户的时候一定不要忘记了你的笑容。

2. 拜访客户

如果你能经常地到客户的工作地点去拜访，会大大有利于长期保持你们的业务关系。如果你能经常地把顾客请出来和你一起吃饭，那你的有利机会更会大大地增加。

当然，个人交往决不能替代过硬的业务表现，你还是需要把那些真本事也拿出来。但是如果你能和顾客建立一种你来我往的人情联系，那些客户对你的忠诚度就会大大提高。

2.及时给回信

及时回电话，遵守约定的时间。我们在和人打交道时，最常见的担心就是联系之后没有动静。如果我们承诺为客户或顾客在本机构中办某件事情，那么我们也就有义务通报事情的进展。回个电话，按照约定给人回个信。如果能以一种有礼貌的、乐观向上的态度做这些简单的事情，那么这样会赢得顾客的青睐。

3.要跟上变化

要关注当前的趋势与挑战，时常地浏览一下你的客户所在的行业信息，多了解一些资讯。比如说，你从事的是图书印刷业，那你就应该知道出版业现在的趋势是什么。探听一下有什么预测信息，这些预测将会对你的客户的订货和支付方式产生哪些影响。

4.表现关怀

和你的客户发展共同的非工作话题也是非常重要的。你可以问问他们的兴趣爱好、假日活动，试着找一个你和客户都怀着很大热情的共同话题。此后你可以问些问题，鼓励你的谈话伙伴娓娓道来，千万不要一个人说起来没完！

5.要求见客户的领导

他们和别人没什么两样。有礼貌地但是坚决地要求和这个机构的最高人物见一面，哪怕是一小会儿，都会有利于和这个客户建立更好的关系。这在今天是一种行之有效的方法。

满足客户的心理需求

现代社会，采取低价策略的产品并非一定能够黏住客户，因为客户需求是多元化的，低价已不是黏住客户的灵丹妙药。那么，什么才是企业黏住客户的万能胶呢？显然是满足客户的真正需求。

客户不会忠诚于某一企业或者产品，他只会忠诚于自己的需求。只有从解决客户的需求入手，精心设计和引领客户的需求，让客户的心跟随着能满足他需求的产品而动，才能让客户把自己的企业和产品放在优先选择的位置。

作为一家商场的团购创业者，李艾华非常善于挖掘客户的需求，然后予以满足，从而赢取客户大量订单。一天，某高级中学后勤部的刘先生给他打来电话，要求购买一批名牌名厂的饮水机。放下电话后，李艾华开始琢磨这件事情：虽然这个学校经常在自己这儿买东西，但据自己掌握的情况，这个学校自身有热水供应系统，可是刘先生为什么还要买能够加热的饮水机呢？于是，他又给刘先生打了个电话了解情况。原来这家学校的开水处离学生宿舍有一定距离，很多学生因为偷懒，就在宿舍里用电热烧水器烧水，存在着巨大的安全隐患。

李艾华彻底明白了学校订购饮水机的目的。他想到，由于这是这家学校首次采购饮水机，刘先生肯定没有相关经验，所以他必须承担起挑选、推荐产品的责任。于是李艾华利用网络搜集相关信息，用了半天的时间就了解了影响饮水机寿命的要素。另外，他又打听到，这个学校将在今年建设新的教学大楼，现在对各项费用控制很严，价格也是学校选择饮水机的重要考虑因素。

在反复比较多个品牌和多个产品后，李艾华选择了一款品牌知名度高、声誉好、价格较低的产品。他带着这款饮水机和另外一款普通的饮水机来到刘先生办公室，他将挑选产品的过程详述了一遍，然后把两款饮水机的价差报给了刘先生。随后又问该学校新教学楼的规划情况，暗示为刘先生节省费用的考虑。刘先生会心地笑了，说："还是你能为我们着想。哈哈，马上签协议吧！"于是，李艾华又成功地接到了一大笔饮水机的订单。

从上面这个案例我们可以看出，李艾华在接到业务后，首先考虑的不是刘先生需要什么，而是首先弄明白他为什么会有这种需求。正因为李艾华主动地站在客户的角度上考虑客户的需求，正中客户的心思，所以他才给客户留下了好的印象，获得了客户的信任。

只有主动站在客户需求的角度考虑问题，才能准确把准客户的脉搏，从而在客户那里占得先机。

一个企业要想获得飞快的发展、创造高额利润，只能主动从客户的角度去寻找客户的需求。然而，在一些特定的商业领域中，一些公司奉承"顾客至上"的服务理念，也努力地为满足顾客的需求而努力，但是结果却往往不如人意，并没有得到客户的认可和喜欢。因此，要想准确掌握客户的心理需求，就必须要掌握一定的方法和技巧。

1.从客户性别判断其需求

男性客户与女性客户的消费需求差别是很大的。以汽车、电动车为例，男性客户来买车一般侧重于介绍车的速度和质量，而女性客户一般侧重于关注这辆车的样式和色彩好不好看。女人容易受情绪左右，男人一般靠欲望支配。而情绪受环境影响，欲望则指向具体目标。所以，销售产品时，要注意其不同的需求。

2.从客户职业了解其需求

不同职业的人往往对产品有不同的需求。首先要了解和判断客户是做什么工作的，一般从事某种工作或多或少都会在一个人身上留下印迹。根据不同职业人士的特点，讲述产品对他们的好处，这样才能正中客户下怀，让客户有购买的欲望。如果不了解各个行业或各类人群的典型心理特点，往往就会弄巧成拙，错失良机。

3.从客户扮演的角色来判断其需求

一般客户买东西，特别是大件商品的时候，往往会拉上一两个好朋友来帮助其参考。所以，面对客户与参考者的时候，要两点兼顾，不能对参考者冷眼相加，虽然参考者起得好作用不是太多，但起得坏作用不少。特别要关注他们之间是什么关系，比如是夫妻，是同性朋友，还是家长带孩子，要针对不同的关系，采取多样的营销策略。

4.挖掘客户潜在需求

对于一些自己缺乏主见的客户，要在与客户的前期接触过程中，特别注意挖掘连他们自己都没有意识到的潜在需求，而不要被客户表面的需求所迷惑。往往客户并不知道他们嘴里说的想买的某种产品，其实并不适合他们，所以要仔细问清这类客户购买产品的用途，大致的价位，再给他们推荐合适的产品。

◇ 如何挖掘出顾客的需求 ◇

想要发掘顾客的真正需求，销售人员需要做好两件事情：

我想我们新出的一款财务软件可以帮到您……

我们公司的财务很复杂，每次都要花费很长时间……

让顾客畅所欲言。销售人员的鼓励，能够有效引导顾客陈述自己的观点，进而方便销售人员通过顾客说话的内容，找到顾客的购买需求。

这套茶具质量上乘，他应该很喜欢喝茶，等会就先从茶说起吧。

谈论顾客感兴趣的话题。销售人员应该不断提高洞察力，通过观察顾客摆设的饰物知其喜好，从而找到顾客感兴趣的各种话题。

当然，要做好这两件事情，销售人员必须学会倾听，要知道顶尖的销售高手通常不是最会说话的高手，而是善于做一位好听众。

在通常情况下，服务和产品的提供者总比客户要专业得多。以客户为中心，就是要站在有益于对方的立场上，提出各种建议方案供客户选择，同时挖掘客户的潜在需求、内心需求，而不是天天追着客户问需求。只有这样，在提高沟通效率，保证服务质量的同时，才能为公司创造利润，使公司更好地发展下去。

发展新顾客的途径

小公司要做大做强，必须不断开发新顾客，必须善于发掘未来的顾客。

如何发掘未来顾客呢？一般有以下几种途径：

1.多收集客户的资料

为了更好地了解顾客的各种情况，应当多备些资料。从客户的基本资料中可以得知客户的需求方向，只要客户有需求，自然可以针对所需提供合适的商品，所以尽量在初访过程中搜集客户的资料十分重要。其中包括的范围相当广，如工作、职位、学历、家庭、兴趣、娱乐、运动专长等，有时候连生日、嗜好等一些小问题都可能是销售成功的关键。例如，有位销售员会特别询问客户的生日或纪念日，每当那些日子来临前，他总是不忘写张贺卡，让客户觉得十分开心，他的客户自然也就终年不断了。

2.利用各种渠道

利用展会、熟人介绍、促销等不同形式，发掘对本企业产品有兴趣的人士。如通过赠送实物，这种宣传效果特别好，起到刺激需求欲的作用。赠送样品的方法多种多样，有以直接邮寄配送（据市场调查得到的名单和地址）、挨家登门赠送、夹在同路商品的包装内、放在零售店赠送、先送样品试购优待券等方式。

3.符合顾客的需求

有需求才有购买行为。成功的接近应当以顾客有需求的产品为基础。需求是购买的第一要素，如果客户的需求和销售员的建议一致，成交的可能性就会很高。销售员若能掌握客户的需求状况，就可以获得客户的订单，就算尚未成交，最起码也可以有效地提升客户和销售员之间的默契，对于成交自然有所帮助。

4.耐心解答疑问

当顾客提出疑问时，不要表现出不耐烦。实际上，正是客户对商品有兴趣才会愿意针对商品提出疑问。在解答顾客的问题时，销售人员同样要讲究技巧。一般而言，顾客的问题可区分为"可以从容应付的问题"以及"无法回答的问题"两大类。

假如顾客提出的问题没有准备好或者根本就一无所知时，销售人员的应变能力就显得非常重要。一般而言，这个时候最好的应对方法就是转移话题，以问题内容十分复杂，必须搜集相关资料才能完整地答复为由，或是直接跳过问题不答而以反客为主的方式反问其他的问题，令他只顾着想自己的答案而忘记了刚才的问题。

5.建立起顾客对产品的信心

在大多数情况下，销售员初次拜访顾客往往不可能成功交易，一次约见就成功交易的情况少之又少。因此，营销人员应当致力于建立顾客对产品的信心，以使其留下深刻印象，为以后的成交铺平道路。

初次面谈的目的在于给客户留下好的印象，只要给予客户基本的认识就该起身告辞，暂时留下一些议题作为将来再拜访的借口才是最好的策略。

把潜在客户变为真正客户

我们必须开始认真而持续地关注我们当前客户的情况以及他们新的期望和要求。你需要在分析了客户过去与你或者你的竞争者合作时的消费模式之后，制定出你的行动计划。简而言之，要把你的客户当作一个新的潜在客户而认真调查、尽力研究。他们值得你提供最好的服务，做出最密切的关注。

你的竞争者和新对手也始终在争取你的客户，特别是那些利润大、有吸引力的客户。我们不能掉以轻心，我们要做的不只是维持客户关系，而应该通过不断增加和提高所提供服务的种类和质量，来适应他们不断增长的期望。

对于企业而言，任何时候都不要想当然地认为这个客户就是你的。多获取一些信息，主动要求并努力争取，直到获得你想要的业务。不要有丝毫放松，否则竞争对手将会轻松地占领你的地盘，而你将从此不再有机会。你要想办法将非长期客户变成长期客户，将小客户变成大客户，让客户变成自己的宣传者。要不断研究他们持续增长的需求，以及他们除你之外还从谁那里购买。要了解你在他们的支出和考虑中占多大的份额，你是否是他们的第一选择。

要想把潜在客户变成真正客户，企业就要做到以下三点：

1.即使没有成交也不能放弃

所谓潜在客户就是：第一，他们需要我们的产品和服务；第二，他们有购买力。没有成交的原因是多种多样的，有的是暂时还不需要，但一段时间以后会有此种需求；有的是已有稳定的供货渠道；有的则纯粹是由于观望而犹豫不定，等等。但是，情况是在不断变化的，一旦成交障碍消失，潜在客户就会采取购买行动。如果销售人员在实效访问失败之后，没有着手建立联系，那么就无法察觉情况的变化，就不能抓住成交的机会。

2.要有锲而不舍的精神

为了说服某一客户购买保险，销售人员常常要做第二次、第三次，甚至更多次访问。每一次访问都要做好充分的准备，尤其要了解客户方面的动态。而了解客户最好的方法莫过于直接接触客户。如果第一次访问之后，销售人员不主动与客户联系，就难以获得更有价值的信息，就不能为下一次访问制定恰当的策略。如果一个销售人员在两次拜访之间不能随时掌握客户的动态，那么，下一次拜访时，他就会发现：重新修改的服务方法必须再次进行修改。

◇ 学会为顾客着想 ◇

没有人愿意拒绝他人真诚的帮助。为客户着想是销售的最高境界，因为只有让客户自己发现你是在为他着想时，他才会愿意与你合作。

帮助顾客省钱

买到物美价廉的商品是每一个顾客的愿望，所以，在向顾客推销的时候，应该本着为顾客省钱的想法进行推销。

为顾客提供方便

方便，是现在人们越来越关注的一个方面，所以，在推销的时候要时刻注意，为顾客提供方便的服务、销售和售后。

所以，销售员一定要站在客户的立场考虑问题，切实做到为客户利益着想，这样，你得到的将是无数长期合作的"粉丝"客户。

3.和潜在客户做朋友

比如一位对安利产品一直有成见的客户，起初拒绝的态度相当强硬。但是有个销售人员始终没有放弃她，而是努力接近她，同她谈生活、理想，就是不谈要她买安利的产品。最后客户反倒忍不住了，向销售人员问起安利的状况。于是，一场改变她态度的谈话开始了。所以，对于拒绝我们的客户，我们要从心理上有接受失败的准备，不可因为挫折而灰心丧气，始终都要抱一颗积极的心，随时准备走向客户的心门。

抓住女性消费者的心

对中小型公司而言，女性是消费的主要群体。女性消费者会把自己购买产品的满意使用感受和接受的满意的服务经历当作自己炫耀的资本，利用一切机会向其他人宣讲，以证明自己有眼光或精明。反过来，女性购物决策也较易受到其他消费者使用经历的影响。这个特点决定女性是口碑的传播者和接收者，一些产品通过女性的口碑传播可以起到一般广告所达不到的效果。

但成也口碑，败也口碑，只有过硬的质量才能维持住女性消费者的忠诚度。据国外调查表明，通常在对产品和服务不满意的顾客中只有4％会直接对公司讲，在96％不抱怨的顾客中有25％有严重问题，4％抱怨的顾客比96％不抱怨的顾客更可能继续购买。如果问题得到解决，那些抱怨的顾客将有60％会继续购买，如果尽快解决，这一比率将上升到95％。不满意的顾客将把他们的经历告诉给10～20人，抱怨被解决的顾客会向5个人讲她的经历。其中会把自己的抱怨反映给产品或服务提供者的大多数是女性消费者，因此女性顾客的反馈和口碑非常重要，商家讨得女士的欢心更能赢得市场的青睐。

1.女性消费者的特点

（1）注重商品的外表和情感因素。男性消费者在购物时，特别是购买生活日用品、家用电器时，较多地注意商品的基本功能、实际效用，在购置大件贵重商品时有较强的理性支配能力；而女性消费者对商品外观、形状，特别是其中表现的情感因素十分重视，往往在情感因素作用下产生购买动机。商品品牌的寓意、款式色彩产生的联想、商品形状带来的美感或环境气氛形成的温馨感觉等都可以使女性消费者产生购买动机，有时是冲动型购买行为。购物现场的环境和促销人员的讲解和劝说在很大程度上会左右女性消费者的购买，有时甚至能够改变她们之前已经做好的消费决定，使其转为购买促销的产品。

（2）注重商品的便利性和生活的创造性。目前我国中青年女性就业率较高，城镇高于农村。她们既要工作，又要做家务劳动，所以迫切希望减轻家务劳动量，缩短家务劳动时间，能更好地娱乐和休息。为此，她们对日常消费品和主副食的方便性有更强烈的要求。新的方便消费品会诱使女性消费者首先尝试，富于创造性的事物更使女性消费者充满热情，以此显示自己独特的个性。

2.针对女性消费者的营销技巧

由于女性在消费活动中所处的特殊地位和扮演的特殊角色，形成了其独特的消费心理和消费特点。厂家要充分重视这一庞大主体，针对女性的特点，改善生产和经营，以便吸引和维持女性顾客，为企业带来源源不断的商机。

（1）现场促销活动要关注女性消费者的情绪变化。男性比较注重服务人员的知识和技能，而由于女性同时对态度也比较敏感，服务人员不经意间哪怕一个怠慢的动作，一句不耐烦的话语，一个轻蔑的眼神，都会将之前滔滔不绝的产品推销成

◇ 女性消费者消费时的热点 ◇

女性消费者数量庞大，占整个社会总体消费的绝大多数。她们的消费具有自己独特的消费热点：

1.美丽消费占主力

女性天生爱美，尤其是城市女性，她们最大个人开支是包含服装服饰、美容美发、整形健身等在内的"美丽消费"。

2.注重商品的实用性和细节设计

女性消费者心思细腻，追求完美，因此对购买商品时比男性更注重商品细节，通常会花费更多的时间在不同厂家的不同产品之间进行比较，更关心商品带来的具体利益。

我得好好比较一下哪个产品好一点。

果毁于一旦。女性消费者的自我意识、自尊心较强，表现在购买行为中喜欢评价商品，喜欢根据自己的爱好和标准分析商品，评价商品。购买后，她们总希望听到别人的赞赏。营销人员要讲究语言表达的艺术性，尊重女性消费者的自尊心，赞美女性消费者的选择，以博得女性消费者的心理满足感。

（2）女性商品设计要重视细节和外观形象，体现流行和时尚。女性对生活方式的反应要比男性快，女性的审美观影响着社会消费潮流。自古以来，女性的审美观就比男性更加敏锐。现代社会的职业女性对生活中新的、富有创造性的事物总是充满热情。年轻女性的心境和感性支配着流行。女性不仅自己爱美，还注意丈夫、儿女和居家的形象。商品的流行大多是随女性的审美观的变化而变化的，现在的商家也通过每年改变产品的流行样式，利用潮流的力量来激发女性消费者的购买欲望。因为女性对于落后于时尚流行趋势是最不能忍受的，而一般的女性消费者对流行的判断就是商家又推出什么新款式，别人都在穿什么，用什么，即存在严重的从众心理。在这方面，明星广告起了极大的煽动作用，知名人物做产品形象代言人也会明显地促进产品的销售。

（3）采用各种名目繁多的促销活动迎合对价格敏感的女性消费者。采用适当的促销手段，增进女性消费者对本企业及其产品的好感，是开拓女性消费者市场的重要途径。价格的影响对女性比对男性大得多，一般来说女性很少能够抵制住降价的诱惑。

在市场中进行讨价还价的绝对多数都是女性消费者，一方面出于女人节约的天性，比较有耐心，另一方面由于家庭中大多是女性掌握财政大权，直接控制家庭日常开支。男人"开源"，女人"节流"，这是大多数家庭的理财方式。有些女性一方面会花上几百元上千元买一套流行时装，而另一方面在菜场上买菜却对于几元几角讨价还价、斤斤计较，可见女性比较计较小数目的低档品，而对高档品却认为价高质好。

附赠品正是迎合了女性的这种心理。比如，两个商店的营销策略不同，一家是低价，另一家是高价但有附赠品，很可能女性在没有时间或能力比较两家商品的质量时，认为高价的质量一定好，而有附赠品就更吸引了她们。

"封杀"劣质客户

重点优质客户，是可以给企业带来长久巨大利润的，他们往往是一个企业重点培养、重点关注的客户。然而客户多种多样，有重点优质客户，也就会有劣质客户。

所谓的劣质客户，并不是指品行低劣的客户，而是指那些企业有了成本投入，却不能给企业带来利润的客户。当企业辛辛苦苦为客户服务之后，结果发现自己倒贴进去很多时间和金钱，却没有得到任何回报，这对企业来说是得不偿失的。除了造成企业的利润损失之外，劣质客户还可能给企业带来更大的损失。因此，企业必须坚决封杀抛弃那些劣质客户。

在封杀劣质客户之前，作为企业的管理者应该对劣质客户有一个深层次的认识，善于判断和鉴别劣质客户，以免造成对优质客户的伤害。一般来讲，以索赔为目的的客户、给企业创造负利润的客户、使企业走向灭亡的客户等，他们都是企业的魔鬼，是典型的劣质客户。

劣质客户有以下四种类型：

1.亏损客户

企业若对这类客户提供产品或服务，带来的结果就是亏损或负利润。也许这类客户会说："虽然本单生意你们企业不赚钱，但是我会经常购买你们的产品，或者介绍熟悉的人来购买，这样你们企业就会从我这里赚到许多钱。"这不是馅饼的承诺，而是陷阱的表白。企业不能对这类爱贪小便宜的客户心存幻想，如果无限度地满足这类客户的需求，最后只能使企业破产。

2.欠款或赖账客户

这类客户也是许多企业经常碰到过的劣质客户。这类客户刚开始好像能给企业带来较大利润，签订几个大单，似乎是大客户、优质客户，但当产品到手，需要交付货款时，就推三阻四，能拖就拖。如企业给这类客户提供10000件产品，合同单价是1000元／件，成本价是600元／件，企业为此单生意支付的综合成本是600万元。履行合同完毕，理论上企业可从这一客户那里赚到400万元，形式上是A类（铂金客户）。但此客户只支付一半货款，即500万元，其余货款一律赊欠直到成为呆账、死账。结果是，企业不但没有从这个客户那里赚到400万元，反而为此亏损了100万元。

3.不诚信客户

这类客户是指不按合同约定的价款和时间支付款项的客户，但与欠款客户又有所区别，他们认账不赖账。如合同约定货到指定地点后30日内支付全额款项，而此类客户要么在30日内只支付一半款项，要么在3个月后才陆陆续续支付全额款项。

4.小客户

这类客户虽能给企业带来利润，但有时却会影响企业获取更多的利润，并遏制了企业的发展壮大。如企业给A、B类客户提供产品或服务，跟A类客户合作，企业在一个月内能赚到100万元，但跟B类客户合作在相同的时间内只能赚到1万元，因此B类客户就是小客户。企业最宝贵的三大资源是：人才、时间、资金，企业不应把资源浪费在此类客户的身上。

解读不同客户心理

不同的客户往往经常有不止一种的心理，但总有一种起主导作用。所以我们一定要揣摩不同的顾客的需求心理倾向，尽量满足其心理需求，促进各种交易圆满达成。

消费者的消费心理会受到消费环境、购买场所、导购情况等多方面因素的影响。例如一个人在收入不同、心情不同的情况下，消费心理就有很大的不同。另外，一些购买行为，比如冲动性购买行为、炫耀性消费或者消费攀比，就是消费心理在行为过程中的一些外化。

一般来讲，顾客的心理有如下几种特征：

1.求实心理

以追求商品的实际使用价值为主要特征。这种动机驱使下，他们选购商品时特别注意商品的功能、质量和实际效用，而不会强调商品的品牌、包装等非实用价值。

2.求廉心理

以追求商品价格低廉为主要特征，即占便宜心理。中国人经常讲"物美价廉"，其实真正的物美价廉几乎是不存在的，都是心里感觉上的物美价廉。

3.求美心理

指顾客购物时以追求商品欣赏价值、艺术价值为主要目的。这种顾客在选购商品时，特别重视商品的造型、色彩、包装，注重艺术欣赏价值，以及对环境的美化作用，而对商品本身的使用价值往往没有太多的要求。

4.推崇权威

对权威的推崇往往使顾客对权威所推介的商品无理由地选用，进而把消费对象人格化，造成商品的畅销。比如，利用人们对名人或者明星的推崇，大量的商家找明星做代言人。

5.求名心理

以追求名牌为主要特征。这种顾客几乎不考虑价格，非名牌不买，通过名牌来彰显自己的身份，从而获得满足。他们对名牌有一种安全感和信赖感，对名牌商品的质量完全信得过。

6.求新心理

指追求商品的时尚、新颖、奇特为主要倾向。这种顾客一般都有较重的好奇心，讲求样式的流行或与众不同，而不太注意商品的实用性和价格的高低。

7.求便心理

单纯地追求简便、省时。这类顾客有很强的时间和效率观念，他们对商品本身通常不会太挑剔，但绝对不能容忍烦琐的手续和长时间的等候，总是希望能够迅速完成交易。

◇ 不同性格的顾客的应对方法 ◇

　　在应对不同性格的顾客时应该有不同的方法，这样才能准确找出顾客的心理需求，继而成功推销。

应对理智型顾客的方法

　　理智型顾客完全以理智来分析和解决问题，较少受到主观情绪的影响，他会主动吸收和分析推销员提供的信息，所以只要正常讲解产品功能特点即可。

应对个人意志型顾客的方法

　　个人意志型顾客的决策速度是比较快的，他常常被认为是"缺乏耐心"的人。因此，一旦他提出异议，推销员最好予以合理的解释，以便促使他尽快做出决策。

应对情感型顾客的方法

　　推销员在向情感型顾客推销的时候，应该重点介绍产品的最终利益，而不是产品本身的特点。如果你能用那些新奇的方法来展示你的产品，效果则会更好。

8.疑虑心理

这是指每一个人在做决定时都会有恐惧感，又称购后冲突，是指顾客购买之后出现的怀疑、不安、后悔等负面心理情绪，引发不满的行为，通常贵重的耐用消费品引发的购后冲突会更严重。

9.安全心理

这类顾客总是把安全保障放在第一位，尤其是像食品、药品、洗涤用品、卫生用品、电器用品等，绝对不能出任何问题。因此，他们非常重视食品的保鲜期、药品的副作用、洗涤用品的化学反应、电器用具的安全等。只有在经过明确解说或者是承诺后，他们才可能下定决心购买。

10.从众心理

指个人的观念与行为由于受群体的引导或压力，而趋向于与大多数人相一致的现象，导致在购买上会表现出从众倾向。比如，购物时喜欢到人多的门店，在选择品牌时偏向那些市场占有率高的品牌，在选择旅游点时，偏向热点城市和热点线路。

设法留住老客户

现代管理之父彼得·德鲁克说过："顾客是唯一的利润中心。"美国经济学家威德仑说："顾客就像工厂和设备一样，也是一种资产。"可见，培养忠实的客户、留住老客户对企业而言是非常重要的。

对于企业经营者而言，要知道在开发大客户、新客户的同时，不要忘记留住老客户。许多调查资料表明，吸引新客户的成本是保持老客户成本的5倍以上！假如一个企业在一个月内流失了100个客户，同时又获得了100个客户，虽然可能在销售额上的差距不大，但从稳定的客户数量和忠诚度来讲，企业实际上是亏损的。因为100个新的客户，未必都能成为企业忠实的"粉丝"。

既然老客户对企业来说如此重要，又能给企业带来不少好处，那么作为企业管理者，就有必要想方设法地去留住老客户了。留住老客户有一些妙招：

1.对顾客进行分级

区分出对公司利润有最多贡献的那一批顾客，并为之创造更高消费价值，提供更多、更好的服务，使他们成为公司的长期忠实顾客，与企业终身相伴，长久地为公司创造利润。世界上最大的汽车制造企业——美国通用汽车公司曾经做过一个估算，一位忠实顾客，他对通用汽车的终生价值在40万美元左右，这些价值包括了顾客所将购买的汽车和相关服务，以及来自汽车贷款融资的收入。某航空公司的数据表明，一个每两个月就至少有一次长途往返飞行的商务旅客，终其一生可以为航空公司带来超过10万美元的收入。因此，一些航空公司为忠实的顾客提供了很多增值服务，比如优先登机、舱位免费升级、VIP候机室等特殊礼遇，这些服务给了商务旅

◇ 留住老客户对企业的好处 ◇

那么对于企业来说，关注老客户、想办法留住老客户，最终培养出企业的忠诚客户到底能带来哪些好处呢？

1.增加企业收入

顾客对企业的产品和服务感到满意，会经常地重复购买。重复购买是企业稳定的购买力来源，因此也源源不断地增加企业的收入。

2.降低企业成本

如果充分信任老客户，由老客户通过各种渠道给企业带来新客户，这样就能有效降低企业开发新客户的成本。

3.形成良好的口碑效应

对企业感到满意和充满信任的顾客是企业的免费广告宣传资源。这些客户会将自己满意的产品积极向身边认识的人推荐。

客所需要的被尊重感和便利，这才是他们所真正需要的，也更增加了客户对航空公司的信任感和归属感。

1988年，美国租车行成立了翡翠俱乐部，它特别为租车常客提供设计会员身份识别服务和迅速租车的服务。翡翠俱乐部的会员在各大机场可以直接走到标记有"翡翠特区"的地方选车，出示会员卡后免除了排队、填表的麻烦，可以直接把车开走，翡翠俱乐部的成立真正提高了租车行业的客户忠诚度。据统计，翡翠俱乐部的会员10次租车有9次会通过美国租车行，而且翡翠俱乐部每年30美元的年费还为租车企业提供了一个新的收入来源。这样，租车公司的收入提高了，客户忠诚度也提高了，企业和客户实现了"双赢"。

2.建立信息档案

企业管理者应该着手建立一个客户信息档案，详细记录有关客户的姓名、生日、爱好等方面的信息。这样一方面企业在为客户服务时，就能主动迎合客户需求，另一方面可以在客户生日等重大节日时根据客户的喜好，给他提供额外的个性化服务，从而获得客户的好感和信任。

泰国东方饭店作为世界十大饭店之一，生意异常火爆，几乎天天客满，不提前一个月预定很难有入住机会。他们非常重视培养忠实的客户，并且建立了一套完善的客户关系管理体系。楼层服务员在为顾客服务的时候甚至会叫出顾客的名字；餐厅服务员会问顾客是否需要一年前点过的那份老菜单，并且会问顾客是否愿意坐一年前你来的时候坐过的老位子。在顾客生日来临的时候，还可能收到一封他们精心寄来的贺卡，在贺卡上，他们用极其温情的语言来表达他们对顾客的思念。在这样人性化、周到体贴的服务下，泰国东方饭店生意越来越红火。用他们的话说，只要每年有十分之一的老客户光顾，饭店就会永远客满，这就是东方饭店成功的秘诀。

泰国东方饭店的成功提醒了广大管理者，要想使客户与企业终身相伴，就要建立一套完善的客户数据库，这是最基础但也是最重要的一项工作。在美国有超过80%的公司建立了市场营销数据库。这些数据库能够清晰地勾勒出客户的特点、习惯和爱好，能够帮助企业为客户提供贴心服务。因为假如没有客户资料，连顾客都不知道在哪里，企业是无论如何都不会成功的。

3.加强销售培训

企业要加强对直接面向顾客的员工的培训和管理。必须经过严格专业培训和标准化管理，使员工具备高素质及高服务水平。如果一个顾客第一次接触你的产品或者你的服务，而没有得到足够的满意，那么这很可能是他第一次也是最后一次购买企业的产品和服务。

4.回馈老顾客

企业要懂得感恩，要在企业运营资金里拿出一定比例的费用用于奖励忠诚顾客，表达对他们忠诚于公司的感谢，以此来维护和促进客户与企业的稳定关系。

第十三招

营销之道：
营销对路，发展才能对路

营销总方针：一切以市场为中心

提到小公司的竞争力，许多人往往想到人才、资金等，却忽视了"市场"这一根本因素。只有针对市场需要开发深受大众欢迎的产品，才能取得最终的成功。换个角度说，在经营过程中，小公司的经营者对市场的理解永远是第一位的，是最重要的，它比其他因素更能决定一个公司的成败。

当今社会，市场经济发达、生产规模扩大，市面上逐渐出现了产品过剩的局面，也就是商品丰富，货源充沛。对消费者来说，在挑选产品时有了更多的机会；对于企业经营者来说，他们必须在产品的品种、服务、价格等方面展开激烈竞争。

海尔集团的总裁张瑞敏说："只有淡季思想，没有淡季市场；只有疲软的思想，没有疲软的市场。"对于营销来说，抢占市场是关键步骤，能够占领市场的企业，才能真正获得巨大收益。

抢市场，即看准市场需求，凭借技术创新，不断提高产品科技含量，或依托资源优势，做到人无我有，人有我多，或力求质量取胜，向质量要效益。通过发挥优势，逐步扩大产品在市场中所占份额，抢占市场制高点，夺取制胜权。

各种营销观念的产生和存在都有其历史背景和必然性，都是与一定的条件相联系、相适应的。企业为了求得生存和发展，必须树立具有现代意识的市场营销观念，建议以市场为中心的营销观。

1.生产观念

这种营销观念不是从消费者需求出发，而是从企业生产出发。其主要表现是"我生产什么，就卖什么"。这种假设认为，消费者喜欢那些可以随处买得到而且价格低廉的产品，企业应致力于提高生产效率和分销效率，扩大生产，降低成本以扩展市场。例如美国汽车大王亨利·福特曾宣称："不管顾客需要什么颜色的汽车，我只有一种黑色的。"显然，生产观念是一种重生产、轻市场营销的商业哲学。这种营销观念是在卖方市场条件下产生的，如果现如今还抱持着这样的营销观念，是一定要吃苦头的。

2.产品观念

这种营销观念认为，消费者最喜欢高质量、多功能和具有某种特色的产品，企业应致力于生产高价值产品，并不断加以改进。在市场产品供不应求的"卖方市场"形势下，这种观念具有一定的合理性。此时，企业只看到自己的产品质量好，看不到市场需求在变化，致使企业经营陷入困境。例如，美国某钟表公司一直被公认为是美国最好的钟表制造商之一，但销售额和市场占有率不断下降。造成这种状况的主要原因是市场形势发生了变化：这一时期的许多消费者对名贵手表已经不感兴趣，而趋于购买那些经济、方便新颖的手表。

3.推销观念

推销观念表现为"我卖什么，顾客就买什么"。它认为，消费者通常表现出一种购买惰性或抗衡心理，如果听其自然的话，消费者一般不会足量购买某一企业的产品。因此，企业必须积极推销和大力促销，以刺激消费者大量购买本企业产品。推销观念产生由"卖方市场"向"买方市场"过渡的阶段。许多企业家感到：即使有物美价廉的产品，也未必能卖得出去，企业要在日益激烈的市场竞争中求得生存

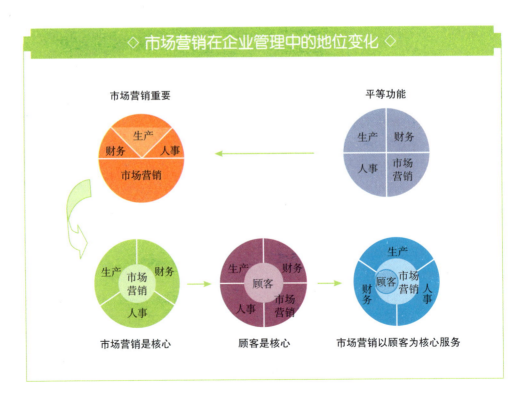

◇ 市场营销在企业管理中的地位变化 ◇

和发展，就必须重视推销。

4.市场营销观念

市场营销观念是以满足顾客需求为出发点的，即"顾客需要什么，就生产什么"。企业之间为实现产品的竞争加剧，许多企业开始认识到，必须转变经营观念，才能求得生存和发展。市场营销观念认为，实现企业各项目标的关键，在于正确确定目标市场的需要和欲望，并且比竞争者更有效地传送目标市场所期望的物品或服务，进而比竞争者更有效地满足目标市场的需要和欲望。

许多优秀的企业都是奉行市场营销观念的。如美国的迪士尼乐园，它使得每一位来自世界各地的儿童美梦得以实现，使各种肤色的成年人产生忘年之爱。因为迪士尼乐园成立之时便明确了它的目标：它的产品不是米老鼠、唐老鸭，而是快乐。人们来到这里是享受欢乐的，公园提供的全是欢乐，公司的每一个人都要成为欢乐的灵魂。游人无论向谁提出问题，谁都必须用"迪士尼礼节"回答，决不能说"不知道"。因此游人们一次又一次地重返这里，享受欢乐，并愿付出代价。

5.客户观念

客户观念是指企业注重收集每一个客户以往的交易信息、人口统计信息、心理活动信息、媒体习惯信息以及偏好信息等。根据由此确认的不同客户终生价值，分别为每个客户提供各自不同的产品或服务，传播不同的信息，通过提高客户忠诚度，增加每一个客户的购买量，从而确保企业的利润增长。市场营销观念与之不同，它增强的是满足一个子市场的需求，而客户观念则强调满足每一个客户的特殊需求。

理性选择目标市场

在对市场进行了系统的调研与科学的细分之后，营销者便可以在市场细分的基础上进行目标市场的定位与选择。目标市场的确定意味着营销对象的确定，也意味着对营销战略规划具有直接指向性的影响。因此，我们在选取目标市场，需要从多方面进行综合考量。

日本索瓦蕾服装公司，1954年成立时，就下决心要在妇女流行服装市场上占据一席之地。40多年来，它始终围绕着公司的长期发展目标选择具体的目标市场。

公司建立初期，当时只是几个人组成的缝纫组，就根据日本女装仿欧美式样的特点裁剪、缝制法式流行女装。60年代初，日本妇女掀起西服热，它便交门承包、定做女式西服，由缝纫组发展成为小型服装厂，在社会上开始站住了脚。从此，它不再局限于跟在其他企业后面，赶潮流，而开始了解妇女时装需求心理和女装市场行情，在目标市场系列中选择出最佳目标市场——黑色礼服市场。因为它了解到，随着人们生活水平的提高，妇女们希望有一身参加红白喜事时穿的黑色礼服代替日本传统和服。于是索瓦蕾服装公司在大企业尚未经营的领域里开始了黑色礼服的制作，十年之中，年营业额连续翻番。

当它注意到黑色礼服在大城市市场趋于饱和时，宁肯牺牲眼前的利益，转变产品方向。80年代以来，开始制作花色女式流行服装和装饰品，并逐年扩大比例。

索瓦蕾服装公司的成功与其不断地根据市场的变化调整自己的目标市场和营销战略是分不开的，从索瓦蕾服装公司的成功当中，我们也可以得出目标市场的选择需要考虑的因素：

1.从企业的资源和能力出发

如果企业实力雄厚，资源充裕，具有较多的高素质的生产技术人员和经营管理人员，当然可以选择较大的市场作为服务对象。相反，如果企业资源有限，人力、物力、财力不足，则需集中使用有限的资源，也不要妄想"狮子大开口"地吞下过大的市场。

索瓦蕾服装公司成立之初只有几个人组成缝纫组，生产力不足，于是只进行简单的仿欧美式裁剪。而随着从缝纫组发展为小型服装厂，再到大兴服装公司的过程中，索瓦蕾服装公司始终从自己的规模与生产力的实际出发，调整自己的目标市场。

2.根据产品特点，调整目标市场

大多数初级产品，如大米、小麦、食盐、钢铁、煤炭等，产品之间的差别不大，变异性小，而且顾客对这些产品的差别一般也不太重视或不加区别，市场竞争主要体现在价格和服务方面。而许多加工制造产品，如汽车、家电、服装等，不仅产品本身可以开发出不同的性能、款式、花色，具有较大的差异性，而且顾客对这些产品的需求也是多样化的，选择性强。因此，生产经营这类产品的企业宜于需要注重更多的差异性。从事服装行业的索瓦蕾服装公司正是很好地做到了这一点，紧跟女装的流行趋势，不断调整自己的产品。

3.产品所处的生命周期阶段

处于介绍期或成长期的新产品，竞争者少，品种比较单一，主要通过价格优势或产品的新颖性吸引潜在顾客。而产品进入成熟期后，同类企业增多，市场竞争加剧，就不得不实行差异性市场策略，开拓新市场，刺激新需求。或采用密集性市场策略，设法保持原有市场，延长产品生命周期。索瓦蕾服装公司就很好地延长了自己的生命周期，让自己营业额保持着不断上涨的势头。

另外，产品的供求趋势、竞争对手所采取的策略等，都是企业在选择目标市场时不得不考虑的因素。一般而言，企业选择目标市场策略时应综合考虑上述各种因素，权衡利弊方可做出决策。目标市场策略应有相对的稳定性，但这并不意味着目标市场策略一经确立就不能改变，当企业的内、外条件发生重大变化时，目标市场策略也需进行调整和转变。

走市场细分之路

没有一个市场是天衣无缝的，因为新需求不断在增加，市场是不断变化的，总会存在"空隙"。市场上永远存在"尚未开垦的处女地"。很多企业管理者都明白这样一个道理：市场并不缺少机会，而是缺少发现。

市场细分是指营销者通过市场调研，依据消费者的需要和欲望、购买行为和购买习惯等方面的差异，把某一产品的市场整体划分为若干消费者群的市场分类过程。

每一个消费者群就是一个细分市场，每一个细分市场都是具有类似需求倾向的消费者构成的群体。

在20世纪60年代末，米勒啤酒公司在美国啤酒行业排名仅仅处在第八位，市场份额仅为8%，与百威、蓝带等知名品牌相比，差距十分明显。为了改变这种现状，米勒公司的领导决定进行严谨的市场调查，进行市场细分，从而找出战胜对手的机会。通过调查发现，若按使用率对啤酒市场进行细分，啤酒饮用者可细分为轻度饮用者和重度饮用者，而前者人数虽多，但饮用量却只有后者的1/8。

随着进一步调查，他们还发现，重度饮用者有着以下特征：多是蓝领阶层；每天看电视3个小时以上；爱好体育运动。米勒公司决定把目标市场定在重度使用者身上，并果断决定对米勒的"海雷夫"牌啤酒进行重新定位和包装，改变宣传策略，加大宣传力度。

他们在电视台特约了一个"米勒天地"的栏目，广告主题变成了"你有多少时间，我们就有多少啤酒"。广告画面中出现的尽是些激动人心的场面：船员们神情专注地在迷雾中驾驶轮船，年轻人骑着摩托冲下陡坡，钻井工人奋力止住井喷等。结果，"海雷夫"的重新定位战略取得了很大的成功。到了1978年，这个牌子的啤酒年销售达2000万箱，仅次于安海斯—布希公司的百威啤酒，在美国名列第二。

从这个例子我们可以看出，企业如果能够先于竞争对手之前捕捉到有价值的细分新方法，通常就可以抢先获得持久的竞争优势，就可以比竞争对手更好地适应买方真实的需求。

寻找潜在的细分市场，可以从以下几个问题着手：是否存在顾客需求但是目前市场上仍然没有的产品；改进的产品能否完成附加的功能；是否存在将服务和产品整合出售。

市场细分越来越多地被企业管理者所关注，海尔十分重视"市场细分化"，并在市场竞争中获得了领先地位。

细心的消费者可以发现，在上海市场销售的一种冰箱瘦窄、秀气，这是海尔研发部门根据市场调研信息专门改进设计的。原来上海家庭住房普遍比北京窄小，消费者不喜欢冰箱的占地面积过大，另外，上海人更欣赏外观比较小巧的冰箱。于

◇ 市场细分的分类 ◇

市场细分给很多小企业带来转机,那么,市场细分包括哪几方面呢?

1.地理细分

地理细分主要包括地区、城镇、气候条件和人员密度以及生活习惯、地域文化等方面。

2.人口细分

我们的产品都是针对女性消费者的。

人口细分主要从年龄、性别和收入三方面进行。

这款产品主要针对高收入阶层,因为它对地毯有很好的保护作用……

3.心理细分

心理细分是指根据购买者所处的社会阶层、生活方式、个性特点等心理因素细分市场。

是，海尔就为上海市场设计了一种瘦窄型的冰箱，叫作"小王子"，推出后在上海非常畅销。

此外，海尔专门测试了农村的冰箱用电环境，电压最低时只有160伏。冰箱最怕的不是高压，而是低压，低压时间长了，压缩机就会烧坏。所以，海尔在开发农村冰箱时，瞄准农民的需求进行精确定位。首先大幅度削减现有冰箱的功能，降低价格。其次，把压缩机重新改造，使之适应低压启动。

在国际市场上，海尔同样要求根据不同国家的文化和生活习惯，设计、生产出不同的产品。

海尔作为中国家电第一企业，并在国际市场上占据一席之地，正是源于它精准的市场细分把握。

集中精力做好渠道销售

小公司尤其是生产类的小公司，发展壮大的重要手段之一就是做好渠道销售。

在现代经济社会中，中间商绝对不是可有可无的，它的存在将意味着营销方式的多样化和深层次。良好的渠道有助于消除产品服务与消费者之间在时间、地点和所有权上的差距。为了渠道成员能起到真正的营销作用，企业应该慎重选择渠道并对其进行监督和评价。

1.渠道的长度

所谓渠道的长度，也就是营销渠道包含多少个渠道层级的中间商。一般来说，营销渠道有零级、一级、二级和三级渠道等，级数更高的营销渠道也还有，但是不多。渠道的长度多长为最佳，关键是取决于企业自身和市场的情况。

A公司是一家代理国内家电产品的省级分销企业，业务范围以省内为主，辐射周边省市。2006年营业额达到6亿元。但看起来强大的省级代理，在全国性零售卖场出现后，公司效益就明显下滑了。

按A公司的现状，难以抗衡家电连锁和大卖场，但经过分析后，发现大型家电连锁在一级市场优势明显，而二、三级市场则A公司这样的企业具有优势。于是，A公司决定改变自己原有的渠道模式，向下级城市渗透，拉长自己的渠道长度。

A公司将省内各区域市场分为三级，不同级别城市不同渠道，建立混合型渠道：

一级省会市场：直供终端。省会市场零售业态发达，A公司主动要求直供大卖场及家电连锁，减弱当地批发商的作用。销售政策也倾向于零售商，向他们提供更多的服务和支持，并维持稳定价格，保证他们的毛利，公司从经销商角色转型为市场管理者。

二级地市市场：合作分销。A公司在二级市场设立办事处，与实力强大的经销商合作。经销商向A公司支付预付款，派自己的业务人员开发市场，铺货，进行深度分销，有效控制产品的市场价格，从中获得较高毛利——除正常的厂家返利外，还有价差利润。

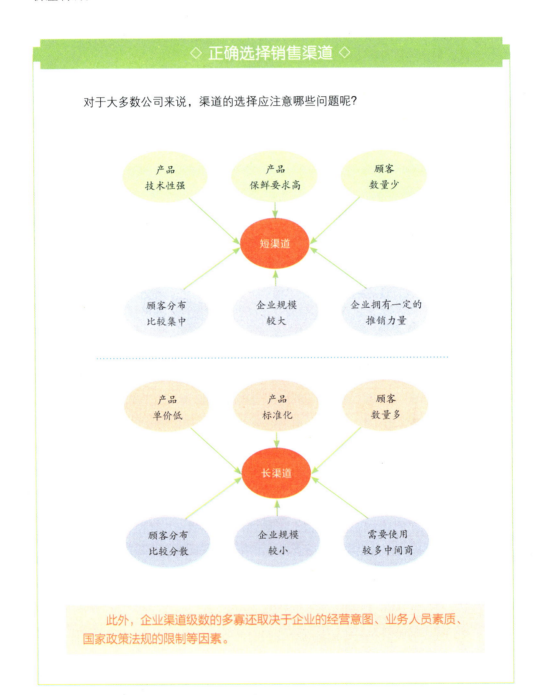

◇ 正确选择销售渠道 ◇

对于大多数公司来说，渠道的选择应注意哪些问题呢？

产品
技术性强

产品
保鲜要求高

顾客
数量少

短渠道

顾客分布
比较集中

企业规模
较大

企业拥有一定的
推销力量

产品
单价低

产品
标准化

顾客
数量多

长渠道

顾客分布
比较分散

企业规模
较小

需要使用
较多中间商

此外，企业渠道级数的多寡还取决于企业的经营意图、业务人员素质、国家政策法规的限制等因素。

三级县市市场：区域代理。在县级市场上，不需要建立办事处，只派一名业务人员负责当地销售，在区域内寻找较有实力的经销商作为当地总代理。就区域内的销售目标达成一致后，双方确定结算价格，把全部销售工作交给总代。至于是发展下游批发还是直接向零售商供货，A公司不再过问。

从单一的短线渠道到多元的长线渠道策略，是A公司基于营销环境变化做出的有效调整。针对各城市的差异化策略，A公司还可以有组织地把握、影响、渗透和维护市场，增强产品在渠道上的支配力与影响力，为市场的维护与扩大打下了基础。

不同的公司对于渠道长度的选择各有思路。A公司通过对市场的分析，才有与大卖场与家电连锁完全不同的渠道策略，最终获得了成功。

2.渠道的宽度

渠道宽度考虑的是企业在某一市场上并列地使用多少个中间商的问题。中间商数目多，就是宽渠道，反之就是窄渠道。一个企业的营销渠道多宽才最合适主要取决于企业的战略目标、产品特点和顾客分散程度。

卡特皮勒公司是世界上最大的基建和矿山设备制造商，同时在农用机械和重型运输机械领域也占有相当地位。该公司的竞争优势在于有一个无与伦比的产品分销系统。

在全世界，卡特皮勒公司有186个独立经销商，他们出售公司的产品并提供产品支持和服务，成为架起在公司与顾客之间的桥梁。除了对一些国家新开放的市场、原始设备制造厂和美国政府外，卡特皮勒公司的产品都是通过独立经销商来经销的。

这种现象在其他竞争者那里是看不到的。该公司认为在当地找经销商要远比自己企业设立经销机构有利。因为卡特皮勒的经销商都是在当地有一定历史的企业，他们已深深地融入当地的社会中，他们对当地顾客的熟知程度和因此而建立起的与顾客的亲密关系，值得卡特皮勒在这上面花钱。另外，卡特皮勒的产品都是高价值的固定资产，它们的折旧期较长，但它们通常都是在建筑工地、矿山这些环境恶劣的地方作业，就是最好的产品也要发生故障，而一旦发生故障，就会给使用者带来经济损失。通过经销商，卡特皮勒公司形成了世界上最快捷、全面的零件运送和维修服务系统。公司承诺对于在世界任何地方的卡特皮勒产品，都可以在48小时内获得所需的更换零件和维修服务。

独家分销是指在一定地区，一定时间内只选择一家中间商经销或代理，授予对方独家经营权。一般来说，生产和经营名牌，高档消费品和技术性强、价格较高的工业用品的企业多采用这一形式。卡特皮勒公司作为重型机械制造商，其顾客比较固定、市场需求明晰，对其产品能够得到及时的维护、维修要求高，而且对服务人员的技术性要求也高。选择独家分销，中间商的积极性高，责任心强，有利于维护顾客与之的关系，树立产品的口碑。

不过，独家分销也有其必然的缺点，如市场覆盖面相对较窄，且有一定风险，一旦该中间商经营能力差或出现意外情况，将会影响到企业开拓该市场的整个计划。这也是选择独家分销的企业必须考虑的。

除了独家分销，渠道宽度还可以选择密集型分销渠道和选择型分销渠道。密集型分销渠道也就是广泛分销，即使用尽可能多的中间商从事产品的分销，使渠道尽可能加宽。价格低、购买频率高的日用消费品，工业用品中的标准件、通用小工具等，多采用此种分销方式。采用密集型分销渠道可使市场覆盖面广泛，潜在顾客有较多机会接触到产品。缺点是中间商的经营积极性较低，责任心差。

另一种选择性分销，是在市场上选择部分中间商经营本企业产品。主要适用于消费品中的选购品，工业用品中的零部件和一些机器、设备等。当然经营其他产品的企业也可以参照这一做法。如果中间商选择得当，采用此种分销方式可以兼得前两种方式的优点。

以广告打出知名度

俗话说，"酒香也怕巷子深"。想让顾客接受你的产品，除了质量过硬，还得做好宣传工作。做广告，就是攻占顾客的心理。

人们在决定购买某一商品时，会受到一种潜意识的影响。商品信息刺激的次数越多、越强烈，人们潜意识中商品的烙印也就越深刻，对商品的购买和消费就成为一种无意识行为。事实上，人们总是习惯于消费自己熟悉的商品。

对小公司来讲，必须重视广告的作用。反复的宣传，在顾客心中造成强烈的印象是至关重要的。对于私营小公司来说，因为资金有限，产品及服务往往又局限在某一地区、某一范围之内，要扩大自己的影响、提高知名度并得到社会的认可，就要考虑自己的"腰包"，看看应投入多少广告费用才合适。因为大的广告费用的投入未必会使事业永远成功，而小的广告费用的投入也未必就会失败，关键是如何制造出好的广告效果。

你如果是一个小公司、小企业的经营者，自然不会借用几十万、几百万的巨款去装饰你的广告。可是，在你能负担的范围内，要舍得花钱，才会有更大的收获。

一个私营公司在决定采用何种方法从事广告运作时，必须综合考虑企业的营销要素组合。以下的案例或许能给小公司的管理者们以启示。

香格里拉国际旅馆公司是一家赫赫有名的亚洲豪华旅馆集团，虽然在规模上还不能与美国的喜来登、英国的假日旅馆等大的国际旅馆相提并论，但在亚洲地区，则是一个发展速度颇快的旅馆集团，也是亚洲最大的旅馆集团。

香格里拉集团的旅馆有两大类，一类是位于城市中心的商务旅馆，另一类是位于岛屿或海滨的休养地旅馆。在短短十来年中，香格里拉集团创立了自己的形象，树立了自己的声誉，成为亚洲著名的豪华商务旅馆和独特的度假地旅馆。香格里拉的名字与雄伟的建筑、豪华先进的设施和秀丽的湖光山色联系在一起。

香格里拉，这个外国人听起来有中国味，中国人叫起来有外国味的名字，使这个旅馆颇能引起人们的注意。作为一个豪华旅馆，它特别注意广告的宣传。善于利用广告，介绍旅馆的设施、设备和服务，宣传它的长处和优势。在北京诸多中外合资与海外公司管理的饭店中，香格里拉集团的广告费用是最多的，由此可以看得出来，这个旅馆在广告宣传上是下了一番功夫的。

它的广告有如下几个特点：

1.关键时候舍得投入

作为中外合资并由外资方管理的饭店的先驱，香格里拉出现在北京无疑是件引人注目的事。北京香格里拉饭店1994年8月22日开业大典之际，它在《中国日报》上刊了8个版面的广告，它用一整版发表了中外双方董事长的贺词和照片，用两大版突出地介绍了饭店的豪华设施、商务环境与服务，图文并茂，表述清晰，一目了然。又用一大版的篇幅，逐个介绍了这个集团的成员旅馆，其他版面是海外各大公司的祝贺词。

这样的广告，无疑给人留下了香格里拉是个财力雄厚、自信心强的饭店的印象。在一周后的《经济参考报》上，它又以一整版的篇幅，发表了以《哦，香格里拉》为题的连环画，详细介绍了北京香格里拉饭店建造的来龙去脉，有故事，有人物，有介绍，有评论。这虽然不是真正的广告，但这是饭店公关的一大形式，而这种形式似乎在北京新闻媒介中是首次出现。

2.形式活泼

翻阅香格里拉在《中国日报》的广告可以发现，其形式多样，活泼生动，能给人留下很深的印象。有时用真实的照片，显示饭店建筑的气魄与设施的豪华以及环境的优美；有时用粗线条的漫画，突出某种独特气氛；有时的广告是一幅中国国画，或是用毛笔写成的苍劲有力的汉字，显示出一种中国独有的风格。

3.印象深刻的广告词

除了生动活泼、引人注目的画面，香格里拉集团的广告中的文字也是十分考究的。有的是醒目的标题，一句或两句，言简意赅。如杭州香格里拉饭店的一则广告中称："杭州香格里拉饭店将大多数人追求的静谧和很少有旅馆可以提供的膳宿标准融为一体。"北京香格里拉饭店香宫餐厅的广告，一连三天，分别以苍劲的毛笔大字"色""香""味"为主要画面，旁边分别注有英文。

与同在《中国日报》上刊载的其他饭店的广告相比，香格里拉国际旅馆的广告似乎在文字上下的功夫最大。有的广告俨然是一篇短文，你读了开头之后，忍不住想继续读下去。在半版的广告中，文字部分一般会占1/2～2/3。

香格里拉使用的媒体主要是报纸，报纸适合于证明型或描述型的表现方式。以语言为主要诉求工具的优势是：利用媒体的新闻性增强广告信息的时效性，利用受众相应的文化素养，增强使其专注阅读的可能性；运用感性诉求，与受众之间形成一定的共鸣；运用理性诉求，客观地描述优势功效等，并可综合使用跨版、整版、半版等多种手段、手法。香格里拉的成功经验是值得借鉴的。

◇ 如何做好创意广告设计 ◇

一个广告想要有好的效果，就要有一个出色的创意，创意是一个广告成功的重要条件。那么，如何做好创意广告的设计呢？下面介绍两种最常用的方法：

1.突出特征法

运用各种方式专注和强调产品或主题本身与众不同的特征，并把它明显地表现出来，将这些特征置于广告画面的主要视觉部位或加以烘托处理。

2.选择偶像法

在现实生活中，人们心里都有自己崇拜、仰慕或效仿的对象，而且有一种想尽可能地向他靠近的心理欲求，从而获得心理上的满足。

实现捆绑营销

不知什么年月起，捆绑营销已悄悄地侵入我们的生活，而且蔚然成风，有愈演愈烈之势。大至买楼房送车位、买大件家电送电饭锅，小至买手机送话费，买酸奶"二送一"，甚至买支牙膏也送个钥匙圈。捆绑营销作为一种非常有效的营销方式，被很多小公司运用到。

捆绑营销通过两个或两个以上的品牌或公司在销售过程中进行合作，从而扩大它们的影响力，可以说是共生营销的一种形式，开始被越来越多的企业重视和运用。以下是成功运用捆绑销售的案例。

美国的约翰逊黑人化妆品公司总经理约翰逊是一个知名度很高的企业家。可是，当初他创业时，也曾为产品的销售伤透了脑筋。

那时，约翰逊经营着一个很小的黑人化妆品公司，因为黑人化妆品市场的总体销售份额并不大，而且，当时美国有一家最大的黑人化妆品制造商佛雷公司，几乎垄断了这个市场。

经过很长时间的考虑，约翰逊提出了一句措辞非常巧妙的广告语："当你用过佛雷公司的化妆品后，再擦一次约翰逊的粉质膏，将会得到意想不到的效果。"

约翰逊的这一招的确高明，不仅没有引起佛雷公司的戒备，而且使消费者很自然地接受了他的产品，达到了事半功倍的效果。因为他当时主推的只有一种产品，凡是用佛雷公司化妆品的黑人，大都不会在乎再增加一种对自己确实有好处的化妆品的。

随着粉质化妆膏销量的大幅度上升，约翰逊抓住了这一有利时机迅速扩大市场占有率。为了强化约翰逊化妆品在黑人化妆品市场上的地位，他同时还加速了产品开发，连续推出了能够改善黑人头发干燥、缺乏亮度的"黑发润丝精""卷发喷雾剂"等一系列产品。经过几年的努力，约翰逊系列化妆品占领了绝大部分美国黑人化妆品市场。

但目前市场上的"捆绑销售"还不够大气，只能算是小打小闹。甚至是两种商品的简单叠加，在手机市场上居然发现买手机可以送饼干，真是风马牛不相及。这些方式并未实现"捆绑销售"的最大价值。

捆绑实际上是资源的再次创新与整合，是在原有资源的基础上，创造出一种更有力度的模式，更利于消费者对信息的接受与处理，甚至变被动为主动。如果进行科学规划，对相关品牌进行整合，那么，这样的科学捆绑也许可以创造奇迹。

常见的"捆绑销售"主要有以下几大招式：

1.包装捆绑

如汰渍洗衣粉，在包装袋上印有衬衫、洗衣机等品牌；反过来，衬衫、洗衣机也推荐使用汰渍洗衣粉，即为产品包装又是广告载体。品牌互补，大家共同得利，节省了资源。这样的例子还有很多，比如"牙膏"与牙刷捆绑、洗发水与沐浴液及毛巾捆绑。

2.定位捆绑

对于新上市的品牌，可以从定位上考虑如何"绑"一下知名品牌。通过和已有品牌直接捆绑，来形成自己的定位，并宣扬自己独特的优点。对于市场份额较小的品牌，也可以考虑将自己与市场领导者捆在一起借此获得一种名声，并分得领导者

一部分市场份额。前文中的"约翰逊粉质膏"的例子正属此类类型。

3.信息传播捆绑

相关性产品集中在一起进行传播，既增加了整体传播力度，又节省了大笔资金。比如"浪奇"木瓜白肤香皂"绑"了一次《南方都市报》，把样品随报赠送给消费者，取得了良好的效果。又比如，"力士"洗发水"绑"了《化妆品报》"舒肤佳""绑"了"中华医学会"，不一而足。

4.产品捆绑

把几种产品做成统一包装进行销售。如把牙膏、牙刷、香皂等放在一个包装盒里销售，相对来说，价格较低，消费者得到了实惠，自然也就愿意购买。

坚持诚信营销

每个人立身处世，都要以诚信为本，一个企业也要做到诚信经营，没有人愿意拒绝他人的真诚，也没有人愿意拒绝一个信誉良好的公司的产品。

诚信营销，是做企业的最高境界，因为只有让客户体会到企业的诚心，他才会愿意成为一个企业的忠实客户。

1.站在客户的立场

小公司的经营者做营销，一定要站在客户的立场考虑问题，切实做到为客户利益着想，这样，企业得到的将是无数愿意长期合作的"粉丝"客户。

北京同仁堂创建于1669年，作为有代表性的、具有300多年历史的中华老字号企业，其知名度和美誉度都是很高的，享誉国内外。同仁堂经久不衰的秘诀，就在于它有着丰厚的具有鲜明特色的诚信文化。

同仁堂的创办人乐显扬亲自拟定了"同仁"这个店名，他说过，"'同仁'二字可以命店名，吾喜其公而雅，需志之。"1706年，《乐氏世代祖传丸散膏丹下料配方》一书出版，序言中讲到，"遵肘后，辨地产，炮制虽繁必不敢省人工，品味虽贵必不敢减物力"。从此，这几句名言便成了"同仁堂"选方、用药、配比及工艺的规范。

同仁堂"所制产品，配方独特，选料上乘，工艺精湛，疗效显著，驰名中外"，在社会上享有很高信誉，也可以说是树起了一块金字招牌。同仁堂在长期的经营实践中，奉行的正是一种诚信文化。"炮制虽繁必不敢省人工，品味虽贵必不敢减物力"，炮制讲的是工艺，制一丸小小的中药，虽然工艺很繁杂，工序甚多，但一点也不能马虎。有的药材很贵重，却也不能减少分毫。这两句话是同仁堂的"堂训"。每一位新进同仁堂上岗的员工都要熟记这两句话，并化为自己的自觉行动。正是秉持着这样诚信经营、诚心为客户的精神，才使同仁堂一直驰名中外，赢

◇ 营销要讲诚信 ◇

任何想持久经营的企业跟客户间也是一种长期博弈，因此，面对客户时就要"少许诺，多兑现"。

> 上次你们也这样说结果根本不是那么回事，我不会再购买你们的产品了……

若是许诺后没有兑现，就会让客户感觉你不诚实，丧失对你的信任。

> 上次顾客就投诉你，这次又投诉，你先暂停一下手上的业务吧！

若是对客户许诺没有兑现，被客户投诉，那么，就会失去工作的机会。

> 怎么都没人啊……

若是某个商家不重视诚信，那么，损失的则是声望和公众对它的信赖。

由此可见，商业营销博弈一定要重视诚信，否则即使商家利用欺骗和谎言暂时取得了效益，也不会长久。

得了全社会的信赖，成为长盛不衰、久负盛名的中华老字号企业。

此种"以诚待人""客户至上"的理念所延伸出来的品质保障，才能使同仁堂这样的小店最终成长为百年老店。

2.不损害客户的利益

然而，现在很多企业为了获取眼前的短期的利益，总是不惜损害客户的利益。他们或者以次充好，欺骗消费者，或者夸大产品功能，蒙骗消费者，或者对产品的售后服务不闻不问。其实，从表面上看企业这样做或许在短期内获得了不菲的收益，但这却是昙花一现，这样做的企业注定是走不远的。试想，如果客户的利益受到损害，对企业的信赖度就会降低，那么企业的客户就会不断流失，企业就成了无本之木、无源之水，企业自身的经营也就会岌岌可危。

另一个把诚信当作企业信条而保持公司数十年高速发展的企业是美国的通用公司。对于诚信，通用前总裁韦尔奇这样解释："做人要以诚信为本，一旦形成这样的人格，不论在好的或者不利的情形下，都要保持这一作风。这样才能建立与客户、供货商、分析家、竞争对手及政府部门的良好关系。"

对于通用的价值观，对于诚信，通用公司不仅要求本公司的员工严格遵守，还要求所有代表公司的第三方，如经销商、代理、销售代表等承诺遵守通用的政策。

从通用的核心价值观和基本理念可知，不论做什么事情，对人诚实和信任永远排在第一位。通用公司很多很好的贯彻诚信理念的做法，都是值得企业学习借鉴的。

一个成功的企业一定是将诚信为本内化于心、外化于行的。客户是企业生存的根本，对客户做到诚信，就是要生产出让客户满意、质量上乘的产品，就是要把客户的问题当作自己的问题来解决，这样才能赢得客户的信赖。

其实，为客户着想就是一个企业对客户不断进行信用投资的过程，企业的信用度越高，客户的忠诚度也就越高，就会使企业与客户之间的关系更加稳定牢固，使双方的合作更加长久，最终使企业能够走得更远。

推动新产品成功上市

在面对纷繁的市场，小公司如何才能将自己的新产品打入消费者的心中，这是经营者们需要考虑的问题。

决定新产品上市成功与否的因素和变量很多，有来自社会宏观经济领域，有企业自身对于资源的认知与把握，有竞争环境时代特征等等。企业需要综合各方面因素调整自己的营销策略。

皇明太阳能集团发展至今，已是世界太阳能产业的领导者，年推广集热器面积

200多万平方米，相当于整个欧盟的总和，比北美的两倍还多。然而，在皇明在进入太阳能产业之时，无论国内、国外都无先例可循。但是，皇明集团不仅将产业做强、做大，还把太阳能做成了一个巨大的产业。

自从进入工业化以来，人类对环境的危害就是无休止的，但是"皇明模式"却开拓了一条能源的可持续发展之路，实现了环境与工业、市场的共赢。追寻皇明模式，要从以下三方面说起：

首先，得益于市场启蒙。皇明集团在进入太阳能领域时，整个行业内无参照、外无引进，更没有政府的大力扶持，面对如此困境，首先要解决的就是市场问题。当时公众对太阳能产品几乎就是零认知，皇明的首要任务就是培育市场、培育客户，将前期投入都用到了太阳能科普教育上。

皇明的宣传队伍是地毯式的，通过发放9000多万份《太阳能科普报》，建立了10000多个营销网点，皇明太阳能赢得了众多的忠实客户。产品靠着科普越卖越多，而企业赚取的利润也越来越丰厚。利润中的一大部分被抽出继续支持科普，承担了更多社会启蒙的社会责任。

其次，掌握核心技术。皇明集团在太阳能相关产业的技术研发上，如太阳能一体化建筑、节能玻璃、太阳能高温发电、太阳能灯具、太阳能海水淡化、太阳能空调制冷方面都走在了行业前列。皇明集团的ODIC技术战略，整合了全球先进的太阳能应用技术，实现先进技术与市场应用的良性转换。

第三，明确了行业定位。太阳能行业的竞争早期，国内有超过三千家的太阳能制造企业，其中大多是区域性的小品牌，产品价格低，规模小。各企业为了占领市场，纷纷降低价格，导致品牌定位不明晰，企业缺乏信誉，产品质量不过关。

皇明面对太阳能热水器的行业现状从一开始就拒绝了价格战的诱惑，确定了自己的战略定位：高端的、提供大型太阳能热水器的太阳能生产商。皇明逐渐舍弃低端的产品线，集中精力做高端产品。占据行业高端的皇明因此有效地巩固了自己的竞争优势。在销售方面，皇明把自己原来良莠不齐的代理店全部转换成了集销售、服务、形象展示于一体的5S店，这样大大提升了皇明的品牌形象。

取得技术、规模与品牌优势之后，在行业企业的产品价格下滑的情况下，皇明新品的价格反而在升高。皇明找到了自己独特的位置，没有一个品牌可以模仿。

皇明太阳能热水器在进入市场之初，就紧紧抓住行业商机，并对自己进行了精准定位，确立了科学合理的营销战略，在太阳能热水器的新市场树立了自己无可匹敌的地位。营销专家建议，企业在发展新产品的营销策略时，应注意从以下方面：

1.推出时间

经营者需决定在什么时间将新产品投放市场最适宜。例如，如果某种新产品是用来替代老产品的，就应等到老产品的存货被处理掉时再将这种新产品投放市场，以免冲击老产品的销售，造成损失。如果某种新产品的市场需求有高度的季节性，就应在销售季节来临时将这种新产品投放市场。

2.推出地点

经营者需决定在什么地方（某一地区、某些地区、全国市场或国际市场）推出新产品最适宜。能够把新产品在全国市场上投放的企业是不多见的。一般是先在主要地区的市场推出，以便占有市场，取得立足点，然后再扩大到其他地区。因此，企业特别是中小企业须制订一个市场投放计划。

3.推出目标

经理要把分销和促销目标面向最优秀的顾客群。利用最优秀的顾客群带动一般顾客，可以以最快的速度、最少的费用，扩大新产品的市场占有率。对新上市的产品来讲，最优秀的顾客群一般应具备以下特征：他们是早期采用者；他们是大量使用者；他们是观念倡导者或舆论领袖，并能为该产品做正面宣传。

4.推出方法

企业应决定要在市场营销组合各因素之间分配营销预算，确定各项营销活动的顺序，有计划地开展营销活动。

第十四招

创新之道：
没有创新一定会被市场淘汰

用创新开拓局面

绝大部分的小公司很难在规模上有所扩大，它们停留在小规模上。造成这一问题的根源在于，公司团队缺乏创新的思维和意识。那些大企业能取得今天的成就，很大程度上得益于他们对创新的领悟和把握。

小公司或许没有大公司的资金实力，没有雄厚的规模效应，但这并不能成为实践创新的借口。把创新渗透到骨子里，并在工作中孜孜以求，那么奇迹就会发生，公司就会进入以创意为支点的商业模式中，通过创造性完成自我超越。

"创新者生，墨守成规者死。"在商战如潮的当今市场，可见谋创新，求开拓至关重要。作为公司的领导者，必须永远以创造的姿态搏击风浪，必须成为思想活跃的，必须发挥无穷无尽的创造性和想象力。

小公司开始投资创业的时候，要坚持"不熟不做"的理念。后来，当生产规模逐渐扩大并且走上正轨后，就需要大胆创新了。

做生意要胆子大，敢于冒险，善于从创新中把握先机。另一方面，也要坚持"不熟不做"的生意经，表现出审慎的一面。两者貌似矛盾，却是一脉相承的。因为，大胆创新之前是谨慎的决策，谨慎投资是大胆创新的保护伞。

把企业做大，把业务做广，离不开商业上的创新。但是，这种创新离不开对旧有行业的清醒认识，成功者能够走正确的路，在于顺应了产业升级的趋势，主动适应了新变化。

公司的总经理必须懂得创新的力量。开公司绝对是身心与智力的考验，尤其是面对发展僵局的时候，唯有用创新来开拓新局面。

创新新对企业经营的意义，如同新鲜的空气对生命的意义。经营者应该不断地在管理上创新、产品上创新、技术上创新，以确保企业历经环境变化而永葆生机。

有一句老话，叫"一个和尚挑水吃，两个和尚抬水吃，三个和尚没水吃"。如今，这三个观点过时了。有三个庙，这三个庙离河边都比较远，怎么解决吃水问题呢？著名经济学家厉以宁用创新的观点，对此进行了生动的解读。

1.机制创新

第一个庙，和尚挑水路比较长，一天挑了一缸就累了。于是三个和尚商量，咱们来个接力赛吧，每人挑一段路。第一个和尚从河边挑到半路，第二个和尚继续挑，又转给第三个和尚，大家都不累，水很快就挑满了。这是协作的办法，这就是"机制创新"。

2.管理创新

第二个庙，老和尚把三个徒弟都叫来，说我们立下庙规，引进竞争机制。三个和尚都去挑水，谁挑得多，晚上吃饭加一道菜；谁水挑得少，吃白饭，没菜。三个和尚拼命去挑，一会儿水就挑满了。这个办法叫"管理创新"。

3.技术创新

第三个庙也有三个小和尚，他们认为天天挑水太累，得想想办法。山上有竹子，把竹子砍下来连在一起，竹子中心是空的，然后买了一个辘轳。第一个和尚把一桶水摇上去，第二个和尚专管倒水，第三个和尚在地上休息。三个人轮流换班，一会儿水就灌满了。这叫"技术创新"。

保持公司的创新优势

一些在竞争市场上领先的公司，往往认为自己是"老大"，在制度、组织和管理上已很成熟、很成功，根本没有必要变革了。这是一种观念上的危险。

比尔·盖茨就一直也没有停下创新的脚步，他把创新当作企业的原动力，并把创新这个本身抽象的概念内化成可行性措施。让创新成为公司的核心文化，让每一个人走入自己可以创新的领域之内，发挥自己最大的才干。

在比尔·盖茨的眼中，每一项新技术的发展对于微软来说都是福音。因为利用这些新技术新产品，微软可以通过研发新软件的方式快速进入这些新的领域。比尔·盖茨说："微软的成功秘诀之一就是在条件允许的情况下提速，走到别人的前面去。"

2004年5月底，当病毒和信息安全问题一再困扰电脑用户时，微软宣布开始出售一种可由电脑制造商预装在服务器内的网络安全软件，从而正式拉开了自己进入网络安全软件市场的帷幕。出于对科技进步的关注，微软从来都不缺乏市场敏感。微软从2002年初开始不断提升操作系统的安全性与可靠性，并在2003年收购了一家罗马尼亚软件公司的反病毒技术，从此走上了开发杀毒软件的道路。

比尔·盖茨知道，杀毒并不是微软的优势。比尔·盖茨更清楚地知道，技术是

◇ 探索创新的三种途径 ◇

在竞争激烈的市场中开拓市场就是一种创新，而创新是要有"路数"的。我们不妨从三个侧面来分析小公司老板们探索市场创新的智慧和技巧。

新产品

1.产品创新

消费者喜欢新奇的、独具一格的产品，小公司老板可以采用产品创新来开拓市场。

XX新品发布会

我们这次的新产品主要面对高端客户，定价为19999元！

这么贵，看来很有必要看一下！

2.价格创新

公司推出新产品可以定高价，以先声夺人，树立品牌威望和地位，同时也可以较快回收开发产品的投资。

百事可乐 渴望无限
对年轻人来说，机会和理想是无限的

3.广告创新

有许多企业，在激烈的竞争中，将广告当作锐利的武器，开拓了自己的市场，赢得了自己的成功。

主导市场的主要因素之一。作为企业，技术创新永远是生存必不可少的手段。追逐潮流的结果就是促动企业不断设计、生产出市场需求的各种新产品。

一个企业能否持续不断地进行技术创新、产品创新，开发出适合市场需求的新产品，成为决定该企业能否实现持续稳定发展的重要问题。尤其是在科学技术发展日新月异、产品生命周期大大缩短的新经济时代，企业产品面临的挑战更加严峻，不及时创新，就可能导致企业的灭亡。

那么，怎样建立并保持公司的创新优势呢？

1.思维上永远创新

思维创新的前提是"思维解放"，就是把思维从传统模式的束缚中解脱出来。同时，再用先进的思想武装头脑。这一点说起来容易，但要落实到行动中确相当困难。传统的思想一旦在人的头脑中形成概念，便立即充斥了我们的大脑，并很快成为"天经地义"的必然。

2.防止创新精神的衰退

以"延生护宝液"成名的沈阳飞龙集团，由于产品创新乏力而曾经折戟沙场。总裁姜伟后来这样反省："创新是公司发展的根本，一个发展了五年的公司没有创新，必然走向衰落，一个销售了三年的产品没有创新，必然走向死亡。这是无情的规律。"

创新是公司进步和发展的不竭动力，也是总经理的使命。海尔集团首席执行官张瑞敏表示："海尔再走日本家电公司发展的老路是行不通的，必须促使公司求新求变，这关键要看公司的内部机制能否产生强大的创新动力。"

3.树立二次创业的心态

经营者要把成功当作新的起点，而不是炫耀的资本。公司发展到一定规模后，创业时"以攻为主"的经营方针往往会不知不觉被"以守为主"所代替，开始害怕失败，不敢向未知领域挑战。

一些国际知名公司从来就拒不承认自己已经成功，而是强调自己的公司"仅仅是生存了下来"。奥地利经济学家熊彼特说："创新就是一种创造性地破坏。"在"二次创业"的时候，尤其需要从头再来的精神。唯有如此，才能在自我超越中走向卓越。

创新就是突破常规

美国著名管理大师杰弗里说："创新是做大公司的唯一之路。"没有创新，跟在其他公司的后面亦步亦趋，小公司根本不可能有继续做大的可能。

很多时候，创新不够是被既有的概念所束缚的，我们无法产生超越现有事物的各种想法，往往是因为我们把现有事物的特性误认为是一种潜在的规则线，不愿突破它。而实际上，只要突破这一规则线，我们就可以进入到一个全新的领域当中。

在一般情况下，人们总是惯用常规的思考方式。因为它可以使我们在思考同类或相似问题的时候，省去许多摸索和试探的步骤，不走或少走弯路，从而可以缩短思考的时间，减少精力的耗费，又可以提高思考的质量和成功率。

但是，这样的思维定式往往会起一种妨碍和束缚的作用，它会使人陷在旧的思维模式的无形框框中，难以进行新的探索和尝试。因此，我们应当敢于突破常规的想法，摆脱束缚思维的固有模式。

在现实中，有许多问题、情况是我们过去遇到过或是别人遇到过的，所以我们习惯按照常规的思路去解决。不错，经验的确能帮助我们省去许多麻烦，但是同样也会让我们走入一种思维定式，让我们忘记，其实有许多思路都能解决问题，甚至有的思路更快更好，只是因为我们不熟悉，没有采用过，只是因为我们习惯于用某种思路去解决困难。

1916年，犹他州的弗纳尔镇非常渴望修建一座砖砌的银行。这座银行将是小镇上的第一家银行。镇长买好了地，备好了建筑图纸，万事俱备，只差砖还没有着落。

这时，障碍出现了。这是一个致命的障碍，由于它，整个工程将毁于一旦：从盐湖城用火车运砖，每磅要2.5美元。这个昂贵的价格将断送掉一切：没有足够的砖，也就不会有银行了。

一位商人绞尽脑汁想出了一个近乎愚蠢的主意：邮寄砖！

结果是：包裹每磅1.05美元，比用火车运送便宜了一半的价钱。事实上，不仅价格便宜了一半，所谓邮寄过来的砖和火车货运过来所用的是同一班列车！而就是这么一个货运和邮递之间的价格差异使情况完全不同了。

几周之内，邮寄的包裹像洪水般涌入小镇。每个包裹7块砖，刚好可以不超重。这样，弗纳尔镇的居民很骄傲地拥有了他们的第一家银行。而且，这家银行全部是用邮寄过来的砖盖起来的。

可见，面对难题，换一种思路，则事事可为。一切"不可能"都有可能被你开动的大脑机器所粉碎。

创新者正是由于他们想到别人没想到的东西，走别人没走过的路，让自己跨越障碍直至成功。

许多时候，只要有创造意识，就会焕发创造行动，就会有活力。而呆板、凝滞足以扼杀人的任何创造性。

奥列佛·温特·怀斯曾说："人的智慧如果滋生为一个新点子时，它就永远超越了它原来的样子，不会恢复本来面目。"

一个人能在思维上创新，能想他人之不敢想，为他人之不敢为，就能发现他人视而不见的商机，创造出他人所没有的东西，可谓"观念一新，万两黄金"。

由此，我们不难看出，思路对我们的工作和生活有多么重要。思路决定出路，只有好的思路，对的思路，才能将出路铺向成功之路、理想之路。

每个人都会有"自身携带的栅栏"，若能及时地从中走出来，实在是一种可贵的警悟。独一无二的创造态度，绝不自损自贬的自爱意识，在学习、生活中勇于独

◇ 突破传统性思考的方法 ◇

传统的想法会冻结人的心灵，阻碍进一步创新的能力，干扰你的创造力。以下是对抗传统性思考的方法：

我们这次的设计要有新意，大家能做到吗？

一定做到！

1.乐于接受各种创意

要摒弃"不可行""办不到""没有用""那很愚蠢"等思想渣滓。

这次旅行去一个新国家！

2.有实验精神

废除固定的例行事务，去尝试新餐馆、新书籍、新戏院以及新朋友，或是采取跟以前不同的上班路线，或过一个与往年不同的假期等。

当然，想要创新并不是一朝一夕的事情，但是首先要有创新的意识，勇敢跨出第一步，才能摆脱传统的桎梏。

立思考，在职业生活中精于自主创新，是能够从自我囚禁的"栅栏"里走出来的鲜明标志。

创造力自囚的"栅栏"的形成，通常有其内在的原因，即由于思维的知觉性障碍、判断力障碍以及常规思维的惯性障碍所导致的不知变通。知觉是接受信息的通道，知觉的领域狭窄，通道自然受阻，创造力也就无从激发。只有保持通道的顺畅，才能使信息流丰盈、多样，使新信息、新知识的获得成为可能。也才可能使得信息检索能力得到锻炼，不断增长其敏锐的接收能力、详略适度的筛选能力和信息精化的提炼能力，这是形成创新心态的重要前提。判断性障碍大多产生于心理偏见和观念偏离。要使判断恢复客观，首先需要矫正心理视觉，使之采取开放的态度，注意事物自身的特性而不囿于固有的见解或观念。这在新事物迅猛增殖、新知识快速增加的当今时代，尤其值得重视。常规思维的惯性，又可称之为"思维定式"，这是一种人人皆有的思维状态。当它在支配常态生活时，似乎还有某种"习惯成自然"的便利，所以不能说它的作用全不好。但是，当面对创新的事物时，如若仍受其约束，就会影响创造力的发挥。

可见，要从自囚的"栅栏"走出来，还创造力以自由，首先就要还思维状态以自由，突破常规思维。在此基础上，对日常生活保持开放的、积极的心态，对创新世界的人与事，持平视、平等的姿态，对创造活动持成败皆为收获、过程才最重要的精神状态。这样，我们将有望形成十分有利于创新生涯的心理品质，并使得有可能产生的形形色色的内在消极因素及时地得以克服。

围绕市场来进行创新

创新能力是一家企业持续发展的基本要素，是企业提升竞争力的主要源泉。但是很多企业在强调创新时，遇到了这样的问题：虽然强调创新，并且也获得了一些成果，但对于提升企业的竞争力却没有产生明显效果，很多企业管理者认为是白白浪费了企业的人力、物力和时间。

这种问题的出现，将会使企业的创新积极性受到打击，会产生一种非常消极的影响。产生这种问题的根源就在于，没有在事前进行缜密的市场调查，导致创新成果与市场需求脱节，是企业创新工作收效甚微，无法形成企业的核心竞争力。

1.创新需满足消费需求

在世界商业史上，根据市场需求而进行创新并最终大获成功的例子不胜枚举。

1980年前后，个人计算机被市场热捧，但与之相匹配的小型打印机却是市场空白。爱普生集团看到了这一创新契机，就迅速推出了世界上第一台个人电脑用针式打印机MP.80。该产品不仅为爱普生带来了巨大的经济利益，还使EPSON成为全球最有影响力的打印品牌。

在市场经济条件下，一个企业想要获得长远的发展，就需要有自己的核心竞争力，这样才能在激烈的市场角逐中满足消费者的需要，吸引消费者的眼球。不管是什么企业，最终目的都是要让自己的产品走向市场，拥有自己的消费人群。

1987年，美国铱星公司开始"铱星系统"计划，1998年11月1日投入运营，开创了全球个人通信的新时代。这是一系列尖、高技术的结晶，它的目标是建立一个把地球包起来的"卫星圈"。在铱星的广告词中，通话网络将会覆盖世界的每一个角落。但是，"铱星系统"计划不过最终还是没能逃脱失败的结局。2000年3月18日，铱星公司宣告破产，一个耗资50多亿美元的"铱星系统"从此也就淡出人们的视线。

铱星公司的确在走创新的路子，但是到2000年3月，铱星系统的全球用户只有5.5万个，而中国的用户不到1000个，而在铱星方面的预计中，仅初期在中国市场就要做到10万用户。铱星要想实现盈利最少需要65万个用户，5.5万与65万显然相差太大。所以，科技再新潮也要满足市场的需要，从消费者的真实需求出发，只能满足很小一部分人需要的产品难以占领一块市场。

2.围绕市场进行产品创新

很多成功的企业都是围绕市场来进行产品创新的。

海尔公司的诀窍是：企业产品创新最重要的是要有市场效果。实验产品创新成功与否的重要标准是看市场效果。海尔在开发新产品时，总是认真研究来自用户的建议和意见，把用户的难题作为自己的科研课题，努力解决消费者的不满意点、遗憾点和希望点，把产品创新放在满足消费者的需求上。

中关村有一句十分流行的话，就是"卖出去才是硬道理"，可见他们都十分重视产品与市场的结合，把抢占市场作为生产的首要任务。

但从根本上说，企业的产品创新是一种经济和商业行为，如何进行创新，采用什么技术，关键要看它是否能满足用户需求，要让事实（为企业带来巨大的经济效益）来说话。

市场对产品创新主体具有一种导向和激励作用。如果产品创新的成果能够满足市场需求，产品创新主体就可以从创新中获取相应丰厚的回报。否则，产品创新的主体就会受到市场惩罚。

很多小公司一味追求创新，但是在追求技术进步时，犯了这样的错误，忽视了市场需求，造成技术与市场的脱节，结果投入了很多人力和物力，新产品上市却并不一定热销。正是因为市场的这种风险性使得众多企业必须以市场为导向不断进行创新。

3.主动与市场需求对接

著名企业春兰集团在创新与市场对接方面，曾有过教训。

20世纪90年代初，春兰研制出了国内第一台变频空调，但考虑到当时市场对这种高端产品的需求不大，因而没有全面推向市场。实际上，这种高端产品的市场还是不小的，由于春兰当时没有全面推出，以致让后来的其他品牌的变频空调抢了先机。正是因为有了这样深刻的教训，春兰在此后的发展进程中加大了创新与市场对接的力度，并采取了三种对接策略。

一是市场需要什么就研发什么。市场需要健康、静音空调，春兰就研发具备长

◇ 利用产品创新开拓市场 ◇

以产品创新来开拓市场，是很多企业选择的一种创新途径，只要产品创新成功，就可以获得丰厚的回报。但是在利用产品创新来开拓市场时要注意：

1.要预测市场的趋势，有目的地研制出自己的产品。毕竟新产品是要推广到市场中的，这就必须要做到有的放矢。

2.需要依赖自己的营销。"酒香也怕巷子深"，再好的产品也需要好的营销手段才能更快地被推入市场。

总之，唯有产品创新迎合了消费者的心理，满足顾客的真正需要，才能开拓出自己的市场来。

效灭菌功能、最静音的"静博士"空调；市场需要节能环保空调，春兰就开发达到国家新能效标准、对环境无污染的节能环保空调；市场需要小吨位的大载量卡车，春兰就开发双桥增压加强型轻卡，做到了始终与市场发展同步。

二是市场何时需要就何时提供。由于做到了预期研制和技术储备，因而，市场无论何时需要相关产品，春兰都能做到及时推出，确保供应。

三是主动引导市场的发展趋向。开发高能动力镍氢电池，引导汽车、电动机械和工具等产品市场向节能环保方向发展；开发移动式与卡式空调，以及镶有触摸屏的水晶彩色面板豪华和超豪华空调，引导消费者向往时尚和个性化特征的新生活。

广泛收集市场信息，及时分析、研究消费者提出的各方面意见和要求，为春兰科研人员的新产品开发注入了活力，这也是春兰自主创新体系能够高效对接市场的根底所在。

春兰集团负责人说，自主创新与市场发展并不矛盾，它们是互为基础、互为支撑的。创新成果物化为受消费者欢迎、让消费者满意的新产品，就能够稳固并拓展更大的市场；市场丰厚的回报又可为自主创新提供有力的物质保证，促进新的技术取得突破。企业自主创新说到底就是为产品的市场竞争力服务。

正是注重创新与市场的对接，春兰产品不仅销往世界120多个国家及地区，而且实现了海外投资与海外贸易同步增长、产品输出向技术输出、一般技术向核心技术、国内选才向全球揽才、适应标准向自主标准、价格竞争向品牌竞争的全方位提升。春兰企业在中国企业联合会、中国企业家协会联合发布的2006年度中国企业500强排名中名列第158，2007年度中国企业500强排名中名列第179。

只有根据市场需求进行创新，才能使创新保持在正确的方向上，才能促进企业将"创新力"真正转化为"竞争力"。创新不能超越或滞后于市场需求的实际水平，不能忽视市场购买者的承受能力及其未来趋势。在创新中必须体现市场导向，创新成果最终需要在市场上检验，创新成本和收益完全有市场来埋单。必须充分认识市场对创新的重要影响作用，甚至是决定作用，只有这样，才能提高创新的成功率。

鼓励员工进行创意性思考

张维迎说："在这一充满变化的时代，要是社会财富的创造主体——企业基业长青，就要求我们的企业家、管理者把握创新本职，不断超越自己。"

企业只有在变革、创新中才能成长，也只有创新才能保证企业不断强大。我们经常听到员工这样自我安慰："没有功劳也有苦劳。"不主动创新的人，是管理者首先应该淘汰的对象。

1.树立功劳意识

在我们的传统管理理念中，评价一个人的好坏常常用是否"任劳任怨""刻苦努力"来做标准，"苦劳意识"过于强烈，而很少去过问这个人为单位创造了怎样的价值，能否把一个好的结果带给单位。"苦劳意识"的泛滥和"功劳意识"的缺乏，使得员工在工作中缺乏活力。

秋天的一个早晨，N.C电子公司的董事长詹姆士·拉尔走在他的厂区里，经过一个正在清扫树叶的保洁员身旁。保洁员拿着一把长长的扫把，费力地扫着。而那把扫把实在太旧了，齿间稀疏，漏掉了许多的叶子。

詹姆士停下来问："先生，你的工具太不好用了吧，为什么不换一把？"

"我的操作间里只有这一把。"保洁员头也不抬地继续干着他的活。"你为什么不去仓库里找找呢？"

"没有，仓库离我的操作间实在太远了。"保洁员用手擦拭了一下发边的汗水，才发现和自己说话的竟是董事长，不禁有些不知所措。"噢，詹姆士先生，我不知道是您，我这就去仓库找找。"

看着保洁员离去的背影，詹姆士十分生气："这是在做工作吗？真不能理解！"

苦劳固然使人感动，但只有具备"功劳意识"，主动换脑袋创造价值的人，才会有更好的发展！

2.不换脑袋就换人

身为企业的管理者，你不能感情用事，衡量一切的标准都应以企业的利益为主。作为企业，在变化的市场环境中，只有踏实肯干是不够的，思想古板必将使市场停滞不前，这样的员工最终只会被淘汰出局。用宏基集团董事长施振荣的理念来说，就是"不换脑袋就换人"。

所谓换脑袋，就是随着外界环境的变化而不断转变自己的思维方式，换掉习以为常的工作模式，在工作中积极思索、锐意创新、善于谋划、长于变通，不断在方法上、技术上和效率上寻求更新的突破和创造更大的业绩。

某家钟表厂，有一名工作非常卖力的工人，他的主要任务就是在生产线上给手表装配零件。这件简单的工作他一干就是10年，所以操作非常熟练，很少出差错，几乎每年的优秀员工奖都属于他。

可是后来，企业新上了一套完全由电脑操作的自动化生产线，许多工作都改由机器来完成，结果他失去了工作。原来，他本来文化水平就不高，在这10年中又没有掌握其他技术，对于电脑更是一窍不通，一下子，他从优秀员工变成了下岗员工。

在他离开工厂的时候，厂长先是对他多年的工作态度赞扬了一番，然后诚恳地对他说："其实引进新设备的计划我在几年前就告诉你们了，目的就是想让你们有个思想准备，去学习一下新技术和新设备的操作方法。你看和你干同样工作的小胡不仅自学了电脑，还对新设备的说明书进行了研究，现在他已经是车间主任了。我并不是没有给你准备的时间和机会，但你都放弃了。"

时代的前进是不会停止的，新设备、新技术、新方法会不断引入我们的工作中。管理者要时刻都把目光盯向那些掌握新技能、能为公司提高竞争力的员工，如

◇ 如何培养创新意识 ◇

"创新"已经是一种趋势，想要不落后于人，只能不断创新。那么，如何培养这种创新意识呢？

1.敢于幻想

每一个人都具有想象力，而想象力正是创造力的源泉。只有充分发挥自己的想象力，才能发明一样东西或创造一样东西。

2.主动前进

优秀的经营者就像成功的企业一样，他总是带着问题而生存，做任何事情总有改进的余地，认识到这一点，因此他总在探索一条更好的道路。

有了想法才能付诸实践，敢于幻想并努力将幻想变成现实，这样就是一种创新！

果员工缺乏"换脑"思想，就请将他淘汰出局。

一个能够崇尚创新的企业，可以在瞬息万变的市场面前开拓全新的领域，永远立于强者之林；一个能够为自己不断换脑的员工，能够开启自己的智慧推动企业的发展，自己也会成为企业发展的最终受益者。

3.鼓励和引导创新

好公司都是创新型的公司，经理们让创新意识在员工心中扎下了根。

要鼓励员工培养创意性思考，老板应随时注意倾听他们所表达的新观念。无论这些观念如何荒唐可笑，也不可妄下结论："这行不通！"要审慎地与当事人做进一步讨论，看看是否能发现该观点的好处。在你评估意见的时候，要先称赞员工提出意见的积极态度。若有需要批评的地方，也应采用肯定的态度。例如：最好不要说："那太花钱了。"最好是说："你有没有先算一下费用？"如此一来，当事人自然会发现到费用的问题。说不定还能想出更好的方案。千万不要说："我们一向是这么做的。"这会扼杀了许多新的好主意。

对怯于发表自己的新观念的人，鼓励他们培养自信心，否则很难让他们的创造能力完全发挥出来。

老板可以协助员工克服发挥创意的障碍，其中之一便是"顺应环境"的习惯。他们不想有与众不同的思想，正如他们不想在衣着、言谈、举止方面与别人不同。我们要让这些人多多接触一些新思想。

假如老板能营造起接受新观念的气氛，鼓励员工读书或参加研讨会，让他们参与其他富有创意性的活动——都可鼓励员工发挥创造潜能。这些努力有朝一日必有收获，员工的创意性贡献必可促使公司成长。

积极推动管理创新

管理观念比资金更重要。观念转变是创新的基础。一旦管理者意识到世界上没有一成不变的规则，就会更愿意抛弃传统的思维方式，从而标新立异，推动创新。

具体来说，管理创新应遵循以下的原则：

1.还原原则

所谓管理创新的还原原则，就是打破现有事物的局限性，寻求其形成现有事物的基本创新原点，改用新的思路、新的方式实现管理创新。任何创新过程都有创新原点和起点。创新的原点是唯一的，而创新的起点则可以很多。

如在管理上，实现目标的手段是多种多样的。在当时的条件下，我们可能选择了一种最合适的解决方法，但是随着环境的变化，原来的方法并不一定是最好的，这就需要回到最初的目标上来重新制定一种更为合适的新方法。

　　我们现在所讨论的还原原则，就是要求创新主体在管理创新过程中，不要就事论事，就现有事物本身去研讨其管理创新的问题，而应进一步地寻求源头，寻找其创新的原始出发点。只有抓住这一始发点，所产生的创意才不容易受现有事物的结构、功能等方面的影响，在管理创新上才能有所突破。

2.木桶原则

　　指由几块长短不一的木板所围成的一个水桶，水桶的最大盛水量是由最短的一块木板所决定的。木桶原则所要说明的是，在组成事物的诸因素中最为薄弱的因素就是瓶颈因素，事物的发展最终要受该因素的制约。在管理创新中，如果能抓住这个影响事物发展的最关键的环节，就会收到加长一块木板而导致整个水桶的总盛水量很快增加的目的。

　　木桶原则在企业管理创新中有很大用处。企业组织有不同的层次、不同的职能部门、不同的经营领域，而企业整体管理水平的高低既不是由董事长、总经理来决定，也不是由那些效率最高、人才济济的部门所决定，而只能由那些最薄弱的层次和部门来决定。因此，只有在最薄弱环节上取得突破性的创新，才能最终提高企业的整体管理水平。

　　另外，如果企业各个层次、各个部门的工作质量都符合企业整体的要求，那么加大木桶总盛水量的方法，也应该是先行拉长一块木板，然后再一块一块地补齐其他木板的高度。这种方式可以使木桶的总盛水量平稳增加。

3.交叉综合原则

　　指管理创新活动的展开或创新意向的获得可以通过各种学科知识的交叉综合得到。目前，科学发展的趋势是综合和边缘交叉，许多科学家把目光放在这两个方面，以求创新。管理作为一门学科，它的创新过程也呈现出了这一态势。

4.兼容性原则

　　管理创新要坚持"古为今用，洋为中用，取长补短，殊途同归"的原则。既要学习外国的先进经验，也要学习中国古代的管理思想，并结合中国企业的实际情况，创新出独具特色的管理理论与方法。

　　兼容性原则是指根据自身的实际情况，吸收别人先进的管理思想、管理方式、管理方法，进行综合、提炼。兼容性创新是在原有基础上的发展，因此要对原有的基础问题加以分析研究，把握深层原因，同时注意自己的特点与长处，进行深层思考。这样就可能发掘出许多新的创意，进行管理创新。

5.不怕犯错误原则

　　最显而易见、具有常识性和令人深信不疑的信念之一，也是人人认为不言自明的信念是：最好把事情做对而不要做错。假如有人提倡相反的看法——认为犯错误是好事，多犯错误的人应该受到鼓励——可能会被视为傻子！而事实上，正是一些所谓的聪明人，为了避免犯错误，什么事情也不做，即使是好的决策也尽量少做。

结果，那些害怕犯错误的人做得少，取得的成也就少。管理者最大的错误在于不敢犯错误！另外，避免犯错误的另一种办法是不做标新立异的事情。如果致力于创新，那么，你也就有了可能犯错误的机会，因此尽量按原来办法做，还是墨守成规为好。没有新尝试，也就没有新作为。

要做到不怕犯错误是比较困难的，因为人们从小就养成了思维定式。学校根据学生们提供正确答案的能力来给他们评分。并因他们做错答案而惩罚他们。同样，几乎所有的组织原则都是惩罚失误者，而绝对不惩罚服从命令的人。就此，许多人养成了怕犯错误的恐惧心理，并竭力避免犯错误。人们学会要做得完美无缺，而不

◇ 管理创新的方式 ◇

从管理创新的历史过程来看，有两种创新方式是值得重视的。

使用数理统计方法，这样就可以预防控制质量问题了！

一是用新的科学技术、新的学科知识来研究、分析现实管理问题。因为从一种新的角度来研究问题的，所以就可能得到不同于以往的看法和启示。

二是沿用以往的学科知识、方法与手段，但要将这些学科知识、方法、手段综合起来，系统地来看待管理问题，这样也能产生不同于以往的思路和看法。

质量监控问题你是怎么想的？

还是老方法，不过我觉得可以把我们检测材料的方法加进去……

是要有创造性。

企业永远需要有能够创新、敢于行动、不怕犯错误、好学的员工。现在一些企业家开始避免犯不让企业犯错误的错误。如美国3M公司就提出了"允许犯错误，不允许不创新""允许犯错误，但不允许犯相同的错误"等企业理念，从而积极鼓励员工参与企业各类创新活动。

积极推动制度创新

采用创新机制的企业是拥有蓬勃生命力的企业，但构建企业的创新机制却不是一件简单的事，而是一个复杂的系统工程。

企业经营者要充分调动员工的积极性和创造性，推动企业的持续创新，必须要有一定的动力机制来做保证。否则，企业的创新就无法长期连贯进行，企业的发展目标也就很难实现了。

1.制度创新是基础

制度创新是企业发展的基础，是企业整体创新的前提，同时也是实现一个企业不断创新的保障。没有一个创新的企业制度，企业的其他创新活动就不会有效和持久。

制度创新可使企业站在发展的前沿。企业的外部环境总处于不断发展变化之中，企业只有和外界保持良好的关系，才能长久不衰，站在发展的前沿。反之，企业体制僵化，创新不足，便会遭到毁灭性的打击。

制度创新主要包括产权制度、经营制度（经营机制）和管理制度三个层次不同方面的内容。产权制度是决定企业其他制度的根本性制度，它规定着企业所有者对企业的权利、利益和责任；经营制度（经营机制）是有关经营权的归属及行使权力的条件、范围、限制等方面的原则规定，它构成公司的"法人治理结构"，包括目标机制、激励机制和约束机制等；管理制度是行使经营权，组织企业日常经营的各项具体规则的总称，其中分配制度是其重要的内容之一。

制度创新是技术创新、市场创新、产品创新的前提。在激烈的市场竞争中，谁胜谁负关键在于创新，创新已成为企业的生存之本。企业必须在经历了"生产管理型"向"经营管理型"的转型后，适时转向"创新管理型"，形成有效的创新机制，将创新体现于企业制度当中，更好地发挥投资者、经营者、生产者甚至消费者创新的积极性。

2.制度创新激励企业发展

管理者要利用各种制度激发员工认真思考、力求创新的积极性，并以此来使企业走上持续创新的道路，实现长期的发展目标。

企业制度创新就是实现企业制度的变革，通过调整和优化企业所有者、经营者和劳动者三者的关系，使各个方面的权利和利益得到充分的体现。不断调整企业的组织结构和修正完善企业内部的各项规章制度，使企业内部各种要素合理配置，并发挥最大限度的效能。

制度创新可发挥人才积极性。知识经济致力于通过智力资源开发创造新财富，逐步代替工业经济的命脉和已经短缺的自然资源。制度创新使企业制度满足企业内部一系列创新的要求，适应知识经济时代外部环境多变性的要求，从而使人才的积极性得到最大程度的发挥。

制度创新有多种实现途径，企业生产经营状况不同，所处经营环境不同，创新的主攻方向也不同。制度创新是科学也是艺术，在实现创新过程中，难以有统一的模式，规范的方法，一致的途径。

重视对创新人才的选拔

人的创造潜能是无限的，一个瞬间产生的创意也许就会使企业的流程优化、生产成本降低，工作效能提高，为企业带来巨大的经济效益。

海尔员工魏小娥用创新的方法解决了生产过程中的"毛边"问题，使过去脏乱不堪的卫浴生产车间现场变得十分整洁，将产品合格率提升到了100%，这一成就使魏小娥的"老师"日本模具专家宫川先生也为之赞叹不已。

海尔空调事业部的质检员戴戈，积极想办法解决了空调检验过程中用水浪费的问题。

联想集团的陈绍鹏顶着重重阻力，为联想打开了中国西南地区的市场，为联想公司挖掘了一个拥有巨大前景的市场，同事也都夸他具有"把冰激凌卖给北极熊的本领"。

海信集团的李砚泉，在短短一周的时间内对日本三洋机芯进行了改造，使之适应中国的市场。之后又自己设计电视主板，彻底代替了三洋的产品，为海信创造了很好的效益。

格兰仕公司的陈曙明，在格兰仕进军上海市场的时候，抓住上海人的心理特点，用创新的方式进行销售，不但打开了上海市场，而且很快就在全国市场占领了有利的位置。

还有许许多多的员工，他们都是普普通通的人，却用自己的创新思维和创新方法做出了不普通的成就。为企业化解了长期以来被认为无法解决的难题，为企业创造了超额的利润。

那么我们常说的那些创新人才，究竟有哪些特殊之处呢？

1.勤于思考

创新型人才一般不隐藏自己的观点，敢于亮出观点，将其表达出来，供上司、同事、合作者参考。面对问题，喜欢钻研，以最快的速度反映问题，发散、逆向、形象、联想等多种思维方式并用。不迷信惯性思维，不人云亦云，多角度、多层

◇ 创新人才的两大特征 ◇

创新需要人才，企业想要实现创新，就需要有创新能力的人才，那么，如何判断一个人是否是创新人才呢？

> 我发现机器底座只要加上这个零件噪音明显就会减小……

1.怀疑精神

怀疑精神是建立在敏锐的观察和丰富的想象基础上的，养成细心观察，富于想象的性格是创新人才的重要特征。

2.注重知识积累

创新不是凭想，他们既重视从实践获取真知，也重视汲取前人的研究成果。

创新人才难能可贵，善加利用可以给企业带来很大进步，因此，面对众多员工，管理者应该善于发现和挖掘创新人才。

次、多方面思考，务实地求解问题之道。

2.重视灵感

因为经常思考，灵感也会经常在他们身上闪现。创新人才总是敏锐捕捉、及时记录、善加辨析、探根究底，并使之成为习惯。

3.讲求专攻

人才并不是全能的，创新一般也多体现在某方面领域，他们会更多地在某些方面下更多功夫，花更多时间。

4.执着精神

创新并不是轻易就能达到的，因此，创新者不轻言放弃，不达目的不罢休，孜孜以求，创新不止。他们总是积极主动去实践，去反复，不断探索，试验新方法，检验新思路，以求得正解。对于权威，不盲从；对于失败，不气馁。这种执着的精神是他们成功的法宝。

居里夫人克服生活的艰辛，在坚强意志力支持下，经过无数次艰苦、繁重的试验，用四年的日夜苦战，从8吨沥青铀矿残渣中，提炼出十分之一克镭，最终成为世界上第一位获得诺贝尔奖的女性。为培养第一代杂交稻，袁隆平用八年时间历经磨难的"过五关"（提高雄性不育率关、三系配套关、育性稳定关、杂交优势关、繁殖制种关），最终配制杂交水稻成功，为中国和世界的粮食问题做出巨大的贡献。

这样的例子还有很多，但是反映了一个普遍的道理，创新不是一蹴而就的，需要克服困难和曲折，不断在逆境和失败中积累经验，摸索道路，最终破解难题，实现创新。

5.协作精神

随着竞争的激烈，现代创新讲求合作精神。小组团队合作对集思广益、协同攻关有着显著的作用。

第十五招

信息之道：
信息越快越准，赚钱越快越多

培养市场情报意识

一条有价值的信息救活一家小公司，一条有价值的信息使一个穷人变成富翁，这样的例子俯拾皆是。即使你白手起家，即使你的公司规模很小，缺乏资金、设备、厂房，只要你获得有价值的信息情报照样可以发家致富，把企业做大做强。

现代市场竞争中，信息已经与人才、物资、能源并列为发展的四大要素，号称"无形的财富"。因为信息的积累和传递，不能直接创造物质财富。说它是财富，是因为通过它作用于生产经营过程，就能够更好地利用和开发物质资源，获得经济效益。

小公司的发展必须重视信息的价值。信息化浪潮方兴未艾，唯有站在更高的起点上，有更大的作为。具体来说，信息化能给小公司成长带来多方面的效益。

信息的最主要价值体现在决策方面。决策本身就是处理信息的过程，推行信息化，可以把各种信息迅速地反映到总部，使总经理在第一时间得到大量有效的信息，从而提高了总经理的决策水平。

通常，小公司往往有几个人或十几人，大家从早到晚不停地加班加点工作，结果却是差错率高，事倍功半。信息化不但能够有效克服工作效率低下的问题，还能节省公司运营成本。此外，信息化降低了公司经营风险，特别是通过计算机管理软件的使用，公司在销售管理中的各项费用支出会大大降低。

经营者要使自己的公司立于不败之地，就必须通过各种途径了解与经营有关的信息，只有这样才能在激烈的市场上站住脚。忽略了信息，就如同盲人走路，因此必须有重视信息情报的意识。

1.掌握信息就掌握主动权

市场上常常出现这样一些情况，一方面消费者持币观望，抱怨买不到满意的商品，另一方面是商店、个体摊位、生产厂的产品卖不出去而大量积压。其根本原因就是产品不适销对路，造成产品生产与市场需求脱节，很多经营者缺乏信息意识，不做市场调查，凭着主观愿望盲目生产，或者仿制仿造他人的商品，结果在激烈的竞争中一败涂地。

公司要在竞争中立足，必须具备强烈的信息意识，通过各种手段捕捉有效信息，从而掌握市场主动权。一个经营者如果不能及时把握瞬息万变的经济情况和市场情况，往往会在市场竞争中败下阵来。

信息是经营者赚钱发财的特殊资源，如能加以正确地运用，将会给自己的生意带来勃勃生机和蓬勃发展的机会。现代社会是以信息传递为主要运行特征的，没有信息，就无法经营。如果不能正确地把握信息，将导致整个经营活动的失败。

2.失去信息就失去了赚钱的机会

其实，经营者早就应该明白，自己所处的时代已经是信息时代。许多人都公认当今的时代是信息的时代，信息是干事业的灵魂，是获得成功的关键。

1973年，日本东京三菱公司总部收到了驻卢萨卡情报人员的报告，说扎伊尔发生了军事叛乱，叛军正向赞比亚的铜矿区移动。他们经过分析和推测，认为叛军一定会切断交通。那里出产的铜在世界市场上占有重要地位，如果交通一旦被切断，必然要影响国际市场上铜的价格。而这种情况尚未引起新闻界的注意，伦敦五金交易所铜的价格仍维持每吨860英镑。于是，三菱公司决定立即大量购铜。不久，叛军果然切断了交通，使得铜价迅速上涨至每吨921英镑。三菱公司抛出大量库存，因此赚了一大笔钱。

在信息时代，谁闭目塞听，谁就会吃亏，谁善于搜集信息，利用有利信息，谁就等于抓住了发财的机会。我们经常看到和听到这样的例子：一条信息救活了一个工厂，一条信息赚了很多的钱。其实反过来，如果不重视信息，也就意味着失去了赚钱的机会。

一条有价值的信息，一个准确的情报，会使一大笔生意成功。

3.重视搜集信息

现实生活中，非常事件可以使市场的供求状况发生突然变化，重视搜集和了解有关信息，并把它当作市场预测时的一项重要内容，不但可以使经营者避免意外的损失，有时反而可以成为有利的市场机会。

不过，经营者参与市场竞争时还应明白，收集信息应包括广义的、来自各方的信息，切不可只收集具体的经济信息，看起来是信息灵通，而对其他方面的事情则不太感兴趣，实际上还只是闭目塞听。

当然，与闭目塞听者相比，经营者即使获得了信息，也必须对信息进行加工、分析、处理。不然的话就会被不准的、甚至错误的信息扰乱视线，卷入迷雾之中。因为信息往往扑朔迷离，变幻莫测，真假掺杂。事实告诉那些想发家的人切不可神

◇ 收集信息的三大原则 ◇

如果没有信息意识，就会与众多信息失之交臂。那么对于企业来说，搜集信息时应注意哪些方面。

1.要主动及时

信息只有及时、迅速地提供给它的使用者才能有效地发挥作用。特别是决策对信息的要求是"事前"的消息和情报，而不是"马后炮"。

2.要真实可靠

对一个企业来说，虚假信息比没有信息造成的危害更大。所以，企业要想搜集到可靠、真实、准确的信息，做到实事求是。

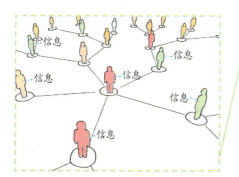

3.要全面系统

在搜集信息过程中，要用全面、发展、联系的观点来看待经济现象之间的本质性联系，力求使所得到的信息具有全面系统性。

经过敏、闻风而动，而应该在得到信息后头脑冷静，首先对信息的真假、价值等做出明智的判断，然后再根据自己的具体情况来决定取舍。

假若经营者只顾埋头进行具体经营，成天沉浸于自己的买入或卖出，盈利多少，资金周转等等具体的事情而对当时的形势不闻不问，忽视了信息的重要性，比如购进一批因政策变动而即将大幅度降价的商品或货物，那么肯定蚀本。

信息比金钱更重要

对于企业经营者而言，比时间和金钱更重要的是信息。掌握了信息就找到成为明星企业的"捷径"。为什么有众多经营者，使出浑身解数，不惜付出大量的时间和金钱来获得信息？因为信息是扭转企业经营局面的有力工具，也是能够缩短所需时间和金钱的唯一工具。

如果利用方法得当，很小的力量就能产生大的改变。而信息就是以小博大的工具。比如你通过阅读一本专业书籍掌握了炒股知识，并且通过这个知识赚到了10万元，而仅仅是付出20元的书费和几个小时的阅读时间就达到了这么高的收益，这就是杠杆效应。很多经营者每天努力工作经营，根本抽不出时间去了解外界的信息，那么陷入闭门造车的境地，企业做大做强往往沦为空谈。

作为经营者，必须充分重视起信息的重要性。具体来说：

1.要明确信息的性质

很多经营者了解投资、产品行销、市场调查、行业平均值等信息，这些对大公司可能很有用，但是对那些小公司的经营者来说，作用是零。这些小公司的经营者每天被琐事烦得焦头烂额，资金很少，员工数量也非常少。那些所谓的行业内的调查分析，根本在他们身上行不通。要知道，对于小公司而言，要首先明确适合自己的信息，明确信息的来源，真正能够改变企业经营的是自己所获取的信息。

2.收集信息的方法

既然知道了信息的重要性，也了解了信息的性质，就要着手开始收集信息。不要盲目地收集所有信息，要先明确自己的目的，再根据这个目的来收集。同样的信息，对不同公司的作用是不同的。大公司对于营销信息十分关注，而小公司则应着眼于那些能够迅速成长的信息。信息能够产生的价值是因人而异的，对于有目的的人来说是能够扭亏为盈的信息，但对于毫无目的的人来说一点价值都没有。也就是说，拥有想要改善企业经营的意识和目的的经营者，才会从相应的信息中得到价值。

3.将信息化为行动

一切信息如果不能付诸实践，就只是纸上谈兵。同样获得信息的十个人中，也许只有五个能够明白其中的意义，能够坚持付诸实践的也许只有一个。如果能坚持按照目标，实践下去，你就是那成功的一个人。只要针对本公司具体情况做出改变，将信息化为行动，信息才最终由用武之地。

及时收集信息，找出适合自己公司的方法付诸实践，公司就已经走上了做大做强的道路了。

迅速获取准确的信息

聪明的公司经营者，一旦掌握了准确而有价值的信息，就会以最快的速度开发它，利用它。真正是"快一步天高地阔，慢一着满盘皆输"。进入信息化的时代，对信息的敏感度死掐着公司成长的咽喉，越来越多的公司重视获取信息的及时性和准确性。

市场的行情如同"六月的天"，说变就变，昨天还是非常有价值的信息，到今天也许就一文不值。所以，一定要趁着行情好的时机，赶快利用手中的信息，将信息变成货币。快速获取有价值的情报，掌握第一手信息，对任何企业而言的重要性是不言而喻的。

在纷繁的竞争环境中，小公司的领导者所能做到的，就是随时跟踪市场的发展变化，并根据这些特征来推导未来的市场走势，从而做出正确的判断。这种管理技巧就如同产品技术开发阶段中的技术跟踪，虽不直接从事该项技术开发，但不断跟踪国内外的最新成果与动态，记录和收集这些成果，然后再想办法获得最新技术成果。

作为优秀的老板，你必须清楚这样一个基本事实：你必须掌握足够的信息，你必须对自己从事行业的相关信息进行长期不懈的跟踪，随时了解该市场中的最新动态与热点，并根据这些观测结果做出未来走势判断，并相应采取合适的行动。

在把握市场这个问题上，老板们还应注意时效性这个问题。因为市场本身总是在不断变化的，当你根据前期跟踪结果形成分析结论后，然后经过反复讨论与酝酿，准各依据分析结论而采取行动时，市场可能又会发生变化。此时，采取该行动很可能会被认为是不明智和不恰当的。所以，你必须要快，尽量确保在市场变化前就采取相应的行动。

◇ 获得信息前需要做的工作 ◇

想要快速获得市场信息，小公司的老板们应做的工作包括以下几个方面：

行业分析

其中包括自身行业、相关行业，管理者最好找到大量相关的文章进行了解。

这两家是主要的竞争对手啊！

竞争对手分析

管理者要将竞争对手进行分级，找出哪些是行业领先者，哪些是自己的主要竞争对手。

自身产品分析

了解自身所在的公司的产品特性，找出与竞争对手的差异点，建议把差异点都总结出来，自己脑海里必须非常清楚。

接收信息时思考"为什么"

　　情报意识，对于一个经营者来说至关重要，当今的市场风云变换，竞争也愈发激烈，企业不仅要跟上市场的步伐，更要先于市场发现行业的趋势，只有这样才能先于竞争对手打开更为广阔的市场。因此，企业的经营者要培养情报意识。

　　培养情报意识的一个关键就是要提高对市场，甚至是周围的各种事物的敏感度和观察力。一个企业的老板能否成为成功者，恰恰就在于他对事物是否有感受能力。拥有较强感受能力的人更容易对所见的事物和现象所印象，而且牢牢地刻印在大脑里，在恰当的时机会将头脑里的东西转化有利于企业发展的新想法，这种经营者是有心人，不断寻找新事业发展契机。而与之相反的是，有些人往往对于周遭事物采取麻木不仁的态度，他们观察事物也是漫无目的的或者是仅仅停留在事物表面上的，这样往往什么也感受不到。对于企业的经营者来讲，应当是有目的、有意识地去观察，并且把获得的信息当作是"情报"来接受，并且要由表及里地观察和思索，这样才能得到启示。

　　那么如何才能更深层次地观察事物呢？对于经营者来说要应多想想"为什么"。"为什么呢？"这样的疑问，正是一个经营者最必要的感受方法。"为什么"的思考是探究、摸清事物的本质的出发点。只对眼前的事物照原样接受，是不能看穿其本质的。对于一个经营者来讲，百货商场很可能就是一个很好的情报场所。

　　再如，一位成功经营咖啡店的经营者就有这样的经验。对于顾客来说，在咖啡店喝咖啡，觉得很好喝，很少有人思考"为什么"，即使稍微更有心的人，也至多是对朋友或亲人说："那儿的咖啡味道不错。"仅达到这样传播情报的程度。而经营则就不能仅此而已了，要有"为什么"的思考，这样就会去探究那种咖啡为什么好喝，确认其是用什么煮的，并探究咖啡豆的种类和搅拌方法，有机会时他们会直接询问老板的秘诀。进一步探究的话，还会明白咖啡其本身的味道。尽管如此，其实店内的气氛也有相当的影响。就这样，对"为什么"的思考挖掘下去，从感到咖啡好喝入手，自己会得到各种各样的情报。这位成功的咖啡店老板就是这样获取市场情报的，根据这些情报不断改进自己的产品，迎合市场的需求。

　　事实上，在商场上，深入思考能够带来的巨大不同就是这样的，差异会如实地在之后企业的经营之中凸现出来。有"为什么"的思考的经营者会发现异常现象，并且会力图去抓住其原因。他们更容易识破客户公司的经营危机，也更容易从部下的细微行动察知其生活上的异常。而对事物没有疑问的经营者对能够给市场带来潜在危机或者机会的事物感觉迟钝，更不会采取先下手的政策，往往被置于被动。这样的话，便做不了经营者。不管怎么说，生意都是先下手为强。

　　因此经营者要有一颗敏感的心，要保持对市场现状及变化趋势的强烈嗅觉。经

◇ 获得信息的渠道 ◇

　　企业的经营者们应该开辟尽量多渠道的信息源，下面是一些行之有效的信息搜集渠道。

1.从报纸或新闻中获取信息

　　如果发生大事件时往往都会有相关的报道，只要及时关注就可以找到商机。因此，平时应该养成看报、看新闻的习惯。

2.从别人的闲谈中获取信息

　　每个人都是一个信息源，相同的信息在某个人那里没有用处，但是对于自己或许能派上大用场。

公司决定派你去打探一下市场消息。

没问题，一定把消息带回来！

3.派遣信息员收集信息

　　很多大公司有专门收集信息的人，他们被称为信息员。小公司即使没有专门的信息员岗位，也可采用兼职的形式让某几个员工负责收集信息。

营者要对身边发生的商品变化、市场环境、媒介资源等许多动态甚至于相对静态的事物做出自己敏锐的判断。只有敏感，你才不会木然；只有敏感，你才不会保守；只有敏感，你能放下自傲；只有敏感，你才会放弃偏颇。你有一颗对市场敏感的心，你才会拥有对市场敏锐的目光和灵敏的嗅觉，你才能保证自己拥有敏捷的反应和明智的选择。

面临信息时，思考"为什么"是十分必要的，因为经过思考后的信息具有这样的功能：

（1）对抗性和针对性。企业所需的情报是整个处于竞争当中的市场环境中获得的，而情报的最终用途是针对市场需求而言的，因此企业要寻找的情报对于企业的经营来说具有针对性和对抗性。

（2）商业性。取得情报的最终目的是为企业的经营带来更大的经济效益，这些情报的标新形式虽然不同，可能是与专利有关、与产品创新有关，但都具有商业性，能给企业带来更好的收益。

（3）市场预测性。企业获得的情报应当能够帮助企业预测市场的走势，具有一定的预测性。

（4）综合性。所得的情报既有可能是有关产品技术的，又有可能是企业经营管理方面的启示，还有可能是市场未来的发展，并非局限于经营的某一个方面。

（5）隐蔽性。企业所得的情报并非是直观的，需要企业经营者的观察、发现和深入思考，需要思维的加工分析。

（6）时效性。市场是瞬息万变的，尤其在当今这个经济全球化的时代，只有迅速获得准确及时的信息，才能够建立反应灵敏的战略决策支持系统。

（7）长期性。情报的获得和应用不仅是在创业的初期十分重要，研究和发展企业情报工作应当是一项长期的战略任务。

建立高效的内部信息系统

信息社会，信息扮演着不可替代的角色。但是，根据信息传播规律，每传输一次，所传递的信息就会流失一半，而不正确的信息却在同步增加。如何保证企业内部的信息从上到下、从下到上及时有效地传递，这是每个经营者都需要深思的问题。

通常，一个部门到另一个部门的信息流动会遇到障碍或者被歪曲。公司规模做大后，人们分享信息、做出一致的决策和调整其优先业务的难度就越大。决策的速度变慢，执行力的优势就被削弱。好的组织结构一定要让有效信息在组织内部畅通起来。

1.建立企业内部信息沟通系统

对于一个组织来讲，确定目标，制定决策，进行组织、控制、协调，以及对人际关系的改善，组织凝聚力的形成，组织的变革与发展，都离不开沟通。

德鲁克说，企业内部对市场的判断十有八九是错误的，真正懂得市场的人是在企业之外。这句话揭示了企业与外部保持联系的重要程度。在企业内部，从上到下的任务发布和从下往上的工作汇报，更需要企业采用制度来保障畅通。一般而言，组织层级越少，信息流通越畅通。

2.探索适合企业的内部沟通系统

不同的企业有不同的内部沟通系统，但无论如何，一定要建立适合企业环境的内部沟通系统。

美国微软公司是IT行业的精英人才库，它的成功固然有多方面的经验可以总结，但就其对内部员工的民主化和人性化管理来说，一个不同于其他企业的特色是公司为了方便员工之间以及上下级之间的沟通，专门建立了一个四通八达的公司内部电子邮件系统。每个员工都有自己独立的电子信箱，上至比尔·盖茨，下到每一个员工的邮箱代码都是公开的，无一例外。作为微软的员工，无论你在什么地方、什么时间，根本用不着秘书的安排，就可以通过这一"内部电子邮件系统"和在世界任何一个地方、包括比尔在内的任何一个内部成员进行联系与交谈。由于这一系统的存在，每个员工都深深体验到一种真正的民主氛围。

微软的员工认为，"内部电子邮件系统"是一种最直接、最方便、最迅速，也最能体现尊重人性的工作沟通方式。通过"内部电子邮件系统"，除了上层对下层布置工作任务外，员工们彼此之间也可以相互沟通、传递消息，最重要的是员工可以方便地使用它对公司上层，甚至最高层领导提出个人的意见和建议。

有一位员工想多放几天假，就利用"内部电子邮件系统"直接向谢利总裁提出建议：既然公司的经营取得如此大的成功，为什么员工不能多放点假休息休息，为什么不能把假日累积到一起，让大家都可享受连续多日的假期呢？这一建议后来就得到了公司的采纳。

当然，并不是说只要员工提出要求，公司就必须采纳，关键在于"内部电子邮件系统"创造了一条有效的沟通渠道。比如有一次，许多员工通过"内部电子邮件系统"要求在总统宣誓就职日全体放假，谢利几经考虑，最后还是决定不放假。

事后，谢利对比尔·盖茨说："尽管大家不太满意，但公司与员工间的沟通渠道还是畅通的。"此外，员工还可以利用"内部电子邮件系统"来约会。有位女员工非常仰慕比尔·盖茨，但很少有机会能与比尔·盖茨直接见面，她就通过"内部电子邮件系统"约见比尔·盖茨。比尔·盖茨当时很忙，说："等我有时间，我再约你。"后来，比尔·盖茨果真通过"内部电子邮件系统"与她见了一面。

由此可见，微软的"内部电子邮件系统"为公司员工和上下级的交流提供了很

◇ 企业内部信息沟通系统 ◇

在企业内部，信息沟通系统包括三个子系统：

1.企业内部与外部的沟通系统

企业与外部沟通的目的是使企业的发展始终符合市场变化的要求。

2.上级向下级的任务发布和评价反馈系统

要保证每一项任务能够清晰准确地传递给下级。

3.下级向上级的信息反馈和工作汇报系统

清晰的信息反馈和汇报有助于管理者整合信息，继而做出科学的决策。

大的方便，为消除彼此间的隔阂，保持人际关系的和谐畅通开辟了渠道，为激励人才、留住人才发挥了极大的作用。

高效地过滤信息

广播、电视、报纸、网络等信息铺天盖地而来。据美国某研究机构专门的统计，全世界仅一天正式发表的论文，如果要你一个人全部看完（假如你能将其全部看懂），大概要1100年！由此可见信息量的巨大。

但是，如果我们只会"占有"信息，而不将无用、无效的信息过滤掉，那么我们将淹没在无助的洪流中，永远也无法实现自己的目的。

1.提取有效信息

然而，在这庞大的信息流里，真正对经营者有用、有价值的信息其实为数很少。以至许多企业家感慨："资料太多，资讯太少！"由此可见，我们要在信息社会达成自己的目的，不仅要懂得"占有"信息，还要懂得让你手头掌握的信息变得有意义，能够为己所用。

有则"九方皋相马"的故事。秦穆公对伯乐说："你的年纪大了，你能给我推荐相马的人吗？"伯乐说："我有个朋友叫九方皋，这个人对于马的识别能力，不在我之下，请您召见他。"穆公召见了九方皋，派他去寻找千里马。三个月以后九方皋返回，报告说："已经找到了，在沙丘那个地方。"穆公问："是什么样的马？"九方皋回答说："是黄色的母马。"

穆公派人去取马，却是纯黑色的公马。穆公很不高兴，召见伯乐，对他说："你推荐的人连马的颜色和雌雄都不能识别，又怎么能识别千里马呢？"伯乐叹气，长叹："九方皋所看见的是内在的素质，发现它的精髓而忽略其他方面，注意力在它的内在而忽略它的外表，关注他所应该关注的，不去注意他所不该注意的，像九方皋这样的相马方法，是比千里马还要珍贵的。"穆公试了试马，果然是千里马。

在纷繁复杂的信息中，获取最有价值的信息，这是企业的管理者——伯乐们的必备能力。

2.过滤掉无用信息

过滤掉无用的信息，不让无用的信息扰乱你的思维，你就可以"占领高地"，化被动为主动。

把握市场先机，决胜千里之外。甚至，能让一个人、一个企业在生死存亡之际，化险为夷，成为领域中的领跑者。

上海一家食品制造业主要面向本地客户，正在酝酿战略转型，公司最终决定投入资金请一位知名的咨询专家王博士为他们把脉。

王博士接受委托后，并没有立即行动，而是着手对当地的垃圾进行研究。这在一般人看来似乎与他的工作毫不相干，但王博士就是在垃圾堆里为这个企业找到了有用的信息。

王博士与助手一道，采用抽样调查的方法，从每天收集上来的垃圾堆中挑出数袋，然后把垃圾的内容依其原产品的名称、重量、数量、形式等予以分类。

王博士还通过对垃圾内容的分析，准确地了解到人们消费各种食物的情况，并得知减肥清凉饮料与压榨的橘子汁属于高阶层人士的消费品。他认为："垃圾绝不会说谎和弄虚作假，查看人们所丢失的垃圾，往往是比调查市场更有效的一种行销研究方法。"

后来，这家企业根据王博士所提供的有效信息制定经营决策，组织生产，结果大获成功。

王博士不愧为一个高效能的专家，通过对信息进行有效过滤，最终帮助这家企业获得了成功。这就是高效过滤有效信息带来的效果。

反观很多管理者，很容易就陷入信息的泥淖之中，无形中，会把一部分有用的东西，自动归档为"垃圾"信息，又或者把一些根本无用的信息列入了有效信息之列。这为我们以后的工作带来了不少麻烦，很大程度上降低了我们工作的效率。

想要成为这样的高效能管理者，掌握高效过滤信息的能力是必不可少的。我们需要使用"信息过滤器"，将大量的信息层层过滤。现将"信息过滤器"示意如下：

海量的信息→相关信息→直接相关的信息→有用的信息

依照信息过滤器的所示流程，我们就可以迅速地筛去一些无关的信息，将自己的精力集中在自己的有效信息上，从而为高效工作打下坚实的基础。

坚持企业信息化战略

信息化战略是企业收集、利用信息，开展信息活动的整体性、长期性的方针政策和战略体系，它渗透于企业的各业务单元和企业战略中，目的在于通过信息化建设，提高企业各个方面的效率，从而更好、更快地实现企业的总体战略。

随着市场竞争的加剧，许多企业进入了微利时代，企业成本竞争的压力越来越大，通过信息化战略促进管理精细化、资源利用高效化，是企业降低成本、赢得竞争优势的有效途径。

信息化手段本身的快捷性、准确性和可靠性，以及在管理上所能达到的规范性、透明性和先进性等，是传统管理手段所无法比拟的。

早在20世纪中期，计算机技术已经在石油勘探领域得到较为广泛的应用，并收到了显著效果。从50年代的资源勘探二维地震数据处理到80年代的三维地震数据处理，再到现在的智能作业及企业资源计划系统（ERP），无论是发展油气主营业务、技术支持业务，还是增强集中管控能力，提高整体运营和管理水平，都已经离不开信息技术的全面支持。

◇ 重视信息化建设 ◇

为实现信息化战略，小公司也需要重视信息化建设。具体来说：

采用这个系统可以……

1.突出技术应用

信息化建设是一项复杂的系统工程，涉及面广，要充分发挥信息化传统和基础优势，整合专业技术队伍，从管理、技术、资源上提供保障。

2.加快信息化人才建设

要进行信息化建设，没有人才是不行的，精干的专业队伍是推进信息化建设的强大动力，要结合业务实际，抓好信息化人才队伍建设。

要注重用信息化手段实现管理创新，提升管理效率，夯实管理基础，促进企业安全平稳运行。

在20世纪80年代初，国际石油巨头埃克森—美孚公司就以ERP系统整合了其全球加油站业务信息化管理，同时整合了欧洲和南美洲两个独立客户群的资源合并。壳牌奥地利公司ERP信息系统在1997年上线后第一年，就使企业经营成本下降了13%，而壳牌泰国公司则下降了40%。

目前，国内外绝大多数大型企业都在使用ERP系统作为企业的核心应用系统。其中，财富500强企业全部实施和使用了ERP系统。SAP公司ERP系统作为市场占有率最高的软件平台，国内外知名的石油公司如：ExxonMobil、Shell、TotalFinaElf、Chevron、BP、Texaco、中石化和中海油均采用了该软件作为企业的ERP系统平台，集团公司也采用了SAP系统作为ERP系统平台。通过ERP系统的实施，整合了石油天然气企业从勘探、开发、生产到炼化、储运、零售整个行业的价值链与信息链，最大程度地提高了石油企业及其客户、供应商等协同工作的能力。

通过市场调查获取信息

市场调查之所以必要，是因为它可以减少公司的经营风险。如果没有调查，公司经营者进行决策时只能以少量的和不系统的信息为依据。这样进行的决策由于准确度不高，会使经营承担较大的风险。

市场调查是一项较为复杂、细致的工作。为了保证市场调查的质量，使整个调研工作有节奏、高效率地进行，必须遵循市场调查的程序。

在进行市场调查之前必须先确定调查目的，即明确为什么要进行此项调查，通过调查要了解哪些问题，调查结果的具体用途。在实际工作中，市场调查人员设想的市场调查，开始往往涉及面很宽，提出的问题也比较笼统。因此，先进行初步调查，通过初步调查找出市场的主要问题是必要的。

如在经营过程中，出现商品销售额持续下降现象，就需要对商品货源、经营的商品结构、服务质量、消费者购买力，以及促销等方面予以调查。它大致包括以下四个方面的内容。

1.提炼主题

市场调查涉及面比较广，调查人员对定价、促销、产品开发等一般性的、大范围的知识背景比较熟悉。但以此作为调查主题，范围过大，需要进一步提炼，将调查主题提炼到一个较窄的领域，把握住调查的侧重点。

2.选择目标

市场调查的目标具有多重性，在具体实施调查时还要转化为具体的目标。这些具体目标通常以研究问题的形式出现，将决策者所需信息的内容充分地表现出来。

3.形成适当假设

确定了调查的具体目标后，就要针对市场上各种可能的情况形成一些适当的假设。不管假设是否成立，都会帮助研究者达到市场调查的目的。假设有两种形式：

（1）可以根据正规研究资料判断的陈述性假设。

（2）对要调查的各种可能的行动方案假设，目标是选择最合适的方案。

总的来说，为使资料的收集工作有较大的依据性，除了简单的事实收集研究不一定需要假设外，大多数市场调查都需要假设。

4.识别所需信息

识别调查所需信息这项工作常被调查者忽视，实际上它对于设计问卷或调查提纲并保证达到研究目的有重要意义。另外，这项工作在调研初期就开始，并不局限于要等到作研究假设之后再进行。同时，在调查过程中有时还要根据实际情况进行调整。

从员工处获得有效信息

作为管理者，倾听员工的各种不同的声音，从中获取有效的信息。

作为一名领导者，在与员工的沟通过程中，首先应该主动听取意见并善于聆听，只有善于听取信息，才能成为有洞察力的领导者。

积极聆听是暂时忘掉自我的思想、期待、成见和愿望，全神贯注地理解讲话者的内容，与他一起去体验、感受整个过程。倾听是很重要的管理技巧，这里有几个简单的方法供管理者参考。

1.善于聆听弦外之音

经营者和员工的位置毕竟不同，有些时候，员工并不直接地向你表达，而是选择绕圈子的方式。因此，当你在倾听时，要特别注意说话者的语调，因为里面很可能隐藏着他们要表达的真正含义。

2.要对所听到的情感做出反应

有时候，说话者所要表达的感情远比他们所表述的内容重要。仅仅理解说话者所表达的感情是不够的，还应当对说话者的情感做出适当的反应，这样才能使说话者知道他所要表达的内容对方都明白了。

3.表现出你非常乐意的姿态

这个方法也许是最重要的，因为所有的倾听都开始于我们乐于参加的意愿。倾听的动作可能是人类最不自然的动作之一，因为我们得抛开自己的需要和时间表，来迎合他人的需求，但是这却违背基本的人性。这也就是良好的倾听习惯，需费一番工夫才能精通的原因。

4.注意力集中

这是尊敬说话者的最起码的表现。聆听者的尊敬会使说话者觉得有尊严。当你未全神贯注地倾听别人的说话时，你已在无意间冒犯了别人。尊敬说话者指的是，全神贯注于说话者，不打岔，不敷衍应答，这样才可能让对方将有用的信息告诉你。

5.要有敏锐的观察力

根据一份报告指出，55%的沟通是根据我们所看到的事物。良好的倾听者会观察说话者的一举一动，在观察中获得言语之外的信息。

◇ 善于倾听 ◇

倾听是一种很好地获取信息的途径，而想要从自己的员工那里获得信息，在倾听时要注意：

1.态度要端正

千万不要摆出你是一个老总的架势，那样你的员工可能不会将他心中的真实想法表达出来，也很容易伤害他们的自尊。

2.与你的倾诉者对话

恩，那你觉得怎么样？

如果只是一味地"听"而不发一言，则会让倾诉者逐渐丧失倾诉的意愿。所以，不仅要倾听，还要参与对话。

通过学习交流获得信息

学习交流则是获得信息的最佳方式之一。优秀的经营者都懂得利用学习交流来达到获得的目的。

知识只是信息的载体，本身并不能带来价值。经营者必须结合市场、企业、消费者等各个方面的利益诉求，对知识管理加以整合利用，才能创造出价值。

当然，所有的学习交流活动只是搭一个平台，如果你想成为信息整合的高手，事后还必须思考如果使这些整合的资源效用最大化。

由此，我们可以看出交流学习对于获取信息的重要性。一般来说，学习交流主要有以下几种渠道。

（1）培训公司的课程。现在有很多的培训公司推出形式各样的课程。我们可以从中选择一些合适的参与。

（2）大学的课程，如长江商学院、北京光华管理学院、中欧商学院以及各种名牌大学的EMBA班、国学班等。

（3）政府或民间组织的论坛，如博鳌亚洲论坛、中国企业家杂志论坛等。

（4）各种协会、商会、俱乐部组织的各种活动，如商务考察、酒会、户外活动等。

（5）平时朋友同学之间的聚会、庆典。在上面的这些渠道当中，参与的人员往往在经历、地位及兴趣爱好方面有一定的共同点，因此很容易在这些场合中结识人脉，获取经验与信息。

第十六招

关系之道：
经营公司就是经营人脉关系

人脉关系是重要的资源

人际关系的重要性，有许多至理名言可以告诉你这个道理，如"朋友多了路好走"，"一个篱笆三个桩，一个好汉三个帮"，"在家靠父母，出门靠朋友"等等。这些名句背后的内涵都落足在了一点上：人脉关系是一种重要的资源。

人脉关系对小公司做大做强有重要的影响。才华横溢、经验丰富或技术过人固然能引领公司向更好的方向发展，但真正能让公司超越别人、成功制胜的，往往是它的关系网络。

作为小公司的老板，经营自己的公司时，拓展人脉关系是自己的必备功课。因为公司经营活动与外部环境存在着各种各样的联系，需要通过关系网，使自己的发展更顺畅。例如，有了良好的销售网络，公司的销售工作就能如鱼得水。

美国斯坦福研究中心曾经发布一份调查报告，结论指出：一个人赚的钱，12.5%来自知识，87.5%来自人际关系。这个结论或许让你震惊，但最重要的是你应该清醒。能够成事的那些看似巧合的"运气"，其实多半是努力经营人脉的结果。

1.创建自己的人脉

在追求公司发展的过程中，人脉起着至关重要的作用。如果说血脉是人的生理生命的支持系统，那么人脉则是人的社会生命的支持系统。在今天的商业社会里，人脉就是机会，人脉就是前途，人脉就是财富。

随着全球网络的极速发展，整个世界日益成为一个脉络丰富的地球村，人与人之间的联系也随之更加密切。我们的学习、工作、生活、娱乐都紧密地与别人联系起来，整个世界已经形成一个有机脉络。你与别人之间的脉络越丰富，你的事业就越发达。因此，能成就大业者，除了要有一定的业务知识，最为关键的还是创建有利于自己发展的人脉关系。

◇ 学会人脉投资 ◇

朋友多了会帮你出主意、出人力、出物力、出财力，和你一起解决问题，那样你前方的路就变得宽广了。那么，我们该从那些方面去充实自己的人脉呢？

1.个人关系

即家庭、亲友，一切青睐你的有"感情瓜葛"的人。他们是你人际关系的核心部分，能在你需要的时候给你提供最贴心的帮助。

2.专业网络

它包括和你共事过的人，你的老板、导师和教授，和一些职业咨询者等。虽然他们不能马上给你带来实际的帮助，但是通过一些关系网的积累，它们会给你的事业和工作带来无限的可能。

老师……

3.社交圈子

与个人关系相比，社交圈子比较大。你们拥有共同的志趣，这样更能拓展你的社交圈。

1996年，王永庆看中了一项很有前途的生意——把山林废弃的树梢残材，经化学处理后变为高价值的纤维。这可是一本万利的好买卖，可是他手中的资金周转不过来，恰好他的朋友中小企业银行董事长陈逢源独具慧眼，也很看好化学纤维的前途，便果断地把在金融圈很有地位的丁瑞央介绍给王永庆。不过，没想到丁瑞央婉言谢绝了这份邀请。王永庆不灰心、不气馁，先后五次盛邀丁瑞央，最终用诚恳打动了他，同意到台塑任职。丁瑞央到台塑后，经他的策划与经营，使台塑企业开创了民营企业直接向国外银行取得长期贷款的先例。

王永庆在金融界拓展了人脉之后，获得了国外银行的长期贷款，才有了他的企业发展壮大。

人的精力毕竟是有限的，而且又有认识不完的人。你需要搞清楚自己需要怎样的关系，分清直接关系和间接关系的人，明确哪些关系需要重点维护，哪些则只需要一般保持联系和关照，从而决定自己的交际策略。

2.善于利用已有的人脉

而在现代社会，想要做一番事业的人，大都选择了做企业，一个企业能否成功，关键还是在于是否占了"人和"之利。

我们都知道比尔·盖茨之所以能成为世界巨富，是因为他掌握了世界的大趋势和他在电脑上的智慧与执着。其实，比尔·盖茨之所以成功，除这些原因之外，还有一个关键的因素，那就是比尔·盖茨的人脉资源相当丰富。

比尔·盖茨20岁时签到了第一份合约，这份合约是跟当时全世界第一强的电脑公司——IBM签的。

当时，他还是位在大学读书的学生，根本不会有太多的人脉资源。那么他怎能钓到这么大的"鲸鱼"？原来，比尔·盖茨之所以可以签到这份合约，中间有一个十分关键的中介人——比尔·盖茨的母亲。比尔·盖茨的母亲是IBM的董事，妈妈介绍儿子认识自己的董事长，这不是很理所当然的事情吗？假如当初比尔·盖茨没有签到IBM这个大单，顺利地掘到第一桶金，迈出进军IT业的第一步，相信他今天绝对不可能拥有几百亿美元的个人资产。

那些成功经营企业的人，绝少是天赋异禀、恃才傲物的人，更多的还是朋友遍天下、行走可借力的人。挖掘人脉潜力、聚拢无穷人气，就能成就非凡人望，进而获得成功。有了强大的人脉关系资源，何愁不能成就一番事业。

通过中间人扩充人脉

请你认真思考这样一个问题：算算你现在一共有多少人脉资源？这些人脉资源都是通过何种渠道或方式认识的？

思考后，你一定会发现，自己现在的人脉资源最初都是别人介绍的朋友。也就是说，我们通过一些朋友作为"中间人"又认识了更多的朋友。其实，要想扩大人脉圈，就要善于发挥中间人的作用。

1.利用合作伙伴做中间人

比尔·盖茨重要的合伙人——保罗·艾伦及史蒂夫·鲍默尔，不仅为微软贡献他们的聪明才智，也贡献他们的人脉资源。1973年，盖茨考进哈佛大学，与现在微软的CEO史蒂夫·鲍默尔结为好友，并与艾伦合作为第一台微型计算机开发了BASIC编程语言的第一个版本。大三时，盖茨离开哈佛，和好友保罗·艾伦创建微软，开发个人计算机软件。合作伙伴的人脉资源使微软能够找到更多的技术精英和大客户。1998年7月，史蒂夫·鲍默尔出任微软总裁，随即亲往美国硅谷约见自己熟知的10个公司的CEO，劝说他们与微软成为盟友。这一行动为微软扩大市场扫除了许多障碍。

我们在羡慕比尔·盖茨的成功时，也要向他好好学习一下利用中间人拓展人脉的方法。

2.利用中间人拓展人脉的方法

谁都知道，没有特殊关系，一般人不会主动将自己的朋友介绍给别人，尤其是在大家非常忙的时候。所以，想认识谁就要主动找熟人，请他给予介绍。比如，当朋友与别人交谈时，你可以主动走上前去同朋友打声招呼。在一般情况下，他会主动将他说话的对象介绍给你。如果他不介绍，你可随便问一句："这位是……"他告诉你后，便可与对方说点什么，但不要聊太长时间，这样做不但会耽误朋友的事情，对方也会认为你是个不礼貌的人。因此，简单地说两句之后，你应主动告辞，或者再加上一句："回头我们再聊，你俩先聊着吧。"

如果你去的场合是某单位或某人举办的活动，你可以主动请东道主给你介绍几位朋友。如果人不太多，你甚至可以让东道主把你介绍给大家，然后你就可以与任何一位新朋友谈话了。其他人以为你与东道主关系亲密，也会很高兴认识你。如果你与东道主关系一般，但他把你请来了，也就会对你的要求予以满足，但你必须主动提出来。

需要注意的是，你开口请人介绍认识他人之后，必须对中间人表示谢意。这样中间人才会乐于帮助你，乐于介绍更多的新朋友给你。

借用父母的人脉

对不少年轻的经营者而言，自己创业不久，很少有成熟的社会关系。为了解决这个问题，除了开拓自己的关系网外，最好的办法莫过于使用父母的人脉网了。

1.充分利用父母的关系

比尔·盖茨当初创业的时候，微软公司只不过是一个没有名气的小公司，公司虽然开发了一些新软件，但苦于找不到大客户，因此一直没有大的起色。但是在他20岁的时候，通过他母亲的关系网签到了一份大订单。这份订单改变了微软公司的命运，也改变了比尔·盖茨的命运。

与比尔·盖茨签订这份大订单的不是别的公司，而是当时全世界第一大电脑公司——IBM公司。比尔·盖茨是怎么钓到这条大鱼的呢？要知道他当时并没有什么强大的关系网。

当时，微软公司与IBM公司相比，简直就是小帆船与航空母舰，像微软这样的小公司，IBM根本就不屑一顾。但比尔·盖茨坚信他们公司所开发的软件一定具有广阔的市场前景，只是苦于找不到向IBM公司负责人展示这项技术的机会。怎么争取到与IBM公司高层负责人接触的机会呢？他突然想起了一个人，这个人不是别人，正是比尔·盖茨的母亲。

当时，比尔·盖茨的母亲是IBM的董事会董事，在IBM公司举办的一次联谊会上，母亲带上了比尔·盖茨，并且礼貌得体地向IBM公司董事长介绍了自己的儿子——比尔·盖茨。董事长面对同事的儿子自然显得十分热情，他还亲切地问起比尔·盖茨在哪所学校读书，或者在做些什么工作。比尔·盖茨都给予了礼貌地回答，当然他也没有忘记趁机向这位国际巨头推销自己。董事长对这位年轻而又有勇气的小伙子十分感兴趣，自然他们事后又安排了一次正式的会面。

正是这次会面，为比尔·盖茨提供了一个与IBM合作的机会，而他的介绍人正是她的母亲。也正是这次历史性的机遇最终为比尔·盖茨带来了几百亿美元的个人资产。

一般情况下，父母的人脉网要比自己的人脉网有效得多。因为父母的人脉网中多是父母的同龄人，他们与年轻人相比具有更深的阅历，更丰富的经验，更成熟的人际网络。因此，使用这些关系来办事，具有更强的可靠性，也更容易获得成功。

2.了解父母的人脉网

要想有效地使用父母的人脉网，首先应当了解父母的人脉网。一般情况下，父母的人脉网也不外乎那几类：父母的朋友关系，父母的同学关系，父母的同事关系，父母的对外工作关系，等等。

对于父母的这些关系网，你一定要有所了解。而要了解这些信息，一是平常要多注意父母的谈话，必要时还可以向他们询问。另外，当你父母的同学或朋友到你家做客时，你一定要热情地招待他们，尽量给他们留下深刻的印象。当父母向他人介绍你时，你也一定要好好表现自己，尽量要把自己优秀的一面展现给对方，必要的时候还可以向对方请教一些问题，或者主动提出自己的愿望，希望对方多多关照等。当你遇到具体问题的时候，向父母的老朋友或者老同学求助，或者你遇到类似难题的时候，可以询问父母是否有这方面的朋友可以帮上忙。

你也可以把父母在相关行业的同学、同事、朋友的电话号码或其他联系方式记录下来，像为自己的朋友分类建档一样，也为父母的人脉网进行分类建档。这样你就可以对父母的人脉网了解得更清楚。关键的时候，这张关系网就可以成为你办事的得力助手。

3.维护关系的方式

因为父母的老朋友一般都是长辈，与他们交往要注意一定的礼节。

经验告诉我们一个真理：向专家和领导求教，比向一般人求教更容易；向长者

◇ **与父母的朋友维护好关系** ◇

与其他关系网相比，向父母的老朋友求助也有一定的优势。那么，该如何和父母的朋友维护好关系呢？

1.在平常生活中要经常去探望他们，保持联系，不要等有事时才临时抱佛脚。

2.在办事之前我们一般要亲自到父母朋友家中拜访，紧急情况下也可以打电话向他们求助。但无论采用哪种方式，都应当安排妥善合理。

只有把关系维护好了，才能在事情来临时及时请教而不觉得慌张或者不好意思。

求教，比向你的同龄人求教更有效。因为大多数的专家、领导，在被问及任何意见时，都会有一种责任感和荣誉感。甚至一般的长辈，被年轻人请教时，也非常愿意把自己的人生经验和收获得失与年轻一代分享。

与同行搞好关系

中国有句古语叫"同行是冤家"，用以说明处于同一行业的企业或人，由于竞争的存在而使得利益受损，使得彼此各方为自身利益而剑拔弩张。事实的确如此，在现代市场中，一个公司不去与同行竞争，就无法生存。

其实，作为企业老板，你要知道，在为公司的发展与对手作生死相搏时，别忘了他也有能帮你的地方。你只有与同行业的人交上朋友、进行合作，才能增强自己的实力，获取其他情况下得不到的优势，从而保持住自己占有的市场份额。

聪明的公司经营者，不仅能看到竞争对手给自己的压力，还能看到对方给自己带来的好处。他们从不拒绝与竞争对手交往，更不会把对手看作敌人。相反，他们在良性竞争的同时，会尽自己的最大努力与对手成为朋友，与他们在某些方面加强合作，以保证自己在市场竞争中的有利地位。

1.必要时联合起来

商场如战场，市场竞争自然不可避免。如何才能在竞争中实现"双赢"，在这方面，李嘉诚为我们树立了榜样，他说："没有绝对的竞争，也没有绝对的合作，因为二者是可以转化的。"

九龙仓是香港最大的货运港，包括九龙尖沙咀、新界及港岛上的大部分码头、仓库，以及酒店、大厦、有轨电车和天星小轮。但是，九龙仓的经营者却陷入财政危机，为解危机，大量出售债券套取现金，又使得集团债台高筑，信誉下降，股票贬值。

李嘉诚非常看好九龙仓，他不动声色，一直在收购九龙仓股票，买下约2000万股散户持有的九仓股，意欲进入九龙仓董事局。但是，怡和洋行也计入了收购行列。与此同时，船王包玉刚也加入到收购行列。包玉刚的加入，一时间使得强手角逐，硝烟四起，逼得九龙仓向汇丰银行求救。李嘉诚考虑到日后长时的发展还期望获得汇丰的支持，趁机卖了一个人情给汇丰银行大班，答应不再收购。

1978年8月底的一天下午，香港上演了一幕传奇故事。李嘉诚密会包玉刚，提出把手中的1000万股九龙仓股票转让给他。包玉刚略一思索，立即同意了。

从包玉刚这方面来说，他一下子从李嘉诚手中接受了九龙仓的1000万股股票，再加上他原来所拥有的部分股票，他已经可以与怡和洋行进行公开竞购。如果收购成功，他就可以稳稳地控制资产雄厚的九龙仓。李嘉诚将自己的九龙仓股票直接脱手给包玉刚，一下子可以获利数千万元。

于是两个同样精明的人一拍即合，秘密地签订了一个对于双方来说都划算的协议：李嘉诚把手中的1000万股九龙仓股票以三亿多港元的价钱，转让给包玉刚；包玉刚协助李嘉诚从汇丰银行承接和记黄埔的9000万股股票。

表示自己退出"龙虎斗"，却通过包玉刚取得与汇丰银行合作的机会。在此番商战中，李嘉诚是最大的赢家。

◇ 选择与对手合作的原因 ◇

在激烈的市场竞争中，选择与对手合作，主要动因包括如下两个方面：

A 市场　　　B 市场

合作

A/B 市场

1.开拓市场

企业的首要目标就是开拓市场，占领市场。与对手合作可以形成更大的规模，从而更容易开拓市场。

2.有利竞争

弱弱联合，可以击败更强的公司。建立合作关系，可以依靠同别的公司进行合作有效地参与市场竞争。

因此，在遭遇激烈市场竞争时，可以有选择的和一个或者部分竞争对手进行合作，共同强大。

曾有记者问李嘉诚成功的奥秘，李嘉诚表示：奥秘实在谈不上，他认为重要的是首先得顾及对方的利益，不可为自己斤斤计较。对方无利，自己也就无利。要舍得让利使对方得利，这样，最终会为自己带来较大的利益。李嘉诚从来不进行恶意竞争，不管其中的利益有多大，他也从来不搞无原则的合作。在他这里，竞争往往成为合作的契机。

现代企业管理者要信奉"商者无域，相容共生"的商业哲学。与狼共舞，实现双赢，不仅实现了既得利益，还能够招来更多的合作伙伴，使你的财源滚滚而来。

2.借助对方之力弥补不足

当然，既然是同行，必然会在一些问题上呈现出"冤家"关系，但千万不要仅仅看成是竞争对手的关系。

合作与竞争看似水火不相容，实则是相依相伴的。在知识经济时代，竞争与合作已经成为不可逆转的大趋势。

在公司经营管理中，经常会遇到这样的情况：通过不懈努力争取到了一宗很大的业务，但客户却要求在很短的时限内完成。面对这种情况，最笨的做法就是放弃这笔生意。这种做法，不仅使公司失去商业机遇，还使自身形象受损，对公司以后的经济发展将产生不可估量的影响。最好的办法是什么呢？借助同行业朋友的力量来完成。

越来越多的公司经营者已经认识到这一点，在中国当今社会中，同行业联谊组织是很多的，因为他们清楚与同行进行必要交往的重要性。

与同学搞好关系

同学资源作为个人人脉圈中的重要一项，必须有效加以运用，使每个同学都成为你生命中的贵人。

很多成功经营者的经历告诉我们一个道理：有钱不如"有人"。而在这些成功者的人际资源中，同学资源已经成为必不可少的。

现在社会上同学会很盛行，据说中国最好的工商管理学院之一的上海中欧工商管理学院，除了在上海本部有一个学友俱乐部外，在北京还有个学友俱乐部分部。人大、北大、清华等名牌大学在北京、上海、广州、深圳都有同学会或校友会分会，在这些地方，形形色色的同学会多如恒河之沙。

1.重视与同学的友谊

在这个缺乏诚信的年代，同学、朋友就成了人际关系中十分稀缺的人际网络了，同时，这也是维护成本最低的人际关系。同学能在关键时刻互相帮忙的却不少。因为源于共同的经历或学历，很容易就产生信任感。即使平时不联系，必要时一样可以找同学帮，而不必非得打着草稿拐弯抹角。

研究人员在研究了数千个创业者案例后发现，在许多成功者的身后都可以清楚地看到他们同学的身影，有的是少年时代的同学，有的是大学时代的同学，还有各种成人班级如进修班、研修班上的同学。

赫赫有名的《福布斯》中国富豪南存辉和胡成中就是小学和中学时的同学，一个是班长，一个是体育委员，后来两人合伙创业，在企业做大以后才分了家，分别成立正泰集团和德力西集团。一位创业者曾说，他到中关村创立公司前，曾经花了半年时间到北大企业家特训班上学、交朋友。他开始的十几单生意，都是同学之间做的，或是由同学帮着做的。同学的帮助，在他创业的起步阶段起了很大的作用。

2.维护与同学的关系

虽说同学是维护成本最低的人际关系，但利用和使用价值与感情深浅无关，与维护成本也无关。与一般的纯商业和纯感情交往不同，介乎两者之间的同学关系更适合运用的是倍增法则（双方都有受益的机会）。从"同学"含义由同窗、同班、同系扩展到同届、同校，甚至更广就可见一斑。或许，这就是同学关系较为玄妙的一面吧。

毕业后同学们奔向五湖四海，彼此之间在一起的时间少了，但是必要的联系还是要保持的。

如果，你在学生时期不太引人注目，想必交往的范围也很有限度。因为，每个人踏入社会后，所接受的磨炼是不相同的，绝大多数的人会受到洗礼，而变得相当注意人脉资源的重要性，因此即使与完全陌生的人来往，通常也能相处得好。由于这种缘故，再加上曾经拥有的同学关系，你可以完全重新展开人脉资源的塑造。换言之，不要拘泥于学生时期的自己，而要以目前的身份来展开交往。

此外，不论本身所属的行业领域如何，应与最易联络的同学（初中、高中、大学等）建立关系。然后，从这里扩大交往范围。不妨多运用同学身边的人脉圈，来为自己的成功找到助力。

与同乡搞好关系

俗话说得好"老乡见老乡，两眼泪汪汪"，中国人特别重视乡情，来自一个地方的两个人会因此在他乡乃至异国彼此扶助而建立深厚的感情或长久的关系。这种难忘乡情的行为自古已有之。

在经营活动中，老乡关系是绕不过去的载体。重视老乡关系，利用老乡资源，是取得公司发展的重要入口。

既然同乡观念在人们头脑中根深蒂固，足可影响个人及公司的发展和前途，那么我们在运用人脉关系网办事时就不可忽视它。不妨从下面五点来入手。

1.确认老乡资源

一般人的人脉关系可以分成以下三种类型：个人网络（家人与朋友，或是与你最亲近的人）、社会网络（单位的同事或是主管，邻居或是一般朋友）、专业网络（专业协会、俱乐部等组织）。在你的人脉资源名单里，应把"老乡"这一属性作为重点属性标注上去，比如个人的基本资料、兴趣嗜好、专长、性格特质等。透过这份人脉资源名单，可以看出自己的人脉关系组合特性，以后沟通时可作为交往的突破口。

2.抓住老乡中的机遇

现代中国城市的移民化程度相当高，在任何一个单位、任何一个级别、任何一个场所，都可能有你的老乡。

"甜不甜家乡水，亲不亲故乡人"，自古以来中国人就对故乡有一种特殊的感情，所以往往爱屋及乌，爱故乡，自然也爱那里的人。于是，同乡之间也就有着一种特殊的情感关系。如果都是背井离乡、外出谋生者，则同乡之间必然会互相照应的。在涉及某种实际利益的时候，往往也是"肥水不流外人田"，只能让"老乡圈子"内的人"近水楼台先得月"。也就是说大多会按照"资源共享"的原则，给予适当的"照顾"。

3.与老乡勤联系

尤其是在外地发展，某些地区也会在他乡建立老乡会，如北京就有宁波老乡会等许多组织（此类组织一般由当地企业资助）。要积极寻找组织，拓展人脉。如时间、精力允许，应在此类组织中担任义工。如果没有合适的组织，可在网络上寻找相关组织。网络中的大型社区一般都有按地区分类的BBS、聊天室等，可适当地涉猎，参与其中。

经过第一次的接触之后，记得利用电话或是Email、短信表达你的感受，同时也要让对方了解你会持续保持联络。后续的联系目的主要是让对方了解你的最新状况，并取得最新的资讯。在节日、对方的生日等时刻应给予祝福。同一城市中的老乡应找机会聚会，如能以组织者身份出现最好。

4.不要急功近利

老乡仅仅是交往的一个突破口，对待老乡的交往，不要抱以功利心态。与你是老乡，并不意味着他就一定会帮你，重要的是与之建立长久的互惠关系，而非为了特定的目的而进行交往。互利才是增进关系最重要的法门。从老乡这一简单的关系，转变为可交往的朋友是一个持续的过程，也许这些人无法立即介绍营销单子给你，但是我们应常保持联络，互帮互助。

◇ 与老乡多沟通 ◇

"老乡"可以是人际交往时良好的突破口，但在与老乡沟通的过程中，应该注意以下三点：

在交谈中尽量寻找双方地域上的交集，越近越好，这要求你对故乡的地理位置和风俗习惯比较熟悉。

要善于评价对方老家所在地，给予对方深刻印象。

别忘记给他你的名片，名片就等于是你个人的营销档案，万万忘记不得。

与亲戚搞好关系

俗话说："是亲三分向。"当经营公司遇到困难时，大概首先想到的就是找亲戚帮忙。作为亲戚，对方也大都会很热情地向你伸出救援之手。从根本上说，亲戚关系是一种不会改变的比较稳固的关系。

亲戚是我们重要的资源，如果不懂得好好地运用是很大的浪费。因此，不要忽略"亲戚"这一关键的人脉因素，维持好亲戚关系，关系到我们以后各方面的发展。维持好亲戚关系很重要。

与亲戚经常走动，这样才可以在关键时刻帮助自己，解脱自己求助无门的烦恼。具体方法有以下几种：

1.先"报李"后"投桃"

在传统的亲戚交往中，往往存在着一种误区，那就是：亲戚关系是一种血缘、亲情关系，彼此都是一家人，七大姑给八大姨帮忙办事都是应该的，没必要像其他关系那样客套。其实，这种想法是错误的。血缘的关系虽说是"打断骨头连着筋"，但亲情的维护更多在于彼此之间的相互帮助上。

在求关系疏远的亲戚办事时，你可充分运用自己的真诚去打动对方，然后做出诺言，让对方能够相信自己，这样，才可能先得到亲戚的"报李"。

但有一点是要注意的，就是在做出"投桃"的允诺之后，就必须要对得起自己的良心，及时兑现自己的诺言，千万不要做出"小人"行径，暗中坑了亲戚一把，那时"亲情"这两字也将变得一钱不值了。

所以，有诺必践，有"报李"必有"投桃"，这是继续保持良好亲戚关系的非常重要的前提，切不可"一次性处理"。否则，在今后的社会中，再想利用亲戚办事那真是难上加难了。

2.一视同仁

每个人都会有一些"穷亲戚"和"富亲戚"，在对待上都要一视同仁。还有亲戚之间的辈分问题十分复杂，但不管如何复杂，但我们一定要懂得相互尊重，平等对待。尤其是在地位、职务存在着明显的差距的情况下，更要这么做。

只有一视同仁才不会把亲戚关系弄僵。谁都不知道在某天会有谁能帮到自己，所以不要小看任何一个亲戚。

对于亲戚的帮助，一定要记得感谢和回报，在中国这种感谢和回报总是少不了举办宴席，以示答谢。

对亲戚的慷慨行为给予由衷的惠谢和赞扬，作为受益的一方在道义上是必要的。如果把这种支持和帮助看成理所应该，不做一点表示，对方肯定会对你有看法，从而影响双方的关系。再遇到需要亲戚帮助的事情，则将很难从亲戚那里得到支援，同样会使双方的亲戚关系蒙上一层阴影。

3.循序渐进

遇到麻烦事，一般首先想到的是利用亲戚关系来解决。亲戚有远亲和近亲，对于近亲，一般都能尽力帮助解决问题。而对于远亲或关系已经疏远了的近亲，如果要求其帮忙办事就要考虑好巧妙的对策了。

这时，一蹴而就的办法不仅起不到好的作用，反而会使人产生厌烦情绪，"有事情了才来找我"。而采用循序渐进的方法，逐步使其能够接纳你，会收到较好的效果。

4.多来往

即使是亲戚，也应该彼此照顾，多多来往，互问寒暖，以增进情谊。不要想当然地以为亲戚就是天然的人脉，不需要维系也可以枝繁叶茂。因此，我们需要在一些特定的日子举办家宴，为亲戚关系的升温添柴加火。

在求亲戚帮助的时候，一定要注意，再密切的关系也需要用真诚来打动对方，只有这样才能使亲情充分发挥作用，不可虚假用情，带来适得其反的效果。

亲戚之间相处，总的原则是把握好分寸，在亲密的关系中双方又要保持一定的距离，这不失为一种和谐。现实中，凡过分亲密者，必然容易产生摩擦，弄得反而疏远了关系。

与银行搞好关系

作为小公司，也应该与银行搞好关系，因为公司或多或少都要与银行打交道。银行如果不知道企业的经营状况，可能会惜贷。如果企业的经营状况良好，那么银行自然会给予支持。

对于和银行已经有了一定基础的企业，维持良好关系自然相对简单一些，而对于创业期的企业来说，跟银行建立起关系，可能就比较困难了。

无论如何，都要搞好与银行的关系，下面是一些经验总结：

1.向银行展示自己

跟银行打交道实际就是一个沟通的过程，好像合作一样，只有你了解他的需求，他知道你的情况，双方才有合作的可能。要想获得贷款，首先得了解清楚银行对企业的要求是什么，什么能够打动银行，银行最担心什么？然后才能"对症下药""投其所好"地向银行展示。

在这个过程中，企业本身的弱点也应适当地展示。这是因为，将企业的弱点、面临的风险或困难展示给银行，可以让银行觉得企业更为坦荡，从而更容易获得他们的信任和支持。而银行关心的风险也正是企业自己的风险，将各种信息全面介绍给银行有助于他们了解、认可企业，还有利于获得银行的贷款，更为重要的是对企

◇ 给银行留个诚信的好印象 ◇

按照下面三个准则来做，会使企业给银行留下诚实信用的好印象。

……这是我们公司的真实情况。

千万不能对银行撒谎。企业可以让银行得知关于自己的一切情况，但已经告知的就必须是真实的。

企业的年终结算上报银行必须及时，应当在经营年度后第三个月交给银行。

不好意思打扰了，我来送我们公司的年终结算。

这次我保证我们企业三个月内还清……

这话你们已经说过好几次了，我们可不敢当真！

不要轻易向银行承诺。因为一旦企业不能完成所承诺的指标，银行就会认为企业缺乏远见和判断力，夸夸其谈。

业自己的经营也有好处。贷款比例、资产负债率、现金流量、担保比例、主营业务收入增长率等指标最好都在银行的要求范围内，还有企业的财务制度、财务报表、财务结构等都要根据银行的正规要求做出调整，这些都有利于银行对企业的经营状况进行评估。

如果有机会，最好邀请银行相关工作人员到企业参观，进一步展现企业良好的经营实力和潜力，正所谓"眼见为实"。而企业的战略、规模，近期发展长期规划、经营理念，甚至良好工作作风、员工精神面貌等等，都可能成为为企业加分的因素。

一位小微企业的董事长所说："企业越小，就越要与银行保持良好沟通，取得银行的支持。"

2.不要失信于银行

与银行打交道中最忌讳的是什么呢？就是失信于银行。对于企业而言，特别是创业企业，银行是非常重要的重要财源，在企业的资金周转当中起到了重要的作用，使银行对自己有信心，是融资的关键的，这就要求在于银行打交道的过程中不能失信于银行。

第十七招

文化之道：
积极向上的文化是最高层次的竞争力

文化是最核心的竞争力

海尔首席执行官张瑞敏说过："企业文化是海尔的核心竞争力。"凡深入探究公司做大做强的原因，都会发现企业文化的作用十分明显。

在公司发展初期，企业经营者的人格魅力往往发挥着决定性的作用。而当公司继续发展壮大以后，就会进入用文化维系和促进发展的阶段。

1.文化是最高层次的竞争力

海尔集团总裁张瑞敏说："公司发展从根本上讲靠的是文化，公司最根本的竞争力是文化竞争力，公司的一切是由文化这个核心派生出来的。"

对企业而言，企业竞争力的第一个层次是企业的产品和服务，第二个层次是企业的研发能力和品牌优势，第三个层次就是企业的文化。

因为研发和品牌归根结底是依靠人去做的，企业只有形成自己独特的企业文化，有明确的经营理念，包括企业宗旨、目标、价值观和行为规范，才能有强大的凝聚力，使每个员工都能贡献自己的智能，从而使企业持续稳定的发展。

2.文化促进公司发展

世界著名的企业家韦尔奇曾说："如果你想让列车再快10公里，只需要加大油门；而若想使车速增加一倍，你就必须要更换铁轨了。只有文化上的改变，才能维持高生产力的发展。健康向上的企业文化是一个企业战无不胜的动力之源。"

宝洁自1837年成立以来，走过了100多年的时间。它何以历经这么多年而不倒，注重企业文化建设是最为重要的一条。宝洁前董事长艾德·哈尼斯的解释是："虽然我们最大的资产是我们的员工，但指引我们方向的却是原则及理念的一致性。"

宝洁的企业文化建设，最为重要的是强调内部高度统一的价值观。为了保证价值观的统一，宝洁甚至做到了中高层只从内部选拔，从CEO到一般管理人员，宝洁基本上没有空降兵。宝洁打造宝洁文化有不少特有的做法，例如，仔细筛选有潜力的新进人员，雇用年轻人做基层工作，严格塑造他们遵行宝洁的思想和行为方式，清除不适合的人，中级和高层的职位只限于由忠心不二、在公司内部成长的宝洁人担任。

宝洁前CEO约翰·斯梅尔1986年在一次公司的聚会上也说过意义类似的话："全世界的宝洁人拥有共同的锁链，虽然有文化和个性的差异，可是我们却说同样的语言。我和宝洁人会面时，不论他们是波士顿的销售人员、象牙谷技术中心的产品开发人员，还是罗马的管理委员会成员，我都觉得是和同一种人说话，是我认识、我信任的宝洁人。"

实际上，用企业文化来指导工作，是一门深邃的管理艺术，同时也是团队塑造未来的一种有效方法，成功的企业文化确实具有唤起成员行动的力量。

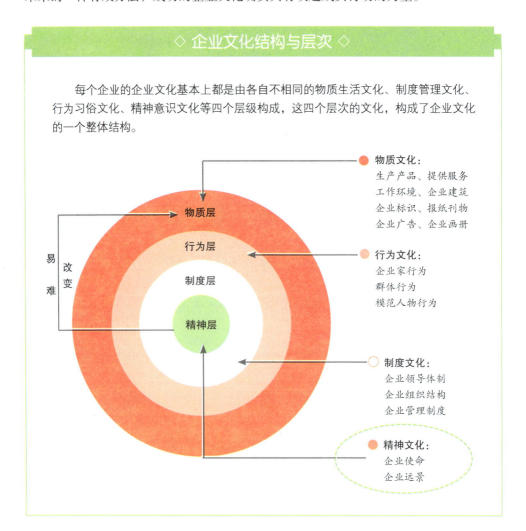

◇ 企业文化结构与层次 ◇

每个企业的企业文化基本上都是由各自不相同的物质生活文化、制度管理文化、行为习俗文化、精神意识文化等四个层级构成，这四个层次的文化，构成了企业文化的一个整体结构。

物质层　行为层　制度层　精神层

易　改
难　变

物质文化：
生产产品、提供服务
工作环境、企业建筑
企业标识、报纸刊物
企业广告、企业画册

行为文化：
企业家行为
群体行为
模范人物行为

制度文化：
企业领导体制
企业组织结构
企业管理制度

精神文化：
企业使命
企业远景

在实际中，企业文化并不仅仅是一种口号，它具有重要的作用：团结员工。使之产生归属感。它是一种无形的行为准则，当出现危机或突发事件时，可以有助于员工做出最快最有效的反应；它是一种品牌，一种标识，有别于其他的企业，消费者可以明确地辨别出企业的差别。

3.用文化来"化人"

随着企业发展成熟、壮大，企业文化逐渐定格，反过来成为一种独特的力量，开始影响人，感染人，激励人。这时候，就是一个"化人"的过程了。也就说，经过企业文化熏陶的新员工，能够快速融入团队，真正成为组织的一员。

当企业在长期的发展中，形成了具有自身特点的企业文化，并且被员工能接受，使得员工可以明显地反映出企业文化特点时，该企业的文化就成为了企业的核心竞争力。

企业文化，尤其是一家企业独特的企业文化的形成往往需要较长的时期，在逐步的发展中，文化慢慢地成型，与企业自身融为一体。这种企业文化更容易被员工接受、执行，发挥出重大的作用。

世界大多数成功的企业，不是物质技术设备优越，更重要的是企业文化的成功。企业文化才是第一竞争力，谁拥有正确的、不断创新的理念，谁就具有最强的竞争力。

树立企业的文化愿景

对小公司而言，文化建设首当其冲的就是树立企业的文化愿景。不可否认，大多数小公司的愿景目前总体上仍处于"唯利是图"的初级阶段，很多公司在制定战略规划时，只想到了表象上的做大和做强，缺乏对存在理由、意义和价值等企业哲学的思考。

一家公司的总裁曾说过："我们要求员工应该认同公司的使命和经营理念，与公司的核心愿景和宗旨一致。每次新员工进公司时，我都给他们讲，进一个公司很重要的一点就是认同公司愿景和宗旨。对企业而言，认同感就是一种强大的凝聚力，让大家可以朝一处使力。我会直截了当地对他们讲，大家到公司来，如果不认同公司的愿景和宗旨和经营理念，还不如趁早离开"。愿景和宗旨的重要性体现在以下几个方面：

1.认同愿景等于认同整个企业

每一个企业，都有一个发展的愿景。一个人认同了企业的核心愿景和宗旨，就代表他认同了企业文化中最本质的部分。"愿景"是企业中所共同持有的"我们想要创造什么"的图像。当这种愿景成为企业全体成员一种执着的追求和内心的一种强烈信念时，它就成了企业凝聚力、动力和创造力的源泉。

稻盛和夫27岁时，与七条硬汉创立京都制陶公司。公司成立之初，业务发展迅速，为了赶工期，实现自己技术报国的理想，他经常要求员工加班到深夜，星期天也经常不休息。慢慢地，年轻的员工开始不满，一次加班后，年轻的员工提出了抗议，要求加薪加奖金，并以集体辞职相威胁，稻盛和夫花费了三天三夜说服这些员工留下来。

这件事使稻盛和夫陷入了深深的思考："本来以为创立京都制陶是为了让我们的技术闻名于世，现在看来，应该有更为重要的事。公司究竟是什么？公司的目的和信誉是什么？"

经过思考他得出结论："让技术闻名于世其实只是低层次的价值观，是次要的事情，那种想法应该把它抛得远远的。经营公司的目的是为员工谋求物质和精神方面的幸福，为人类社会进步贡献力量。"

从此以后，"为全体员工谋幸福，为社会进步贡献力量"就成为京都制陶公司的价值观，成为全体员工共同的使命。

直到现在，京都制陶公司的员工干到晚上10点，也没有人会视为"加班"，为了赶工期，全厂干到晚上12点也是经常的事。而京都制陶也以"工作狂"著称全日本。

正是基于对企业宗旨和愿景的认同，京都制陶的员工才甘愿奉献自己的力量，才赢得"工作狂"的赞誉。

2.愿景能促进员工的忠诚

愿景能够帮助企业得到员工真正的忠诚。一个卓越的领导者必须首先明确自己对未来愿景的认识，然后才能争取下属接受共同的愿景。

斯巴达克斯领导一群奴隶起义，战败被俘虏。对方说："你们曾经是奴隶，将来还是奴隶。只要你们把斯巴达克斯交给我，就不会死。"在一段长时间的沉默之后，斯巴达克斯站起来说："我是斯巴达克斯。"之后他旁边的人站起来说："不，我是。"一分钟之内，被俘虏军队的几千人都站了起来。每一个站起来的人都选择受死。这个部队所忠于的并非斯巴达克斯，而是由他所激发的"共同愿景"，即有朝一日可以成为自由之身。这个愿景如此让人难以抗拒，以至于没有人愿意放弃它。

一个人做某事的动机分为外在和内在两种，外在的动机不可能让人把工作本身当作一种使命和事业，只有内在动机产生的动力才能成就超常的结果，而一个组织的内在动力就是来自于组织的共同愿景。

管理者必须明确，一个企业的愿景必须是共同的，是员工普遍接受和认同的。如果没有共同的愿景，企业就不可能基业长青。共同愿景就如企业的灵魂，唤起每一个人的希望，令人欢欣鼓舞，使每一个人都能激发出一种力量，为实现愿景而更加努力。一个没有共同愿景的企业很难强大，即使强大了也难以持久，而一个真正有共同愿景的企业会更容易获得成功。

3.愿景激励员工的积极性

如果员工知道他们的公司代表什么，知道他们所拥护和追求的是什么，就能够主动做好公司需要的事，自觉维护公司的利益。也就是说，愿景和宗旨认同对于员工来说也是一种激励。在认同公司愿景和宗旨的基础上，员工的积极性和创新精神会得到充分发挥。当每一个员工都能自觉地坚持在自己的岗位上做好应该做的事情时，管理就变得十分容易了。

◇ 愿景具有凝聚性 ◇

公司的愿景和宗旨能够给让员工把工作当成一项共同的事业。

如果没有认同感，企业就很可能成为一盘散沙，各个小集团小集体为了自己的利益而互相攻击、拆台。不但企业的合力没有得到发挥，而且企业更可能因为内耗而消亡。

愿景和宗旨可以为员工注入强烈的责任感，在这种责任感的支持下，员工将会把工作看作是一项神圣的"共同事业"，大家都能够为了一个共同的目标而奋斗。

所以说，愿景可以使得公司里许多互不相干的业务、技术和人才紧密地结合成一个整体，将一个广泛的多元化的公司凝聚在一起。

用核心价值观聚众

文化是一种较"软"的东西，但正是靠这种软文化凝聚起企业的人气，它起到精神聚众的作用。而企业的文化集中体现为企业的核心价值观。

一位南美洲的企业总裁谈及企业核心价值时说："我的企业制造并销售塑料管，我告诉员工，我们不仅仅是卖塑料管，更重要的是帮助南美众多穷人说服政府把水管接到他们所在的偏远地区，改善他们的生活质量。我也时时与南美的塑料管同业沟通，看可不可以约定不再向地方官僚行贿，这么做绝不仅是道德的考虑，也帮助南美人民提升生活水平，让所有同业更有利可图。帮助穷人与正直经商，是我的企业和我的行业的核心价值。"

1.核心价值观体现凝聚力

企业价值观提供了衡量凝聚力的尺度，这种共同的规则体系和评判准则决定了企业全体人员共同的行为取向。没有共同价值观的企业必定是松散而没有竞争力的，如同大海中失去航向的船只。企业价值观中包含的价值理想，这种永恒的追求信念赋予企业员工以神圣感和使命感，并鼓舞企业员工为崇高的信念而奋斗。

企业价值观最大的作用便是强调企业目标和企业每个成员目标的一致性，强调群体成员的信念，价值观的趋同，强调企业成员之间的吸引力和企业对成员的向心力。

企业价值观是一个方向盘，企业提倡什么崇尚什么，员工就追寻什么。

一种价值观可以长期引导员工为实现企业目标而自觉努力，使之向着企业有利的方向进行。此外，企业还可以直接引导员工的性格、心理和行为，通过整体的价值认同来引导员工，为企业发展而努力。

以种种微妙的方式来沟通人们的思想感情，融合人们的理想、信念、作风，培养和激发人们的群体意识。在特定的信念氛围之下，员工们通过自己的切身感受，产生出对本职工作的自豪感和使命感以及对本企业的认同感和归属感，使员工把自己的思想、感情、行为与整个企业联系起来，从而使企业产生一种强大的凝聚力，发挥出巨大的整体效应。

2.核心价值观需要被认同

每个企业都有自己的价值理念和行为准则，如果员工不能认同自己企业的价值理念，最终的结果只有两种：一是让他主动离开，二是被企业辞退。

杰克·韦尔奇1981年担任GE的首席执行官后，首先强调的就是干部和员工对企业核心价值观的认同。现在企业管理中有一个观点，叫作"赢在中层"。中层的战斗力从哪里来呢？关键在于选人，韦尔奇对待中层经理人员有四种办法：第一种人，认同公司的核心价值观，又很有成绩，这种人一路飙升。第二种人，认同公司的核心价值观，但是能力不足，可以培养。第三种人，不认同公司的核心价值观，又没有成绩，这种人要离开企业。第四种人，很有成绩，但是不认同公司的核心价值观，对待的办法是：利用，但是绝不能容忍这种人动摇公司的核心价值观，否则，要请他走人。

优秀者的行为虽然看起来也许与其他员工并无太大的差别，但是在公司价值观的引领下，他们做事的出发点，往往会落在公司利益上。

3.员工的企业价值观建设

培养员工对企业价值观的认同感是相当重要和必要的。一名优秀的员工应从以下几方面和企业的价值观保持一致：

（1）增强对企业的认同感。心理学研究认为，人对自己所认同的东西会产生极

◇ 企业价值观体系 ◇

企业价值观是企业各种价值观的总和，即是各种观念相互联结、相互作用、有机统一而构成的一套完整的、系统的企业价值观体系。

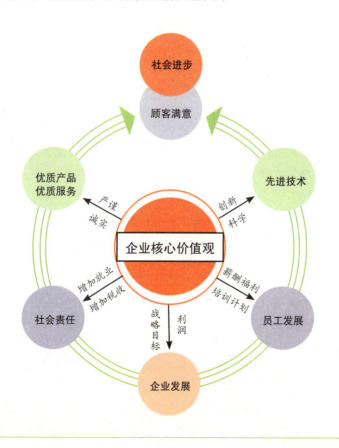

大的热情。管理学则进一步强调，人只有在为自己所认同的目标工作时，才能全身心地投入其间，并充分发挥其创造力。

（2）增强对企业的信任感。在社会化大生产的今天，没有一个人能够孤立的生存，他必须依托一定的组织，归属于一定的集体，这样才能满足其精神、物质、心理和社会的需求。而对组织或一个团体的选择，取决于人们对它的信任度。企业是员工的工作场所，这就为它成为员工所依托的归属的组织提供了可能。

（3）培养自己对于企业的自豪感。每个人都希望自己有值得自豪的地方，并以此为荣。当一个人乐于在他人面前眉飞色舞地介绍自己的公司如何不同凡响时，可以说员工的价值观已经和公司的价值观密切地融为一体了。这种"值得骄傲"的企业形象，一方面可以有力地促进员工在企业中的工作热情，另一方面能够使员工成为企业正面宣传的重要媒介，同时可以证明员工作为"人"的价值。

让员工认同企业文化

目前，不少公司的所谓企业文化建设，仅仅是写在纸上，挂在墙上，就是没有深入到员工的思想深处，没有被员工认同。企业文化建设的核心是员工认同，要让员工清楚地知道为什么这是我们的文化、我们的文化如何解释、我究竟如何做才能符合企业属性？

建立全员参与的企业文化可以有效地提高员工的凝聚力，也是提高执行力最根本和最有效的途径之一。企业文化的建立是一个长期发展的过程，企业经营者如何才能建立让大家认同的企业文化呢？主要可以从以下几个方面努力：

1.员工参与文化建设

很多人把企业文化认为是老板文化、高层文化，这是片面的，企业文化并非只是高层的一己之见，而是整个企业的价值观和行为方式，只有得到大家认同的企业文化，才是有价值的企业文化。

要得到大家的认同，首先要征求大家的意见。企业经营者应该创造各种机会让全体员工参与进来，共同探讨并参与公司的文化建设。

2.确保自己全力投入

一些人总是认为企业文化是拿来激励和约束员工的，这种看法是错误的。作为企业文化的建筑师，高经营者承担着企业文化建设最重要也最直接的工作。经营者要确保自己能全心投入到企业文化的建设中，并能在实践企业文化的过程中身体力行。

3.与员工的日常工作结合起来

企业确定了新的企业文化理念后，就要进行导入，其实也就是把理念转化为行动的过程。在进行导入时，不要采取强压式的，要让大家先结合每个员工自己的具体工作进行讨论。首先必须明确公司为什么要树立这样的理念，接下来是我们每个人应如何改变观念，使自己的工作与文化相结合。

4.要改进和提高企业文化的宣传方式

宣传是让企业文化得到员工认同的一个重要方面，如何改进和提高宣传方式呢？

首先，要学会理念故事化。企业文化的理念大都比较抽象，因此，企业领导者需要把这些理念变成生动活泼的寓言和故事，并进行宣传。

其次，要学会故事理念化。在企业文化的长期建设中，先进人物的评选和宣传要以理念为核心，注重从理念方面对先进的人物和事迹进行提炼，对符合企业文化的人物和事迹进行宣传报道。

再次，畅通员工沟通渠道。企业文化理念要得到员工的认同，必须在企业的各个沟通渠道进行宣传和阐释，企业内刊、板报、宣传栏、各种会议、研讨会、局域网，都应该成为企业文化宣传的工具，要让员工深刻理解公司的文化是什么，怎么做才符合公司的文化。

让员工树立主人翁精神

企业文化的重要作用是让员工能融入到企业的发展中。公司的成员都应该树立主人翁精神，把公司的事当成自己家的事干，为公司的发展贡献心力。

公司经营者必须培养员工的主人翁精神，让员工真正忠诚于公司，与公司的发展悲喜同步，倘能做到这些，这样的公司不愁发展壮大。具体来说包括以下三点：

1.让员工成为企业文化践行者

美国一家报社记者采访时问张瑞敏："你在这个企业中应当是什么角色？"张瑞敏回答道："第一应是设计师，在企业发展过程中使组织结构适应于企业的发展；第二应是牧师，不断地布道，使员工接受企业文化，把员工自身价值的体现和企业目标的实现结合起来。"

如果管理者总感觉企业文化是为了激励和约束员工，这是不正确的。其实恰好相反，恰恰是那些企业文化的塑造者最应该成为被激励和约束的对象，因为你的一言一行都对企业文化的形成起着至关重要的作用。企业文化首先是企业家本人思想的浓缩。先将自己塑造成企业文化的楷模是企业文化建设中最关键的一点。

2.让员工树立过门意识

1997年6月，当迈克尔·阿伯拉肖夫接管美国导弹驱逐舰"本福尔德号"的时候，船上的水兵士气消沉，甚至很多士兵准备退役。

迈克尔·阿伯拉肖夫接管"本福尔德号"后，告诉士兵："这是你的船，所以

◇ 培养员工的过门意识 ◇

如何让心"过门"，把员工当作企业的管家的呢？一位管理学讲师曾对此做出如下阐释，他认为，具备了以下几个因素，才可能称得上拥有了"过门意识"，很值得我们借鉴：

今天下午，我们……好吗？

1.从"我"到"我们"

很多情况下，你可以用"我们"一词代替"我"，这样可以缩短你和同事的心理距离，促进彼此之间的感情交流。

2.维护企业形象和利益

我们就是企业的代言人，我们的形象在某种程度上就代表了企业的形象。

抱歉，我不能这样做！

只要给我们提供一点内部消息，我们可以给你10万！

3.忠诚于自己的公司

任何时候，忠诚永远是企业生存和发展的精神。只有忠诚于自己的企业，才有权利享受企业给个人带来的一切。

你要对它负责，你要与这艘船共命运，你要对自己的行为负责。因为你是这艘船的主人，而不是乘客。"

从那以后，所有的水兵都将管理好"本福尔德号"作为自己的职责。两年之后，"本福尔德号"成了美国海军的一艘王牌驱逐舰。

其实，公司何尝不是一艘船。不妨看看，我们所在公司这艘船上的水手们——自己或周围的同事们是否也如迈克尔·阿伯拉肖夫接管之前"本福尔德号"上的士兵一样，把自己当成了乘客。

"过门"意识就是融入组织的一种表现，对于一个企业的竞争力来讲，这种意识是非常重要的。如果每一个人都有"家意识"，都把企业内部的事当作自己的事来做的话，企业无形当中会产生强大的竞争力。企业产生的所有可能的成本，包括信息的成本、合约的成本、监督的成本、实施的成本，都可以大幅度地下降。对于企业的发展，大家也能够献计献策，对自己的工作也能够尽职尽责，这一切，都保证了企业的竞争力。

优秀的企业文化具备这样的功能：员工脑中就应该有一个信念——"这里是我的家"，然后不找任何借口，投入自己的忠诚和责任心，将身心彻底融入公司，尽职尽责，处处为公司着想。

具备"过门"意识，当一个人真正把自己当成主人的时候，家里还有哪件事情不是自己分内的事情呢？做自己分内的事情还需不需要有人提示、监督呢？这就是责任心、责任感，也就是融入组织的具体体现，它决定了一个人事业的发展趋势。李嘉诚说过，用人最主要是看其责任心和忠诚可靠程度，对于这样的员工，企业将会给他最大的发展机会。

让企业充满温情

在现实中，无论你是大企业的管理者，还是小企业的老板，如果你希望你的企业人人都能守规矩，仅仅靠冷酷的制度约束是不够的，这样只会打压员工的工作的积极性和主动性。

一个充满温情的企业往往具有极强的生命力。具体来说，企业经营者可以在如下方面做出努力：

1.让员工以公司为家

中国人素来对"家"怀有深厚的感情，这是五千年的文化积淀，流淌在中国人的血液中，不可割舍。是的，"家"是人们渴望长久驻足的地方。而工作是人们不得不为之，如果能够将企业塑造出一种家庭的氛围，让员工在工作中也能够感觉到家一样的温暖，自然会更有归属感，也更愿意努力和付出。

这也是为什么很多优秀的企业都拥有强大的血浓于水的团队的原因。企业为员工创造家的氛围的基础是对员工真正去关爱。

微软公司为了营造家环境，想尽办法让员工工作中有家的感觉。

方法一：每位员工都有一间单独的办公室，里面可以听音乐、调整灯光，做自己的工作。可以在墙壁上随意贴自己喜欢的海报，或在桌上摆置自己喜欢的东西，让这间办公室更像自己的一个家。

方法二：在微软不需穿制服，员工可以任意穿他们自认为最舒适的服装上班，短裤或汗衫都可以。公司对员工是以其工作表现好坏而非穿着好坏作评估的。

方法三：公司提供无限的免费饮料，包括汽水、咖啡、果汁、牛奶和矿泉水，让员工口渴就可以喝，使其能够专心地工作。

方法四：公司的材料室公开，公司信任员工去拿他们所需的材料，包括文具、办公用品等，不必填表格或排队等待。

方法五：微软没有设定工作时间表，而是让员工自己选择工作时间。结果，大多数人为了完成工作，都比一般按常规上下班的人工作的时间更长。微软要求的是完成工作，而非工作时间长短。

可见，不仅仅是心理上的关怀，微软所创造的办公环境同样是让员工感觉自由自在、被尊重和信任。可见，不管是"软件"环境还是"硬件"环境，只要让员工感受到家的温暖关爱或温馨舒适，都会让员工更加专注于工作，进而提高效率。

2.在管理中融入感情

在制度化管理当中，不仅仅强调理的理性化，对人的情感也需要进行管理。通用电气公司的管理经验表明，情感管理方式创造了员工与企业之间的相互信任，从而更有利于提高劳动生产率。

而如果你能在管理过程中适当地融入一些感情的因素，员工就能够在体味温暖的同时，发挥出其积极性和创造性。

管理者如果能将制度之外的管理融入一些人情味，管理者能够时时一心为员工着想，让企业充满温情，那么，就会让员工产生归属感、认同感，能够产生强大的凝聚力。

很多优秀的领导者都愿意将自己的企业建设成一个和睦的"大家庭"，在这个大家庭中，领导者与员工之间的"和亲一致"是企业发展的内在动力。领导者不仅要承认和尊重员工的个人价值，培养员工对企业的认同感、归属感，还要对员工处处表现出关怀，只有这样才能赢得员工的爱戴。领导者要利用各种时机与员工进行情感上的沟通，从而创造出和谐的企业环境。

3.在精神方面感化员工

企业经营者应当注重在精神方面感化员工，使他们感受到企业的关怀、信任和

◇ 如何给下属家庭式的温暖 ◇

企业的经营者要努力让员工觉得公司和家庭一样温暖，那么就必须做到以下几点：

1.关心下属

一方面为其提供发展其潜力的职位，另一方面为员工提供各种培训与学习的机会。

2.信任下属

领导者对下属做到"用人不疑，疑人不用"，确定人选后，就要大胆授权，放手让他工作。

3.尊重下属

领导者在与下属的日常工作交流中，应注意语气的温和、用语的委婉，时刻提醒自己是在与下属商讨问题，而不是命令下属去做什么。

尊重，以及企业努力为他们营造的公平、融洽的工作环境，从而使他们感受到自己的工作单位就如同一个大家庭一样，获得家庭式的温暖感和归属感。

树立学习文化

现代社会里知识、信息、技术更新换代的速度越来越快。企业经营者必须引导企业员工树立不断学习的文化氛围。

要让他们明白，也许今天有着一份心满意足、得心应手的工作，明天一觉醒来却发现那份工作已经不属于你了。人们在从事今天的工作的同时，还得为明天将要面对的竞争、挑战做好准备。只有积极进取、善于学习、主动提升自我的人，才能跟上这个时代的步伐。

培根曾说过："知识就是力量"，知识能点燃一个人的智慧明灯，今天好好学习，明天会百事如意、自立自强，既有尊严又有幸福。

1.保持现状就是落伍

在这个知识与科技发展一日千里的时代，每个人都要保持一种随时都在进步的状态，而不能在一个位置上用同一套方式做事，否则很快就有被取而代之的危险。只有不断成长，才能保持永远的胜利。

"保持现状就是落伍。"但是，"保持现状就是落伍"这句话本身就已经落伍了，这个年代是"进步比别人少就是落伍"。

我们要想有持久的竞争力，唯一的办法就是不断更新自我，提升能力。从某种程度上说，你的成长程度与速度决定了你在公司能走多远、做多久。当一个人不愿意升级自己的知识库与能力时，他的事业之路也就停止了。

美国职业专家指出，现在职业半衰期越来越短，高薪者若不学习，不出5年就会变成低薪者。就业竞争加剧是知识折旧的重要原因，据统计，25周岁以下的从业人员，职业更新周期是人均一年零四个月。当10个人中只有1个人拥有电脑初级证书时，他的优势是明显的，而当10个人中已有9个人拥有同一种证书时，那么原有的优势便不复存在。未来社会只有两种人：一种是忙着为自己充电的人，另外一种是找不到工作的人。

在知识经济时代，竞争日趋激烈，信息瞬息万变，盛衰可能只是一夜之间的事情，学习已经成为一种生存的必须。这是对工作公司的责任，更是对自己人生的一种负责。

现在的社会是知识经济时代的社会，这就意味着"学力时代"即将代替"学历时代"。所以衡量职业人水平的标准，已经不能依据证明学校教育知识水平的文凭，而是在实践工作中能够不断地更新知识，适应变化，迅速掌握知识的学习能力。

2.工作就是学习

工作就是学习。任正非曾再三表示："我们提倡自觉地学习，特别是在实践中学习。你自觉地归纳和总结，就会很快地提升自己。"

对于职场人士来说，每天工作占据生活中的大部分时间，不是没时间学习，而是对于学习的理解本来就存在误区。其实，工作是学习最丰富、最生动的课堂。虽然不见得在书本里出现，工作中的经验也是很好的学习对象。在企业的工作中学习是提升自己的很好途径。

一个人想要在自己的岗位上做出不平凡的业绩，首先就要懂得立足于本职工作，在工作中不断学习，提升自我能力。当他从朴实的工作中不断学到新东西时，也恰是他不断成长、走向成功的过程。

3.活到老，学到老

面对环境的不断变迁，我们若想不被时代的大潮所淘汰，就要把学习当作一种信仰，通过学习不断地更新自己、提升自己，只有这样我们才能永远站在时代的前沿。终生学习是每个人经营生命的重要途径，在今日动荡变化激烈的年代，终生学习所代表的是活到老、学到老，积极的把握人生中的每一刻快速学习及学以致用。

终生学习不但是一生中不间断的学习，打破自我设限，进行无限学习，而且是在生活中、在工作中的每一个当下的用心学习。学习不仅是为了适应目前的工作需要，还要为你未来的职业目标而学习。职场中没有永远的红人，只有不断地学习新知才能适应环境的变化，才能在工作中成长。学习是一个不断进行知识更新、知识创新的过程，我们每个人必须有能力在自己工作和生活中利用各种机会，去更新、深化和进一步充实获得的知识，使自己适应快速发展的社会。每个人必须具备自我发展、自我完善的能力，不断地提高自我素质，不断地接受新的知识和新的技术，不断更新自己的观念、专业知识和能力结构，以使自己的观念、知识体系跟上时代的变化。

冰心说："冠冕，是暂时的光辉，是永久的束缚。"一个人只有摆脱了历史的束缚，才能不断地向前迈进。作为员工，要学会"自我革命"，只有努力学习，不断地突破自我，才能够不断成长。

文化建设应与时俱进

企业是发展变化的，企业文化建设也需要市场更新。世界上没有完全不变的企业文化，当英国航空公司向私有化转型时，一个首要的问题就是将漠不关心型的文化转化为热心服务型的文化，以利于在国际市场竞争。

1.文化建设要时时更新

国内的许多企业很重视文化建设，但多年以后，随着企业的发展，企业文化建设已经和当前企业的发展格格不入。这是因为认为企业文化建设是一劳永逸的事，没有认识到企业文化是发展变化的。

企业的管理者们一定要注意，没有哪种企业文化是一劳永逸的，不要让过时的文化来束缚企业的发展。由此可见，文化不变革，转型就不成功，真正的转型是从文化变革开始的。如果企业文化是永恒不变的范畴，那么企业文化就会对企业的发展不仅没有积极性，反而还会成为企业发展的桎梏。

比如说，一个企业的企业文化是一百年以前形成的，形成之后就不变了，这显然是不行的，因为一百年前是什么时代？而现在又是什么时代？时代的剧变决定了企业文化不可能是不变的，所以不能把企业文化看成为永恒不变的东西。正因为如此，我们应该随着企业的发展及企业文化的变化，不断地调整企业文化的内容。

2.继承原有文化

在继承的基础上确立新的企业文化，这并非能在短期内奏效，需要一个经过既有价值观解冻、创新、深化的过程。

韦尔奇上台后，在传承原有的GE文化基础上，对企业文化建设做出了大刀阔斧的改革。

他第一步就是对GE的理念进行了改革。在20世纪80年代末，企业管理者谈论的话题是"整合性多样化"，它的原则是GE的事业在以团队的方式密切合作的同时，也能保持经营的自主性。但韦尔奇认为，GE人应该是"不分彼此"，在和供应者及顾客建立更密切的合作关系的同时，更应该打破层级、地域和功能等内部障碍。

速度、简洁和自信成为新的导向，韦尔奇认为自信可以使复杂问题简单化。而简单的程序，是使GE在市场上赢得胜利所需速度的先决条件。在颁发年终奖时，在工作中充分发挥速度、简洁和自信的员工就会得到实际的金钱报酬。韦尔奇通过奖金来表达对他们工作行为和工作风格的肯定。

韦尔奇把大量力气花在了企业的沟通文化上。韦尔奇希望他的员工能够确实认识公司的目标。他要员工不仅了解GE的目标，还要他们真诚信仰公司的目标。韦尔奇经常谈到赢得部属的"心和脑"。要赢得部属的"心和脑"就要正确处理情感的问题，在处理与人有关的事物时则需要将心比心。

经过韦奇一番大刀阔斧的改革后，到1984年，韦尔奇已将老GE脱胎换骨。1985年，GE经过了企业的重组，提出了适应市场环境变化的企业文化，提出了适应环境的新的价值竞争观念：

市场领导：数一数二的原则。

远高于一般水平的投资实际报酬率：韦尔奇不愿意制定不具弹性的数据目标。

但是在80年代中期首次打破这个原则，要求股东权益的报酬率必须达到18%至19%。

明显竞争优势：避免激烈竞争的最佳方式就是提供无人可及的价值。

GE特定优势的杠杆作用：GE在需要大量的资本投资、维系力量和管理专业知识，GE在大规模、复杂的事业领域已有深厚的基础，譬如喷气发动机、高风险贷款等。而在中小型企业占优势的快速变化的产业中发展，对GE反而不利。

韦尔奇是GE企业文化的重新塑造者，新的文化造就了新的GE，也成就了韦尔奇。从韦尔奇对GE文化的变革主导上，可以看出企业文化建设与时俱进的重要性。

留意"小圈子"文化

公司内部往往存在各种各样的"小圈子"。这种小圈子一般是寄生于公司内部的各类非正式团体，这是员工在共同的工作过程中自然形成的以感情、喜好等情绪为基础的松散的、没有正式规定的群体。

由于工作性质相近、社会地位相当、对某些具体问题的认识基本一致、观点基本相同，或者在性格、业余爱好相同的基础上，形成一些被其他成员共同接受并遵守的行为规则，从而使原来松散、随机形成的群体逐渐成为趋向固定的非正式团体。

某公司是一家生产服装的小型企业，公司一直都保持着稳定的发展，但因为资金链的关系，公司的经营形势也并不太好。最近，在公司内部此时流传着各种消息，如：刚做的一单又要返工；这个月的工资老板会压着不发；老板准备放弃这家企业。

而这时公司的老总正在和深圳的一家贸易公司谈判，希望能获得一个100万元的海外订单。在离开公司之前虽然他也知道公司内部人心不稳，但他认为只要能签到大额的订单就可以稳住员工的心，然后生产也会走向正常。

当公司给员工发了上个月的工资，有40%的员工在领到工资后集体辞职。经调查发现，这些一起离开的员工大多是来自同一个省份，或者以前在同一家公司工作过。

公司中的"小圈子"大都是比较松散性的，在正常的状态下，对企业的管理并不会显示出很大的影响，在企业蓬勃发展的时候，它更不容易被感知和发现。但当企业出现变化和转折的时候，这类圈子的力量就会突然地壮大，并且可能会以各种方式对组织进行冲击和对抗。

公司经营者在管理过程中应该充分重视各种类型的小圈子，引导它们向有利于团队稳定和团结的方向发展。

◇ 正确应对"小圈子"文化 ◇

很多公司中都会形成一些"小圈子"文化，这时管理者应该及时引导，尽量让其往对公司有利的方向发展。

1.谋求与小圈子领袖的合作

管理者应对小圈子中领袖的影响给予高度重视，积极谋求与他们在各个层面上进行有效沟通。

2.迅速采取内部公关政策

当团队内部成员产生与管理者对抗的情况时，管理者可以利用企业的公共场所，进行坦诚、公开的交流，以取得广大员工的信任。

……公司研究决定给你们予以开除！

3.坚决清除极具破坏性的人物

有些人抱着极端的个人主义，违背组织原则，严重阻碍组织的发展，对于这类人，在进行说服改造无效的情况下，要坚决予以开除，使其接受应有的惩罚。

成本之道：
降低成本就是为公司增加利润

关注企业的成本

对公司发展而言，销售和利润的增长自然很重要，但同时不能缺乏成本意识。成本率是上升还是下降等等，必须经常装在大脑里。现在的企业竞争以成本决胜负已变得非常迫切，成本控制成为企业兴衰的重要意义不容忽视。

经营的成功就是以较少的成本获得较大的销售额。这正如事物的两个方面，一方面销售额不论怎么提高，成本花费过大，不出丝毫利润的经营毫无意义。相反，只关心降低成本，疏忽了增大销售额也会让人伤脑筋。

企业降低成本的努力，是为了在扩大利润幅度的同时，提高销售。企业经营者应倾注全力降低成本，而不是一个劲地喊："要降低成本"。那么，经营者必须重点关注什么成本呢？

1.固定成本

所谓固定成本，就是指在短期内是固定不变的，又叫不变成本。或者说，该成本不随产量的变动而变动。

假设你经营着一家炸鸡店，每块炸鸡的平均成本是10元。若售价是每块12元，每块炸鸡可以赚2元。若售价是每块10元，则不赔不赚，收支相抵。虽然利润是零，可是成本中包括了机会成本和会计利润，依旧可以继续经营。假如因为某种意外情况每块炸鸡的售价需要降到8元。每卖一块炸鸡就要赔2元。

在这个经营成本里面，固定成本必须包括租赁店面的租金、开店所需资金的利息、炸鸡设备的折旧，还有员工工资等。

在上面的例子中，就算你一块鸡都不炸，短期中你的店面无法退租，设备不能转卖，租金与设备的折旧费依旧要支出，更别说贷款利息了。但是若产量增加，例如生意非常好，一天炸了几百块，该成本也依旧不会增加。而平均固定成本会随着产量的增加而不断减少。比如固定成本是每月6000元，若只炸100块，那么每块鸡的平均固定成本是60元，若炸1000块鸡，那么每块鸡的平均固定成本就是6元，若炸一万块，则每块鸡的平均固定成本就是0.6元了。固定成本指在刚开始时它就支出了，一旦支出就收不回了。

2.可变成本

而可变成本包括用于可变投入的开支，例如用于炸鸡原料的开支、燃料开支以及临时雇小工的工资等。

可变成本是指在短期内可以随产量的变动而发生变动的成本，当没有产量时就无可变成本，当产量增加时它也就会随之增加。不过需要注意的是，平均可变成本的变动和可变成本并不一样。可变成本随着产量的增加而不断增加，而平均可变成本却和它不一样。当产量开始增加时，平均可变成本反而减少。

在做经营决策时，不必考虑固定成本或者平均固定成本，仅仅需要考虑可变成本和平均可变成本。在上面的例子中，假设在正常情况下，每月炸1000块鸡，总成本是1万元，其中6000元是固定成本，4000元是可变成本，那么每块鸡的平均固定成本是6元，平均可变成本是4元。但是如每月炸2000块鸡，还是6元的固定成本，但平均可变成本可能只有3元，平均成本就大大降低了。

努力实现成本最小化

在市场经济中，利润最大化与成本最小化是企业永恒的主题。一个企业要达到利润最大化，就必须对投入要素进行最优组合以使成本最小，进而才能在激烈的市场竞争中赢得先机。

对于作为市场主体的企业来说，有一个鲜明的目标："利润最大化。"而利润无疑是建立在成本管理的基础上。成本管理，则是企业管理者的重要能力，管理者需树立成本观念。

1.对成本控制要斤斤计较

对于企业而言，控制成本是一项重要任务，"斤斤计较"的成本观念更是知名企业跻身行业前列的杀手锏。

美国西南航空公司是一家非常注重成本控制的公司，之所以能够在亏损严重的航空业中一枝独秀，与他们的成本控制理念有很大的关系。

西南航空公司每年花在每个工会工人身上的工资和福利费，平均为43707美元，相比之下，德尔塔航空公司为58816美元，而产业的平均水平为45692美元。此外，今天的大多数航空公司都背负着沉重的债务，而西南航空公司的资产负债比仅为49%，是美国的航空公司中最低的。公司还享有航空运输产业中最高的标准–普尔资信等级。

西南航空公司的成本控制体现在方方面面。他们专门计算过，如果每个航班节省地面时间5分钟，那么每架飞机每天就能增加一个小时的飞行时间。30多年来，西南航空公司总是使用各种办法让他们的飞机尽可能在天上长时间地飞行。

与其他航空公司相比，西南航空公司从来不设头等舱和公务舱，也从来不实行"对号入座"，他们把飞机当作公共汽车，鼓励乘客先到先坐，这样的安排大大缩短了乘客的登机等候时间。一般说来，这个时间在半小时左右。

西南航空公司为了节省顾客等候领取托运行李的时间，他们连飞行员都派上用场，人们常常可以看见西南航空公司的飞行员在满头大汗地帮助乘客装卸行李，这样顾客既节省时间，又获得优质服务。

为了提高机组的出勤率和配备率，西南航空公司全部采用波音737客机，这样做有一个最大的好处，那就是任何一名空乘人员都熟悉飞机上的设备，最大化提高效率。

西南航空公司能省则省，最大限度地降低飞机运营成本，并为顾客创造更多的价值。成本的降低是为了降低顾客的使用成本，为顾客提供货真价实的好"产品"。

2.全方位控制成本

控制成本是全方位的，并且只有由公司上下各个部门通力配合才能行之有效。管理学大师德鲁克认为：企业家和管理者要加强组织成本控制，重要的并不是成本控制的方法，而是成本控制的理念。企业能不能有效地控制成本，取决于决策者和管理者建立了怎样的成本理念，绝大多数的成本问题都是观念上的认识差距造成的。

著名的石油大王洛克菲勒十分重视成本控制，将成本控制的意识渗透至生产的每一个细节当中，完成资本的原始积累的。

洛克菲勒创办自己的公司后，十分注重公司的运营成本。提炼加工原油的成本，他也要计算到第3位小数点。

为有效控制企业的经营成本。洛克菲勒每天早上一上班，就要求公司各部门将一份有关净值的报表送上来。经过多年的商业训练，洛克菲勒已经能够准确地查阅报上来的成本开支、销售以及损益等各项数字，以此来考核部门的工作。

洛克菲勒死抠企业成本。曾经有一次，他质问一个炼油的经理："为什么你们提炼1加仑原油要花1分8厘2毫，而东部的一个炼油厂干同样的工作只要9厘1毫？"

洛克菲勒对成本控制严格到什么程度呢？甚至连一个价值极微的油桶塞子他也不放过。他曾给炼油厂写过这样一封信："上个月你厂汇报手头有1119个塞子，本月初送去你厂10000个，一月你厂使用9527个，而现在报告剩余912个，那么其他的680个塞子哪里去了？"他洞察如微，追根究底，不容别人打半点马虎眼。正是这样严格的成本控制，才有助于他成为日后的石油大王。

对企业经营而言，几乎任何地方都能够节省成本。除了生产、销售这些核心环节能够节省成本之外，一些细节更不能忽视。

◇ 管理者要时刻关注成本 ◇

成本控制并非一个人能达到的，而是要求全员参与，尤其是企业管理者对这方面的重视。

> 上个季度的成本费有点高，这个季度做预算的时候应该注意一下。

对管理层而言，要以身作则，严格控制企业的各项成本。

此外，管理者要将成本控制的观念灌输到员工头脑里，使其正确理解并有效控制成本，降低成本。

> 每个车间都要控制好成本，减少浪费……

企业管理者只有将成本控制管理作为经营企业的一项根本，并从自身做起，才能达到上行下效，真正实现成本控制的目标。

树立节约成本的理念

现代市场竞争非常激烈，企业经营早已经迈入到微利时代。节约是公司经营者必须掌握的一门技能，因为它关系着公司的成败。在节约成本的方面，公司应该培养节约的理念。节约作为降低成本的最直接体现形式，已经成为众多企业降低运营成本的重要手段。

1.节约的都是利润

因为对于企业来说，节约的都是利润。控制好成本，把本来需要支出的部分节省下来，实际上就等于是赚到的利润，这同时也成了一个新兴的利润点。

凭借节约，可以创造尽可能多的利润。古今中外，从小作坊到跨国公司，无一不注重"节俭"的经营理念。很多名人名企得以成功的背后都是与"节约"分不开的。

被誉为台湾的"经营之神"的王永庆，尽管他掌管着台塑这个商业帝国，但他勤俭的一面并未随着他的企业的壮大而有所改变。

王永庆说："多争取一块钱生意，也许要受到外界环境的限制，但节约一块钱，可以靠自己努力。节省一块钱就等于净赚一块钱。"

王永庆对成本的控制可谓不遗余力。1981年，台塑以3500万美元向日本购买了两艘化学船，实行原料自运。在此之前，台塑一直租船从美国和加拿大运原料。如果以5年时间来计算，租船的费用高达1.2亿美元，而用自己的船只需要6500万美元，可以节省5500万美元。台塑把节省下来的运费用在降低产品价格上，从而使客户能买到更具价值的台塑产品。

作为农家出身的王永庆认为，最有效的摒除惰性的方法就是保持节俭。节俭可以使公司领导者和员工冷静、理智、勤劳，从而使公司获得成功。

凭借节约，也可以降低企业的生产经营成本，也可以创造尽可能多的利润。在生产性资源日益紧张的今天，厉行节约就显得更加重要。像台塑这么一个如此看重节约的公司，在微利时代，怎么可能会倒下，怎么可能不获得利润，怎么可能不成为具有世界影响力的公司呢？

企业经营的目的就是赢得利润，因此不但要会开源，更要会节流，努力降低各方面的成本。降低了成本，就等于提高了利润，节约一分钱就等于挖掘出了一分利。因此，企业在经营过程中，必须将成本意识时刻牢记心中，尽力节约以降低企业的生产经营成本。

2.节约就是创造价值

利润不仅来自于企业创造的价值，同样来自于企业节约的成本。要想获得巨大的利润空间，就得想方设法地去降低成本，就像挤海绵里的水一样去挤，通过降低成本来增加利润。

要想更好地获利就必须节约，尽量减少不必要的开支。美国戴尔公司的前首席执行官凯文·罗林斯称："在其他公司，如果你发明了一个新产品，你就会被当成英雄。而在戴尔公司，你要想成为英雄，就得先学会如何为公司省钱。"

为了降低成本，增强企业的市场竞争力，戴尔公司推行强制性成本削减计划，要求在业绩上台阶的同时，把运营成本降下来。戴尔公司采取双重考核指标，让各

◇ 养成节约的习惯 ◇

培养节约习惯和成本意识固然重要，但是更重要的是将理念付诸行动，那么究竟如何做呢？

这个不用复印这么多，会浪费纸的。

1.日常节约

节约涉及管理的方方面面，追求全过程的，尤其是细节的节约，比如节约一滴水、一度电。

公司决定全员开展节约模范的评选活动，每月一次……

2.制度化节约

将节约等纳入公司的章程当中，让员工在工作过程中，不断地、自觉地去挖掘可以节约的地方。

"涓涓细流，汇成海洋。"只有养成了节约的习惯，企业才能最大限度地节约成本，才能获得更多的利润。

部门、各分支机构既要完成比较高的业绩指标，又要持续地降低运营成本。

在戴尔公司，经理人的任务是"更高的利润指标，更低的运营成本"。为确保合理的利润回报，2001年，戴尔公司曾要求下属机构在将运营成本压缩10亿美元。2002年，戴尔公司又下达了10亿美元削减成本计划。

中国客户中心也被戴尔公司总部下达了在外人看来不能够完成的任务。1998年戴尔公司在厦门建厂的时候，运营成本只有IT厂商平均水平的50%左右。在最近几年间，戴尔公司生产流程中的工艺步骤已经削减了一半。而戴尔的厦门工厂每年都很好地完成压缩成本的任务。到2003年戴尔厦门工厂的运营成本跟1998年刚投产时相比，只有当初的1/3。2004年，戴尔厦门工厂在产品运输方面采取措施来降低成本，每年又节省1000多万美元。

戴尔的兴起及发展究竟靠什么？有人说是靠直销，有人说是靠供应链的快速整合。实际上，这和戴尔节约成本的企业管理方式是不分不开的。这就是一个在微利时代，本着节约的精神铸造出的辉煌的戴尔。

降低生产成本的途径

不注重成本控制，看不到企业中的浪费现象，使得许多明星企业由盛转衰、由强变弱，甚至消失得无影无踪。

降低生产成本对公司经营者而言是必备之功，需要通过各个途径切实降低生产成本，具体来说：

1.不增加过多的间接人员

所谓间接人员，主要是指不从事生产工作的事务人员、监督人员、管理人员之类的人。不可否认，这类人员都是生产经营不可缺乏的，但在经营过程中，不少企业存在这样的倾向：间接人员越来越多，大大增加了企业的负担。

间接人员开支增加的比例往往会超过生产增长的比例，从而导致公司生产成本上升，经济效益相对下降。公司的间接人员之所以呈大幅度增加的趋势，除了公司生产扩大需要相应增加间接人员的原因外，还因为组织膨胀的惯性使然。

对于中小公司而言，要想降低生产成本，就必须克服间接人员大量增加的趋势，尽可能控制间接人员增加的幅度和比例，使其低于生产本身的增长。

2.尽可能精简工作

对公司无益或益处不大的工作做到精简，只有这样，才可能真正减少过剩人员。比如：办公室好几个秘书，成天认真地写各种报告书、材料，但是很多报告、材料都是形式主义，这种情况下就可以省略一些工作内容，那些最为必要的报告、材料可以交给办公室秘书来写，有些工作内容就可以省略一些，这样也可减少一些潜在的过剩人员。

3.在原料上精打细算

公司经营者必须对原材料购买引起足够的重视，要时刻关注购买过程中是否存在浪费。

对一个公司来说，不管生产与销售如何增加，要是在购买原材料方面发生损失，购买一些质次价高的原材料，企业流失的利润不可小视。所以，公司要降低生

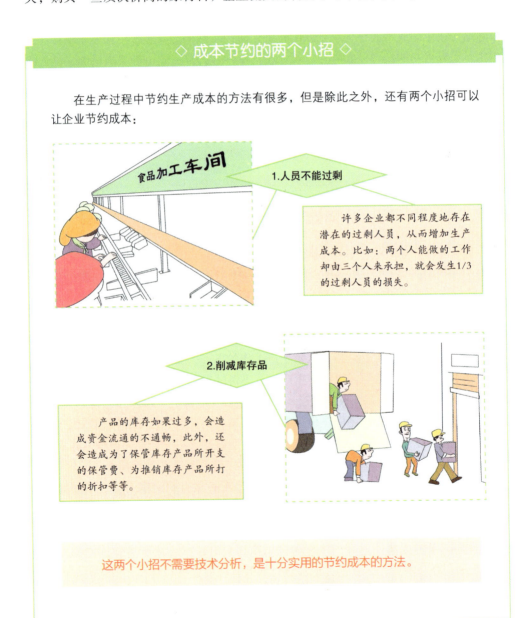

◇ 成本节约的两个小招 ◇

在生产过程中节约生产成本的方法有很多，但是除此之外，还有两个小招可以让企业节约成本：

食品加工车间

1.人员不能过剩

许多企业都不同程度地存在潜在的过剩人员，从而增加生产成本。比如：两个人能做的工作却由三个人来承担，就会发生1/3的过剩人员的损失。

2.削减库存品

产品的库存如果过多，会造成资金流通的不通畅，此外，还会造成为了保管库存产品所开支的保管费、为推销库存产品所打的折扣等等。

这两个小招不需要技术分析，是十分实用的节约成本的方法。

产成本，对在制造成本中占极大比例的原材料费要精打细算，严加控制。

4.清除亏本产品和服务

一个企业通常会生产几种或数十种产品。在经济形势好时，为了扩大几种不同类型的产品，有的产品有高收益，有的产品是低收益甚至是不赚钱反而亏本的亏本产品。

低收益的一般产品和亏本的产品，会腐蚀整个公司的利润，使整个企业的利润降低。因此，企业要降低生产成本，提高利润率，必须采用少数精锐产品政策，重点生产少数高收益产品，清除亏本产品和服务。

5.尽量避免倒账损失

在销售方面的最大损失是倒账的损失。比如：一家企业向另一家企业提供原材料产品，在货款回收前，接受原材料产品的那家企业倒闭了，于是，所交付的货物就变成了倒账。要弥补此损失，需要有相当长时间的努力。

如果发生10万元的倒账损失的话，当经济不景气销售利润率降低到4%时，如果没有重新获得10万元的销售额，是无法挽回损失的。

对中小企业而言，倒账是致命伤。因此，企业必须尽量避免倒账损失，为此，应加强对往来客户的信用管理。

6.加快货款回收

回收的货款迟延，厂家要背负那部分的成本负担。比如：100万元的货款回收如果迟延了90天的话，100万元的资金在这些天内都是死的。该资金如果有效利用的话，每月可获得2%的营业利润。如此一来，在90天内就会发生6万元的损失。

有效控制采购成本

减少采购成本对一个企业的经营管理状况能产生巨大的效益。对大多数企业而言，都没有给予采购环节以恰当的重视。降低企业运营成本，必须首先从加强采购管理开始。

管理者必须重视采购成本的控制，采购是大手大脚还是斤斤计较，是疏忽大意还是谨慎细心，是迁就对方还是坚守原则，这对企业经营影响很大。

1.设法降低采购价格

采购人员在采购过程中，如果在与供应商的价格之争中退一小步，或者是对采购物品的质量检验粗心马虎，或者是经不起市场促销的利益诱惑而损公肥私，那么，就会给企业造成重大的经济利益损失。

低价是努力争取的，别指望供货商会主动给你最低价。向供货商展示自己的实力，要让供货商知道你的企业是个大客户，可以长期并且大量要货。与此同时，要向供货商说明自己经营的困难，最大化程度获得供应商的让步。

日本松下公司十分重视采购工作，每次采购时都要求供货商降价。松下采购人员总是这样说："你们的利润太高了，再降一步怎样？"或者说："你们的某项支出太高了，控制一下还可以降低！"

作为一家大型企业，松下要求供货商提供年度结算资料让其审查，如果供货商拿着掺了水分的资料说："如果再降价，我们就会亏本了。"松下电器就会使出杀手锏："那你们就不用交货了！"当然，松下并非盲目一味压价，这样做是建立在科学分析的基础上。

实际情况是，产品的价格并不一定依成本而定，而是由市场承受力决定的。对很多商品而言，砍掉15%的价格是有可能的，而在服务业，可以砍掉更多——30%。

狠抓采购部门，对采购成本进行有效控制，是企业获得利润的第一关。

日本的大荣公司原本只是一家小店，但是中内功，这家小店的持有者却是一个雄心勃勃的人。因为他的商品比其他同类店的商品便宜，所以他的店内每天都积满了顾客，货架上的货物每隔两小时就被抢购一空。

可能有人会有疑问，为什么他的价格比别人的低呢？这是因为，中内功积极地与产地合作，在国内畜牧业发达的地区投资牧场，采取委托经营的方式。这一招使他在通货膨胀的年代保证了大荣公司的繁荣发展。

大荣公司发展壮大后，为了保证货源充足，中内功建立了世界性的商品采购网，从来不依赖日本的商社，而是派采购员到世界各地寻找价廉物美的商品。比如冬笋，他会在春季去中国台湾采购，夏季在日本本土采购，秋季在加拿大和新西兰采购，冬季到美国加州采购。所以一年四季都能保证有新鲜、物美价廉的冬笋上架。

2.重视采购人员的管理

众所周知，一些知名的大企业，比如松下、通用汽车、戴尔、惠普等，都精心打造出一支强大的采购"军团"，力图最大化降低采购成本。这样的做法是值得称道的，因为采购可以说是企业最大的支出和成本投入之一。

全球IT业巨擘IBM公司过去也是用"土办法"采购：员工填单子、领导审批、投入采购收集箱、采购部定期取单子。企业的管理层惊讶地发现，这是一个巨大的漏洞——烦琐的环节、不确定的流程、质量和速度无法衡量、无法提高，非业务前线的采购环节已经完全失控了，甚至要降低。

西门子移动通信的供应商分布在全球的各个角落，实施全球集约化采购，是西门子进行供应链管理、节约采购成本的关键。

西门子在实施全球采购之前的很长一段时间里，其各个产业部门如通信、能源、交通、医疗、照明、自动化与控制等在采购方面完全自主。随着西门子公司的逐渐扩大和发展，采购部门发现不少的元部件需求是重叠的。同时，由于购买数额

◇ 砍掉采购成本的方法 ◇

如何砍掉采购成本，最大限度地降低采购成本，以下几个建议，或许能对采购工作的顺利进行提供一些帮助。

1.进行材料分类，把握主要的控制方向

进行材料分类，确定重点材料，然后在询价、比价、谈判、验货等各个环节上加以控制，最终使所采购的材料价格降至最低。

2.选择合适的采购方式

选择合适的采购方式，能集中采购的不分散采购，并尽量利用联合采购的优势。

3.公开采购，引入竞争机制

企业应公开采购的清单，广泛接触各供应商的业务人员，形成供应商之间的竞争，这样有利于压低材料价格。

的差异，使得选择的供应商、产品质量、产品价格与服务有着极大的差异。

西门子公司很快发现采购当中的巨大浪费，它们设立了一个全球采购委员会，委员会直接管理全球各材料经理，而每位材料经理只负责特定领域的全球性采购。同时，它还对全球的采购需求进行协调，把六大产业部门所有公司的采购需求汇总起来，这样，西门子可以用一个声音同供应商进行沟通。经过对采购流程的变革，使得西门子公司能吸引全球的供应商进行角逐。

西门子公司经过对采购流程进行这样的变革，创造出一种充分竞争和协调的环境，从而实现高效率地管理自己的供应链，节约采购成本。

有效降低固定成本

企业在筹资和经营活动中，经常会产生大量的现金，这些现金在转入资本投资和其他业务活动之前，通常会闲置一段时间。这段时间往往不长，有时甚至只有几天时间。即便如此，如果对于这些暂时闲置的资金采取积极的现金管理，超短期也可以为企业创造可观的收益。

进行现代生产管理就要有现代意识，要克服小生产观念，要能够充分和巧妙利用社会经济条件，在算好经济账的前提下做出正确的选择。

在进行生产资源组织时，可能会遇到下面两种情况：有些设备是必需的，却不经常使用，甚至只是偶尔使用一次；有些设备是必需的，而且是关键的，但因市价昂贵，企业一时买不起。

前一种情况造成的直接结果是设备长期闲置不用，增加企业的成本；后一种情况造成的直接结果是影响生产率，影响产品质量，不但影响到成本，而且会影响到信誉。解决上述两个问题就是考虑如何降低固定成本。

如今很多企业的资金链绷紧并非因为绝对的资金紧缺，而是未能有效利用。只要合理地运用现金流，多数企业都可以摆脱资金链紧张的状态。

对企业来说，闲置资产还有一部分属于固定资产。由于闲置固定性资产相对于闲置资金流动性较差，所以在处置这部分资产时，应从多个方面来入手。

1.开展租赁业务

企业重组改制造成的闲置资产，可以通过寻找租赁市场，开展租赁业务，进行闲置资产再利用。资产租赁不仅可以解决重组后的存续企业和股份公司所面临的资金短缺问题，而且可以提高集团公司整体的经济效益，加快企业的发展。

2.实行个人承包

对于闲置的资产整体完好无损的、有可利用价值的，但对于企业生产的前沿产品来说已不需用的设备，以及因企业改制造成的不需用的房屋、场地等，可实行个人承包，减少企业投入。

3.加强对外投资

对于内部不需用的，但整体完好的、无损失的闲置资产，可以采取对外投资，积极寻找合作伙伴，尽量把闲置资产利用起来，并取得相应的投资收益。

4.适当进行资产置换

对于生产上需要的存货或设备，可以利用现有的闲置资产进行置换，以节约企业的货币资金。现代企业用资产换资产的非货币性交易已成为企业优化资产结构的一个重要手段。例如，某省某轻工进出口公司以一批轻工物资交换俄罗斯某公司的一批钢材；湖北某汽车销售公司以数辆汽车交换木器加工公司的一批办公家具等。

5.申请报废，确认损失

通过采取一定措施，仍不能给企业带来预期经济利益，且无变现价值的闲置资产，可进行申请报废，以减少人工费，场地费的支出等。

在闲置资产的处理过程中，还要看企业当时所处的具体环境来具体对待。如果闲置资产处理好了，企业可以甩掉包袱，轻装上阵，使企业现有资产高速、高效运转。同时，降低企业的经营风险，并使财务信息更具有真实性、可信性，以利于股东、企业经营者、债权人、投资者等信息使用人的投资、经营决策，从而树立企业的良好形象。

有效控制制造成本

在企业经营的总成本的构成中，生产成本所占的比重最大，因此，降低制造成本是降低企业经营总成本的最主要的途径，直接影响着企业的竞争能力。

企业的生产过程，需要投入大量的人力、物力与财力，需要消耗大量的材料、能源和工时。因此，在生产过程中，降低材料与能源的消耗就是低碳，增加材料与能源的使用就是高碳。

那么，如何有效地降低企业的生产成本呢？具体举措有以下几个方面：

1.建立原料用量定额标准

原料消耗定额，是指在一定的生产和技术条件下，企业生产单位产品或完成单位工作量应该合理消耗的原材料标准数量。

原料用量定额标准是其他成本控制手段的基准，对原料采购、库存、资金利用等有制约作用，消耗定额"合不合理"即意味着企业成本水平"合不合理"。

原料用量定额标准的订立原则如下：

（1）材料消耗定额应通过具体制造公式加以确定；

（2）成熟产品设计和工艺是定额制订的基础；

◇ 控制有关制造成本 ◇

制造成本包括很多方面，除了文中提到的控制方法之外，其他有关制造成本的控制主要有以下几个方面：

1.材料收储成本的控制

材料的采购、库存、搬运成本，往往数量可观，是控制制造成本的重点。

让搬运工小心摆放，避免磕碰，减少材料的损耗。

2.材料损耗的控制

企业存料价值，往往超过现金，由于材料损耗造成的损失往往是相当严重的。因此，对材料损耗的控制，成为企业成本控制的一项重要课题。

上个月你的任务没有完成，扣你1/3的工资！

3.奖酬制度

奖酬制度，是按照工人的工作量或生产力分别给予不同的报酬，从而提高工人工作效率，降低人工成本。

（3）制造程序、步骤和方法的标准化；

（4）定额是生产部门、设计部门、财务部门以及公司管理层多方面参与的结果。

2.建立人工耗用量定额标准

人工耗用量定额标准，是规定完成每单位产品所需耗用的人工时间，或每单位人工时间所能完成的产品数量。建立人工耗用量定额标准必须注意以下几点：

（1）以现在和过去的实绩相比较，测定所定的人工耗用定额是否代表了优良效率。

（2）直接人工成本属于变动成本，其中直接人工成本可以通过产量乘变动率求得，而后与实际成本相比较。但间接人工成本往往属于半变动成本，必须将其固定和变动部分加以划分，而后计算不同量杆下的限额，再与实际成本比较。

（3）每人工耗用定额，须考虑机器停顿、终了、修理以及正常休息的时间。

3.控制制造费用

制造费用是一种间接成本，其分摊、归属和控制，因此要想在企业中制订统一的制造费用定额标准是一件困难的事。如无法用科学或精密方法衡量在一定的时间下，究竟需要多少成本。

针对上述困难，制造费用的控制不适宜用定额标准来控制，而须采用弹性控制，必须借弹性预算和责任会计的实施，方可实现。预算金额，是依据过去经验并参照未来趋势，或按标准成本原理来制订限额。

为适应固定和变动成本性质的不同，应就不同的生产能力规定不同的费用限额。

制造费用既不像直接材料和直接人工那样有耗用材料数量和人工时数等单位用以计量，控制时也没有实体资料可利用。因此，制造费用控制的时机，主要在费用发生之前和发生当时，会计报告，只是事后控制的手段。

在小规模企业，实施运营控制、足以削减浪费。但在大规模企业，会计控制甚为必要。

有效控制营销成本

一直以来，采购、生产、财务等前端和职能部门对成本控制比较重视，而销售部门通常被认为是创收的部门，成本意识不强。所导致的直接后果，就是销售部门所获得的资源远远大于研发、生产部门获得的资源。

水、电、煤等能源需要节约，那么营销是否需要节约呢？很多企业都会步入这样一个误区：那就是只要可以增加销售收入，费用投入多少都可以，导致对销售费用的控制和敏感度远远低于对财务费用和办公费用的控制和敏感度。其实这些都是普遍的错误观念。营销中的成本支出，如果不认真分析，严格控制，那么就有可能变成"洪水猛兽"。

1.目标的浪费

不切实际的目标设定也是一种浪费，很简单，此种目标设定会促使企业为此付出巨大的资源浪费而最终却无法实现，这种浪费是致命的。现在很多企业一成立就为自己制定了"全国第一""行业第一"、甚至"世界500强"的宏伟目标，而完全忽视企业本身的资源能力和当前行业竞争状况，企图短时间内就做大做强。这也正反映了战略思想的盲动，最终的结果是企业资源和社会资源的巨大浪费，从而导致企业的迅速夭折。

2.包装的浪费

不可否认，包装在营销中的重要作用，它是产品的重要组成部分，是促成销售的十分关键的一环。于是很多企业在包装上费尽心机，包装就越来越豪华，越来越奢侈，很多产品其包装的价值远远超过了产品本身的价值，这本身就是一种浪费。

3.广告的浪费

很多广告是一种盲目和疯狂的浪费。不知道自己的目标群和目标市场之所在，天女散花式的投放广告，或者广告铺天盖地，轮番轰炸，勇夺标王等等，企图一击而成。虽然有的企业获得了成功，但更多的是失败者给我们的警示，广告真的需要这样投放才能取得成功吗？其实广告的盲目和疯狂无异于自杀。

4.促销的浪费

促销的浪费主要表现在促销物料和促销活动上，由于没有一个合理的规划和执行的不到位，很多企业制作了大量的促销物料，但最后大部分都留在了仓库里。促销活动很明显的表现是为促销而促销，企业管理者们只是突然觉得该促销了，于是促销就开始了。没有弄清促销目的的促销当然不会有什么效果。

有效控制人力成本

企业的资源包括有形资源、无形资源、人力资源、组织能力等，还包括企业在生产经营过程中的各种投入。企业需要从各个方面寻求降低成本，其中在控制人力成本方面也是不可忽视的。

1.不要让企业出现"不拉马的士兵"

根据战略大师迈克尔·波特的观点，企业的每项生产经营活动都可以创造价值，这些相互关联的活动便构成了创造价值的一个动态过程，即价值链。对价值链上的经营活动进行协调和最优安排，可以形成企业的竞争优势。因此，如何充分运

◇ 人力资源成本 ◇

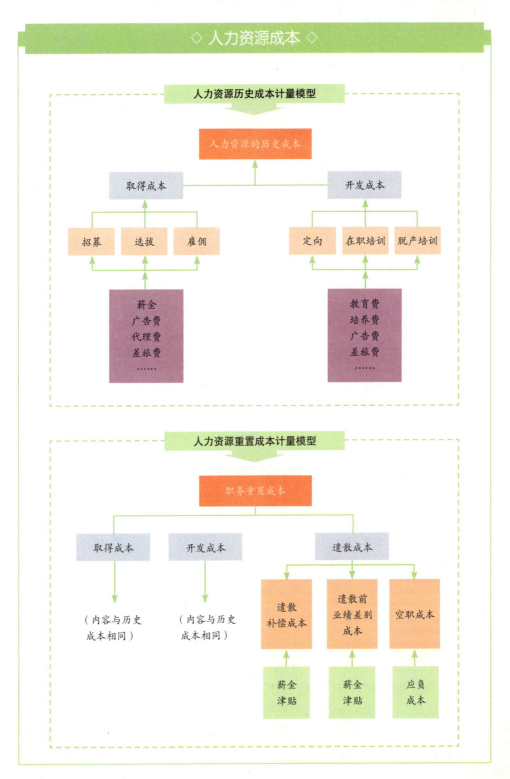

人力资源历史成本计量模型

人力资源的历史成本

取得成本　　　　　开发成本

招募　选拔　雇佣　　　定向　在职培训　脱产培训

薪金
广告费
代理费
差旅费
……

教育费
培养费
广告费
差旅费
……

人力资源重置成本计量模型

职务重置成本

取得成本　　　开发成本　　　遣散成本

（内容与历史成本相同）　　（内容与历史成本相同）

遣散补偿成本　　遣散前业绩差别成本　　空职成本

薪金津贴　　　薪金津贴　　　应负成本

用现有的资源，形成企业的竞争优势，是战略管理的一个重要问题。

"不拉马的士兵"是管理界流传很久的故事，说的是一位年轻有为的炮兵军官上任伊始，到下属部队视察操练情况，他在几个部队发现了相同的情况：在一个单位操练中，总有一名士兵自始至终站在大炮的炮管下面纹丝不动。军官不解，询问原因，得到的答案是：操练条例就是这样要求的。军官回去后反复查阅了军事文献，终于发现长期以来，炮兵的操练条例仍因循非机械化时代的规则，站在炮管下士兵的任务是负责拉住马的缰绳。在那个时代，大炮是由马车运载到前线的，以便在大炮发射后调整由于后坐力产生的距离偏差，减少再次瞄准所需的时间。现在大炮的自动化和机械化程度很高，已经不再需要这样一个角色了。但操练条例没有及时调整，因此才出现了"不拉马的士兵"，军官的这一发现使他获得了国防部的嘉奖。

在一个企业里，"不拉马的士兵"直接占用了企业的资源，降低了企业组织的运作效率。这同价值链管理的本质是相违背的。价值链管理的本质就是要通过核心业务流程的优化，以达到降低企业的组织和经营成本，提升企业竞争力的目的。

2.一定要因事设人

同样，当企业在组建部门或确定某个岗位的人选时，也不能违背价值链管理的理论。必须有一个清晰的职能诉求，因事设人是用人的基础。挑选员工时，必须挑选有能力或潜质胜任岗位的人，这样的员工能迅速进入职责范围内，迅速为自己和企业创造效益，以积极的心态服务客户和企业。否则，企业将在等待中损失效率。越是重要的、具有不可替代的职位，越是要迅速找到正确的人。

李·艾柯卡是美国汽车业的传奇人物：他从一文不名的推销员做起，登上了美国福特公司总经理的宝座，后遭到排挤，离开了福特公司。在自己即将退休的年龄，他临危受命，来到濒临破产边缘的克莱斯勒公司出任总裁，承担起重振公司的重任。艾柯卡来到克莱斯勒汽车公司后主动出击，大刀阔斧地对公司进行整改，并向政府寻求支持。他利用一切机会说服国会议员，取得了巨额贷款，从而使公司得到了重振的绝佳机会。

在艾柯卡的率领下，克莱斯勒汽车公司在经营最惨淡的那段日子里推出了K型车。K型车计划的成功，使克莱斯勒汽车公司起死回生，成为仅次于通用汽车公司、福特汽车公司的美国第三大汽车公司。终于到了这一天，作为克莱斯勒汽车公司总裁的艾柯卡，把一张面额高达8.13亿美元的支票交到银行代表手里。至此，克莱斯勒汽车公司还清了所有债务。这比他们当初预计的日期整整提前了12年。

用一个身价昂贵但正确的人，比用无数个身价一般但不恰当的人，往往能节约更多的成本，前者使投入与产出成正比，而后者则使投入与产出成反比。正因如此，优秀企业家在经营企业时，会合理控制人力成本，但他在遇到优秀的人才时也绝不会迟疑。

财务之道：
让公司的每一分钱都产生价值

小公司要建立财务系统

财务管理在公司的运营过程中起着非常大的作用。经营者必须认识到财务管理在店铺经营中不可忽视的重要性。

而财务管理的第一步就是建立健全适合的财务系统，主要包括以下几个部分：

1.缩短资金周转期

要缩短资金的周转期，就需要扎实地管理日常资金开支，按照实际准确地预测各个阶段的资金应用。要有计划地筹措和使用资金，维护好公司的运营。

（1）做好现金和银行存款的管理工作。经营者应阶段性地统筹现金剩余和不足的情况，制定资金预算，规划好未来的现金流出入量。

（2）协调好信贷关系，保证商品流转资金的及时获取。

（3）控制合理库存，扩大销售，增加资金周转次数。

（4）保持收支平衡，研究筹措资金、延长支票和赊购支付物期限的对策。

2.健全内部财务制度

管理是决定企业生存和发展的重要因素，特别是新成立的企业，尽快建立健全各项管理制度，特别是内部财务管理制度显得越来越重要。

"企业管理乱，首先是财务管理乱。企业效益差首先是财务管理差"。因为内部财务管理制度的不健全，将会引起财务管理混乱，造成了企业内部监督机制的欠缺，发生做假账或账外设账等现象。

3.设置分类账目报表

店铺要根据自身的具体情况来设置分类账目报表，比如日记账目、分类账目、试算表、损益表、资产负债表、财务状况分析表、费用分析表、商品毛利分析表等。

公司经营者虽然不是专业的财会人员，但是自己的职责就是保证盈利，经营者需要掌握分析财务指标的方法，通过各类报表，了解本公司的获利能力。

经营者一定要懂财务

身为公司的当家人，懂得财务才能做到知己知彼，心中有数。企业经营者应当将自己的各项收入、支出、业绩等各种数据建立相应的档案。这些数据的积累，可以为以后相关分析和决策提供依据，从而使项目发展建立在更为科学与理性的基础之上。

对于企业经营管理者来说，需要有什么样的要求呢？

1.把数字和百分比放在心上

掌握了财务报表之后，你可以骄傲地说，任何财务都别想蒙我。不过，先收敛起你的骄傲，我们再来看几个数字，让你知道什么是真正的数字管理。仅能看懂不行，你要学会从报表中看出一些端倪，通过数字与一些比率分析，来观察企业的财务状况。

财务报表的分析主要是三大块：

（1）运营能力：你实际的经营能力、运行能力。

（2）获利能力：你挣钱的能力。

（3）偿债能力：保证债权人利益的一种能力。

运营能力反映的是资金使用情况，获利能力反映的是投资的结果，偿债能力体现的是筹资。

在财务分析中，最常用的是比率分析和趋势分析，就是用数字加百分比的方式来描述分析企业的各种能力和机能。

比率分析是用除法将某一个项目与另一个项目相比。比如说毛利率，就是你相应的利润比上你的收入。

趋势分析有两种，一个是纵向，一个是横向。单个一张表，孤零零一个数字，可能看不出任何问题，我企业今年盈利100万元，是好是坏，你不知道。通过比较，我去年盈利50万元，同样的机器、厂房、设备，人员也没扩大多少，我今年一下盈利200万元，与去年一比，说明我是进步了。还有一个比较方法是与同行业比。同样是搞印刷的，我这个印刷厂和别人的印刷厂相比，我的利润率是多高？别人的利润是多高？行业的基本利润是多高？这样一比，你就知道自己的位置了。

2.运营能力象征速度

运营能力是企业在经营中，你的存货周转速度和应收账款周转速度。主要体现在资产负债表上，存货和应收账款。有两个比率：存货周转率和应收账款周转率。

存货周转率=销售成本÷平均存货

有了这个数字，你可以把今年的存货周转率与去年，与上个季度，与上年同期相比，如果高了，说明你的库存控制得不错；如果低了，是什么原因？是不是应该砍库存了？

应收账款周转率=销售收入÷应收账款平均额

看你的应收账款收得是不是很好，主要看应收账款周转率。我们前面谈到砍客户，如果你发现这个应收账款周转率变低了，一定是你的客户"阴收款"多了，你就知道，你又该向客户开刀了。

通过这两个指标，你结合内外部的因素，就清楚了你在企业管理过程中，哪些因素控制得好，哪些因素控制得不好，你该从哪个地方开刀。

3.获利能力体现效率

我们再看获利能力。第一个是销售毛利率。

销售毛利率=（销售收入–销售成本）÷销售收入

这就是损益表中的主营业收入减去成本，然后除以你的收入。

毛利率是在没有交税之前，还没有扣除费用之前算的。那么这笔钱还得扣除税钱，扣除损益表的相关费用，比如营业费用、管理费用，还有财务费用。扣除这个以后，有了毛利率不一定有利润。所以，别拿着毛利率暗自庆幸。

销售净利率=净利润÷销售收入

这个看你是否真正赚钱了。没有再扣除的东西了，所以这个叫净利率。这个利润率与你的销售收入相关，就是说不只要看有多大的销售收入，你还要看有多大的利润。

4.偿债能力反映质量

偿债能力有短期偿债能力和长期偿债能力，它有两个指标，一个是流动比率，一个是速动比率。这个指标谁来看？是你的债权人看的，谁借你钱谁关心这两个指标。

流动比率=流动资产÷流动负债

流动资产可以在资产负债表里找到，在资产负债表左边的资产部分有一个流动资产合计。流动负债是在资产负债表的负债当中，有一个流动负债合计。

流动比率的标准值是2：1，也就是说，你的流动负债要用流动资产来偿还，出于最安全的考虑，流动资产应该是流动负债的两倍。这样，你的债权人通过资产负债表，马上就能看出你的偿债能力是比较好的，他就放心了。

速动比率=速动资产÷速动负债

流动资产中有一部分资产不是马上就能流动起来变现的，那么，我们把它的主要部分存货排出去，剩下那部分流动资产就是比较好流动的东西了，就是变现能力更强的，这个叫速动资产。它与负债之间是1：1的关系，也就是说，一旦短期负债到期，马上变现就能还给债权人。

你在资产负债表上把这个数一找，很快就能算出来，你的企业流动比率是多少？是2：1，还是1.5：1，还是1：1？你可以根据情况采取相应的措施，提高你的比例。或者，我的速动比率是多少？是零点几还是1：1？你分析同行业中，它的流动比率是多少？速动比率是多少？你与它之间有多大的差异？并明白什么原因在背后产生这些差异，你再决定砍哪一部分。

另外一个是长期偿债能力，就是指偿还长期负债的能力。它主要有一个常用的指标，叫资产负债率。

资产负债率=负债总额÷资产总额

这两个数字在资产负债表中全有，算出来以后就看出你的负债率。有些企业负债率高达100%，就是说，你的所有负债总额等于你的总资产。这种情况下，你的企业哪有钱还啊？那么，总资产中既包括流动资产，还包括固定资产，还包括无形资产和流动性更差的资产。这些资产加起来，本来变现能力就低，加在一起才相当于你的流动负债，对于这样的企业，很少人敢借给你钱了。那么，当然，你的首要任务是砍债务。

不过，负债率没有确定指标，没有说负债率50%就好，70%就不好，看你的企业所在的行业和实际经营情况。其中，需要企业家进行具体分析。我还是那句话，不要盲目相信借鸡就能生蛋，借鸡是有成本的，有压力、负担、风险的，不是白借的。

就财务指标来看，你得与同行业进行比较。比如说，你的利润站在什么位置上；你的运营能力与同行业比较，站在什么位置上；偿债能力与同行业比较，站在什么位置上。将这三个报表结合起来之后，你再去确定，在这个行业当中，我主要抓住哪个目标市场，我吃哪碗饭。

聘用优秀的财务主管

任何一个公司，财务都是其生存的命脉之一。因此，公司中负责财务运作的财务主管这个位置，就显得尤为重要。事实上，公司的任何决策都与财务主管有直接或间接的联系。因此，为了能使自己的公司更好地发展，公司经营者务必要为自己找一个优秀的财务主管。

公司的财务管理工作烦琐且重要，公司经营者必须聘用真正有素质、有能力、可信任的人充当财务主管。

具体来说，一名优秀的财务主管应具备两方面的能力。

1.道德方面

财务主管是公司核心部门的负责人，由于其所处位置的重要性，他的品德素质对公司的发展至关重要。财务主管的道德素质主要有以下几个方面：

（1）作风正派。一个优秀的财务主管应当具有良好的工作作风，不论做人还是做事都实事求是、光明磊落。在财务管理工作中遵纪守法，廉洁奉公，严格按规章制度办事，坚持原则。

（2）有敬业精神。一名优秀的财务主管应当热爱本职工作，把工作视为一种需要和自我价值的实现。在工作中，勤恳忠实，不断追求创新，自觉学习相关工作知识与技能，不断提高自身业务水平。

（3）对企业忠诚。主要表现在：视公司的利益高于自身利益，不做任何不利于公司的事情，针对公司财务工作中的各种商业机密，财务主管应当严格保守，并自觉维护公司形象，并为公司的发展积极出谋划策。

2.业务方面

公司财务管理是一项专业性很强的工作，财务主管作为公司财务部门的负责人，必须掌握一定的专业知识，才能做好公司的理财工作。

（1）具备专业知识。这些知识给财务主管以正确的思维方法，使人能比较好的把握经济形势对公司经营的影响。要分析经济环境经济形势，离不开宏观经济学政府政策的知识。而微观经济学中边际成本与边际效益以及市场运作原理，对于正确地进行公司财务决策又至关重要。

（2）掌握会计知识。财务主管进行财务管理活动的最重要的信息来源便是会计账目。公司的一切活动和营运情况都在会计账目中有所体现。财务主管在进行各种财务经营决策时，都要用到会计账目所提供的各种信息。

（3）了解本公司产品。产品性质不同，其所需资金运转情况便不一致。财务主管不应局限于关注数字上的内容，其心中应对整个公司各个方面有全盘的认识，这样才能更好地开展工作。

（4）了解相关政策法规。此外，一名优秀的账务主管必须掌握相关的专业知识以及国家有关账务、会计工作的政策法规。例如，《企业账务管理》《审计》《管理会计》《责任会计》《税收会计》等专业知识是财务主管开展工作的基础，而对《公司法》《票据法》《企业会计准则》等国家的政策法规，也应当熟悉其规定。

应收账款的管理和控制

企业财务管理是企业经营管理中的重要一环，而应收账款管理又是财务管理的重要环节之一，所以说应收账款的管理与控制是企业运营过程中必须重点关注与加强管理的重要工作内容。尽可能缩短应收账款的回收期对于一个企业的发展有着巨大的意义。

◇ 如何从法律的角度管理应收账款 ◇

你看一下我们的规定，所以你们公司必须要提供担保……

1. 建立企业的信用政策和赊销审批制度

企业根据实际情况，建立自己的信用政策，比如对什么样的企业赊销，额度多大，期限多长，对信用较差的客户要求提供担保等。

2. 进行科学的合同管理

一般都应要求签订书面合同，合同文本尽可能由本企业起草并执行统一的文本，合同要素要齐全、具体。

应收账款管理部

3. 落实应收账款的管理部门

建立起相应的管理流程和必要的内部控制程序。

那么，企业经营者为了提早的收回应收账款，就要发现当前这项工作中最常见的问题。

1.树立正确的应收账款目标

片面追求利润最大化，而忽视了企业的现金流量。一个很重要的原因就是对企业管理者的考核过于强调利润指标，而并没有设置"应收账款回收率"这样的指标。利润最大化不应是应收账款管理的目标，如果以利润最大化作为目标，可能会导致对风险的忽视和企业长远利益的牺牲。应收账款管理的总目标应以企业价值最大化为理念，不能忽视资金的良好周转。

2.加强会计监督

（1）没有建立应收账款台账管理制度，没有对应收账款进行辅助管理或者仅按账龄进行辅助管理。许多企业仅仅是在其资产负债表的补充资料中按账龄对应收账款的数额进行简单的分类，平时则没有对应收账款进行辅助管理。在企业回款好的情况下，基本能满足需要，但在企业回款不畅的情况下就无法满足管理的需要了。

（2）没有建立应收账款定期清查制度，长期不对账。由于交易过程中货物与资金流动在时间和空间上的差异以及票据传递、记录等都有发生误差的可能，所以债权债务的双方就经济往来中的未了事项进行定期对账，可以明晰双方的权利和义务。而现实中有的企业长期不对账，有的即便是对了账，也没有形成合法有效的对账依据，只是口头上的承诺，起不到应有的作用。

（3）未建立坏账核销管理制度。有些企业对没有收回的应收账款长期挂账，账龄甚至多达十余年，而这部分资产其实早已无法收回。

3.建立完善的客户信用制度

营销过程中对客户资信的调查和管理对应收账款的回收具有很重要的作用。但该公司在商品销售过程中，往往在未弄清客户的资信程度的情况下，就急于和对方成交。这样虽然使公司销售额在不断攀升，但是反而会出现少赚钱或赚不到钱，甚至赔本的现象。例如，未对客户进行详细的资信调查，就给对方发货，待付款期限到时，对方无力付款，经调查才知该公司濒临破产，早已资不抵债了，结果给公司造成了巨大的损失，使公司的经营状况陡然下滑。

4.明确应收账款管理的直接责任

应收账款的直接责任者并不仅仅指个人，还包括相应的部门。很多公司的应收账款的日常管理没有专人负责，没有建立一套合理的管理制度和程序。一方面是在向客户赊销产品或收回欠款的同时，没有专人对其应收款项进行及时增添或勾销。产生欠款后，催收工作没有具体的措施，一般是由产品销售人员负责催收，而销售人员的精力往往顾不过来。另一方面财务人员对应收账款的账龄分析不够详细，这样一来就不能及时发现问题，提前采取对策，尽可能减少坏账损失。另一个主要原因是没有明确由哪个部门来管理应收账款，没有建立起相应的管理办法，缺少必要的内部控制，导致对损失的应收账款无法追究责任。

5.成本控制精细化

应收账款是一种短期投资行为，是为了扩大销售提高盈利而进行的投资。而任何投资都是有成本的，应收账款投资也不例外。这就需要在应收账款所增加的利润和所增加的成本之间做出权衡。只有当应收账款所增加的利润超过所增加的成本时，才应当实施赊销。如果应收账款赊销有着良好的盈利前景，就应当放宽信用条件增加赊销量，否则就减少赊销量。那么，与之相关的成本是一定要相应增加的，这就要求必须全面地计算与之相关的付现成本和机会成本。目前，我国很多的企业应收账款的管理基本上还是粗放式的管理，没有真正确立成本效益对比分析的精细管理办法。

做好公司财务预算

所有的公司都要作预算，估计出一年里一个大概的开支，经营者不要借口"业务变化太快""没时间""公司太小不需要""没有资源或没人来做"，把预算抛在脑后。连自己花多少钱都不清楚的公司，不可能生存太久。

上到国家，中到企业，下到个人，每一个主体都会与预算打交道。随着市场经济的发展，企业制定科学的预算制度，也是其竞争力的一个重要体现。

企业经营管理者建立科学预算制度主要从以下几方面入手：

1.强化资金预算管理

俗话说：资金是企业的"血液"，是保证企业有效运转的不竭源泉，如何用好资金，提高资金使用效率成为企业财务人员面临的一项重要课题。尤其是在目前市场变化无常情况下，科学合理的资金预算是企业统筹安排资金，降低资金成本的有效途径。在以企业负责人为首的资金预算委员会的领导下，采取了一系列强化资金预算管理的措施：

（1）以周资金预算为重点保月资金预算。企业应在总结了以前资金管理成功经验的基础上，进一步加强资金预算管理，建立了年、季、月、周的资金预算管理体系，做到以日资金调控保周资金预算，以周资金预算保月资金预算，使企业的资金始终保持良性循环状态。

（2）建立各个业务部门共同参与、全过程控制的全面月资金预算体系。一个科学的预算需要企业各部门的协调配合。企业各部门在每月某日前提供本部门的生产计划，如：生产办提供原料采购计划和物资采购计划，基建科提供固定资产的工程用款计划，销售公司提供产品销售计划和应收账款控制计划等。报主管领导审批后，将有关资料及时提供给财务部门，再由预算委员会办公室于每月月底前将资金预算进行汇总、预审并报资金预算委员会审批。

（3）建立预算变动报告及执行情况反馈制度。企业里的实际资金流转不可能与预算完全相同，对于有变动的资金预算，必须提供书面报告，并提交资金预算管理委员会审批，以便资金管理人员及时调整预算和调度资金，经批准后方可办理付款手续。对周、月度资金预算执行完后，要及时进行资金预算执行情况分析，及时查找形成差异的原因，然后将分析结果及时反馈给各业务单位，以指导今后预算的编制。

2.加强成本预算管理

作为企业来说，成本控制是一个非常重要的环节，如何加强企业的成本控制，提高企业经济效益呢？为了加强各个生产环节的成本管理，应在全面二级核算的基础上，深化、细化班组核算，推行全面成本预算和目标成本管理，具体情况如下：

（1）加强企业的成本预算，强化目标成本管理。为了加强对预算工作的组织领导，企业应成立预算管理委员会实行统一管理。每年某月（定期）预算管理委员会要召集生产、销售、计划、财务等部门，根据上级下达的相关指标，结合本年实际编制来年的生产计划、销售计划，预算委员会办公室再根据相关计划编制来年的成本预算，报企业预算管理委员会讨论、审定，然后将成本预算逐项进行分解，并建立相配套的考核办法。同时各二级单位建立各级成本责任制。按照"纵向到底"的要求，将各项成本预算指标逐一细化分解到车间、班组、工段以及个人，真正形成"千斤重担人人挑，人人肩上有指标"的预算指标体系，做到一级对一级负责，一级对一级考核，保证效益目标落到实处。

（2）加强经济活动分析，及时跟踪预算执行情况。预算指标一经下达，不得随意更改，为了及时了解预算执行情况，以及实际执行过程中出现的偏差，企业应建立定期预算分析和报告制度。每月组织生产经营、计划、财务等部门对本月、年累计预算期工作量完成情况、成本费用控制指标完成情况、利润完成情况、财务情况、现金流量、市场需求价格变动趋势进行分析，将预算执行结果与预算数据对比，找出差异并分析形成差异的原因，对发现的突出问题，进行专题分析，及时解决预算执行过程中出现的问题，在执行和分析过程中，不断完善预算管理制度，提高预算管理水平。

3.加强绩效考评

根据分解下达年度、季度、月度预算指标，企业应制定一套比较完整的配套考核办法和奖励办法，实行成本一票否决制度，职工个人利益与预算指标挂钩。同时根据不同单位对成本节约的大小，实行系数分配制度，就是将各单位预算指标考核结果再乘以一个系数作为最终的奖金分配依据。这样一方面可以适当拉开收入差距，体现向一线倾斜和按贡献大小来分配的公平原则，另一方面是将月度预算指标与年度预算指标相挂钩，激励各单位以月保年，切实保证年度预算指标的完成。

◇ 财务预算相关知识 ◇

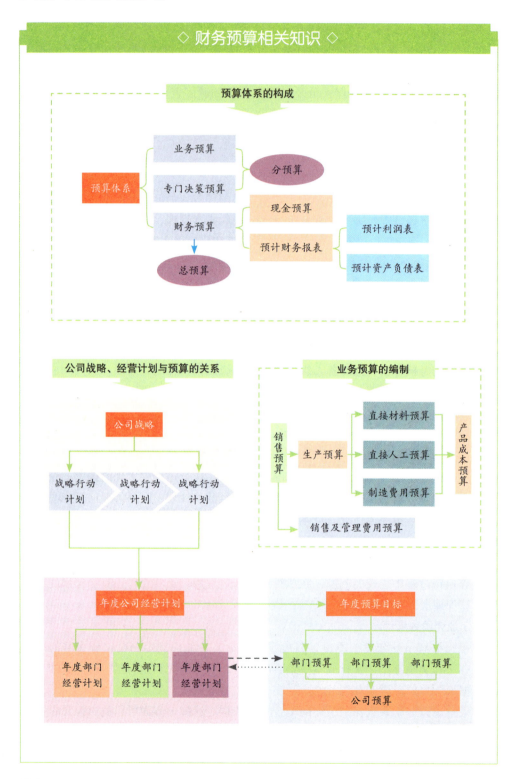

加强预算管理尤其是资金预算、成本预算管理，目的要真正实行全面预算管理，从根本上提高管理水平，最终实现企业效益最大化的目标。

4.预算要有"法律效力"

一旦你的预算确定下来，各部门在生产、营销和各项活动中，就要严格执行，围绕预算开展活动。年度预算有了，还要从年度预算再细分到月度预算，而且每个月都要对预算执行情况进行分析。如果在哪个环节上的花费当月超出了预算，马上分析原因，是因为一次性费用，还是因为控制不当，如果是控制不当引起的，马上追究责任，然后再找将要采取的改进措施。让相关责任人立下保证，不能达成的，追究责任。要让员工把预算当成公司的"法律"，"法"不容情，违"法"必究。

确保充足的现金流

可以说，现金流是决定着企业的生存和运作的"血脉"。因此，经营者应该保证在任何时候，企业都要确保有充足的流动资金，这样，才能为企业的正常运转提供了基本的保障。

现金流是指企业在一定会计期间按照现金收付实现制，通过一定经济活动而产生的现金流入、现金流出及其总量情况的总称。从产品的市场调研到售后服务的整个过程，任何环节都与企业的现金流交织在一起。

那么企业管理者应该如何管好现金流，使它支出和收入保持平衡呢？

1.培养管理层的现金流量管理意识

企业的决策者必须具备足够的现金流量管理意识，从企业战略的高度来审视企业的现金流量管理活动。

2.注重流动性与收益性的权衡

现金是对企业来说非常重要，那是否意味着账面上现金越多越好？答案是否定的，创业者更要注意流动性与收益性的权衡。要根据企业的经营状况、商品市场状况、金融市场状况，在流动性与收益性之间进行权衡，做出抉择。现金的持有固然可以使公司具有一定的流动性即支付能力，但库存现金的收益率为零，银行存款的利率也极低，因此，持有现金资产数量越多，机会成本越高。如果减少现金的持有量，将暂时不用的现金投资于债券、股票或一个短期项目，固然可以增加收入，降低现金持有成本，但也会由此产生交易成本以及产生流动性是否充足的问题。

因此，创业者要在保证流动性的基础上，尽可能降低现金机会成本，提高收益性。

3.合理规划、控制企业现金流

企业现金管理主要可以从规划现金流、控制现金流出发。规划现金流主要是通过运用现金预算的手段，并结合企业以往的经验，来确定一个合理的现金预算额度和最佳现金持有量。如果企业能够精确的预测现金流，就可以保证充足的流动性。同时企业的现金流预测还可以现金的流入和流出两方面的出发，来推断一个合理的现金存量。

控制现金流量是对企业现金流的内部控制。控制企业的现金流是在正确规划的基础上展开的，主要包括企业现金流的集中控制、收付款的控制等。现金的集中管理将更有利于企业资金管理者了解企业资金的整体情况，在更广的范围内迅速而有效地控制好这部分现金流，从而使这些现金的保存和运用达到最佳状态。

4.用好现金预算工具，做好现金管理工作

对于刚刚起步、处于创业初期阶段的企业来说，现金流量估计（或现金预算）是一个强有力的计划工具，它有助于你做出重要的决策。首先要注意确定现金最低需要量，起步企业的初期阶段现金流出量会远大于现金流入量。

待初创企业公司达到一定规模时，可以逐步扩展到规范的现金流管理，它包括现金结算管理、现金的流入与流出的管理等内容。在任何情况下，合理、科学地估计现金需求都是融资的重要依据。

5.建立以现金流量管理为核心的管理信息系统

将企业的物流、信息流、工作流、资金流等集成在一起，使得管理者可以准确、及时地获得各种财务、管理信息。

重视公司的问题账款

问题账款指本企业销售业务员销售过程中所发生被骗、被倒账、收回票据无法如期兑现或部分货款未能如期收回等情况所涉账款。问题账款一般包括呆账和坏账。三年以上既不增加也不减少的无法收回的往来账，并且不能确定将来是否能收回的往来账，应该确定为呆账；已经确定不能收回的往来账，应该确定为坏账。

部分经营困难，甚至倒闭的企业并不是没有获利的能力，而是缺乏收款能力。大量问题账款的产生，使企业面临极大风险。

现代市场经济是风险经济，企业销售成功并不等于经营成功，成功的经营是商品转变成现金，而不是商品转变成债权。债权在手不是胜券在握，一旦应收账款成为问题账款，将给企业的发展带来很多障碍。

账款管理如果控制得好（呆账损失、账款管理费用支出小于销售额扩大带来的额外收益）就可以提升销售，提升竞争力、增加利润。如果管理不当则会陷入泥潭，失去竞争力。甚至一分钱的账款要以10倍、20倍的销售来弥补。

问题账款犹如洪水猛兽，侵吞着企业的利润。因此，有效的账款管理是避免出

现问题账款的重要途径。

造成回款难的原因很多，只要有任何一种情况发生，都可能导致应收账款回收的速度变慢，或者根本就收不回来。寻求有效的应对方法，如何才能提高收款绩效。常见方法如下：

1.做好客户分级管理

最好事先对客户做好分级，可以选择不同的标准。这些标准分别是：

客户的付款状况。就是企业统计客户最近一年的付款情况是否及时，有无拖延，拖延的天数与原因等，然后根据这些因素，来判定客户的级别。

客户的下单量。统计客户近一年的下单量，然后，按照从大到小的顺序进行排列。不要以为订单量大的客户就是大客户，判断大客户的标准不仅要看其订单量的大小，更要评估其真正的偿债能力。

客户对企业利润的贡献率。统计一年内客户的下单量及其购买产品的利润率，然后算出对本企业利润的贡献率，再以这个贡献率的大小进行排名。

客户的发展前景。企业通过了解考察，挖掘客户的潜在价值，然后，客观地判断其重要性。

2.及时、频繁和有力度地催款

（1）动作要快。可以向客户要求一旦其销售回款进账，就必须优先付款给你，然后向对方询问何时有进账、金额多少、其中可支付给本公司的约有多少等具体细节，并记录在案，便于需要时查询。同时，随时保持密切的联系，当对方的款项一进账，就立即下手。

（2）催收要勤。适度频繁的催讨是快速回款的有效策略。对于已经欠下账款的客户而言，如果催收的频率不高，就会让客户错误地认为这笔账款不是很重要。所以要每隔一段时间，就要向客户提个醒，让客户记住还有多长时间就该付款了。

（3）要有力度。如果本企业在市场上有很强的竞争力，就可以暗示若不按时付款就将中止双方的合作关系，以此让对方感觉到压力。

3.要在合同中明确各项条款

在与客户签订销售合同时，一定要注意以下事项，以避免日后处理应收账款时与客户产生分歧，给企业带来经营风险：

（1）明确主要交易条件，如价格、付款方式、付款日期、运输方式等；

（2）明确双方的权利和违约责任；

（3）确定合同期限，合同结束后视情况再行签订；

（4）加盖客户的合同专用章。

◇ 加大力度催收欠款 ◇

若在货款到期日还没有收到客户的付款，就应该立刻着手采取各种方式进行追讨应付账款，一般有以下两种追讨方式：

1.公司自行追讨

这是处理拖欠时间不长的账款的首选方式，一般有电话催款、信函催款、上门追讨三种方式。这种经过双方协商清偿债务的方式主要适用于债权债务关系比较明晰，而且这种方式烦琐、易行，可以及时地处理问题。

2.拜托专业机构追讨

在公司自行追讨无果又不想马上诉诸法律的状况下，公司可以拜托专业机构代为追讨。这些机构包括律师事务所、会计师事务所、收账公司等专业机构。

对于企业，如果有大量资金没能收回，自己企业的资金运转便会出现断层，给自己企业带来巨大的损失。因此，为了自己企业更好的发展，催收账款时千万不能心太软。

第二十招

专业之道：
先做专做精，后才能做大做强

实现专业化标准

现代社会经济运行的一个突出特点，是专业化分工明显存在。从社会与科技的发展趋势来看，专业化分工越来越细，专业化标准越来越高。

分析一个企业的业务，会发现不同的业务对公司的价值有很大的差异。一般说来，企业的业务活动可以分为四类：

1.必须自己做

只有自己可以做，或者必须自己做，并且通过它们使公司区别于竞争对手的业务，这是公司存在的根本，没有这些业务公司根本就没有存在的必要，因此这些业务往往是战略性的，属于核心业务的范畴，是公司竞争力的主要载体。例如英特尔的芯片研发与制造、耐克的产品研发与品牌管理、三星的数码业务等。

2.可以自己做

非得公司自己做，别人无法替代，但难于和竞争对手区别开来的业务。这是公司经营的"保健性"因素，也就是说，做得不好就直接给公司造成负面影响，做好了也不大可能在顾客心目中留下深刻的印象。当然，如果与竞争对手相比做得特别好，这些业务可能提升公司的竞争力，形成竞争优势。例如美国西南航空的快捷服务等都成为了它们的核心竞争力。

3.自己做有优势

可以形成公司的竞争力，同时别人做比自己做更有优势的业务。例如制造公司非关键零部件的供应、直销公司的物流配送服务等。这类业务往往不是公司的核心业务和主营业务，但它对核心业务和主营业务有较大的支持作用。

4.自己做没有优势

专业公司更有优势，同时对公司核心业务及竞争优势无关痛痒的业务。例如工厂环境卫生及绿化服务、员工上下班班车服务等。

企业正确的做法是：牢牢抓住第一类核心业务，加强核心业务领域的竞争力；认真管理好第二类业务活动，使其充分发挥对核心业务的支持作用，或直接转化为公司的竞争优势；对于第三类、第四类活动则要积极主动地外包给合格的供应商，所不同的是对于第三类业务的外部供应商或服务商更应加强管理与协作。采用这种由内外部专家装配而形成的商业模式的企业称为"专业化企业"。

坚持走专业化方向

将那些能为公司赢得最大竞争力和最大化利润的业务归类为核心业务，然后重点围绕这些业务功能培育专业化能力。对于那些不能提供竞争优势或对利润不能发挥关键杠杆作用的业务功能，则摈弃掉。

今天，全球竞争中的成功者已经学会把精力集中在经过仔细挑选的少数核心本领上，也就是集中在那些使他们真正区别于竞争对手的技能与知识上。

1.不要分散化经营

"散"是乱之源，弱之根，败之先。很多公司在产业、布局和管理等方面都存在着相当分散的状况。有些公司虽然小，但产业跨度从第一产业到第三产业、从地上到天上，几乎无所不包，许多产业与主业关联不大，"大而全""小而全"的弊端仍不同程度地存在。

另外一些公司主业的产业布局分散，集中度不高。特别是一些加工行业，远离资源和市场，存在布局不合理、产供销脱节等问题。

不要分散化经营，是公司由大而强的必由之路。当经营者把公司的资源整合起来以后，才能集中力量办大事，把公司的事情做好，把公司做强。

2.向专业化方向迈进

可以预见，无视专业化经营，将使许多公司逐渐丧失竞争优势，一步步落后于竞争对手。为了避免在不久的将来被市场淘汰，企业必须考虑向专业化演变。

著名的石油勘探和输送公司——英国石油集团公司（BP）前些年的发展有目共睹，其获得发展的重要因素是实现专业化。公司的第一步工作是识别战略性业务能力，包括营销、生产、油田资产和加油站的强大网络。基于这些优势，BP开始采取内外部专业化措施。

结合自己公司的实际情况，根据不同项目的特点和规模，大胆探索，勇于实践，选择适合自己的专业化道路。

许多中国公司也在沿着专业化道路前进，虽然它们还称不上是专业化企业的典范，但其成功经验值得今天准备走向专业化道路的企业参考。

◇ 专业化经营的益处 ◇

现在企业分工越来越细，生产经营都追求专业化，那么，专业化经营有哪些好处呢？

实现专业化一方面增强了企业的竞争力。如果想要方方面面都抓的话势必会增加费用，而只专注于一方面，就会减少费用，降低成本，增加企业竞争力。

另一方面，企业也因市场竞争的激烈面临巨大的挑战。市场竞争的加剧，使专注于自己的核心业务成为了企业最重要的生存法则之一。

因此，在企业发展过程中，应该尽量走专业化道路，对自己有优势的产业做精做细、做出自己的成就！

做最熟悉的领域

所谓隔行如隔山，每个行业都有其独特的规则和规律，当进入一个不熟悉的领域，选择了不熟悉的生意，无疑给自己制造了巨大的障碍。

作为公司经营者，你需要一心一意地去做你熟悉、你懂行的行业，千万不要人云亦云，盲目跟风，不要好高骛远，也不要打一枪换一个地方。如果能做到这一点，你经营的公司最终可能会做大做强。

随着市场越来越成熟，做生意越来越讲究专业，内行的人更能抓住市场的命脉，获得丰厚的回报。

1.探索熟悉的领域

小公司经营者探索自己的喜好和熟悉的领域是非常重要的。其实无论是什么背景的人，开公司最好要从自己最熟悉的行业开始。进入熟悉的行业就不用在一个陌生的领域从头学起，而在不熟悉的领域"交学费"是在所难免的，而公司经营经不起这样的折腾。

要想在一个个行业获利，首先要对这个行业熟悉，如果是外行就要先变成内行。做生意要有长远的打算和规划，任何项目、任何行业都不是三天两天可以摸透的，如果把一个行业想得太简单是无法从中淘到金的。相关的行业经验非常重要，如果你对某个领域不熟悉，无论看到别人赚多少钱都不要眼红盲目跟风，到头来可能就是做别人的垫脚石。

林先生在一家电脑公司做销售，工作压力比较大，一直希望能够自己开店。正好一个朋友的店铺出让，他就接手下来开了家咖啡厅。林先生觉得产品基本都是一样的，没有太大的差异，能够卖得好是因为销售人员做得好，产品才会卖得好。

于是在咖啡厅的产品研发方面，他并没有投入太多资金和精力，只是将工作交给新来的厨师。自己心思花在招揽顾客上了。然而咖啡厅卖的毕竟不是速溶咖啡，开水一冲就好了。对于咖啡的品种，如何研磨、冲泡，林先生根本一窍不通，顾客抱怨咖啡的口感不好，点心也不对味。开店之后的顾客主要都是以前的合作伙伴和朋友的帮衬，一个月下来的营业额连支付房租都不够。一次订购时还被蒙骗，花了优质咖啡豆的钱拿到的却是劣质咖啡豆，损失惨重。朋友提醒他，你原来不是销售电脑的吗，为什么要做咖啡呢？一语点醒了林先生，他立刻将店铺进行改装，与以前合作过的生意伙伴联系订购等事宜，专门经营电脑及周边产品，生意逐渐开始好转，扭亏为盈了。

在生意场上，如果对自己所从事的行业不了解，往往就意味着血本无归。每个行当都有自己的核心内容，如果不熟悉就掌握不了这些东西，也使公司丧失了基本生存条件，无法具备充足的竞争力。

2.坚持不熟不做的原则

不熟就意味着在同业竞争中就处于劣势，所以不管做哪一行，一定是坚持不熟不做的原则。

小本经营本身就是以收益为第一位的，如果对一类生意熟悉、懂得，做的过程中遇到问题时，就能自己解决，省去咨询别人的成本和风险，还能很好地预测以后的市场行情走势。同时熟悉意味着在该行业已建立了人际网络，在生意往来和客源方面有一定的基础和保障。开店要在稳健中求发展，在做任何一项投资前都要仔细调研，自己没有了解透、想明白前不要仓促决策。很多人在网上开店卖服装，一些人就想当然地认为自己绝对有实力做服装生意，但是等真正开起了服装店却发现什么都不懂，尺码到底怎么划分，当下的流行款式是哪些都不了解，怎么可能赚得到钱呢？

◇ 把精力放到熟悉的行业 ◇

有很多人觉得自己企业经营不善是因为运气不好，事实上往往是离开自己熟悉的领域，涉足那些热门的、流行的领域想要"一夜暴富"，那是很不实际的想法。

1.不要盲目去开发新领域

流行的产品都要经过一定磨合期并且要花费大量的人力、物力、财力，而市场的占有率如何也是未知的，因此具有很高的风险性。

2.尽量选择自己熟悉的领域

如果是熟悉的领域，你会对这个行业的资金周转率、应收账款等情况有一个比较完整清晰的认识，对可能遇到的问题风险都有一定准备。

所以，不盲目追随流行，坚持将自己熟悉的做到最好，甚至自己来创造流行，小公司照样能经营得风生水起。

在一个行业做熟之后就能掌握规律和要领，对其他类似的相关的行业就有了变通的基础。公司经营就是要在熟悉的基础上，慢慢将不熟悉变为熟悉。

公司经营一定要建立在自己熟悉的基础上，完全生疏的行业是决不能涉足的。比如著名的奔驰汽车公司，就是由世界上最早的两家汽车生产商在自身的基础上合作发展而成的，正是在熟悉领域的深入发展才造就了奔驰汽车的辉煌。再如比尔·盖茨，作为信息业的巨头，无论是在车库里办公的小公司还是今天影响广泛的微软公司，他从未涉足其他不熟悉的领域，而是不断在自己熟悉的领域取得更大发展。

牢记自己的核心优势

对于自己的核心优势，俞敏洪有自己的认知："在教育行业中，你的优势就是你在某一个方面能做得更好。这个方面肯定既不是教学设备，也不是楼有多好，而是老师。"

营销大师科特勒说过，"每一种品牌应该在其选择的利益方面成为'第一名'"。在利润越来越透明的市场环境中，公司要想不断做大做强，则必须拥有引以为傲的技术和优势。不断的技术创新支持的差异优势，是企业保持长久市场竞争优势的重要途径。

1.明确公司的核心优势

企业应把发展核心的竞争力，放在最重要的位置。比如对互联网企业而言，要想在日趋激烈的市场竞争中占有一席之地，必须从市场环境的变化出发，不断进行技术、管理、制度、市场、战略等诸多方面的创新，其中又以技术创新为核心。尤其在以互联网等技术性行业，只有以技术作为核心竞争力，企业才能不断向市场推出新产品，改进生产技术，降低成本，进而提高顾客价值，提高企业的综合竞争力。

2007年，乔布斯介绍第一代iPhone时，他充满自豪地说，今天我们要推出三款革命性产品，第一个，带有触控的宽屏的iPod，第二个是一台具有革命性的电话，第三个是一个具有突破性技术的上网设备。其实，这三个都是一个设备，也许这是单独看上去三个常见的技术可以实现的功能，但之前从来没有人想过要合而为一。iPhone的出现，的确可以说是革命性的产品。对比当时已有的智能手机，包括诺基亚、摩托罗拉和黑莓等产品，他们拥有的是小屏幕、塑料键盘，一般来说是全键盘的手机，将电话、邮件和上网整合到一个设备中，iPhone完全抛弃了这些传统智能手机的特征。从此之后，全触屏手机风靡全球。

2.坚持公司的核心优势

企业经营者应该知道，通过技术保持自己的核心竞争力，这比防守一个已有的市场地位要稳妥得多。只有保持自己的核心优势，才可能实现持续领先。

都是"搞技术"出身，但能以技术为基础，将企业做大做强的，却是屈指可数。这就是说，搞技术的人有时候会忽略一件事，就是自己认为的好技术和消费者认为的好技术是有差别的，所以要研发的是能让消费者满意的好技术。

卓越的技术技能和产品的创新，有利于提高企业的影响力，有利于增强市场竞争力，扩大市场覆盖面，创造稳定的市场和客户关系。

企业应把发展核心的竞争力，即核心优势放在重要的位置。

外包不重要的业务

工作时代流水线所体现出的企业分工协作已经扩展到企业、行业之间，那种传统的纵向一体化和自给自足的组织模式可以说不灵了。将公司部分业务或机能委托给外部公司的正成为一种重要的商业组织方式和竞争手段。

1.外包促进专业化

实际上，外包的方式在企业中应用最为广泛。外包将企业解放出来以更专注于核心业务。外包合作伙伴为企业带来知识，增加后备管理时间。在执行者专注于其特长业务时，为其改善产品的整体质量。外包协会曾经进行的一项研究显示：外包协议使企事业节省9%的成本，而能力与质量则上升了15%。

外包以其有效减低成本、增强企业的核心竞争力等特性成了越来越多企业采取的一项重要的商业措施。如经济不景气时，企业会裁掉一些非核心业务的部门，这往往是不得已而为之，负面影响很大，如团队的稳定、额外支出等，但如果一开始这些非核心业务就是外包给专业的组织去做，那么损失一定会减少到最小。

2.走出"外包"的误区

但是，在现实应用中，有些企业或人对外包产生了错误的认识。他们认为"把不懂的业务全部包出去已经成为企业管理新思潮"。这是一个非常普遍又危险的误区。

企业把部分业务外包出去，可以获得的好处有很多。一方面可以降低成本，另一方面可以专注于自身核心能力的发展，但绝对不是把"租户不懂的业务"，花点钱一包了之。企业层面的业务外包并不是生活中普遍意义的接受服务。一提到服务，很多人有这样的感觉：所有的事情都由服务商来搞定，自己只用等现成的就行了，比如修理家用电器，到医院看病等，自己不懂，花钱让专业的人搞定。

但是，对于企业，自身对包出去的业务，可以"不专"，但不能"不懂"。如果企业对外包出去的业务"不懂"，很容易就会丧失对业务的监控、管理和对结果的考核能力，最终所得到的结果就会与初衷背道而驰。"不懂业务"从另一个层面来说是指不具备和服务供应商的议价能力，如此一来又如何达成降低成本和专业化发展的目的呢？

◇ 业务外包容易出现的问题 ◇

业务外包出现的问题主要来自以下几个方面：

可能挫伤员工工作热情

唉，说不定哪天我们的工作就外包出去了，我们可能也会被裁掉……

在业务外包中，必然会牵涉到部分员工的利益，如果他们知道他们的工作被外包只是时间问题的话，员工的工作热情会降低。

到底选哪一个呢？

外包商选择问题

企业对于业务外包有许多种选择，挑选了错误的外包者能导致关键技术的失败，因而失去竞争的领先地位。

因此，业务外包虽然有很多好处，但是在外包时也要考虑这一行为到来的损害，在做出选择时尽量避免这些问题的产生。

接受外包这种新的经营理念是一种必然趋势，外包服务势在必行。企业可以充分利用外包，甩掉不必要的包袱，抓住核心，从而得到又快又好的发展。

经营要一以贯之

任何一个优秀的经营管理者，在企业的经营过程中都会确立近期和长远的目标，并为了达到经营目标而不断奋斗与坚持，直到成功达成目标。在经营过程中，对目标的坚持非常重要，一旦通过审慎规划确定了目标，就要一以贯之，而不能三天打鱼两天晒网。否则，经营目标是不可能不打折扣地达成的。

经营企业，都必须先树立正确合理的目标，具有自己的经营原则，逐渐形成自己的经营哲学。有了目标、原则和哲学作为经营的指导，企业的经营才有成功的可能。无论是在创业期间，还是稳步发展时期，甚至已经做强做大，公司的经营必须以正确合理的目标为灯塔。

就像运动员打棒球，球飞来的方向是不确定的，运动员必须随时调整自己的方向，准确击球。所以，企业必须有一个目标来让经营活动来作为参考，以便随时根据与目标的差距来调整具体的经营方法与方向，只有这样才能保证成功。如果企业在一种无序、无目标的状态下简单经营、粗放经营，不止不会得到市场的青睐，还必然会以失败而告终。

1.树立长期目标

企业的经营目标并不是制定好了就一劳永逸了，更重要的是坚持下去，直至目标达成。同时，随着旧的目标的完成，企业也会不断有新的目标，来融入自身的长远的战略发展，以完成长期目标。

那么，对于既定经营目标和符合公司长远发展战略的未来目标，企业在经营过程中都要认真对待，一以贯之，而不能三天打鱼两天晒网，更不能随意变更目标。在企业马拉松跨栏的过程中，不仅要当跨完一个栏以后看下一个栏在哪里，如无特别需要，就要坚持既定的目标。

2.不盲目跟风

因为各个行业的周期都不尽相同，那么既然选择了某个行业，确定了经营目标，就要坚持下去。在企业经营过程中，不盲目跟风，不随意转行，任凭风吹雨打都能够坚守自己的领地，是企业经营管理者应当遵循的一大法则。

这似乎是经营中最笨的一个办法，但又是走向成功非常有效和成本较低的一个方式。虽然从表面上看，什么热门经营什么，是聪明人的所为，但是，拥有这样看法的人都忽略了一个极为重要的现象，那就是每一次新的选择都意味着重新投入，每一次放弃都意味着血本无归。对于资金本来就不太宽裕的企业而言，不断更换项目、更改目标，无异于给企业一次次放血，大量"失血"对企业来说也是非常致命的。即使对于财力雄厚的公司，也禁不起长期三天打鱼两天晒网导致的慢性"失血"。

有的经营者总是不断抱怨自己运气很差，总是在不断变换自己的经营思路，在不断的失败中，他们究竟有没有反思自己呢？

3.一定要选择坚持

有人在下海经商后的二十多年的时间里，搞过石化、保健品、饮料、采矿和白酒等七八个项目，每个项目都过了导入期，但还在盈亏线上挣扎的时候，就被弃置一边了。其实，每个项目坚持下去，还是有成功和做大的机会的，但他总是感觉这样赚钱太辛苦，于是不断寻找高利润和来钱快的产品。为此，不惜转战大江南北，跑遍了长城内外，还赢得了"行行通"的美誉，但终究是一个不太成功的商人。

试图通过不断更换项目，来取得创业成功，不但容易造成资金上极大浪费，使得无效投入倍增，还会使经营者的能力无法得到真正的提升，这也是一个巨大而严重的隐性危害。如果企业管理者在经营过程中，三天打鱼两天晒网，左顾右盼不断寻找更易赚钱的项目，一旦觉得有利可图就放弃手头上现在的项目，那么经营者就会老处于"半罐子醋"的低水平轮回状态之中，而自己却浑然不觉，即使历经沧桑，也未必能够成熟与干练。这不仅其事业发展道路之上的一大杀手，还会给企业带来极大的危害。

因此，拥有一以贯之的精神，是企业的经营管理中最需要的。也许在前进的道路上会遇到各种各样的困难，但是如果确信前途是光明的，这时候继续坚持走下去，最终会收获成功的。

让专业的人做专业的事

公司经营的精髓之一就是分解工作，分配各种资源，把工作指派给最为合适的人。让专业的人做专业的事，只有这样，才能达到工作效果的最大化。

1.授权要大胆

优秀的经营者懂得授权的重要性，他们不会事必躬亲，但他们忠实履行了自己的管理和经营角色。

井深大刚是索尼企业的一名功臣，他刚进索尼公司时，索尼还是一个小企业，总共才有二十多名员工。老板盛田昭夫信心百倍地对他说："你是一名难得的电子技术专家，你是我们的领袖，好钢用在刀刃上，我把你安排在最重要的岗位上——由你来全权负责新产品的研发，对于你的任何工作我都不会干涉。我只希望你能发挥带头作用，充分地调动全体人员的积极性。你成功了，企业就成功了！"

这让井深大刚感受到了巨大压力，同时也付出了巨大了努力。终于在1954年试制成功了日本最早的晶体管收音机，并成功地推向市场。索尼公司凭借这个产品，傲视群雄，进入了一个引爆企业发展速度的新纪元。

井深大刚取得了伟大的成就，成了索尼公司历史上无可替代的优秀人物。在这个事例中，我们应该注意到最为重要的环节：盛田昭夫放权给井深大刚，让这个专业的人做专业的事，最终成就了索尼。

2.授权专业的人

作为一个经营者来说，把任务授权给最专业的人是最重要的。用最简洁的话来讲这个观点，就是指经营者让最专业的人做最专业的事，促成企业的专业化。

有一个证券公司的经理曾经非常困惑，很多工作十分努力、工作能力突出的员工，在接受他委派的任务后却不能圆满完成，这使他百思不得其解。最终，一个离职员工的话使他茅塞顿开。

这个员工对他说："经理，我很喜欢咱们公司的工作环境和工作氛围，但是我发现这里的工作并不适合我。开始您让我去跑销售，别人很轻松就完成的任务，我很多天都无从下手。那个时候我非常不开心，觉得自己很笨，甚至非常灰心。后来一次偶然的机会，我进行了职业测评。测评的结果让我很惊讶，原来我不是比别人笨，也不是我不愿意干好，而是我在做一个不适合自己的工作。我以前一直在证券、期货、市场里面辗转，但是越干越不顺心。经过职业测评我发现，我是一个内向气质的人，与人沟通的能力和意愿较弱，回避失败的倾向非常高，而冒险和争取成功的倾向非常低。但是同时我处理细节的能力非常强。因此专家建议我应该去做财务、库管之类，需要细心、操作性强的工作。所以我决定重新调整自己的人生。"

听完这个员工的话以后，经理顿时觉得如同醍醐灌顶。

在经营者决定授权的时候，想要又快又好地完成任务，实现目标，该授权给那些最专业的人，让他们从事自己专业领域的事。

经营者在授权时，一定要考虑将专业的事情交由专业的人做，这样的授权才能真正激发员工的工作效能，实现良好的授权效果。

竞争之道：
不要惧怕竞争，在竞争中超越对手

保持竞争的压力

竞争是促进社会进步和商业发展的源泉，没有竞争压力的公司一定会走向没落和衰亡。

微软的创始人比尔·盖茨曾说："多想一下竞争对手。"这句话就是要提醒我们时刻保持竞争压力，只有这样才能找到动力的源泉，为了公司更加辉煌努力奋斗。

1.拒绝太平意识

一个企业的成长不能总是沉浸在太平意识当中，需要时刻保持竞争的压力，才能赢得最终的成功。

狼的一生就在竞争中度过，竞争是深藏在狼骨里的一种绝对意识，是狼族永不变更的天条。在中国古代就有竞争之说。《庄子·齐物论》中曾有"有竞有争"之说，后人郭象把此说注为："并逐曰竞，对辩曰争。"竞争存在于人类生活的各个领域，尤其在商场竞争中更是表现得淋漓尽致。

竞争是社会发展和个人成长的推动力量。它激励人们努力奋斗，促进个人的发展和整个社会的进步。如果企业不懂得竞争的压力，对生存环境的变化浑然不觉，就会失去竞争力，待意识到危机来临，已无力应变，最终被市场淘汰。

2.必须保持危机感

活生生的案例一再告诉我们，一个人、一个企业如果不想着如何谋发展，缺乏危机感是很快便会被淘汰的。每一年，我们都可以看到许多企业在突如其来的危机面前不知所措，其中也不乏一些实力雄厚的企业。

1999年6月9日，比利时120人（其中有40人是学生）在饮用可口可乐之后发生呕吐、头昏眼花及头痛的症状，与此同时，法国也有802人出现类似的症状。已经拥有

113年历史的可口可乐公司遭遇了历史上罕见的重大危机。

但是，可口可乐公司事发后并没有意识到此次的严重性，表现在：没有立即采取积极的姿态声明自己的态度；甚至没有宣布要收回受污染的产品，以免连累其他市场的可口可乐的产品信誉；一再声明自己产品的安全可靠。消费者并不买账，可口可乐针对此事的态度激怒了消费者，最后造成比利时和其他邻近国家饮料零售商采取局部或全部停售可口可乐产品。

可口可乐公司在这场危机中的表现令公司的形象遭到前所未有的损害。

作为经营者，需要在危机出现时做出正确的判断，而不能心存侥幸。否则的话，一个本不会产生多大影响的事件也有可能被放大，给企业带来极大的损失。

实际上，那些能够在很长一段时间内保持竞争优势的企业都有着强烈的危机意识和完善的危机处理措施，当危机真正出现的时候，便能够有效地将其化解，最大程度地减少危机给企业带来的影响。

3.给自己加压

必须时时刻刻保持适当的张力，从外部引入竞争、引入冲突、引入动力，才能发挥其最大的整体效能。一个公司要想得以发展，必须时刻保持竞争压力，这样才会为了目标不懈奋斗。

美国思科公司总裁钱伯斯说："面对同样的竞争，为什么有的企业成为过眼烟云，而有的企业却能生存下来，甚至上升为实力雄厚的大企业呢？关键就在于生存下来的企业和它的员工都具有很强的竞争意识和较强的竞争力。"

商场上确实不可避免地存在着竞争，有的公司遭遇了失败，但有的人却在竞争中脱颖而出。既然竞争是不可避免的，那我们就要积极地面对竞争，给自己加压，主动融入竞争的氛围中，以不服输的心态去竞争。只有这样，才能最终战胜各竞争对手，稳坐成功的钓鱼台。

提升核心竞争力

在与人竞争的过程中，首先要解决"我有什么"的问题。只有与人竞争的资本，才能在竞争中立于不败之地。

核心竞争力是在某一组织内部经过整合了的知识和技能，是企业在经营过程中形成的不易被竞争对手效仿的、能带来超额利润的、独特的资源及能力。核心竞争力有助于公司进入不同的市场，它是公司扩大经营的能力基础；核心竞争力对创造公司最终产品和服务的顾客价值贡献巨大，它的贡献在于实现顾客最为关注的、核心的、根本的利益，而不仅仅是一些普通的、短期的好处。另外，公司的核心竞争力是难以被竞争对手所复制和模仿的。核心竞争力可以维系企业或组织的可持

◇ 打造核心竞争力的三种策略 ◇

在公司发展过程中我们要怎么打造核心竞争力呢？下面有三种策略可以参考一下。

1.学习进化

就是通过学习从而变革思维来打造核心竞争力，具体操作方法有：变革组织思维、建设学习型组织、打造完美团队等。

2.孵化培育

就是通过孵化培育改变公司能力来打造核心竞争力，具体的方法有：以采购赢得竞争、以生产管理赢得竞争、以财务管理赢得竞争等。

产品质量一定要过关，这样才能有优势！

3.并购、整合

就是通过并购、整合其他具有核心竞争力的企业来提升原有公司的核心竞争力。

续发展。

核心竞争力从低到高，可以分为以下四个层次：

资源竞争力：如人力资源、信息资源、品牌资源、垄断资源。

功能竞争力：如研发能力、管理能力、创新能力、应变能力、市场开发能力、市场推广能力。

多功能竞争力：在多个功能方面都具有核心竞争力。

系统整合能力：系统整合能力是一个企业最高级的能力。可能它本身不具有很强的功能竞争力，却具有把很强的资源及功能竞争力的企业整合到自身的系统中的能力。

从具体方面来讲，核心竞争力有外因及内因两种基本结构。

在传统上，以外因为本的核心竞争力有：产品（垄断）；技术（21世纪三大技术：纳米、信息、生物技术）；资本（国际金融）；渠道（营销）；政策（公共关系）；制度（固化管理）。

在创新上，以人为本的内因核心竞争力有：人才与团队（以人为本）；思维模式（思想库）；企业文化（共同精神）；创新精神（创造力）；学习与变革能力（改变）；激励与工具（潜能）。

对竞争要知己知彼

唯有了解自己的竞争对手，才能在激烈的竞争中立于不败之地。孙子兵法云："知彼知己，百战不殆"。

要想成功，必须要想找出对手的劣势，就必须要从熟知敌情的人那里获得情报，探索对方的详细情况。

1.了解竞争对手的基本情况

了解对方的基本情况，比如竞争对手的财务状况如何、员工人数多少、生产何种产品、产品有哪些市场？购买对手的产品并解剖它，弄清对手的制造成本。这些就是事实——它们给你提供了进行分析的基础。

这些信息可以从对手本身获得，从诸如它的年报、季报、广告、公告中获悉，商业杂志和商业报刊也是信息的来源。经理们喜欢向记者炫耀他们的策略是多么杰出以及他们将如何实施，你可以根据这些信息来了解他们的计划。而且，要仔细观察对手以往的行为，过去它对攻击是如何反应的？它是怎样发动和实施攻击的？它在采取行动之前，管理层发出过什么信号？事先是否有通告？他们进行了什么投资？是否招进了新的人才？应该努力寻找这些信号。

若从上述各个方面对竞争对手有一个透彻的了解，我们将能对竞争对手的行为做出预测，前景做出预测，攻防能力做出预测。有了这些信息，我们现在能不能够攻击竞争对手，我们将来能不能够攻击竞争对手。若竞争对手对我们发起攻击，其杀伤力有多大，我们能不能够抵御。这样一来，我们在激烈的市场竞争中就有了充分的主动权。

2.针对对方弱点进行竞争

很多时候，竞争是建立在对对手认识不清的基础上，由此形成的竞争策略并不一定能奏效。

凯马特是现代超市型零售企业的鼻祖。从1990年开始，为了与前景看好的沃尔玛进行较量，它斥资30亿美元，花了三年的时间对原有的800家商店进行了翻新，又设立了153家新的折扣商店。

当时，沃尔玛正从乡村地区向凯马特所在的市区扩张。作为回应，凯马特的CEO也效仿沃尔玛，用降低数千种商品的价格来提高自己的竞争力，进而发起了针对沃尔玛的直接进攻。为了弥补其他商品的降价损失，凯马特开始增加能够给企业带来较高利润的服装的销售。

五年之后，这个付出巨大代价的降价战略被证明是不成功的。凯马特的新店在执行该战略的最初三年里，每平方英尺的销售额由167美元下降到了141美元。凯马特所采购的服装要么积压在库，要么清仓大甩卖。

某些类型的企业在了解竞争对手的实力和思想方面比别的企业做得更好。对于那些完全不关注竞争对手的企业，在你采取行动的时候，等着你的也许将是失败。

保护自己的商业秘密

公司在发展的过程中，或多或少都存在自己的商业秘密，是公司的核心竞争力之一。商业秘密是公司在投入大量资金、设备、人力的基础上获得的，凝聚着公司员工的劳动和汗水，理应受到社会的尊重和保护。

在现实生活中，这些具有保密性质的技术经济信息被非法获取的情况日趋严重，一些公司的商业秘密被某些利欲熏心的人采取各种手段非法窃取，给公司造成了不可估量的损失。公司经营者必须重视保护自己的商业秘密，不能轻易为竞争对手所获取。

因此，保护公司的商业秘密，应当引起公司的重视。

1.拿起法律武器

《反不正当竞争法》中规定了经营者不得以非法手段侵犯商业秘密，在二十五条中规定了侵犯商业秘密应承担的法律责任，即监督检查部门有权责令其停止违法行为，可以根据情节处以一万元以上二十万元以下的罚款。这些法律的实施，为有效保护商业秘密提供了一定的法律保障。

公司对侵犯商业秘密这一破坏市场经济的行为，以相应的法律为基准，必要时候用法律手段打击非法窃取公司商业秘密的行为。

一家国内著名的旅行社的几个职工，以各种理由辞去所在职务，应聘到另一

◇ 强化企业内部保密工作 ◇

只有守住秘密才能让企业优先别人一步，因此对于公司而言，可以从以下两个方面来强化企业内部的保密工作：

1.进一步强化商业秘密的保护观念，不断完善有关保护措施和制度，堵塞各种可能泄密的漏洞。特别是在对外交往时，更应慎之又慎，防止泄密。

2.妥善处理职工择业自由与保护商业秘密的关系，在与职工订立劳动合同时，应增加有关保护商业秘密的条款，明确职工的权利和义务。

商业秘密作为公司的宝贵财富和市场竞争中谋生存、求发展的重要法宝，应该引起企业管理者的重视，采取多种措施保护企业的秘密。

家旅行社任职，同时带走了所在旅行社有关的客户资料，并利用这些资料与客户联系，将原来所在旅行社的一部分客户拉到了新应聘的旅行社，以此开展业务，造成原旅行社的部分固定客源流失，造成了经济损失和商业信用的损害。为此，原旅行社一纸诉状将这几个职工和后一家旅行社送上了法庭，法院经调查后，做出了被告侵犯了原告的商业秘密权的裁决，判令被告赔偿原告因此所遭受的经济损失。原旅行社通过运用法律武器，维护了自己的合法权益。

2.建立保密制度

为了保证公司商业秘密和安全，不少国外公司有其成功的经验：美国可口可乐饮料公司高度保密的饮料配方，一直是竞争对手公司窥测的目标，该配方被认为是世界上保守得最严的秘密之一；法国的CHOMSON公司只准对部分车间的部分设备拍照，并约定在拍照前要征得他们的同意，对它自称欧洲第一的石蜡铸造车间则不准拍照；英国的PLEKSSY公司，参观时不准拍照，不准录音，参观者的相机要放在门卫处。这些公司在技术保密的范围和界限上规定很严，在广告上，可对产品的性能指标比如功率、频率等进行介绍，如有意购买，则随着谈判的进展，经详细一点的资料合成协议后，经政府有关部门批准，才提供使用文件。对设计思想、方案论证的资料也实行严格的保密。

小公司的商业保密制度虽不用如此严格，但绝不能掉以轻心，公司应善于借鉴国外企业保密的成功做法，建立适合自己的保密制度。

走差异化的路子

很多热衷于价格战的企业认为要想追求利润最大化，必须占领住市场的支配地位。但他们忽略了价格战带来的严重负面影响，一个企业发起的价格战将会迫使竞争者跟随降价，甚至带来全行业价格向下的形势。不幸的是这是一个不可逆过程。

现今的社会是一个复制品横行的局面，一旦有某个新产品上市，很快就会被模仿。因此，企业想成长就必须产出"特别"的东西来吸引消费者，而这个特别的东西，就是差异化产品。差异化是生产者向市场提供有独特利益，并取得竞争优势产品的过程及结果。

由于差异化所带来的结果是为市场提供具有独特利益的产品，所以它不仅能避免商家之间正面碰撞和竞争带来的负面影响，还可以给消费者带来质量更好、价格更低的产品，让消费者的需求得到更贴切的满足。

对于一些中小企业来说，如何避免价格战使自己陷入不利于的局面呢？

1.不要轻易降价

当企业的某个产品失掉市场份额而滞销时，价格不是首先需要考虑的。而是要先考虑是不是产品本身出现了问题，无法满足顾客的需求，并且要通过市场推广和分销策略等方面投入足够的力量来引导消费者。换句话说，不要随时准备降价而是从市场营销角度来提高消费者意愿支付能力。

2.创新产生差异化

商家可以通过不断地创新手法来产生差异化的经营策略。创新可以在许多方面体现，包括技术创新、新产品导入、付款条件、便利性、服务水平等等。从价格竞争到差异化竞争，商家可以通过提供不同程度的服务与产品，使其转变成为用不同的歧视性价格把差异化的产品销售给不同需求的消费者。这样一来，竞争被淡化，更多的不同品质的产品或服务被提供给消费者，商家的利润也得到相应提高。

3.与竞争对手合作

不要企图将你的竞争对手置于死地来取得更多的市场份额，应该学习怎样和他们共同生存。就算你在某场竞争中打败了对手，但你也可能会牺牲在另一个竞争者的手下。在价格战中被置于死地的竞争者被迫低价出售资产给胜利的竞争者，从而使得这些新的竞争者变得愈加具有竞争和侵略性，从而造成无休止的价格战。

任何有理性的竞争者都会意识到发起价格战不会得到额外的市场占有率。因此，不要纠缠于价格战，和竞争者共同生存并学习怎样和他们有效地进行合作是明智的。实际上，当企业转入差异化竞争时，有竞争者是个很好的事情。因为竞争者会服务于不同的细分市场，从而使公司产品对目标市场更具吸引力。

合理利用集聚效应

在竞争日益发展的今天，与同行打交道的机会越来越多。因此，经营者需重视与同行的关系，处理好自己与同行的关系。

作为同行，如果绞尽脑汁相互拼杀，最后只能是两败俱伤。作为同行，也犯不着"老死不相往来"。恶性竞争的结果是负和博弈，良性竞争的结果才是正和博弈。

竞争者为了不断地从对手那里得到信息和激励，不断地改进管理，以更加有效的方式组织生产，不断地发现新的市场机会。

1.同行集聚效应

麦当劳和肯德基是世界餐饮行业中的两大巨头，分别在快餐业中占据第一和第二的位置。其中，麦当劳有30000多家门店，肯德基有11000多家分店。原本是相互针锋相对的对手，但是在经营上有异曲同工之处。例如，经常光顾麦当劳或肯德基的人们不难发现这样一种现象，麦当劳与肯德基这两家店一般在同一条街上选址，或在相隔不到100米的对面，或同街相邻门面。若按常理，这样的竞争会造成更剧烈的市场争夺，以至于各个商家利润下降，但为什么两家偏偏还要凑作一堆？

事实上，平常人往往想象不到的是，不仅消费者愿意扎堆凑热闹，商家也愿意扎堆。至于扎堆的原因，就在于有"集聚效应"。

同是竞争对手，集聚在一起也能带动消费，最典型的例子当数美国硅谷，聚集了几十家全球IT巨头和数不清的中小型高科技公司。国内的例子也不少见，在浙江，诸如小家电、制鞋、制衣、制扣、打火机等行业都各自聚集在特定的地区，形成一种地区集中化的制造业布局。

◇ 聚合经营可以发挥聚集优势 ◇

许多聪明的商家就是喜欢聚合经营，在一个商圈中争夺市场。商业的聚集会产生"规模"效应：

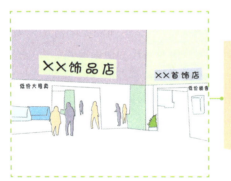

1.商圈能体现所谓的"一站式"消费，丰富的商品种类满足了消费者降低购物成本的需求，为聚集地消费者实现比较购物建立了良好基础。

2.商圈内的经销商为适应激烈的市场竞争，会不断进行自身调整，同时让消费者受益，吸引更多的消费者。

这里服装都打折，咱多买几件！

由于商圈具有以上效应，所以，商家纷纷选择聚合选址经营，而不是单打独斗。

2.同行集聚有助于产生竞争优势

产业集聚是创新因素的集聚和竞争动力的放大。麦克尔·波特认为，产业在地理上的集聚，能够对产业的竞争优势产生广泛而积极的影响。

同行在地理上的集中，能够使得公司更有效率地得到供应商的服务，能够物色招聘到符合自己意图的员工、能够及时得到本行业竞争所需要的信息，能够比较容易地获得配套的产品和服务。这些都使群聚区内的企业能以更高的生产率来生产产品或提供服务，有利于其获得相对于群聚区域以外的企业更多的竞争优势。

许多同行业的企业集聚一起，为各种投入品的供应商提供了稳定的市场。集聚意味着更多的机会和较低的流动风险，带来人才的集聚。企业为此所付出的搜寻成本和交易成本都大为降低。

企业的地理集中，能够获得政府及其他公共机构的投资，可以在基础设施等公共物品上降低成本。除了政府投资之外，与群聚区同时产生的一些中介服务性的机构、行会组织、教育培训机构、检验认证机构，也对企业的生产率带来积极的作用。

竞争是企业获得竞争优势的重要来源。同居一地，同行业相互比较有了业绩评价的标尺，也为企业带来了竞争的压力。绩效好的企业能够从中获得成功的荣誉，而绩效差的甚或平庸的企业会因此感受到压力，不断的比较产生了不断地激励。同行业企业的聚集，导致剧烈的竞争，竞争对手的存在是有积极意义的。

实现"以退为进"

"有一种胜利叫撤退，有一种失败叫占领。"对企业经营来说，这却是一种极大的智慧。

古语说，"临渊羡鱼，不如退而结网。"退，不代表不作为，而是以退为进，做一些着眼于长远的事，通过"退"为企业长远的"进"奠定坚实的基础。

1.策略性地规避竞争

当市场上有太多的同质化产品与你企业的产品在进行惨烈竞争的时候，当利润被越挤越薄的时候，作为企业经营者，要懂得以退为进，学会避开对手的锋芒。

与其在竞争残酷的空间中厮杀，不如策略性地规避竞争，在规避的过程中，发现新的空间。用创新的产品创造竞争差异性，让消费者看到产品的独特和不可替代，激发消费者购买的需求。

松下就懂得"撤退"的妙用，谈及松下的经营史，就有过数次的撤退。

第二次世界大战之后不久，松下便接手了一家面临倒闭的缝纫机公司。当时，他信心十足地想让公司死灰复燃，但由于他不善长于此方向的业务、加之竞争对手强力，自感无力抗争，便立即撤了回来。当然，费了一番工夫以后退出来，财力、物力、人力都会有些损失，但总比继续毫无希望地撑下去来得划算。

松下最为震惊的"撤退"，是从大型电脑领域的撤退。故事还得从1964年说起。那时，松下在大型电脑的制造方面投注了十几个亿日元的资金，并且已经研制了样机，达到了实用化的程度。可是，松下却毅然从此领域里退了出来。当时的情形是，小小的日本，有包括松下在内的7家公司都在从事大型电脑的科研开发，而市场却远不是那么乐观。如果松下要继续进行下去，势必形成恶性竞争的局面。与其两败俱伤，不如毅然放弃。经后来的事实证明，松下的这步棋走得很正确：直到今天，家用、小型电脑大大发展了，唯独大型电脑却十分冷清。

是进是退，关键在于分析当时的大势，把握时机。然而，这一切都是不容易的。松下认为，准确地把握时机，全靠第六感觉。这并不神秘，因为这种第六感觉是经过长期的修炼得来的，是历尽沧桑而获得的心得。特别是对于大公司来说，更要如履薄冰，及时悟道。对此，松下的经营理念是经常向前辈、批发商、零售商、顾客等讨教，以他们的观点来检验自己的想法。

2.撤退的目的是为了进步

不成功绝不罢休固然是真理，但敢于撤退才是最伟大的将军。商场如战场，有进就有退。

"以退为进，天空海阔"是哲学思想的两分法在产品营销上的实践应用。换句更直接的话说，就是失与得的关系，是放弃与占有的关系，成败尽在取舍之间。

那些只盯着自己的主要竞争对手不放，采取马拉松式的利润消耗竞赛的企业，最后只会与对手两败俱伤。既然如此，何不学学打太极拳，借力打力、以退为进呢？硬碰硬是打，以柔克刚也是打，殊途同归罢了。

市场竞争越来越激烈，在这个时候，企业管理者更要懂得"以退为进"，在双方旗鼓相当或者不如对方的市场竞争情况下，要学会退一步，避其锋芒，避免两败俱伤的局面。寻找更佳的突破口，提升自身的竞争力，这样才能以新的视角研究竞争市场、发现更有利的位置和市场、找到自己的竞争真空，在商战中获得成功。

与竞争对手合作共荣

过去，公司为了赚钱，总是想独霸市场，一心想着挤垮同行。他们在处理与同行的关系上，多是互相诋毁，互相攻击，互相欺骗。

如今，现代社会的企业，虽然也提倡竞争，鼓励竞争，但竞争的目的是为了相互推动，相互促进，共同提高，一齐发展。

1.合作是利益最大化的武器

合作是利益最大化的武器。许多时候，对手不仅仅只是对手，正如矛盾双方可以转化一样，对手也可以变为助手和盟友，微软公司对苹果公司慷慨解囊就是一个最好的案例。如同国际关系一样，商场中也不存在永远的对手。

创立新东方后，别的培训机构看着就眼红了。当时有家机构是一位下岗女工办的，她心理很不平衡，就撕新东方的广告，拿刀子捅他们的员工。后来这件事得到了解决。

一年后，她培训班的老师以工资太低为由都罢教了，400个学生面临无学可上。如果真的答应老师们的要求，这个女人得变卖房子、把所有的利润全给老师，她当然不能答应。最后，她找到俞敏洪说："我现在也不想开这个学校了，我现在有400个学生，老师都不上课了，我没有钱再请别的老师，我们也没有钱退学费给这些学生。我就把这些学生交给你，你接过去以后把相关的课上完，我从此就关门，我也少了烦恼。"俞敏洪说："这个学校你还是要办下去，因为毕竟它是你的经济来源之一。"她说："怎么办下去呢？"

俞敏洪说："好办。第一步，如果你那没有老师，我可以把新东方的老师调过去，你按新东方老师以前的工资付给他们，我可以帮你把你的400名学生教完。第二步，你去找你的老师们去谈，你一定要告诉他们：'你们如果不过来上课，新东方的老师就会过来上课。'第三步，你必须给你的老师加工资，跟新东方的老师一样多，这样你的老师才会积极配合。"

后来，这个学校又接着办了几年，后来因为生源不足就不办了。但是，从此她不但不派人到新东方发广告，还反对别人到新东方发广告。

我们习惯于非此即彼的思维方式，对"自己人"要尽量偏袒照顾，对竞争对手则赶尽杀绝。其实在商业社会中，竞争与合作是可以转化的。那种靠消灭竞争对手取得胜利的做法已经过时，现代企业家要学会"与狼共舞"，跟对手深度合作，实现"双赢"乃至"多赢"。

2.选择与对手合作

个体的能力是有限的，在争生存、求发展的斗争中，只有坚持团结合作，才有可能获得最终的成功。

在古代的一个村庄，有两个猎人。他们每天的猎物只有两种：鹿和兔子。如果两个猎人齐心合力，忠实地守着自己的岗位，他们就可以共同捕得一只鹿；要是两个猎人各自行动，仅凭一个人的力量，是无法捕到鹿的，但可以抓住4只兔子。

一个显而易见的事实是，两人一起去猎鹿的好处比各自打兔的好处要大得多。这个故事启示我们，双赢的可能性都是存在的，而且人们可以通过采取各种举措达成这一局面。

但是，有一点需要注意，为了让大家都赢，各方首先要做好有所失的准备。在一艘将沉的船上，我们所要做的并不是将人一个接着一个地抛下船去，减轻船的重量，而是大家齐心协力地将漏洞堵上。因为谁都知道，前一种结果是最终大家都将葬身海底。在全球化竞争的时代，共生共赢才是企业的重要生存策略。

◇ 双赢合作的前提 ◇

实现双赢的合作必须有三大前提

1.双方必须有可以合作的利益

2.必须有可以合作的意愿

合作协议

3.双方必须有共享共荣的打算

第二十二招

整合之道：
小公司发展要善于资源整合

最好的经营者是最好的整合者

可以说，经营活动的过程实际上就是对资源的开发、组织、配置、利用的过程，也可以说把散乱无序的资源有序地组织配合起来，让它们发挥整体的效能，这就是整合。

正如曾获"世界优秀华人企业家""中国优秀民营企业家"称号的河南庆安化工高科技股份有限公司董事长司俊杰所说的，企业的核心竞争力就是对资源的整合能力，对资源的整合能力越强，核心竞争力越强。

1.用"少"得"多"

整合就是交换，即用更少，得更多。通俗地来看，整合也是一种借术，即"借用"自己（既指个人也指某个组织）以外的各种力量，帮助自己解决问题或者克服仅仅依靠自己之力难以完成的事情。整合资源，创造价值，是目前企业界、营销界普遍认同的价值观，"借力共赢"是企业整合资源的另一种诠释。

比如，很多人都会从网上下载各种游戏、电子书等，并且随着时间的推移来寻找最时尚的游戏等娱乐方式。这些娱乐方式并不是电信公司提供的，而是由许多与电信公司合作的专门提供游戏、电子书等娱乐工具下载的公司提供的。

这就是关于手机的一种资源整合方式。在手机的资源整合过程中，游戏、电子书等娱乐工具借助手机得到了功能体现，不仅获取了最佳的效益，还使得资源优化配置，手机得到了更好的应用。

在资源优化配置的过程中，就像拥有26项影响全世界重要发明的巴吉明尼斯克·富勒博士所说的，"你为越多人提供服务，你就可以创造越多的财富"，整合也是一个让多方受益的途径。

2.以"共赢"为基础

现在是互利的时代，"共赢"和"多赢"已成为人们的共识。我们在经营事业的时候，通过资源整合，就可以让彼此的事业都做大做强，彼此的发展都越来越好，彼此的财富也越来越多。

一位培训师讲过这样的经历：

台湾最大的美容美发集团年营业额可达台币30亿元。一次，这家公司的老板想举办一个顾客回馈活动，请我做演讲。

与此同时，另外一家有50多个健身房的健康产业公司，以及有100多家连锁店的房屋中介公司也打算举办类似的活动。

这三大企业都是拥有很多连锁店的特许经营企业，假如各自举办活动，同样都要支付讲师的出场费和场地的租用费，而来宾也是企业原有的顾客。

现在，因为这三家公司都是我的客户，经过我的撮合，这个活动由三家联办，场地租用费和讲师出场费由三家分摊，每一家只需付出原计划的三分之一，来宾却是三方企业加起来，可达原来的三倍，并且不只限于企业的固有顾客。

这个例子清楚地说明资源整合可以带来多么大的不同：本来是一比一的关系，三家合作就得到九倍的收获。以此类推，如果是四家合作、五家合作，就变成一比十六、一比二十五，十家就是一百倍的效益……

所以，在现在这个时代，我们要清楚：整合不仅使资源优化配置，还要创造共同利益。在整合的时代，多赢已经成为资源整合的目标之一，我们通过资源的整合，不仅要达到资源优化配置的目的，还要为大家创造共同的利益。

3.随时随地都可以整合

自然界和社会各种资源都是客观存在的，它可以供任何创业者围绕自己的目标进行资源整合，经营成功与否就看你如何资源整合。运用之妙，存乎一心。

资源无处不在，资源无处不有。有人说资源在于发现，更在于挖掘，更在于利用。经过巧妙的整合，万物都可以用来赚钱致富。

加拿大的一个年轻小伙子哥米，因企业破产失业，处境很艰难，但是他坚信自己有丰富的想象力，有敏锐的眼光，能找出赚钱的门路。有一天早晨，他仍像往常一样，迎着初春的阳光，到自己家附近的河畔散步。他忽然发现，河边奇形怪状的各种鹅卵石在阳光的照耀下，折射出各种色彩斑斓的霞光。他的头脑中立即闪出一个念头：如今人们不是喜欢宠物吗？什么猫啊、虫啊、鱼啊、鸟啊，为什么不能有宠石，这些鹅卵石通过装饰和合理的组合，一定会成为人们喜爱的玩物，这可是一个赚钱的商机啊！

说干就干，他立即加工出一批古色古香、精致的小木盒，把各种各样的鹅卵石分别装入木盒中，底下铺些稻草、树枝，再附上一本如何爱护宠石的小册子：告诉你，它是你在世界上最理想的伙伴，不吃不喝，比猫啊、狗啊听话得多；它也是一

◇ 需要整合的三种资源 ◇

每个经营者无论地位高低，无论家财多寡，都有很多资源可以用来交换企业发展所需的资源。一般来讲，包括以下几个方面。

1.人脉资源

即个人在社会生活中与同学、老乡、战友、亲戚、朋友等交往中，形成的社会网络资源。

2.物质资源

即拥有所有权、使用权或经营权的资金、房地产、运输工具、仪器设备、收藏品等以物质形式存在的资源。

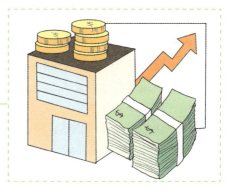

3.人力资源

即通过教育、学习、培训、锻炼等形式获得的智慧、知识、经验、技能和强健的体魄，有的体现为社会有关鉴定部门发放的证书、资格认定等。

种有限的资源，既可以点缀你的居室，给你温馨，又有一定的收藏价值，而且价廉物美，每件只卖5美元。果然一上市，成了热门礼品，半年之内赚了140万美元。

哥米把原本沉睡在河畔的鹅卵石，经过有效的整合，变成了人们竞相购买的礼品，真可谓点石成金。

哥米为什么能点石成金？一个关键的原因是他能够围绕消费者的需要，通过对鹅卵石等资源进行整合，把它变成人们的玩物和居家点缀的装饰品，变成人们交友的小礼品，为人们丰富精神生活和增进友谊提供了价值。

善于发现遍地资源

在信息社会里，紧握手中资源，不善于发现新资源的做法是落后的。当然，没有意识到自己本身就是一种资源是可悲的。在商场上，这样的认识是可怕的：手头握着各种各样的资源，却无知地把它浪费掉。

善于发现身边的各种资源，这是经营者必备的能力。

1.资源就在身边

很多人把自己无法整合归结到无法找到资源上。其实，资源到处都是。

一个房子里住着三个人，一个鞋匠，一个裁缝，一个理发师。

鞋匠的鞋子是好的，但是衣服和头发都很糟；裁缝的衣服是好的，但是鞋子和头发都很糟；理发师的头发是好的，但是鞋子和衣服都很糟。而补鞋子要一块钱，洗衣服要一块钱，理发要一块钱，他们每个人需要两块钱才能把自己从头到脚都搞干净，才能去工作。但是他们都没有两块钱，所以他们都不能去工作。

一天，鞋匠的亲戚来啦，借给鞋匠两块钱，然后鞋匠把一块给裁缝，把另一块给理发师，于是鞋匠从头到脚都干净了，就可以去工作了。

现在裁缝和理发师各有一块钱，裁缝把他的一块钱给理发师，理发师有两块钱，他把一块给鞋匠，把另一块给裁缝，他也可以去工作了。裁缝呢？把理发师给他的一块给鞋匠，他也可以去工作了。

现在，那两块钱又在鞋匠手里啦，他把它们还给了亲戚。

他们三个人现在从头到脚都是干净的，都可以去工作。

在这则寓言故事里，鞋匠、理发师和裁缝手上都有一份资源，那就是他们的手艺。然而他们只是意识到只有钱才是可以直接交换的，没意识到手艺也是一种资源，可以通过交换手艺实现它的价值。在整个交易过程中，贯穿其中的就是两块钱，然而这两块钱到后来其实只是一座桥梁。到最后，这两块钱还是物归原主，但它所发挥的作用是不容忽视的，如果他们三人始终没有认识到他们本身就是一种资源的话，那么他们将永远在房间里。假定没有这两块钱，那么鞋匠、理发师和裁缝还是不能出去工作，那他们就永远赚不到钱。

2.培养发现资源的眼光

那么，想要成为卓越的经营者，就应该培养发现资源的眼光，利用资源进行整合。这是成功企业家的一大特征。

某酒店的大厅里有一个立柱，酒店的管理人员经常在大厅里来回走过，已对它司空见惯，谁也没看到它的价值。

有一次，总经理从这个连锁店的大厅里走过，突然奇怪地折了回来，在大厅里来回走了几圈。

酒店的管理人员顿时忐忑不安，不知道总经理又发现了什么问题。总经理在大厅里的一个很大的立柱边停下来，绕着立柱前前后后观察了好一阵子，然后立即吩咐管理人员对立柱进行改造。

一个星期后，这个立柱变成一个通明亮丽的橱窗，总经理很快把他租给了一个珠宝商。不仅每年赚取了10万美元的租金，同时还把它变成了酒店的一个亮点，有效地提升了酒店的品位。

这个事例说明，财富的身影就游走在我们的身边，只要你发现了可供生财的资源，有了发掘资源变财富的敏锐眼光，就能整合资源，获取财富。

要围绕自己的创业目标，结合创业实际，进行资源发掘的不断实践。比如运用发掘信息资源的知识和方法，不断地研究和发现信息资源，然后用于自己的创业决策。再比如运用人才学的有关知识作指导，进行积极的人才识别发现和使用，养成发现人才的敏锐眼光。

总之，发现资源，需要敏锐的眼光，敏锐的眼光需要你的大脑，需要你的潜意识的宝藏。潜意识的运用，需要采取暗示的方法，需要在实践中反复练习，这样你才能培养一双发现资源的敏锐慧眼，别人无法捕捉到的财富资源，而你却得来全不费工夫。

实现整合的基本条件

如果拥有了自己的资源，接下来就可以找到拥有资源的一方，然后进行整合吗？但是这种整合并不是一帆风顺的，实现整合必须满足一定的条件。

那么，资源整合需要遵循什么样的原则呢？

1.相需

相需，就是互相需要。《易经》上所言："同声相应，同气相求；水流湿，火就燥；云从龙，风从虎。"同声才会相应，同气才会相求。资源的整合必须是双方都需要的，如果只有一方需要另一方，另一方不需要对方的话，那就整合不起来。

◇ 建立交情要注意的三个问题 ◇

在相识、相知阶段，我们就要展开攻势，建立和培养交情。建立交情要注意三个问题：

态度端正，要付出真心实意的感情，通过实实在在的关心和帮助，建立交情。

言而有信，不论交情大小，交情长短，应承帮助的就要兑现，如果办不到也要及时向对方说明原因，取得谅解。

我也很想帮你，但是时间确实有些紧，我恐怕无能为力了。

我白天是不是有点过分呢？

经常自我反省，看自己在与对方交往中有无失当之处，如果有就要设法弥补，不能因为一件小事而影响相互的信赖。

在相需的条件下，被整合方才能心甘情愿拿出自己的资源。因此，相需原则指导我们，在与他人整合之前，首先应考虑对方的需求是什么，我们的资源能不能满足对方的需求。当然，这个需求有时是明显的，有时是潜在没有被发掘出来的。如果是明显的，我们当然容易发现，对方也很容易和你对接。但往往我们能给对方的，他不一定能意识到自己的需求，这时就需要我们帮他分析并挖掘他的需求。

2.相交

相交，就是双方要互相了解，有交情。

我们常讲"无交而求，自取其辱"，没有交情就请求人家做事情，能不自取其辱吗？由此也可见交情在整合中的重要意义。

那怎样才能建立交情呢？我们说相交从相知来，那相知又从哪来呢？从相识来。

在资源整合前，双方必须先有一个相识，相知到相交的过程。这就是双方之间相互的拜访、沟通、谈判、协调。特别是通过这些交往，双方的友谊及信任度不断加深，那么资源整合也就是自然而然的事了。

具体来说如何才能建立交情呢？我们可以从帮助对方做一些不起眼的事情开始，比如帮助对方打听信息、在需要的时候为对方筹集资金等。但要注意，培养交情不能刻意帮助对方，要在自然而然之中助其成事。过分明显的帮助行为容易引起误解，使对方觉得有回报的义务。在不了解对方真正需要和意愿的时候，自以为是，可能帮倒忙，所造成的后果比不帮忙还糟糕。另外，为避免对方忘却已有的交情，我们需要经常花点时间与其沟通。我们要知道，深厚的交情需要长时间的培养，只要建立长期交情的帮忙方式，才可能赢得对方持久的信赖和支持。

3.相利

相利，就是多赢。墨子曰："兼相爱""交相利"夫爱人者，人必从而爱之；利人者，人必从而利之；恶人者，人必从而恶之；害人者，人必从而害之。"

资源的整合不是市场竞争，而是为了促进及提升彼此资源的效应而进行的。它不是你赢我输或零和的游戏，必须各方都从中受益。这个收益可能表现为更低的成本，更多的效益或者两者兼有。

因此，在资源整合中，我们必须要考虑对方的利益点在哪里，在整合的过程中如何保障对方利益的实现。只有这样，双方的整合才可能长久并形成一种战略上的伙伴关系。

那么，既然是整合具有多赢的功能，我们在寻求合作伙伴的过程中，也可以此作为说服对方的条件，让对方了解相利的原则，这样一来，整合成功的概率自然也会增加。

把创造资源变为整合资源

对经营者而言，公司要做大做强是建立在自身资源不断壮大的基础上，但还有更加便捷的方式，就是不断整合资源。也就是说，把创造资源变为整合资源。

1.拥有多少资源不重要

公司经营的过程中，常常会有"巧妇难为无米之炊""心有余而力不足"之感。由于没有足够的经验，产品也不突出，公司发展总是举步维艰，这个时候不妨整合他人的"钱袋""脑袋"，来壮大自己，让自己拥有充足的资源，这不仅需要胆识，更需要技巧。

犹太人有一句名言："如果你有1元钱，却不能换来10元甚至100元，你永远成不了真正的成功人士。"怎样让1元钱变成10元、100元，不能指望魔术，而是要利用整合。想让1元增值的方法很多，但最有效最简单的无疑是整合，如果我出1元钱，别人出9元钱，就有了10元钱，用这10元钱就有可能帮你挣回来10元、100元。

成功的经营者并不是需要最初就拥有多少资源，而是要巧妙地整合于他人的智慧和金钱，以获得事业上的惊人成就。有些人之所以失败，是因为他们不知不觉地狂妄自大，以为自己是无所不能的超人，拒绝向外界整合。他们凡事以个人构想为中心，漠视了其他人的意见，无形中把所有人的智慧抹杀了，倒退至一个人支撑的局面。假如有雄心在职场上大干一番，就必须借用别人的资源，固守个人风格，只会困于自己的圈子，永远不会有宏大的成就。在会借的人眼中，成功就是这样的简单，借用他人的力量来积累自己的"第一桶金"，达到自己的目标，这是一条成功的捷径。

我们都知道，世界上有许多成功人士都在负债经营，可见借钱、借资源、贷款并非坏事，负债者并非都是揭不开锅者，也有若干家大业大者。对于打拼的人来说，这一点也是非常重要的，巧妇难为无米之炊，借米下锅也能做出一锅好饭，没有米再大的本事也无济于事。善借和善用他人之力，才能成为生意场上的"巧妇"。

2.整合多少资源才重要

大多数人或已经被资源短缺吓退了脚步，却不敢整合别人拥有的资源，或者找不到整合的方法，结果他们遭遇了失败，却不知道自己才是"成功路上的绊脚石"。

一天，年轻的希尔顿在繁华的达拉斯商业区大街处找到一块适合做旅店的用地。他找到这块土地的所有者——老德米克。经过协商，老德米克开价30万美元出售这块地皮。

希尔顿来了建筑设计师和房地产评估师给"他"的旅馆进行测算，如果按他设想的那样去建一个旅馆起码需要100万美元。而当时，希尔顿东拼西凑也只有10万美元。

◇ 整合资源的前提——寻找资源 ◇

很多人想找资源，却总找不到。其实在我们的身边，有很多资源的信息，只是我们没有去发现而已，下面就是几种去发现资源的主要渠道。

互联网

在现今的网络时代，我们几乎可以在网上找到任何我们想要的信息。

报刊杂志

特别是一些专业的报刊杂志，上面有很多当前的信息。

展销会

展销会上不仅可以获得很多行业的动态、新产品、竞争对手的情况等大量的信息资源，还可以发现很多的客户及上下游供应商、服务商等资源。

按一般人的思维，要实现希尔顿的想法简直是不可能的事。但我们知道，希尔顿没有却步，他是如何做到的呢？

他再次找到老德米克签订了买卖土地的协议，土地出让费为30万美元。

希尔顿还告诉老德米克说："我想买你的土地，是想建造一座大型旅店，而我的钱只够建造一般的旅馆，所以我现在不想买你的地，只想租借你的。"老德米克有点发火，希尔顿认真地说："如果我可以只租借你的土地的话，我的租期为90年，分期付款，每年的租金为3万美元，你可以保留土地所有权，如果我不能按期付款，那么就请你收回你的土地和在这块土地上我建造的饭店。"老德米克一听，转怒为喜，"世界上还有这样的好事，30万美元的土地出让费没有了，却换来270万美元的未来收益和自己土地的所有权，还有可能包括土地上的饭店。"于是，这笔交易就谈成了，希尔顿第一年只需支付给老德米克3万美元就可以，而不用一次性支付昂贵的30万美元。这样希尔顿省下了27万美元，但是这与建造旅店需要的100万美元相比，差距还是很大。

后来，希尔顿有以老德米克的土地作为抵押去贷款，从银行顺利地获得了30万美元，加上他剩下的7万美元，就有了37万美元。可是这笔资金离100万美元还是相差很远，于是他又找到一个土地开发商，请求他一起开发这个旅馆，这个开发商给了他20万美元，这样他的资金就达到了57万美元。

1924年5月，希尔顿旅店在资金缺口已不太大的情况下开工了。但是当旅店建设了一半的时候，他的57万美元就全部用光了，希尔顿还是来找老德米克，此时的老德米克已经被套牢了，只能出资继续完成旅店剩下的工程。

1925年8月4日，以希尔顿名字命名的"希尔顿旅店"建成开业，他的人生开始步入辉煌时期。

希尔顿不愧为成功的整合者，他不惧怕一无所有，而是勇于整合，并善于整合别人的资源，为我所用，为我创造价值。而且这种"拿来"不一定要付出代价，可以用投机取巧但是不触犯法律的方法，廉价地"拿来"，甚至免费地"拿来"，拿来之后，再改头换面，高价地"拿去"，这就是智慧和成功。

个体的力量是有限的，但在现代社会里，社会的协同性给整合提供了广阔的空间，善于整合者完全可以从他人身上整合自己缺少的资源。

资源共享下的联合营销

联合就是结合在一起，共同来做事，以期降低成本，提高效益。面对众多水平更高、实力更强的对手，任何一个企业都不可能在所有方面处于优势。在这种形势下，具有优势互补关系的企业便纷纷联合起来，实施联合营销，共同开发新产品、共享人才和资源，共同提供服务等，从而降低竞争风险，增强企业竞争能力。

不同行业的产品具有共同的目标市场或者某一契机点，可以通过资源整合来实现几个产品或者行业的整合，实现共同目标。通过异业联合营销，使原有的优势资源更为强势，让竞争对手无法超越，不仅可以利用合作者的资源为其扩大销量，更重要的是强化了消费者对品牌的记忆，使品牌形象深入人心。

1904年，当过近卫内阁大臣的日本财阀小林一三在一家百货公司任总经理时，曾让其秘书到全市调查哪家饭馆的咖喱饭味道最好。然后他把最好的那一家饭馆的老板请来，提出在百货公司开辟一处地方卖咖喱饭，价格比市场上低四成，这四成由百货公司负责给老板补上，饭馆老板当然乐意。全市味道最好的咖喱饭，又比别处便宜四成，结果引来了大量顾客。顾客吃完饭就要逛商场，逛商场就要买东西，一年下来商场营业额比上一年增加了5倍，饭馆营业额增加了几十倍。

由此可见联合营销只要运用得当，不但对双方都有利，有时还可获得单独营销无法达到的效果。

比如可口可乐与迪士尼乐园、魔兽世界、世界杯通过联合营销，各方可获"资源共享""优势互补""价值增值""品牌攀附"四个方面的重大利益。

联合营销的关键在于找准与你有同样目标顾客群的其他资源方。因为有同样的目标顾客群，各个资源方面有很多文章可以做，如联合举办促销活动，借助各方的渠道展示及销售产品。

虽然联合营销是很好的资源整合手段，但在联合的过程中也须注意以下四点：

1.资源共享是开展联合营销的最大收益

如我们所知，每个公司都拥有属于自己的营销资源，诸如客户资源、渠道资源、传播资源、市场资源等。在原有的营销环境里，每个公司各行其是，花费高昂的代价缓慢地建立起属于自己的资源与平台，这个平台历经艰辛搭建之后，随之出现的平台资源利用不足的问题可惜之至。

2.优势互补是开展联合营销的价值补充

每个公司都拥有令人自豪的优势，当然也无一例外都存在令人沮丧的劣势。市场营销的秘诀，从某种意义上讲，就是发挥优势，规避劣势。优势让公司加分，劣势令公司减分。公司发展当然是希望优势越强越好，劣势最好不要存在。当然，这是一种超乎理想的完美状态，几近不可能。然而，若借助联合营销，有效地实现不同公司之间的优势互补，就可以在相当时间、相当范围内部分地达到这种状态。

3.价值增值是联合营销提升销售的核心卖点

进行联合营销，让自己的产品与合作公司的产品捆绑在一起以统一的形式进行销售，如此一来，既能够有效地降低营销成本，又能够提高产品的单位价值。与此同时，自有产品与捆绑产品之间的互补性，也势必让自有产品的价值一瞬间得以大幅上涨。若此时产品的价格维持不变或是小幅上涨，由于产品价值与产品价格存在

◇ 联合营销的原则 ◇

1.合作方应互利互惠

互利互惠是联合营销最基本的原则，只有合作各方都能得到好处，联合营销才能顺利进行。

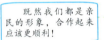

2.联合各方的形象要一致

企业树立自己的市场形象并不容易，一旦选择合作伙伴不当，有可能损害甚至破坏自己的市场形象，得不偿失。

3.强强联手的原则

合作营销最好是知名企业、知名品牌之间的强强联合。如果是强弱联合或弱弱联合，这种联合有可能起反作用。

巨大落差，将使得产品顺利实现价值增值。这种做法，在价值上实现1+1>2，而在消费者付出的价格上，则是令人惊喜的1+1=1。从某种意义上讲，价值增值是联合营销的核心，通过价值增值，能够有效地激活消费者的消费欲望，在特定周期内大幅提升产品的销售。

4.品牌攀附是联合营销的战略成果

实施联合营销，除了短期内促进销售的经济收益之外，还可借助联合营销所带来的品牌攀附作用，达到提升公司地位、塑造公司品牌形象的战略成果。品牌攀附，可以让本公司的品牌有效地搭乘合作品牌的"形象快车"。

采用置换的形式进行整合

置换是一种有效的资源整合形式，就是给人东西的同时从他那里取得别的东西，就是用我的资源换你的资源而不涉及现金交换。

置换在日常生活中还表现为闲置资产的置换，如库存产品置换、旧车置换、房产置换。

置换的前提是双方要置换的资源为另一方所急需。相比现金交易来说，出让方出让的资产具有较高的市场价值，但由于是自己库存或自己生产的产品，其成本较低，所以对于出让方来说，他心目中置换得来的资产的价格为自己的成本，心中会觉得更划算。而对于另一方来说，他得到的是按市场价格评估的资源，他也会觉得划算。因此，更有利于双方资源的整合。

企业置换可以根据企业的资产规模和具体置换对象的实际情况，采取以下方式：

1.一次置换

受让人一次出资置换企业。凡盈利小企业通过产权交易市场竞价进行且由本企业职工出资购买的，可按成交价享受九折优惠。凡连续三年亏损、产品缺乏市场竞争力的小企业由本企业职工出资购买的，可按成交价享受八折优惠。

2.分期置换

对置换总价受让人一次出资置换确有困难的，允许一次置换，分期出资。但首次支付不得低于置换总价的20%，其余部分须有相应的抵押或担保人担保，分期出资时间由置换双方协议商定。尚未出资置换的资产额受让人按年付相当于银行同期流动资金贷款利息的资产占用费。

3.结零置换

对资债基本持平的小企业，可以"零"价向企业职工出让，对资不抵债、债大于资的小企业可用本企业公有资产置换收益予以弥补，以资产、负债轧抵"结零"，实行零置换。

4.虚拟置换

对长期严重亏损的小企业，受让人暂不出资即可虚拟取得现有资产50%的股权，当经营获利抵补完亏损后，原虚拟股权转为实股。同时，鼓励受让人以现金方式出资购买其余50%股权，在完成全额置换前，未置换部分按规定支付资产占用费。

采用结盟的方式进行整合

随着市场分工的不断细化，一个企业必须也只能关注于其中的一个或若干个细分市场，并在选定的细分市场做得最好。而当一个企业拓展自己的竞争地位时，往往需要某些补充优势。联盟可以帮助企业达到这个目的。

战略联盟可以不需要大量资金投入，既节省了时间，同时又可获取市场上最好或最适合自己的能力。企业联盟已经成为企业制定发展战略中必不可少的一部分。

1.上下游联盟

众所周知，微软公司的超常发展，很大程度上得益于微软与英特尔公司的战略联盟。著名的Wintel联盟把两家公司分别推上各自行业的领头地位。这个联盟的纽带是个人电脑的核心芯片和操作系统。和微软与英特尔两家公司的联盟不同，"环宇里程优惠计划"是由荷兰皇家航空、Budget租车、香格里拉以及花旗银行等40多家公司组成，涉及航空（包括中国国际航空）、汽车出租、酒店和信用卡行业。该里程计划可以算作是最庞大的企业战略联盟之一。通过里程积累作为纽带，把旅行者与这些企业的服务联系了起来。

产业链竞争其实整个产业链也就是一个联盟，一个共同服务于客户的联盟，而你的企业就是联盟中的一员。这种联盟往往通过契约式联结在一起。各自分工合作，形成一个完整的产业链。

企业除了在自己的产业链中处于联盟的一名，在企业外部也可以组成各种松散式的联盟。如我们现在所讲的行业协会及跨行业协会，国家与国家间的资源整合更多采用的模式就是联盟。如东盟、欧盟、北大西洋公约组织、阿拉伯国家联盟、地中海国家联盟、上海合作组织等。

随着全球经济一体化和信息技术的飞速发展，国际上越来越多的制造企业不断地将大量常规业务"外包"给发展中国家，而自己只保留最核心的业务。

2.同业联盟

我们所知道的强强联合一般是指同业的联合，目的是把两个以上的同业企业公司的资源形成合力，做大做强。类似的联合有很多，行业协会就是这样的联盟。

但异业联盟与之不同的是，同业联盟间是存在相互竞争的，因而并不是每一个

◇ 企业联盟的方式 ◇

根据不同的划分方法企业战略联盟有多种形式。根据联盟所处的市场营销环节不同，战略联盟可分为以下几种常见形式：

产品或服务联盟

企业之间合作开发和生产符合顾客需求的新产品。产品联盟可以降低投资成本和投资风险，减少竞争对手，拓宽市场。

促销联盟

即一个企业为另一个企业的产品或服务促销，包括广告、推销、销售折扣等促销手段的合作。

价格联盟

几个企业加入某一特定的价格合作，将产品价格规定在一定范围内，既可以防止由于价格战导致的恶性竞争，又可以提高行业进入壁垒，有效防止新的竞争者加入。

加入同业联盟的企业都能获得理想的利益。异业联盟与之明显的不同是，其成员企业间是相互资源利用、供应的关系，不存在同业那样的竞争。联盟间大量的信息使各商业主体的知名度和品牌也得以相互反复的传播，广告的效应非常突出。联盟使得联盟者的影响在更大的范围内扩大，其经营成本会有所下降，况且信息量的增加使经营有更大的市场发展空间。这样的联盟使消费方的利益也得到最大化。将异业的商业主体整合在一起的实质是将分散的各大利益主体共置在一个公共的平台上，消费的一方和产出的一方在这个平台上，均能实现自己的利益。

3.异业联盟

在商业领域，相对于上下游企业之间的联盟，对于资源整合来说，另一种模式对大家更有启示，那就是异业联盟。

异业联盟主要是指，包括公司、企业等不同行业、不同档次的商业主体通过联盟的方式组成的利益共同体。它是专注于跨行业联盟经营的企业联盟，它的组织形式目前有自己独特的特点，传统的行业协会或商会一般是为联络商务信息，加强行业之间的交流而建立的，其组织很松散。异业联盟的组织形式则相对紧密，有的异业联盟虽以商会的模式存在，但组织紧密，与普通商会不同；有的是以网络公司商业网站的形式存在的，其会员制的形式也很严密。

银行和通信企业发起的消费性异业联盟，网络与普通商家建立的商业平台等关联或者非关联行业之间的合作，都属于异业联盟的范畴。

从本质上讲，异业联盟就是一种利用虚拟平台进行的资源运作，主要是让各结盟商业主体之间实现资源共享、信息共享；各结盟企业之间的业务紧密相关，相互支援，创建一个支持共赢的成功系统。

有效整合信息资源

现代经济社会，市场就是战场。谁占据信息优势，提前占领了市场谁就得以生存；谁失去了市场，谁就意味着灭亡。整合商业信息的作用是举足轻重的，甚至是决定性的。

温州人是最会经营的中国人，这一点是毋庸置疑的。有个夸张的说法是这样的，温州人往大街上一站，用鼻子左闻闻、右嗅嗅，就能找到赚钱的机会。虽然有的温州人当初发展事业的时候，是盲目地跟着感觉走，走到哪里算哪里。那是因为改革开放之后的中国到处都充满商机，而当时只有温州人敢于走出去做生意，所以他们能乱撞乱发财。

1983年前后，温州农民卢毕泽和卢毕良兄弟俩在内蒙古包头经营服装亏了本，回家途中路过北京。兄弟俩走南闯北就是没有进过京城，于是便在北京站下了火车，想第二天看一眼天安门也算到过北京了。走在大街上，兄弟俩发现北京城竟没有他们想象中管治得那么严，街头巷尾到处可见敞着嗓子叫卖的商贩，于是两人索性把打好包的上百件服装打开，也摆起摊来，谁知这一堆在包头卖不掉的衣服却在北京成了抢手货，转眼间就一件不剩了。

"北京的生意好做"。卢家兄弟凭直觉得出了这样的结论。第二天，他们东摸西拐地到了南面的丰台区，租了间农民房，买了一台缝纫机，搭起了裁剪台，就这样开起了一个专门生产时髦温州服装的小作坊。很快，消息一传十、十传百，越来越多的温州老乡尾随而来。

当年，温州人就是这样跟着信息走，哪个地方赚钱就去哪里，什么行业赚钱就做什么。在信息的引导下，成功的可能性就大，这就是温州人经营事业成功率高的原因。

谁善于收集信息、谁善于开发有价值的信息，谁就掌握了商战主动权。作为企业经营者应该具有眼观六路、耳听八方、审时度势、灵活善变的本领，才能成为商战中的常胜将军。

1.善于收集信息

信息就好像空气一样铺天盖地，无处不在，无处不有，对于企业经营者来说，这真是一个难题：如何才能从这些多如牛毛又真假难辨的信息中，找到真正的商机呢？信息是为决策服务的，也只有当企业经营者利用信息做出了更好的决策时，营销信息才具有价值。在现代企业中，营销经理们或其他营销决策人员，需要定期的业绩报告、最新情报、有关调查结果的报告，甚至一些针对特殊场合和现场决策的非日常信息来做出营销决策。同时，信息技术的迅速发展，也为营销信息的获取带来了革命性的进步。例如，现在的营销经理可以在任何时间、从任何实际场所直接接触到信息系统，能从公司数据库或外部信息服务公司获得信息。

2.善用利用信息

作为一个企业经营者，既要善于收集信息，更要善于对来自不同渠道、不同方法获取的信息进行加工、整理、合理保存、有效使用，才能使信息发挥应有的作用。能够对来自各方面的信息资料进行"去伪存真，去粗取精"的处理。去掉虚假的、不确切的成分，留下真实可靠、有用的信息；去掉粗糙的，相关性不大的成分，留下有价值的信息。对信息如此消化、吸收之后，自然就容易发现商机了。在当今这个信息爆炸的时代，对信息的处理也提出了更高的要求。面对海量的信息，企业的处理效率也往往不尽如人意，以至于营销人员经常抱怨缺少足够的合适信息，或者得到太多无用的信息。然而有时更糟糕的是，我们对于营销信息的处理总是不够精细，从而会做出一些偏颇的决策。营销信息处理的精细与否，决定了营销决策的正确与否。

有好多普通的信息人们司空见惯，当然一般的人对此也会视而不见，但如果仔细分析其中蕴藏的商机，也会成为一个赚钱的机会。

有位大学生就利用别人不在意的身边信息，做了一桩漂亮的生意。收购大学生军训后的衣服和鞋子，卖到农村去，消费品市场需求的差异性及层次性决定了他这桩买卖肯定能赚钱。

大学生军训后的军训服和鞋子通常是闲置的，这是大家都知道的信息，没人会细细研究其中蕴藏的商机。但该大学生分析到：军训的服装对经济条件稍好的学生

◇ 信息整合的重要性 ◇

越来越多的营销人员不仅将信息视为一种对做出较好决策的投入，而且也是一种重要的战略资产和营销工具。为什么信息整合这么重要呢？

好的产品和营销计划都是从对顾客需求的彻底了解开始的。因此，公司为了生产优异的价值并让顾客满意就需要可靠充足的信息。

公司也需要有关竞争者、转售商和市场中其他角色与力量的信息。

因此，越来越多的企业越来越重视信息的整合，信息也在企业发展中占据越来越重要的地位。

均无用处，而在农村却有广阔的市场，这物美价廉的军装和鞋子做劳动服还是受欢迎的。这种买卖既有供应者大学生又有顾客农民，而且几乎没有竞争者。于是，他以平均单价15元收回来几百套军训服，以21元～25元的价格卖给家乡的村民，仅用了两个月的时间就把军服全部卖完了。

法无定法，万法归宗，企业经营者要广辟信息渠道，并善于发掘获取最有价值的信息。因为有时候，一句闲话、一丝灵感、一个点子就会改变一个企业经营者的命运。

有效整合人才资源

企业经营的最大障碍是什么？是经营者对人才的不够重视！

为什么这么说？因为企业所有的事情都是人做出来的。一流的企业之所以一流，是因为他有一流的人才；二流的企业之所以二流，因为它只有二流的人才；三流的企业之所以三流，因为它只有三流的人才。

企业经营最重要的是人才的整合，关于人才整合主要有以下几个方面：

1.人才不限于空间

从空间的方面，要放眼全球用人思维，也就是用天下人才思维，很多经营者在人才的使用上，有些放不开，他们只能用局部区域的人才，这样一来公司的发展可能也就局部区域化了。

历史给了我们可以使用全球人才的机会，当然我们也得改变我们过去的用人思维，大胆的使用不受地域限制的人才。当华尔街的金融人才都可以用20~30万美金的年薪请到的时候，我们在用人的地域上和行业上已经没有任何障碍。

2.用比自己优秀的人

能力上，我们要大胆的整合比我们自己有能力的专业人才，成功者最大的特点就是，他们敢于整合那些在某些方面比他们自己厉害的人才。这一点我们可以在我们非常熟悉的三国演义和西游记上看到或学到，刘备跟唐僧这两人有一个共同的特点，就是使用比他们厉害的人才，所以他们能成事。

3.善于整合高端人才

专家、业内顶尖高手等人，在整合他们的时候，不完全是要他们到我们公司来上班，但如果那些高端人才我们不能用全年，我们就一年用他一个月，如果不能用一个月就用他一周，不能用一周就用一天，不能用一天就用一小时。有了这种整合的理念，就能很容易借他们的智慧来促进公司的发展。

第二十三招

管理之道：
管理的成败决定公司的兴衰

管理方式决定公司的成败

经营者和员工就像一对天生的"仇敌"，他们似乎处在矛盾的对立两面，永远无法调和。在工作中，大多员工都抱怨过经营者，而同样，经营者对员工也经常感到不满意，他们认为员工不服从管理、不遵守制度、生产技能不够、懒惰、效率低下等。如果经营者永远将员工置于对立的位置，公司的发展注定不会顺畅。

公司的运营说到底还是对人的管理，从某种意义上来说，管理方式决定公司的成败。

随着时代的发展，不同类型的企业所采用的管理方式并不一定要采用相同的管理方式。此一时彼一时，管理风格也是因时、因地、因人而异的，不能"一刀切"。因为没有哪一种管理风格是最好的。

世界上没有一成不变的管理模式，必须选择最合适的管理方式。说管理是一门艺术，因为管理是一种操作性非常强的技能，任何生搬硬套都可能碰壁。一个高明的经营者应该是一个"善变"的管理者，即根据环境的不同而及时变换自己的管理方式，不断地调整自己，使自己不失时机地适应外界的变化，或者把自己放到另外的一个适应自己的环境中。

1.因环境制宜

每位管理者都是在一定的工作环境中工作的，在不同的工作环境下，管理者应该采取不同的管理方式。

一般来说，我们在管理过程中往往是两种倾向：或是倾向于以处理好人际关系为主，或是倾向于完成工作为主要目标。通俗而言，前者的管理方式比较倾向于民主，后者的管理方式比较倾向于专制。

当工作环境非常有利或非常不利时，一般采用以工作为中心的办法较好。当组织状态、任务情况对下级的控制要求居中时，可考虑用以人际关系为中心的方

◇ 管理者的工作环境 ◇

美国管理学家菲德勒认为, 管理者的工作环境主要由三个要素构成:

比如管理者与下级的关系是否融洽, 当然, 关系越融洽, 管理者的管理环境就越好。

比如管理者所管理的工作究竟是常规性的还是突发性的, 一般来说, 常规性的任务结构比较明确简单, 工作环境好。

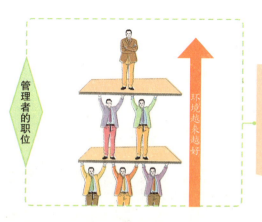

一般来说, 职位越高、权力越大, 环境也就越好。

式。或者说当组织状态、任务情况、对下级的控制水平居高或居低时，集权方式比较有效。

某厂最近由于客户订单纷纷而来，而且催货特别急，生产任务供不应求。而分配到某车间的生产任务非常沉重，此时如果不能按照客户的要求生产，不仅失去了一大笔生意，而且还可能在市场上使自己的信誉受到较大影响。时间紧任务急，此时厂长决定采取突击办法抓紧生产，号召员工克服一切困难，加班加点按时完成任务，同时厂长也以身作则，与成员一起共同奋斗在生产一线。在大家的共同努力下，最终保质保量地按期交货。

在这种情况下，管理者的管理方式就应该采取以生产为中心的方式，必要时甚至专断一些。但如果长时间采用这种管理方式，势必会造成企业员工的反感，影响公司的长远发展。

2.因人制宜

公司人员的综合素质更多地决定了管理者的管理方式。我们可以把管理者者的素质看作是一片土壤，在什么样的土壤上就会滋生出什么样的管理方式。比如在文化水平较低的团队，在管理中要更多地运用命令的方式。而对文化素质较高的下属，则不宜用这种方法，应该多征求大家的意见。其实这就涉及下属员工的成熟度问题。

下级成熟度的构成要素可以包括这样三个方面：业务水平、工作态度和心理承受能力，三者的有机整合，构成了下级的成熟度，只有这三者都比较高时，我们才认为下级的成熟度是比较高了。

公司人员不成熟时，经营者可以多采用单向命令的方式进行管理，当公司人员已经成熟时，经营者可以更多采用沟通的方式进行管理。

做一名高明的管理者，就应该根据环境的变化和管理对象的不同，采取和"因人制宜"的权变管理方式，使管理的效果达到最优。

化解员工的抵触心理

经营者在开展经营活动中，有时会遇到员工的抵触，比如推行一项新的管理措施、试行新的作业方法、进行工作轮换等。但是无论管理者如何努力想要做出改变，却经常会在与员工沟通时碰壁。

但是同样的话，换个领导跟员工讲，员工就能欣然接受，其他的领导也没有三头六臂，原因无他，就是管理者与员工之间已经有不可逾越的鸿沟。

管理者不应将员工的抵触视为障碍。面对员工的抵触，管理者不应该不断地向员工强调改变的必要性，而是要正视员工的反应，去了解背后的原因，化解员工的抵触心理。

1.化解员工的疑虑

面对员工的抵触时，不要想着采取安抚的态度，这样解决不了问题，事实上，员工需要的不是安抚，而是化解心中的疑虑。管理者与员工之间时常存在信息不对称的状况，许多信息只有管理者知道，员工却一无所知。这会让员工觉得不公平，更会对改变本身产生怀疑。管理者应该做到以下两点：

向员工解释清楚。员工对于如何改变完全不了解，会自然产生一种抵触的心理。做到信息透明后，员工会知道为什么需要改变，对解除抵触心理有很大的促进作用。

倾听员工的声音。许多时候管理者认为有必要改变的事情，员工并不这么认为；管理者认为改变会带来好的结果，员工却认为只会带来负面的结果。管理者可以选择倾听员工的声音，在决策的过程中让员工的意见也有表达的机会。

2.沟通具体的事实

在具体的沟通过程中，口号、价值观、愿景都不重要，员工真正想知道的是到底他该怎么做。管理者要沟通改变所带来的结果时，不要对员工说希望要成为第一名，而是具体地说出下一个月产量能比这个月增长多少等较为具体的目标。

管理者除了清楚表达自己对于改变的期望之外，还应说明具体的作为，如要表达质量目标具体应该怎么操作等。

3.不要刻意隐瞒

管理者通常只看到变好的一面，却忽略过程中可能遇到的困难或阻碍。不要忘了，员工是真正执行改变的人，对于整个过程他们是有亲身体验的。员工心里明白，事实上改变过程并不如管理者所说的那么顺利和容易。

唯有确实反映事实，才能取得员工的信任。如果管理者为了让员工接受自己的想法而刻意忽略负面信息，只会适得其反。况且，管理者把困难说明，也代表了管理者确实能明白员工必须做出极大的努力去达成目标，这让员工感受到管理者与他是站在一起的。

判断下属是否忠心

在识别下属的实际过程中，有些企业的管理者往往被下属的外表和漂亮的言辞所欺骗，委以重任，结果是"一块烂肉惹得满锅腥"。

怎样才能避免仅以表现判断下属的忠心呢？作为一个领导者要想看出一个下属到底能否担当重任，可以采用以下几种检测下属本性的方法：

1.多找机会了解下属

老板如果能养成习惯，在遇到问题时，多征询下属的意见，从他们的答案中，可以逐渐了解他们对问题的认识角度、解决方案、真实动机等。所谓问之以言，以观其详，讲的就是这个道理。

2.观察下属的德行

必要时，可以故意把秘密说给他听，以此来观察他的德行。有时候，也可以

◇ 通过钱财判断下属是否忠心 ◇

　　一个公司的生存与发展离不开财务的正确管理，而通过让下属经手钱财可以判断下属是否忠心。

　　1.看他在办理这些事情的过程中有没有贪污的倾向，如果有，则这样的下属不可重用。

　　2.看他是否有接受贿赂倾向，因为钱财的问题可能会涉及多方的利益，所以在这个过程中也就很可能有人行贿。如果部下因此受贿而在处理钱财时故意偏袒某一方，则就表明他并不清廉，而且说不定什么时候也会将公款中饱私囊，对这种人一定要小心提防。

你就给通融通融，这是我的一点意思……

好说，好说。

故意向某个下属提供一些假情报，只要泄漏了出来，马上就知道他不能守口如瓶。如果一个人不能守口如瓶，他是不能办好事的。在信息社会里，商业竞争，除了资金、人才的竞争，更多是技术核心的较量，由此，保守商业秘密是人才最起码的标准。所以当自己发现下属不能保守秘密时，千万不要把重大的问题交与他去处理，否则就容易把事情搞砸。

3.善于追根问底

有些人在回答问题时，只是敷衍塞责，可能会说得很漂亮，但是经不起进一步的追问。另一些人虽然回答简单，但是却总能道出实情，也显得比较自信。所以老板可以抓住某一个问题，不断地追问，密切观察对方的反应。如果对方显得惶惶不安，则表明他刚才的回答大有问题；如果对方显得很坚定，安如泰山，则表明他的确讲了真话。这一做法和现代的某些测谎手段有些类似，不过的确很有用。

4.探究对方深层心理

所谓"与之间谍，以观其诚"讲的就是这种方法。有些人摇摆不定，当面一套，背后一套，往往阳奉阴违。这种人是使内部人员涣散的最大病根。而且这种人言行诡秘，也不是很容易就能鉴定出来，最好的手法莫过于故意派人与之密谈、策反，看他是否附和。例如，可以派人在他的面前故意说自己的坏话，以看他是否也开始抱怨，于是，就能把这类人区分出来。不过，这种方法还是少用为妙。

5.交代困难的工作

一般人对困难的事情都会有不同程度的畏惧，没有足够的胆识和勇气是不会勇于承担责任的。所以，可以故意把困难的事情告诉他，如果他表现得为难或胆怯，则表明他不足以成大事。相反，如果他勇于承担而又确实有信心，则完全可以委以重任。

6.从日常行为中判断

从他的酒后言行中判断其品性。有句话叫"酒后吐真言"。一个酒品不佳的人，醉起来就会胡言乱语，行为轻浮。这种人酒后容易失态，更会乱性，从他酒后的一言一行中就可以很清楚地看出他的本性。

与下属保持适当的距离

管理的权术也是一种艺术，既要让员工感受到亲和力，但是又不能与员工走得太近。有些管理者认为，越平易近人，越和下属打成一片、称兄道弟就越好。这种想法不仅是错误的，而且是可笑的。

孔子曾说："临之以庄，则敬。"意思是说管理者不要和下属过分亲密，要保持一点的距离，给下属一个庄重的面孔，这样才可以获得他们的尊敬。有些管理者认为，越显得平易近人，越和下属打成一片，越能赢得下属的尊敬。但结果却往往是恰恰相反。

1.注意"刺猬"法则

如果你是个主管，你可以反思一下，你是否想要把下属团结成一家人？你是否经常与你的下属共同出入各种社交场合？你是否对某一位知心的下属无话不谈？你的下属是否当着其他人的面与你称兄道弟？如果上述几种情况已经在你身上出现，那么就应该引起你警惕了，你需要立即采取行动，与你的下属保持一定的距离。

管理学中有这样一则寓言故事：

曾经有两只困倦的刺猬，由于寒冷而拥在一起。可因为各自身上都长着刺，它们离开了一段距离，但又冷得受不了，于是又凑到一起。几经折腾，两只刺猬终于找到了一个合适的距离：既能互相获得对方的温暖又不至于被扎。

"刺猬"法则就是人际交往中的"心理距离效应"。领导者要搞好工作，应该与下属保持亲密关系，这样做可以获得下属的尊重。但也要与下属保持心理距离，以避免下属之间的嫉妒和紧张，可以减少下属对自己的恭维、奉承、送礼、行贿等行为，防止在工作中丧失原则。

2.维护自己的权威

"近则庸，疏则威"，与下属保持一定的距离，可以树立并维护领导者的权威。适度的距离对管理者是有益的。即使你再民主，再平易近人，也需要有一定的威严。

"仆人眼里无伟人"，这是法国历史上的伟人戴高乐的一句名言。此话怎讲呢？因为所谓的伟人，如果他的一点一滴，甚至每个毛孔都呈现在你眼前时，你不仅会发现他只是个凡人，或许某些方面比较突出的凡人，更有甚者，你会发现在暗角里，他也有那么多可耻的、不为人所知的缺点。

你可以是下属事业上的伙伴，工作上的朋友，但你千万不要成为他的"哥们"。当众与下属称兄道弟只能降低你的威信，使人觉得你与他的关系已不再是上下级的关系，而是哥们了，于是其他下属也开始对你的命令不当一回事。

领导者与下属保持一定的距离才能树立威严。适度的距离对于领导者管理工作的开展是有好处的。

3.做到亲疏有度

在日常的管理中，你是否会听到下属这样议论你：王头这些天是怎么了，前天还与我们有说有笑着吃晚饭，今天又把我叫到办公室给训了一顿，一会儿把我们当朋友，一会又要做我们的领导，真没想到领导会这样对待我们，太令人失望了。

领导者与下属等级还是有别的，扮演的角色更是截然不同。作为一名上级，最不讨好的事情就是纠正下属的行为，尤其是在工作进展不顺利时。如果你一方面想当下属的好朋友，另一方面又想当好管理者，同时想扮好这两个角色需要掌握好一个度。最好的办法就是"工作时保持距离，生活中保持亲和"的方式了。

作为管理者，必须摆正自己与下属的位置。与下属保持适当的距离，不即不离，亲疏有度。

4.不要只顾虑员工的想法

作为领导者，最重要的就是运用自己的权力去影响别人。这不是说擅用职权，强迫员工接受管理者的命令，而是管理者有最后的决策权，决定什么事情应该做，必须去做。

员工个人的想法当然需要考量，但是过度顾虑的结果，却有可能因此伤害员工。管理者应该要求员工接受指派的工作，但是很重要的一点，管理者必须提供应有的协助，尽量帮助他解决工作过程中的困难。

管理者不应该担心自己与员工的意见相左，许多时候管理者必须去要求，而不是完全让员工自己决定。

学会赞扬下属

当管理者希望激励下属员工提高工作效率时，他需要做的事情很简单，就是：赞扬他。因为，赞扬是达到这一目的最行之有效的办法。人人都有得到别人承认、信任、重视和赏识的渴望，受人重视、被人赞扬的愿望，已成为人们内心最强有力的动力。

有管理者深感赞扬一个人很困难，他们抱怨没有在下属身上发现值得赞扬的"闪光点"。其实，每个员工都是一块闪亮的金子，只要管理者愿意睁大双眼，就能很容易地在每个人身上找到值得赞扬的地方。

有人说，赞扬本身就是一门艺术。事实的确如此，管理者赞扬员工并非一定要给予壮志凌云般的鼓励，但一定要注意表扬下属的技巧：

1.表扬要有具体，不要含糊其辞

表扬本来是激发热情的有效方法，但有时运用不适宜则会使下级反感。因此，管理者在谈话中表扬下属应斟酌词句，要明确具体。

2.表扬应抓住合适时机

管理者与下级的谈话中能把握住有利时机去表扬对方，其效果可能是事半功倍，而失掉有利时机，其效果则可能是事倍功半。

3.表扬要实事求是

对于一位管理者来说，要做到实事求是论功行善，首先必须把握公正这一原则。不管是谁，只要他出色地完成了一项工作甚至仅仅提供了一条有创意的思路，都应该受到表扬。

4.表扬要有实际行动

管理者对下属的长处和优点表示赏识和肯定，仅凭表扬的话是不够的，还要求关心和体贴下属，让人觉得他在充分地表达对人才的尊重。

5.表扬可以借口于人

借人之口表扬人，其中微妙的心理不仅让下属感到惊奇，更会令其陶醉在表扬

◇ 赞扬下属时的注意事项 ◇

赞扬是有效的激励，可以让员工对工作更有激情。但是，在赞扬下属时应该注意以下两点：

你工作效率非常高，这么快就把资料整理完了！

1.赞扬一定要及时

一旦发现你的员工表现出色，要立即予以表扬，不要等到年末总结时再做，不要"秋后算账"，让员工能在被激励中更加鼓起干劲。

2.表扬要放下"架子"

放下"架子"表扬下属可以用谦虚、真诚的姿态来表现，还可以把自己置于次要的位置，突出下属，表达自己对下属的赞扬之情。

这次我们都要向小李学习，为我们公司争光！

赞扬是正向的激励，一定要正确地赞扬，才能让员工深受激励，因此，在赞扬下属时应该谨记上述两点。

的高超技术中。

6.多表扬对方才干

每个人总是对自己的才华十分关注，多表扬他独特的才华，会产生激励的效果。

7.赞美别人的前途和未来

赞美下属的前途和未来，应该要结合下属具体的奋斗目标。不过这种赞扬不宜太具体，并且要加一定的附加条件，如"通过努力，你一定可以成为公司的明星员工"。

全方位了解自己的下属

在管理者与下属关系上，没有令对方与下属感到畏惧的震慑力，是不容易行使职责的。只是有一张和蔼的脸、一番美丽动听的言辞，有时起的恰恰是反作用。

领导要全方位了解自己的下属，必须注意策略和方法的问题。

1.远距离透析

所谓远距离透析，就是在广泛接触交往的基础上，利用辩证唯物的观点看待一个人，是源于接触又高于接触，透过交往来看其本质。这就是说，要全面、辨证、实质地观察、衡量、看待一个人。就是不仅看到一个人的现处地位或社会氛围的表现，而且要看其作为一个普通人的政治品行、性格修养、处世态度及一贯作风；不仅要有个别分析个人的所思所想、所作所为，而且要进行一般透视，透析单个人在团队群体中的表现状况，特别是在群众当中，在"八小时以外"的威望和评价。

进行远距离观察，可以避免主观因素的掺和，因个人好恶丧失原则，凭一时一事成败对错分良莠。

2.近距离交流

交流是尊重人格、平等待人、消除隔阂、增进友谊、相互启迪、达成共识的一把钥匙，也是领导干部了解部属、掌握主动的一种方法。因此领导必须学会、善用这一"专利"，做到言尽心至，不留缝隙。既然是交流，就应当平等相待、倾心相交，没必要隐隐藏藏、心存戒备。这就是所谓的零距离。

首先，坦坦荡荡以诚相见。交心、谈话、议事，坦诚为上。用诚心，才能见真情，即便是平时不敢谈、不能谈、不便谈的话，只要彼此真诚，总能找到交流的效果，并且这种坦诚要贯穿交流的全过程。

其次，充分信任，全盘托出。领导要鼓励部属讲实话、讲真话、讲心里话，部属也希望领导不端架子、不甩官腔、不讲套话，在彼此充分信任的基础上，把各自的想法全盘托出，做到知无不言、言无不尽。

再次，鼓励发表，求同存异。既然是交流，就应当允许对问题有不同的看法，甚至是完全相左的意见。领导干部应该也必须注意倾听各种不同的声音，因为不同的声音中，不乏金玉良言。当然，不同的声音中，也会有错误的东西，领导干部也应有气度、有雅量批判地吸收、辩证地看待。只有多交流，才能共同完成任务。交流的过程，既是倾心交流的过程，也是换位思考的过程。因此，领导与部属都要学会换位思考，设身处地地为对方考虑。这样，既能很快地拉近距离，又能较好地产生共鸣，从而达到交流的目的。

3.等距离沟通

此点强调不以领导主观意见判断人事。提倡等距离沟通，就是要广泛而平等地与部属沟通，从而寻找更大范围的沟通空间，求得更大程度的理解和拥护，形成以领导干部为圆心，以与各部属平等沟通为半径的一个圆。否则，只能形成以领导个人和个别人为点的一条线或几条线。只有等距离沟通，才能广泛做好领导的本职工作，形成自己的凝聚力。

批评下属要讲究方法

批评是管理过程中不可避免的，但管理者由于方式不当而造成双方不愉快的情况时有发生。

管理者批评下属一定要讲究方法，以下列举一些禁忌：

1.勿指责人的弱点

人与人之间是有差别的。当别人指责其弱点时，犹如短刀插心般痛苦。例如，在个子矮的女性面前说"你是矮冬瓜"，她心中一定像沸水翻滚一般。对学历低的人说"学历太低的人没有用"，都是不适当的话，就算是事实也该避免触及他人的短处。

2.不要干涉私人事情

公司生活和个人生活有很大关联，但是个人私生活有不愿为人所知之事。"你只知打麻将，当然会发生那种错误！""晚上玩得太过分了吧！""你和那个女孩子做朋友不好吧！""你的家庭名声不佳，首先要从家庭整顿做起，怎么样？"等私人问题应该避免介入，因那只会引起员工的反感，公司并没有连家庭一起雇用。这种好事的老板，也许在自己看来是事事关心，但随着时代的进步，不少员工特别是年轻的员工，他们的私生活一旦被人干涉大都会引起强烈的反感。

3.不翻旧账

对于今天该指责的事项，引用过去的事例是不适当的。如果牵扯了人的问题、感情的问题，那么"都已经过去的事了，现在追根问底真是过分"之类的心情就会产生。例如像"你以前也犯过同样的错误，不是发誓不再犯了吗？"这种话都是多余的。揭人疮疤只能让人勾起一段不愉快的回忆，于事无补。有些记忆力很好的领导，连下属初入公司所发生的事都记得清清楚楚，甚至大家都已忘掉的事都牢记着，这实在没必要。

4.不使用戏谑言语

对接受批评的员工来说，批评或多或少会使自尊心受损伤。管理人员以庄重

◇ 批评下属不能忽视的两点 ◇

适度的批评可以让员工了解自己的错误，但是管理者在批评下属时应该注意以下两点：

一点小事都做不好，要你有什么用！

设计部

1.不要进行人身攻击

"你是骗子" "你太没有信用" 等话会刺伤对方。因此，批评员工时只要评论事实即可，即使是对方真的有品行上的问题，也不能如此当面斥责。

2.不要否定下属的将来

"你这人以后不会有多大出息" "你实在不行" 等，领导是不该说出这样的话的。须以事实为根据，就事说事，就部目前情形而论，不要否定部属的将来。

就你这样的，以后能有什么出息！

批评是为了让员工更好地工作，因此在批评时一定要顾及员工的情绪和接受度，不可随意批评。

严肃的态度所做的批评较容易为员工所接受，因为这种态度被员工视为对他尊重的表示。若管理人员以戏谑的口吻进行批评，则不论其动机如何友善，终将引起员工的不满，因为戏谑口吻被员工视为对他讽刺的表示。世上真正具有幽默感的人并不多，因此在批评时切忌使用戏谑的言辞。

5.不夸大其词

管理人员在批评员工时应避免使用夸张的字眼。例如"您老是本末倒置"中的"老是"，"您从未站在公司的立场去看问题"中的"从未"等。含夸张字眼的批评通常都是过度严厉的批评，这对被批评者来说是不公平的。

6.不吹毛求疵

对下级批评主要应针对妨碍工作、损害国家和人民利益方面的问题，对与此无关的事项不要过多干涉。不能以个人的好恶为标准，对不合自己心意的行为横加指责，对一些琐事喋喋不休，那样会使下级谨小慎微，只注意小事，忽视大目标，这对于完成总体任务是十分不利的。

既要授权又要控权

真正的授权是指"放手但不放弃，支持但不放纵，指导但不干预"。企业管理者的授权，将权力下放给员工，并不意味着自己完全做个"甩手掌柜"，就可以对下放的事不管不问。

优秀的企业管理者懂得既要授权又要控权，牢牢掌控下属：

1.给员工以足够的权力

授权要像放风筝一般：既给予员工足够的空间，让他拥有一定范围的自主权。同时又能用"线"牵住他，不至于偏离太多，最终的控制权仍在领导的把握中。

监督监控其实是对授权的度的平衡与把握，在给予足够权力的基础上，强调责任，将监督、监控做到位，授权的效果才会实现最大化。

很多人都知道"八佰伴"这个名字，作为著名的日本连锁企业，它曾经盛极一时，光在中国就拥有了很多家分店。可是庞大的商业帝国"八佰伴"为什么顷刻间便宣告倒闭了呢？

"八佰伴"到了后期时，其创始人禾田一夫把公司的日常事务全都授权给自己的弟弟处理，而自己却天天窝在家里看报告或公文。他弟弟送来的财务报告每次做得很好，但事实上，他弟弟背地里做了假账来蒙蔽他。

最后，八佰伴集团的倒闭，禾田一夫"从一位拥有四百家跨国百货店和超市集团的总裁，变成一位穷光蛋"。几年后，禾田一夫在中央电视台《对话》栏目接受采访，主持人问他："您回顾过去得到的教训是什么？"他的回答是："不要轻信别人的话。一切责任都在于最高责任者。作为公司的最高领导者，你不能说'那些是交给部下管的事情'这些话，责任是无法逃避的。"

禾田一夫的破产在于他没有意识到监控的重要性。时代的进步需要更多的头脑来武装企业，家族式的管理已经不利于企业的发展。禾田一夫让其弟弟禾田晃昌做日本八佰伴的总裁，这本身就是一个典型的失败。在这种的管理体制下，报假账已经成为难以拔出的毒瘤。

2.自己掌握控制权

"撒手授权"必然引发企业运营混乱。管理者应该懂得，真正的授权就是让员工放手工作，但是放手绝不等于放弃控制和监督。

海生公司隶属于一家民营集团公司。由于集团公司业务经营规模的扩大，从

◇ 对下属的监督监控 ◇

监督监控其实是对授权的度的平衡与把握，在给予足够权力的基础上，强调责任，将监督、监控做到位，授权的效果才会实现最大化。

和气生财

这不但代表着权利，更代表着责任和义务！

我们必须知道，真正的授权就是让员工放手工作，但是放手绝不等于放弃控制和监督。

没有对员工的控制，则不能保证员工的主动性一直向着有利于整体目标的正确方向发展。

控制员工和向员工授权，两者密切相连、相辅相成。

虽然授权了，我也要保持监控权！

2002年开始，集团公司老板决定把海生公司交给新聘请过来的总经理和他的经营管理层全权负责。授权过后，公司老板很少过问海生企业的日常经营事务。但是，集团公司老板既没有对经营管理层的经营目标作任何明确要求，也没有要求企业的经营管理层定期向集团公司汇报经营情况，只是非正式承诺，假如企业盈利了将给企业的经营管理层一些奖励，但是具体的奖励金额和奖励办法并没有确定下来。

海生公司由于没有制定完善的规章制度，企业总经理全权负责采购、生产、销售、财务。经过两年的经营，到2004年年底，集团公司老板发现，由于没有具体的监督监控制度，海生企业的生产管理一片混乱，账务不清，在生产中经常出现次品率过高、用错料、员工生产纪律松散等现象，甚至在采购中出现一些业务员私拿回扣、加工费不入账、收取外企业委托等问题。

同时，因为财务混乱，老板和企业经营管理层之间对企业是否盈利也纠缠不清，老板认为这两年公司投入了几千万元，但是没有得到回报，所以属于企业经营管理不善，不能给予奖励。而企业经营管理层则认为老板失信于自己，因为这两年企业已经减亏增盈了。他们认为老板应该履行当初的承诺，兑现奖励。双方一度为奖金问题暗中较劲。

面对企业管理中存在的诸多问题，老板决定将企业的经营管理权全部收回，重新由自己来负责企业的经营管理。这样一来，企业原有的经营管理层认为自己的付出付诸东流，没有回报，工作激情受挫，工作情绪陷入低谷。另外，他们觉得老板收回经营权，是对自己的不信任和不尊重，内心顿生负面情绪。有的人甚至利用自己培养的亲信，在员工中有意散布一些对企业不利的消息，使得企业有如一盘散沙，经营陷入困境。

海生公司是一种典型的"撒手授权"。这种授权必然引发企业运营混乱。

授权与控权是一种艺术，要掌握其中的度。不论是领导者还是员工，绝不能把控制看作是消极行为，而是应该正确认清它的积极意义。

防败之道：
在危机和忧患中不断成长壮大

最大的风险是没有危机意识

小公司由于竞争力较弱，受市场和外部冲击的影响很大，在经营上稍有不注意，就有可能破产倒闭。对于小公司来说，必须具备危机意识，这就需要小公司能居安思危。

如今公司更新、淘汰的速度越来越快，市场竞争从某种意义上可以说是一场不进则退的竞赛。面对这样的形势，高度的危机意识已经成为一个优秀公司管理者的必备意识。同样，小公司的老板更要保持高度的危机意识。

1.时刻想着"消失的奶酪"

斯宾塞的《谁动了我的奶酪》一书给管理者以深刻的启示。当习惯了奶酪C站的奶酪时，两个小矮人和两只小老鼠都守着奶酪。当有一天奶酪消失时，两个小老鼠把靴子挂在胸前，他们立即出发，开始寻找新的奶酪。而两个小矮人则不愿面对奶酪消失的现实。究其根源，在于小老鼠有危机意识。他们早已明白，事情早晚会发生变化，而小矮人则在安逸的生活中忘记了，或者根本就不愿去考虑有的变化，所以当安逸的生活不再有时，便不知所措，不愿接受现实。

社会是不断变化发展的。在这样一个日新月异的社会中，我们也必须保持忧患意识，适应社会的发展，否则只能面临被淘汰。

有的管理者认为，自己的企业处于辉煌发展阶段，不可能会有破产的可能。殊不知，没有谁可以做永远的强者，国家如此，企业也是如此。

2.居安要思危

例如，如果你的公司在一某个县域占有30%的市场，而你的最强竞争对手只占10%。此时，你就可能因竞争差距大而感到自满，但你要注意，往往就是这样的竞争者能将你的公司搞垮。

在竞争中，即使你的公司处于领先地位也不应放松。对于一个不能居安思危的老板来说，真正的危机来得比他想象得还要快。大多数公司都有一种危险的倾向：在业务顺利时便洋洋得意，似乎认为成功是想当然的事。在顺境时，他们往往想象不到逆境是什么样子，以为自己现在的成功机会继续，或自己可以不断地重复成功。

这种盲目乐观，认为成功会不断继续的人，往往忽略了最为关键的因素——竞争对手。你的竞争对手已经想出了很多办法，来打断你的好梦。在激烈的竞争中，你今天胜利而明天就可能被打败。因此，小公司应该时刻提醒自己居安思危，避免危机。

3.一定要树立危机意识

对于每个企业来说，危机也许都是不期而遇的，因此，最重要的就是要树立危机意识。在一个多变的环境中生存，谁准备得更为充分，谁就能够第一个崛起。这也就是说，必须具备危机意识，就是当危险来袭时，可以化腐朽为神奇，可以将别人所认为的危险转化为你发展壮大的机遇。

危机的突然来临的确很可怕，但是，比危机更可怕的是缺乏危机意识。就像温水煮青蛙一般，很多企业都是生于忧患，死于安乐。

作为企业管理者，一定要时时拥有危机意识，让危机意识时刻给我们以警醒。要明白，我们今天所担心的可能就是明天将要发生的，这样才能提前做好防患措施。

事实上，从某种程度上来说，小公司最大的危机不是来自外部，不是来自竞争对手，而是来自内部。一家小公司，只有时刻保持一种危机感，它才不会被时代所抛弃，才能永远处于发展的前列。

让公司立于不败之地

"人无远虑，必有近忧"。在这个竞争残酷的时代，一切都是瞬息万变的，任何企业都不能保证自己在任何时候都立于不败之地，保持危机感、实现超前管理才是高明之举。当代管理革命已经公认，有效的组织现在已不强调"有反应能力"，而应强调"超前管理"。

作为小公司的老板，要能够及早发现危机前兆，针对可能出现的隐患，在思想上加强防范外，还要制定具体、详细、妥善的防范措施，这样才可能让危机化解于无形。

1.看到潜伏的危机

在市场中，许多企业虽有过辉煌的历史，但由于管理者忽视危机的存在，没能让危机意识在企业内部长久存留，使企业最终会陷入危机中。电脑界的蓝色巨人IBM

当年的"惨败"就是一个生动的实例。

当大型电脑为IBM带来丰厚利润，使IBM品尝到辉煌的甜头后，整个IBM都沉浸在绝对安逸氛围里，危机感尽失。在市场环境慢慢发生变化，更多的人们青睐于小型电脑时，IBM却对市场出现的新情况不予理睬，麻木不仁，没有意识到市场危机的降临。或者说，在企业不断成长的过程中，IBM没有注意到企业危机管理的重要性，依然沉醉于大型主机电脑铸就的辉煌中，按部就班，继续加大大型主机电脑的市场比重，最终自己打倒了自己。

如果企业满足眼前的一时辉煌，没有看到潜伏的危机，最后的结果只能是被市场所抛弃。可见，危机感不但是医治人类惰性和盲目性的良药，也是促成变革的最大动力之一。富于前瞻性、挑战性和创造性的危机制造以及危机解决，可以有效引导员工，强化凝聚力，有效提高企业竞争力。

在管理的过程中，我们经常会说"创业容易守业难"，在一个商机遍地的时代，虽然创业也不是一件简单的事情，需要长期努力与投入才有机会取得成功，但守业却是一件更不容易的事情。许多曾经优秀的企业照样从我们的视野中消失，看似风光无限的一些企业，却总是潜藏着许多危机。

2.任何时候都要防微杜渐

管理者需要强调在任何时候都需要做到防微杜渐。曾经有许多名噪一时的大企业在人们的注视下悄然而逝，退出了历史的舞台；一些人们眼中的小企业不断强大，取而代之。百年老字号都不免有被淘汰的结局，作为管理者，怎能被眼下的辉煌蒙住自己的眼睛？

危机无处不在，无论是对于一个人，还是一个企业，都要增强自身的危机意识，尤其是在企业的辉煌阶段，更不能掉链子。要知道，站得越高，摔得越疼。

巨人集团作为一个曾经红遍全国的知名企业，在不到两年的时间里就实现销售额近4亿元，员工更是达到了2000多人，然而在不到四年的时间里，便沉陷危机之中。

1993年到1996年，巨人集团放弃了自己的专业化发展之路，开始在房地产、生物工程和保健品等领域朝多元化方向发展。但是，这让巨人集团自身的弊端一下子便暴露出来，公司落后的管理制度和财务战略上的重大失误最终使巨人集团身陷困境。

史玉柱并非没有意识到企业存在危机。在1995年的时候，为此，他走访了太平天国起义的旧址——金田，仔细研究了洪秀全的成败得失。他来到大渡河，面对滔滔河水，仰天长叹："我们面前就横着一条大渡河呀！"

像巨人集团这种在当时十分成功的企业，最终也不免陷入危机之中。在当时，电脑还是朝阳产业，巨人集团在这方面还远没有成熟，可以将其作为核心业务来发展，在其他业务上不必投入过快。但巨人集团却反其道而行之，使企业陷入难以自拔的地步。

"兵无常势，水无常形"，管理者如果不思进取，或是盲目发展，都会给企业带来不利的影响，甚至使企业淡出人们的视线。尽管后来巨人集团重新站了起来，但上世纪的危机无疑给新世纪企业的发展敲响了警钟。

作为管理者，要居安思危，这样才能让自己不满足于眼前的所得，保持不断努力奋斗的良好状态，让自己、让企业走得更远，不至于昙花一现，如流星般光耀一时。

3.切不可盲目进取

在激烈与残酷的竞争中，没有一个企业能在一成不变或盲目进取的基础上保持永恒的竞争力和领先优势。

在一个企业的创业阶段，管理者总是在考虑该怎样把企业做大做好。但是，当企业取得一定的业绩后，管理者便有可能过高地评估了眼下所取得的辉煌成绩，沾沾自喜，难免滋生骄傲之心。尤其是一些在行业内颇有影响的企业，似乎更容易以为自己是一枝独秀，以为其他企业在很长一段时间内不可能对自己形成威胁。更有甚者，会认为自己将在此领域永远充满竞争力，以至于故步自封，难觅更大的发展。

作为管理者，千万不要被一些繁荣的表象所迷惑，那么多优秀的企业一夜间轰然崩塌，带给我们多少启示？越是在企业做大做强的时候，管理者越要保持谨慎，反思自己、企业在成功的过程中还存在的一些不足，以待改进，让潜在的危机得到及时的处理，让危机消失在萌芽阶段。

灵活处理不同危机事件

随着现代经济发展水平的不断提高，企业可能随时都要准备迎接各种各样的挑战，于是，"危机"的不可避免成为一个不争的事实，那么，学会应对危机也就成了企业必须具备的一种素质。

管理学大师彼得·德鲁克曾在其所著的《21世纪的管理挑战》一书中作过粗略统计：美国大约有85%的企业在危机发生一年后就会处在倒闭破产的边缘，或者根本已经消失，这实在是一个让人警醒的数字。

对于企业管理者来讲，不仅要从根本上树立危机管理意识，更要全力打造全面的危机管理体系。不论国内还是国外，一些大公司在危机发生时之所以能够应付自如，其关键之一是建立了危机管理体系。比如，强生公司在康泰克危机中应付自如，创维集团在黄宏生被捕后能够及时化解危机，红牛集团在假红牛事件发生后能够果断处理，都离不开他们预防危机的意识和平时的危机管理机构的建立。

◇ 三级危机事件 ◇

危机事件根据其性质和情况不同，一般分为三级：一般事件、紧急事件和重大事件。

包括由于产品或者包装等一般性质量问题，服务不够规范、消费者使用产品不当等非产品质量问题引起的消费者投诉等。

包括产品质量问题引起消费者生病或向消费者协会投诉，受到地方政府的查询，不利于公司形象和品牌信誉的谣言存在等。

包括产品质量问题致消费者死亡、新闻媒体的曝光、严重损害组织形象的谣言、各种司法诉讼和重大突发事件。

很多时候，不管你如何防范，危机该来时还是会来，挡也挡不住，在预防上所做努力只能起到延缓其发生、尽量减轻一些损失的作用。而且，由于危机往往具有突发性，面对这样的"不速之客"，有些管理者便显得不知如何是好。

对于一个企业而言，它能取得不凡的成绩不在于它没有经历过危机，而是当危机降临的时候，它能及时采取有效的措施，将危机带来的影响降到最小。

虽然每个企业危机发生的概率和造成的破坏程度不同，但是危机管理都要遵循一定的原则。

处理危源在无法消除时就要严格控制，并根据可能发生危机的严重程度来确定控制办法。

如果危机事件尚未在媒体曝光，则必须控制事件的影响，做出适当的让步，争取牺牲小利换来事件的快速处理。如果危机事件被媒介公开并已造成广泛影响，则危机处理应将重点转到媒介公关上来。

建立预警机制

对于任何组织和个人，想要最大限度地减少危机损失，就要避免危机的发生。及早识别潜在危机因素，以便对症下药，在危机的潜伏期就把各种潜在风险扼杀在萌芽中，才能为企业的进一步发展清除障碍。

对于企业来说，从事发后的及时补救转变成为事发前的防范和控制，才是成本最低、最简单的方法。

1.销售额与利润

一般而言，销售额包括两个方面，即销售单价和销售量。

销售额＝销售单价×销售量

这一公式可以帮助计算销售额的大小。当销售额下降时，必须从销售单价和销售量两方面加以考虑，查明到底是销售单价下降的原因，还是销售量减少的原因，抑或是二者兼而有之。

以下罗列了销售额下降时的危险现象，如果企业出现下列现象中的多项，可以说企业已经很危险了。

（1）所处行业正在萎缩。

（2）竞争对手日益强大。

（3）客户不增加或更迭频繁。

（4）主要部门的销售额连年下降。

（5）主打产品不受市场欢迎。

（6）人均销售额降低。

（7）销售人员素质差。

（8）库存产品日益增多。

（9）客户索赔增多。

员工人均销售额的降低意味着企业生产效率的降低，同时也预示着企业发展速度放慢，这对于一个企业来说是致命的。

2.财务指标

（1）连续亏空5年以上。

如果企业连续亏空5年以上，而且营业业绩丝毫未见好转，那么该企业就存在严重的危机，总有一天会倒闭。企业倒闭有盈余倒闭和亏空倒闭两种。盈余倒闭常见于经济景气时。此时，企业效益尚好，但资金筹集发生困难，特别是由于企业大规模进行设备投资，造成贷款负担过重。如能将贷款、赊购款以及其他债务暂时冻结，则企业可能会起死回生，东山再起。

而由亏空引发的倒闭则较为严重。由于销售能力下降和成本过高而导致的亏空很难清除。当然，如果亏空是在经营者更迭时为支付员工退休金所致，则即使亏空也是暂时的，因为企业能与员工达成一致，共渡难关，这样基本上就可以避免倒闭了。而慢性亏空则有可能蚕食企业。长期亏本经营会使企业财力消耗殆尽，最终倒闭。由于这种原因而倒闭的企业几乎无法重建。

那么为何以连续亏空5年以上来作为预警信号呢？原因就在于长期亏空必将造成资金周转困难，并最终导致贷款增多，使企业经营举步维艰。

（2）设备投资过多。

几乎所有危机中的企业都面临偿还贷款的问题，其中多数企业发生危机的原因都是由于无节制地投资，以致负债累累，资金亏空过大，而无节制地投资则主要体现在设备投资过多。企业如果发生流动比率和固定长期适合率极度恶化的情形，则表明已经开始接近危机警戒线，此时企业必须立即与银行协商，将短期贷款改为长期贷款，以求得生存状况的改善，避免使自己陷入危机之中。

（3）自有资本不足。

企业的自有资本也可以作为企业危机的预警信号。如果自有资本不足30%，说明企业已濒临危机警戒线。

如前所述，连续亏空5年以上的企业将面临危机。而一个企业到底能够承受多大程度的亏空则视其自有资本而定。如果自有资本充足，即使不景气持续一段时期，也能够渡过难关。相反，如果自有资本不足，则可能会立即陷入危机之中。

自有资本是反映在资产负债表中的资本部分的总额，主要包括缴纳的投资基金与留存收益。自有资本比率是指自有资本与总资本（资产负债表中贷方合计金额）的比值。在各项财务指标中，这一比率至关重要。

3.人力资源费负担过重

统计结果表明，规模越小的企业，其员工的平均年龄越高。中青年员工过多的企业由于退休者较少，人力资源费年年递增，成为企业的巨大包袱。如果此时企业的销售额和利润也能随之增长的话，企业也许不会陷入危机，而如果人力资源费的增长率高出销售额和利润的增长率，则危机在所难免。

企业所负担的成本费用大致可分为可变成本和固定成本两种。人力资源费是比

◇ 可预见的危机 ◇

很多危机在发生之前会有一定的征兆，企业创业者只要稍为留神，便能预见。可预见的危机有两种情况：

一为企业内部原因，可以自行控制，消除了危机隐患，实际上就走出了危机状态。但如果未能预见并加以防范，则迟早会出现危机结果。

二是宏观环境的变化，企业不能控制，因而也难以避免，但可设法减弱或转移危机的破坏。

只要是可以预见的危机，即使不能完全避免，企业也可以尽可能地减少损失，因此，企业创业者一定要留意这两方面可以预见的危机。

重最大的可变成本，会随着员工数目的增加而不断增大。

4.危险客户

经济不景气时最常见的现象是企业连锁倒闭，而经营状况良好的企业会因客户倒闭而受到株连。为了避免连锁倒闭，必须学会危险客户的辨别方法。危险客户主要表现为以下几个方面：

（1）负责人经常不在，任何人不知其去向。

（2）负责人热心表面事物而疏于本职。

（3）员工流动频繁。

（4）员工无工作热情，萎靡不振。

（5）员工平均年龄偏大。

（6）卫生状况差，无人清扫。

（7）原来由现金或支票支付货款，现改为开收据。

（8）要求延长货款结算期限。

（9）客户纷纷离去。

（10）危机事件不断（次品、退货等）。

（11）客户停止供货。

（12）行业内口碑不佳。

（13）有将倒闭的传闻。

此外，要想预知客户的危险征兆，还必须重视那些并未体现在数字中的蛛丝马迹。

5.更迭期的企业

处于更迭期的企业，即使继任者有能力，如果体制老化，同样也具有危险性。许多前期获得快速发展的企业由于过度沉醉于过去的光荣历史，不注重开发新产品，加之后继乏人，终使代代相传的事业毁于一旦。

重视法律风险

企业在经营和交易中常常因缺乏法律常识而导致企业陷于高风险的法律隐患中，这种法律上的安全隐患会给企业经营带来致命损害和惨痛教训。企业经营中常见的法律上的安全隐患包括：投资前不作法律可行性论证，合同诈骗，应收账款拖欠，债务纠纷，盲目担保，轻率抵押，不能识别保险单和票据真伪，疏于防范信用证风险，不注意保护企业商标、专利、商业秘密等工业产权，劳动纠纷中败诉，不正当竞争中败诉等。

市场经济就是法制经济，企业依赖于社会一定的政治经济和法律而存续发展，并受其制约。这种制约的本身就要求企业不仅要在国家法律的限度内行使自主经营权，而且要有自我保护意识。唯有这样，企业的生产经营才可能正常进行，并有效实现资产的保值和增值。

企业要建立依法管理的内部运行机制。企业建立依法管理机制就是要在企业内部形成依法经营决策、依法完善管理制度，并依法理顺内部管理环节，保证管理顺畅和有效。对外形成依法维护企业合法权益的保护网，保证企业生产经营的合法、有效运行的管理机制。

企业依法管理机制的建立不是以企业是否拥有相应的组织机构和人员为标志，而是以其是否在企业生产经营中发挥了真正的保驾护航作用和功能为标志。即以是否真正的依法进行经营决策、理顺管理层次和环节、维护企业的合法权益为标志，来体现企业是否建立了依法管理的机制。

任何企业在经营中都会遇到法律问题，如何处理这些问题，企业有多种解决方案。

1.完全依靠内部非法律专业人员

这一方案的法律风险巨大，企业可能会被随时出现的法律方面的"小"问题拖垮。

2.将企业法律事务完全外包给外部律师

若将企业所有法律事务都一揽子交给外部律师，则费用过高，且法律事务的处理质量并不一定得到有效保证。并非任何法律事务都适于外包给外部律师。随着企业业务的成长，法律事务外包比例应逐步下降。若只是在迫不得已的情况下，雇用外部律师处理某些棘手的法律事务（如诉讼、上市等），法律费用开销相对较小。

但是，企业面临的法律风险与第一种模式的实质相同，因为企业实际上要先由非法律专业人员分析与评估法律风险之后，才决定是否委托外部律师，这样做出的判断多数情况下是不准确的，有时还可能是错误的。

3.设立兼职或专职法律顾问岗位

在企业法律事务管理系统建设的初级阶段，将日常法律事务留给法律顾问负责，节约了费用。同时，法律顾问可配合与监控外部律师的工作，提高了企业法律事务的处理质量与效率。

4.在企业内部设立二级部门

多数企业的日常法律事务工作都可处理，比如合同审核、企业法律事务、知识产权初步保护措施等。

5.设立准一级法律事务中心

随着企业规模的扩大，法律事务处理体系（包括机构、人员、费用预算、职权等）亦应相应地合理扩大。可以在合同流程化与标准管理、知识产权的全面保护等方面有所作为。

6.设立一级法律事务机构

以集团内部"法律事务垂直管理"为特征，企业法律事务管理体系得以全面建立。此模式的缺点是成本较高。

为企业发展把脉

正如人的成长一般，企业的发展并不是一帆风顺的。人的寿命受自然生理因素的限制是有限的，历史上长寿的企业却并不多见。

更多的企业的生命周期是很短的。正像在战场上没有常胜将军一样，在商战中也没有永远挂"顺风旗"的企业。危机无处不在，看似轰然倒塌的企业，其实是由无数的经营管理上的失误将其一步一步地拖入泥潭的。

1.诊断企业发展现状

"冰冻三尺，非一日之寒"，带病运转的企业，如果未能及时看清存在的问题，衰亡将是必然的结果。企业的领导者常有这样的困惑：

（1）为什么企业发展到一定阶段会遭遇瓶颈？

（2）企业现行的管理制度是否能够与企业的发展相匹配？

（3）企业现有的组织结构是否合理，部门划分是否适当？

（4）企业现有的组织结构能否适应企业规模的不断扩张？

（5）如何及时、有效地发现企业生产经营中存在的问题？

（6）如何找到产生上述问题的原因？

然而单凭企业领导者的个人力量，是很难解决这些问题的。这时，企业领导者需借助于企业诊断。企业诊断可帮助企业领导者针对存在问题及时调整经营战略，采取对策措施。因此，企业诊断是一项关系到企业生存和发展的重要活动。特别是对处于改革逐步深化、市场经济体制不断健全的中小企业，更有其特殊的重要意义。

2.怎样进行企业诊断

企业诊断的方式，一般可分为企业内部人员的诊断和企业外部人员的诊断。企业内部人员诊断，即自我诊断，具有费用低，企业能自主安排诊断时间，介绍情况的时间短等优点。其最大的缺点是对企业生产经营上的问题往往习以为常，视而不见，不易发现问题。

企业外部人员诊断，即聘请咨询公司，其优点是客观公正，冷眼观察，易于发现问题；其缺点是费用昂贵，诊断时间需协商，介绍情况的时间长。特别是现在国内有些咨询机构的咨询人员，缺乏实践经验，提出的改进方案缺乏可操作性和有效性，致使企业花了人力、物力、财力、时间而得不到预期的效果。

一般的管理问题，企业可以通过内部人员的诊断，通过自我调整来解决。但是

◇ 企业诊断的内容 ◇

企业诊断的内容主要有三项：

一是帮助企业找出或判断生产经营上的主要问题，找出主要原因，提出切实可行的改进方案。

二是指导实施改进方案，确保方案能对企业有所帮助。

三是传授经营管理理论和科学方法，培训各级管理人员，从根本上提高企业素质。

当环境发生较大的变化，企业经营管理中出现重大失误的时候，管理者应立即采取措施，通过聘请"外脑"——管理咨询公司来进行调查研究，为企业做经营管理上的诊断，针对问题的症结，提出相应的治理方法及具体的改善意见，并在此基础上对改善意见的落实给予指导和辅助实施，从而确保企业持续快速、健康地发展。

建设学习型企业

21世纪是知识经济时代，只有终身学习才能保证企业和个人的可持续进步。在新的经济背景下，企业要持续发展，应对各种危机，必须增强企业的整体能力，提高整体素质。也就是说，未来真正立于不败之地的企业将是能够设法使各阶层人员全新投入并有能力不断学习的组织——学习型企业。

成功的学习型组织应具备六个要素：一是拥有终身学习的理念和机制，重在形成终身学习的步骤；二是多元反馈和开放的学习系统，重在开创多种学习途径，运用各种方法引进知识；三是形成学习共享与互动的组织氛围，重在企业文化；四是具有实现共同目标的不断增长的动力，重在共同目标不断创新；五是工作学习化，重在激发人的潜能，提升人生价值；六是学习工作化使企业不断创新发展，重在提升应变能力。

学习型组织有着它不同凡响的作用和意义。它的真谛在于：学习一方面是为了保证企业的生存，使企业组织具备不断改进的能力，提高企业组织的竞争力；另一方面学习更是为了实现个人与工作的真正融合，使人们在工作中活出生命的意义。

在具体的工作中，如何将一个普通企业创建为学习型企业呢？可以从以下几个方面入手：

1.树立企业共同愿景

要创建学习型企业，首先必须要有组织成员共同认可的企业共同愿景。确立企业共同的愿景，必须是在企业个人愿景的基础上高度提炼出来，代表企业全体人员意志。

2.改善员工心智模式

管理者从改变员工的心智模式入手，引导企业员工改变心智模式。原来一些不利于学习型企业建设的想法在人们心中根深蒂固，一些不良的习惯逐渐演变成为标准，主导着员工的思维，制约着人们的行动，如果不打破这层坚冰，学习型企业创建就无从谈起。

3.实施自主管理

自主管理是使企业成员能边工作边学习，使工作和学习紧密结合的方法。通过自主管理，可由组织成员自己发现工作中的问题，自己选择伙伴组成团队，自己选定改革进取的目标，自己进行现状调查，自己分析原因，自己制定对策，自己组织实施。自己检查效果，自己评定总结。

在"自主管理"的过程中，能以开放求实的心态互相切磋，不断学习新知识，不断进行创新，从而增加组织快速应变、创造未来的能量。一个聪明的管理者不仅要让员工的手动起来，还要让他们的脑动起来，给他们以自主管理的机会，肯定他们的工作成果，让他们体会到人生价值，这样他们就乐于工作。

◇ 善于不断学习 ◇

这是学习型企业的本质特征。所谓"善于不断学习"，主要有两点含义：

强调"终身学习"

即企业中的成员均应养成终身学习的习惯，这样才能形成组织良好的学习气氛，促使其成员在工作中不断学习。

强调"团队学习"

即不但重视个人学习和个人智力的开发，更强调组织成员的合作学习和群体智力（组织智力）的开发。

促进公司的良性沟通

沟通在管理的任何时候都十分重要，缺乏良好的沟通，任何的管理行为都无法有效地实施。因为企业的活动经常是通过人与人之间的合作来完成的，而人与人之间的合作需要沟通，人与人之间的合作越紧密，就越需要加强沟通。

尤其是在危机中，由于危机的破坏性和时间紧迫性，更需要人们之间的团结合作，以共渡难关，因此快速而准确的沟通就显得更为重要了。

1.加强内部沟通

我们可以看到建立有效的内部沟通包括下面几个方面的内容：

（1）不要向员工隐瞒坏消息。大多数企业乐于将好的消息告诉员工。当坏消息出现时，却变成了很困难的决定。企业可以利用这个机会反复强调企业的产品和服务的高标准。如果对于企业的缺点及赢得的赞美都能够非常坦率和诚实，企业就能提高员工对它的信任。

（2）用各种方式和员工进行沟通。这个公司认识到了用各种方式与员工沟通的益处。它通过办公室的公告牌和给员工家里写信告诉了员工有关的情况。公司简讯讨论了质量过程，并推广新制造工艺的成功，回答员工可能想到的问题。在员工工资信封里加进附件，以及在分厂和办公地召开由主要决策者参加的小组会议。还有建立免费电话，以便员工询问有关调查的问题。一些人喜欢以书面的形式获得信息，而另一些人则更喜欢别人告诉他。运用多种媒介以确保公司能同每个人进行沟通，并在这个过程中通过反复的方式来加强公司的核心信息。

（3）在危机中保证员工能够及时得到有关信息，并不断更新信息的内容。汽车供应商知道应当让员工随时了解有关情势的最新信息。因为不同的员工关注危机的方面不同，企业对不同的员工提供的信息应有不同的侧重点。

由于人们一般认为朋友和亲人不会欺骗自己，因此非正式组织成员之间有更高的信任度。也就是说，非正式组织可以抵抗沟通中不信任或不重视造成的内部噪音。在危机开始阶段和提高危机意识的教育中，信任起着重要的作用，使用非正式组织进行沟通可以产生更好的效果。

2.加强外部沟通

在危机中，企业应该把顾客所关注的核心内容告诉他们。这主要包括以下几点：

（1）企业出现了什么问题？危害性有多大？对顾客的影响如何？

（2）问题是如何发生的？到底发生了什么？有多严重？

（3）危机对企业应对顾客承担的责任有什么影响（服务，产品，承诺，最后期限）？企业的前景如何？

（4）企业采取了哪些措施以防止问题再次发生？哪些步骤会对顾客有所影响？

（5）企业是否采取了别的措施来表明形势已经得到很好的控制？

（6）顾客一般应该找谁提出疑问和批评？如果他们想提供帮助，他们应该如何提供这种帮助？如果需要，他们是否可以找到负责的人？

（7）顾客什么时候会从企业那里再得到消息？以后企业会以何种方式与顾客联系？企业怎样决定什么时候与顾客再次联系最恰当？

（8）企业会要求顾客做什么？什么时候应该完成？

（9）企业是否对顾客一如既往的支持表示感谢？是否采取了一些措施以减轻危机对顾客所造成的负面影响？

3.沟通促进企业正常运转

（1）沟通过程要细分。

信息沟通应至少细分为企业内部沟通和企业外部沟通两个过程，而不能用内部沟通的思想去判断外部沟通，三株公司就是犯了这样的错误。

在三株的"人命官司"中，三株公司认为人命案与公司的产品质量无关，需要向公众表明它的无辜。但是，消费者并不是这样思考问题的，消费者认为三株公司既然有"人命官司"，那么公司产品的质量就值得怀疑，于是就启动了上面所说的消费者对产品质量问题的沟通过程。而三株公司则无视这个过程，以自己的思维方式行事，忽视有关产品质量的企业内部沟通过程与企业外部沟通过程的差别，结果给三株公司造成了巨大的损失，三株公司没有使危机得到控制，反而使危机加重了。

（2）建设促进沟通的企业文化。

企业文化不但要内容丰富，而且要有利于促进沟通。企业文化鼓励企业成员的创新则会激励企业成员去沟通，因为创新难以通过闭门造车来实现，需要与别人交流，吸收他人的观点，或者与他人合作才能成功。企业要有容忍失败的文化，这种文化使企业成员不会因为失败或提出错误、离奇的观点受到打击，而停止与别人的沟通。

企业文化不要过于强调权威的作用，这样企业成员就敢于提出自己的观点和看法，从而加强企业成员间的交流，不会因为权威的压制而保持沉默。企业中如果有很浓的合作和竞争的文化氛围，那么企业成员就不会为了竞争放弃合作，也不会为了合作放弃竞争，而是在合作与竞争的动态平衡中进行有效的沟通。

（3）通过培训提高员工的沟通技能。

危机管理中需要对员工进行培训以加强沟通能力，沟通并不是双方的技能越强就越好，而是双方的技能能够匹配，使沟通能够顺利地进行。例如，使用双方都能理解的词语，选择合适的沟通环境等。

（4）选择合适的沟通通道。

沟通通道选择因危机的不同而不同，要根据不同的危机采用不同的沟通通道，以防止沟通的中断。在爆炸事故中，爆炸可能使现场所有的有线通信线路中断，使爆炸现场的人员不能与危机管理者沟通，向危机管理者报告危机的发生和危机的动态发展状况。因此在爆炸事故中，就应选择无线通信进行沟通。而如果在深水之中，则应选择可视方式进行沟通。

使危机转化为机遇

我们应该看到，危险可以转化为机遇，机遇也可能在危险中丧失，没有绝对的危机，也没有永恒的机遇，正是危险与机遇的如影随形，才让我们真正认识到企业管理与经营的大智慧、高境界。

1.危机中孕育着机遇

每一次危机既包含导致失败的根源，又孕育着成功的种子。发现、拯救、培育，以便收获这个潜在成功的机会，便是危机管理的精髓。

商场风云变幻，总经理难免会碰到出乎意料的危机，如果能够在危机中寻求和把握住有利因素，那么必定能够创造出新的市场奇迹。

1998年东南亚金融危机时，海尔在印尼和马来西亚都建有企业，都不景气。海尔经过严格的市场分析发现，东南亚的家电消费是持币待购，是因为发生了金融危机才不敢消费，并不是说市场饱和，消费者家中不需要电器。于是，海尔便不失时机地在这些国家做了许多的广告，而且都在非常优良的广告位置，广告的价钱还不到金融危机前的三分之一。等到金融危机过去之后，市场对家电的需求量很快直线上升。正如海尔集团所预言的那样：当东南亚金融危机过去之后，市场重新启动时，人们看到最多的便是海尔，海尔已深深扎根东南亚。

2.着眼于未来

狄更斯有句名言："这是最好的时候，这是最坏的时候。"对于企业家而言，我们身处这样的时代，必须适应时代的变化，过去的成功经验，可能恰恰就是埋葬你明天的坟墓。所以，要变革，首先就要打破条条框框，不迷信过去，而是着眼于未来，将危机转化为良机。

很多时候，危机就是良机，只要改变观念，重新评估，找准机会出手，就能把危机变成良机。管理者必须具备这种能力，否则企业最终将失败。

天津中美史克生产的药品康泰克自20世纪90年代初进入中国市场以来，成功占据了感冒药市场40%的份额。但是，当时康泰克和其他一些感冒药中含有PPA成分。美国耶鲁大学的一个医学研究小组经过研究发现，过量服用PPA会使患者血压升高、肾功能衰竭、心律紊乱，严重的可能导致因中风、心脏病而丧生。康泰克与PPA成为媒体和公众关注的焦点。2001年11月，中国政府出于谨慎考虑，决定暂停含PPA成分药物的使用和销售。

中美史克在中国的销售面临着巨大的危机。中美史克公司在接到通知后，迅速反应，变被动为主动，立即成立了危机管理领导小组、沟通小组、市场小组和生产小组。危机管理领导小组的职责是制定应对危机的立场基调，统一口径，以免引起信息混乱，并协调各小组工作；沟通小组则负责信息发布和内外的信息沟通，是所有信息的发布者；市场小组负责加快新产品开发；生产小组负责组织调整生产，并处理正在生产线上的中间产品。

针对新闻媒体的一些不准确宣传，中美史克并没有过多的追究，只是尽力争取媒体的正面宣传，以维护企业形象。之后，中美史克投资1.45亿元用于不含PPA的新感冒药的研制，新康泰克很快上市，重新被市场接纳，三个月时间恢复了原有市场份额的70%。

◇ 管理者要善于化危机为机遇 ◇

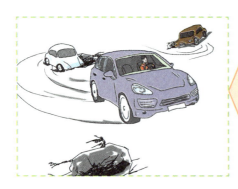

企业危机无处不在，我们只能最大限度地避免危机、减少损失，但无法完全杜绝危机。

这里出事太多，这可是个机遇，我们可以成立专门的救援队！

危机给管理者带来的不应该是灾难，而是千载难逢的机会，变危机为机遇，就能使企业立于不败之地。

一个优秀的管理者，不仅要有危机意识，还必须在企业发生危机时，高瞻远瞩，放弃一些眼前的利益，看准时机，勇于承担责任和风险，才能为企业以后的发展铺平道路。

自强之道：
老板素质是小公司做强的核心动力

做企业就是做人

孔子说："修己以安人。"作为一个企业的经营管理者，如果你能够首先将自己管好，然后使你的追随者感到心安，你的企业能真正走上轨道。

"唯贤惟德，能服于人"，做企业的过程实际上就是做人的过程，如果想要他人心服于你，就一定要具备贤德之能。做管理更要如此，只有让人心安的管理者，才可得到他人的追随。

经营者若想成为合格的企业领袖，就必须培养以下重要的性格特质。

1.诚信

如果将"无商不奸"奉为信条，这样的人不会受到欢迎，这样的公司不会获得持久发展。

人无信不立，诚信是立身处世的准则，亦是衡量个人品行的标准之一，诚信的人给人一种正直、务实、有道德的感觉。

要做到"诚信"，就必须在道德缺失的社会中绝不会随波逐流，具有极高的品牌价值且不会崩塌。这样一来，永远不会缺少老客户的信赖，永远也不会缺乏员工的支持。

因此，管理者做不了的事情不轻易承诺，答应了就要做到。不经常喊虚的口号，停止一切"不道德"的手段，产品或服务的诚信代价就是品牌的成本。

2.积极

积极的思想产生积极的行动，内心积极的人会给人坚持、投入和认真的感觉。

这就要求管理者做任何事情一定会主动出击，绝不会在计划实施的过程中半途而废，遇到不顺有能力扭转形势，在被人赏识时不会表现平平、错失良机。即使在公司或团队士气低落时展示阳光乐观的个性，遇到不顺马上重新寻找突破口。

3.沉稳

人的外在与内在息息相关，内在有什么样的素质，外在就会有什么样的表现。一个内心沉稳的人，一定会给人镇定、冷静、坦然的感觉。

作为企业的管理者，遇到公司危机不会惊慌失措，面临有人"叛变"，不会一筹莫展，遇到市场逆境不会无计可施，面对重要投资决策不会草率从事。在困难的时候，不要轻易显露你的情绪，做到凡事处之泰然。不要逢人便讲你的困难及遭遇，更不要抱怨。

4.胆识

一个人有胆识，其外在表现就是强势、果断、冒险。敢于冒险才能成就不凡的事业。

有"胆识"管理者，在需要力排众议的时候不会瞻前顾后，不会在发现难得机遇时犹豫不决，绝不会一再容忍不能再用的人，在应该果断处置的当下不会畏首畏尾。

5.细心

细心之人，给人的感觉一定是谨慎、缜密、专业和完美。细心的管理者不会空喊目标和口号，而是制定策略贯彻执行，不但把事情做对，还会把事情做好。

管理者要经常思考身边所发生之事的因果关系，对于执行不到位的问题，要去挖掘其根本原因，要善于对习以为常的做事方法提出改进或优化建议，养成有条不紊和井然有序的习惯。

6.担当

面对难事大事，总是推卸责任或消极逃避的人，如何能承担重任？能成大事者，一定是勇于担当的人。有担当的人给人的感觉是负责、明快和直率。

有"担当"管理者出现任何问题都不会逃避，遇到慌乱不会临阵脱逃，不会粉饰太平，下属犯错依然会承担起责任，是公司的主心骨。

7.大度

胸怀的大小决定了成就的大小和品牌的高低。海纳百川，有容乃大，内心大度的人表现出来的是一种宽容、慷慨、谦和与分享。

大度的管理者，遇到不同的声音或意见，绝不刻意打压，下属会非常忠诚，不会纷纷离开，在竞争激励的市场中不会到处树敌。

多与自己较劲

很多经营者在企业运营出现问题的时候，首先想到的是改变别人，这一点我在很长一段时间内也不例外。

改变自己的确是一件困难的事，于是指责别人、希望别人做出改变就是非常自然的事情。但改变自己更具有可行性，更具有操作性，也更具有主动性。因为，你

◇ 提升自我管理水平 ◇

以下是提高管理者自我管理水平的三个建议。

1.要学会坚持

成功通常和天生的不屈不挠有很大关系。当你清楚你的价值观时，当你有能力在目标的基础上发展时，坚持是唯一的可能。

2.要灵活和富有创造性

坚持并不是说一条路走到黑。如果你用一种方法不能成功时，试试另一种，然后找到更多创造性的解决方法并有新意地处理问题。

3.跳出框框思考

广泛阅读，不要把自己局限在擅长的领域。试着在你的生活和经验上的那些明显的、不同的部分上，找出联系。

虽然不能控制别人的行为，但自己的行为还是由你自己做主的，你是完全可以与自己"较劲"的。

美国著名人士罗兹说："生活的最大成就是不断地改造自己，以使自己悟出生活之道。"改变了自己，相当于为自己提供了更多的生存和发展机会，为事业的成功增添了砝码。

有一天，原一平来到东京附近的一座寺庙推销保险。他口若悬河地向一位老和尚介绍投保的好处。老和尚一言不发，很有耐心地听他把话讲完，然后以平静的语气说："听了你的介绍之后，丝毫引不起我的投保兴趣。年轻人，先努力去改造自己吧！""改造自己？"原一平大吃一惊。"是的，你可以去诚恳地请教你的投保户，请他们帮助你改造自己。我看你有慧根，倘若你按照我的话去做，他日必有所成。"

从寺庙里出来，原一平一路想着老和尚的话，若有所悟。接下来，他组织了专门针对自己的"批评会"，请同事或客户吃饭，目的是为让他们指出自己的缺点。

原一平把大家的看法一一记录下来。通过一次次的"批评会"，他把自己身上的劣根性一点点消除了。

与此同时，他总结出了含义不同的39种笑容，并一一列出各种笑容要表达的心情与意义，然后对着镜子反复练习。

他像一条成长的蚕，悄悄地蜕变。最终，他成功了，并被日本国民誉为"练出价值百万美金笑容的小个子"，且被美国著名作家奥格·曼狄诺称为"世界上最伟大的推销员"。

"我们这一代最伟大的发现是，人类可以由改变自己而改变命运。"原一平用自己的行动印证了这句话。也许你不能改变别人、改变世界，但你可以改变自己。幸福、成功，从改变自己开始。

要让结果改变，首先要改变自己，多与自己较劲。要让结果更好的话，自己必须变得更好。只有人进步了，事情才有进步。我们成功和进步的关键就在于：改变自己、完善自我。

所以，做一切事、解决一切问题，我们都必须随着客观情况的变化而不断地调整自己，不断地采取与之相适应的方法，做到以"己"变应万变，才能够使自己的职业之树常青。

保持旺盛的激情

在工作中，热情的表现就是：视热情如同生命，毫不保留，有多少力出多少力，要做就做最好的，哪怕是1%的小事也要用100%的热情投入其中。

比尔·盖茨有这样一句名言："每天早晨醒来，一想到所从事的工作和所开发的技术将会给人类生活带来的巨大影响和变化，我就会无比兴奋和激动。"这句话阐释了他对工作的激情，这也是作为一名优秀的管理者应该具备的最重要的素质。乔布斯也是这样一个对工作倾注了自己热情的人。

在NeXT公司的时候，乔布斯对细节和完美的追求近乎疯狂。他在决定NeXT机箱外该使用何种黑色颜料时，不厌其烦地比对几十种不同的黑色颜料样本，又几乎对每一种都不满意。这把负责机箱制造的员工折腾得苦不堪言。

他还要求工程师把NeXT机箱内部的电路板设计得漂亮、吸引人。工程师不解地问："电路板只要清晰、容易维护就好了，为什么要吸引人呢？谁会去看机箱里的电路板呢？"

"我会。"乔布斯说。

事实证明，一个人能够在工作中创造出怎样的成绩，关键不在于这个人的能力是否卓越，也不在于外界的环境是否优越，关键在于他是否竭尽全力。一个人只要竭尽全力，即使他所从事的只是简单平凡的工作，即使外界条件并不有利，他仍然可以在工作中创造出骄人的成绩。

能力、责任等条件是作为优秀管理者应具备的，但是如果没有对工作的热情，这一切都将会黯然失色。作为管理者，对工作的热情是必不可少的，这样才能让自己的才能真正地发挥出来，才能让自己真正感受到工作所能带来的快乐。

很多人工作没有做好，总是能给自己找到借口："我已经尽力了啊！"殊不知，做任何事情要想获得好的结果，就不能仅仅尽力而为，而必须全力以赴，在每件小事上投入100%的热情。

毫无生气的语言，足以使得一个保险推销员业绩惨淡。每一件小事，都是能够影响我们工作成果的大事。

如果我们在工作中无论做什么事都追求尽善尽美，不给自己留丝毫松懈的余地，那么无论我们做什么工作，身陷怎样的困境，处于怎样平凡底层的岗位，都能在最短的时间获得成长和发展的机会。

现实中许多人都会不可避免地遇到这样严酷的事实：即使不喜欢的工作，也必须长期、努力地工作，因为很难改变什么。遇到这种境况，我们必须调节自己的心态，把它当作值得做的事去做，否则这份工作势必会成为我们的负担，长期下去将使心情压抑，甚至身心疲惫。但面对小事情时，我们也应该拿出百分百的精力，哪怕中间的过程很艰难，也要饱含激情，攻克一切困难。

管理者提升激情可以遵循以下几个步骤。

1.从内心出发

迈出第一小步总是最难的。坦承和接受这样的思想内心。我们必须先克服对感情和欲望的成见，并且肯定它们具有无比的威力。我们必须跨越自己所画的框框，如恐惧、怀疑、不安全感，放手拥抱我们的潜能。

2.发掘激情

发掘激情，包括接触可以激发激情的事物，辨识伴随而来的感受。发掘是一种渐进的过程，可能找到已被遗忘的激情和发掘到新的激情，或确认目前已感受到却不了解的激情。在这个过程当中，你必须面对自己的弱点——自我怀疑、恐惧——找到让激情燃烧生命的勇气。

◇ 满怀激情去工作 ◇

人一旦有热情就会受到鼓舞，鼓舞为热情提供能量，工作也因此充满乐趣。激情可以给人带来很多好处：

1.即使工作有些乏味，只要善于从中寻找意义和目的，热情也会应运而生。

2.当一个人对自己的工作充满干劲时，他便会全身心地投入到工作之中。这时候，他的自发性、创造性、专注精神就会体现出来。

因此，无论是管理者还是企业员工，在工作时应该时刻保持自己的激情，带着激情去工作。

3.澄清目的

一旦发现和确定自己的激情后，必须弄清楚发挥激情的目的所在，是追求名利、个人成长，还是丰富人生、追求世界和谐。你所界定的目的，将决定你追求激情的方式，也将提供执行激情计划的理由。

4.确定行动

在确定目的后，须拟定行动计划，确定采取哪些行动来实现目的。有人或许会认为，激情是一股不受限制、自然发生的力量，似乎不可能跟着计划走。的确，激情的威力强大无比，但为了让它生生不息，需要赋予它一个结构，借着激情的扩大，可增强激情的威力。

行动计划能够、事实上也必须涵盖生活或事业的不同层面。这不是让你按部就班执行的一连串步骤，而是兼顾许多不同领域的一张蓝图。

5.热心推动

一旦计划拟定，下一个步骤就是执行，这个步骤让你的激情开始接受考验。发现、确认激情，并拟好计划后，除非你能将激情融入生活，否则一切都徒劳无功。

一旦你投入激情去执行计划，你看到的将是机会、可能性，而不是障碍、限制，你将目睹激情的威力，并了解什么是推动成功和改变的一股重要力量，你会开始创造自我的成功模式。简单地说，你会成为激情者。

6.传播愉悦

一旦激情成为生命的主宰力量，你会有很大的改变，连别人也会感受到。沃尔玛创始人山姆·沃尔顿坚信："如果你热爱工作，你每天都力求完美，你周围的每一个人也会从你这里感染这种热情。"在他的一生中，一直被一种追求卓越的念头所驱使，几十年如一日，每天起床开始就有一大堆事情干，他在对工作的热爱中找到了一条使生命一直激越和更加充实的阳光大道。

7.持续追求激情

不管你多么富有激情，执行计划时仍会面临阻碍和挑战。当你面临这些困境时，就回到改变的源头——激情，它会提供你实现目标所需的精力和激励。

树立积极心态

一个公司的成功与否与经营者的心态息息相关。一般来说，持积极心态的人，他会努力奋斗，最终很可能成为真正的成功者。

1.保持昂扬的斗志

心态在很大程度上决定了我们人生的成败。生意场中更是如此，拥有积极的心态，便打开了一扇成功的大门。

作为老板，在面对危机时，要能够保持健康的心理和稳定的情绪，这样才能在商战中取胜时不趾高气扬，受挫时也不垂头丧气，一蹶不振。

机遇青睐时刻保持乐观心态的人。面对工作中的困难和挫败，只有始终保持昂扬的斗志、屡败屡战的人才能笑到最后，赢得机遇之神的垂青。日本大企业家松下幸之助说过："跌倒了就要站起来，而且更要往前走。跌倒了站起来只是半个人，站起来后再往前走才是完整的一个人。"

与积极心态相对的是消极心态。消极的心态是造成失败的主要原因，因此，要换脑袋首先必须转换心态，变消极心态为积极心态，战胜惰性与不如意。持有积极心态的人，对任何事都要表示积极肯定的主张。而这种把积极想法说出来的做法，具有相当于在内心中呼应的积极力量，因此它能使人感到一切都将顺利地进行，给人增添自信。

2.积极的心理暗示

我们每个人都应该给自己以积极的心理暗示。任何时候，都别忘记对自己说一声："我天生就是奇迹。"本着上天所赐予我们的最伟大的馈赠，积极暗示自己，你便开始了成功的旅程。

拿破仑·希尔给我们提供了一个自我暗示公式，他提醒渴望成功的人们，要不断地对自己说："在每一天，在我的生命里面，我都有进步。"也就是说，一个人的心理暗示是怎样的，他就会真的变成那样。所以，我们要调整自己的情绪心理，充分利用积极的心理暗示。

积极的心态能够催人上进，激发人潜在的力量。时刻鼓励自己，给自己积极的暗示，有助于我们走出困境，保持积极进取的精神。

自我暗示是世界上最神奇的力量，积极的自我暗示往往能唤醒人的潜在能量，将他提升到人生更高的境界。因此，每天清晨不妨去告诉自己今天会有个好心情。每当有重大选择和决定的时候，暗示自己的选择和决策是明智的。选择积极的自我暗示，等于选择幸福生活，选择与成功人生为伴，用心享用它所带来的魔术般的奇迹。

3.树立积极心态的方法

为了避免消极心理，永远保持主动、积极、向上的心态，通常采用以下做法：

（1）以积极的态度面对一切，摒除担惊受怕的心理。越担惊受怕，就越遭灾祸，一定要懂得积极态度所带来的力量，要相信希望和乐观能引导你走向胜利。

（2）即使处境危难，也要寻找积极因素。不要放弃取得微小胜利的努力。越乐观，克服困难的勇气就越会倍增。

（3）既不要被逆境困扰，也不要幻想出现奇迹，要脚踏实地，全力以赴去争取胜利。

（4）不管形势多么严峻，也要努力去发现有利的因素，这样就会发现自己到处都有一些小的成功，自信心自然也就增长了。

（5）时刻保持乐观，不要把悲观作为保护失望情绪的缓冲器。乐观是希望之花，能赐人以力量。

◇ 树立积极的心态 ◇

　　成功的经营者总是运用积极心态去支配自己的人生，用积极的心态来面对这个世界，面对一切可能出现的困难和险阻。那么，如何树立积极的心态呢？

1.以幽默的态度来接受现实中的失败。有幽默感的人，才有能力轻松地克服厄运，排除随之而来的倒霉念头。

2.失败的时候，要想到曾经多次获得过成功，这才是值得庆幸的。

　　幽默和成功的体验容易让人心情愉悦，自然也就可以让人乐观起来，从而树立积极的心态。

（6）在闲暇时间，要努力接近乐观的人，观察他们的行为。通过观察，培养自己乐观的态度，乐观的火种会慢慢地在内心点燃。

（7）悲观不是天生的。就像人类的其他态度一样，悲观不但可以减轻，而且通过努力还能转变成一种新的态度——乐观。

（8）如果乐观态度使你成功地克服了困难，那么你就应该相信这样的结论：乐观是成功之源。

培养抗挫折心理

天堂在你的心中，当然地狱也在。所以，到底是生活在天堂还是地狱，完全取决于你自己。

面对挫折，每个人的态度迥然不同。有人积极，有人消沉，有人陷入苦恼不堪的恶性循环中不能自拔，有人却能迅速从不良状态中跳出来更加奋发进取。可以说，挫折是人生的一块试金石。法国前总统戴高乐说："挫折，特别吸引坚强的人。因为他只有在拥抱挫折时，才会真正认识自己。"

身为公司的掌舵人，必须注意培养自己抗挫折的能力，一旦挫折产生，要敢于正视，而不能怨天尤人；要冷静地找出产生挫折的原因，并进行客观的分析；要积极地寻求恰当的方式方法战胜自我。

具体来讲，要战胜困难，培养抗挫折心态，应该做到下面的几个方面。

1.靠自己拯救自己

更多的时候，人们不是败给外界，而是败给自己。

有两个人同时到医院去看病，并且分别拍了X光片，其中一个原本就生了大病，得了癌症，另一个只是做例行的健康检查。但是由于医生取错了底片，结果给了他们相反的诊断，那一位病况不佳的人，听到身体已恢复，满心欢喜，经过一段时间的调养，居然真的完全康复了。而另一位本来没病的人，看到医生的诊断，内心起了很大的波动，整天焦虑不安，失去了生活的勇气，意志消沉，抵抗力也跟着减弱，结果还真的生了重病。看到这则故事，真的是令人哭笑不得，因心理压力而得重病的人是该怨医生还是怨自己呢？

乌斯蒂诺夫曾经说过："自认命中注定逃不出心灵监狱的人，会把布置牢房当作唯一的工作。"以为自己得了癌症，于是便陷入不治之症的恐慌中，脑子里考虑的更多的是"后事"，哪里还有心思寻开心，结果被自己打败。而真的癌症患者却用乐观的力量战胜了疾病，战胜了自己。

俗话说"哀莫大于心死"，绝望和悲观是死亡的代名词，只有挑战自我，永不言败者才是人生最大的赢家。

2.把挫折当作难得的人生考验

在真正坚强的人眼里，挫折不是一种打击，而是一次考验，一次磨砺的机会。他们清楚，在挫折的后面有着自己苦苦追求的目标。这种人在挫折降临之后，首先会用他冷静、理智的头脑，认真分析挫折产生的原因及眼前的处境，审时度势。例

◇ 战胜挫折 ◇

每个人都会遇到挫折，要想不被挫折打败只能想办法战胜它。想要战胜挫折可以试一试以下两种简单的方法：

1.增加对成功的体验

运用自己的优势，做一些自己力所能及的事情，从中取得成功的经验，然后增强自己的自信心，战胜挫折。

2.学会适当的发泄

把痛苦和忧伤埋在心里，会给人带来一种沉重和压抑的感觉。如果能将这种感觉向亲朋好友痛快淋漓地倾诉出来，心情会舒畅许多。

只有战胜了挫折，让自己不断强大，才能更加接近成功。

如，原来确定的目标是否恰当、客观条件是否成熟、操作方法是否正确、自己努力的程度是否足够。在分析过程中发现合理的因素，在挫折中看到希望，然后满怀信心地、自觉地促进挫折向好的方面转化，最终战胜挫折，走向成功。

当遇到困难时，你应该暗暗对自己说：这正是考验我的时候，正是体现我生命本色的时候。对于那些无法实现的目标，可以用新的目标来代替。只要不服输，失败就不是定局。

3.树立正确的人生观

法国微生物学家巴斯德，在青年时代就已经正确地认识到了立志、工作、成功三者之间的关系，他说："立志是一件很重要的事情。工作随着志向走，成功随着工作来，这是一定的规律。立志、工作、成功是人类活动的三大要素。立志是事业的大门，工作是登堂入室的旅程，这旅程的尽头有个成功在等待着，来庆祝你的努力结果。立志的关键，是要树立正确的人生观。"

拥有正确的人生观、世界观，拥有远大理想，并且能用正确、积极的眼光去看社会、看生活的人，往往更能够承受挫折带来的影响。

4.培养自信心与意志力

一个人若对自己丧失了信心，他就会失去前进的勇气。在挫折面前，要做最好的准备，做最坏的打算，对前景要抱有积极乐观的态度，相信"冬天已经来了，春天还会远吗"。只要不失去信心，不丧失意志力，就没有失败，就有逆境顺转的机会，就会看到希望之光。因此要经常给自己打气，鼓励自己。平时应该多参加一些竞赛的活动，大胆地表现自己，抱着积极参与的精神，不斤斤计较眼前的得失。

养成好学的习惯

在企业管理中，管理者特别注重自身的学习能力。因为顽强的学习力是个人奋进的一股强劲动力，它能够使自己在工作中遇到困难时表现出一种超乎寻常的斗志，分析、判断、解决事情，从而渡过难关。

联合国教科文组织出版的《学会生存》一书中指出："未来的文盲，不再是不识字的人，而是没有学会怎样学习的人。"专家也断言，未来的竞争，必将逐渐从知识竞争转向学习能力的竞争。

英国科学家詹姆斯·马丁研究表明：人类科学知识在19世纪每50年增长一倍；20世纪中期，每10年增长一倍；20世纪70年代每5年增长一倍；目前估计每2~3年增长一倍。所以，只有强化学习意识，提高员工学习力，不断进行知识、技能创新，提高员工整体素质，才能够在未来的高度激烈的竞争时代具备高度的战斗力，使企业永葆活力，在竞争中立于不败之地。

朱熹曾经说过："无一事而不学，无一时而不学，无一处而不学"，只有以"受教者"的姿态对待自己，进行终身学习才能够让自己不断进步。那么，应该如何做到终身学习呢？

1.自我学习

我们每一个必须明白命运是操之在自己手中，那么读自己就是其中一把重要的钥匙。学习的真正精义在于培育自己的能力，把各种资源有效转化，产生最大效能。因此读自己可说是个人成功的核心专长，不仅是身体、头脑、心灵的学习，还包括各种创造性的学习，可说是多彩多姿的学习，透彻读自己，将发现自己有无限的成长空间。

2.向别人学习

人不能只局限于自我的学习，必须透过人际互动、组织手法、借力使力，来提升学习的速度与效果。有一句话说，"站在别人的肩膀，可以看得更远"，就充分说明善用别人长处与资源，善于读别人，可以帮助自己获得更大成长。

3.向环境学习

可让人顺势成长，人在自然环境和社会环境中磨炼成长，环境对人的发展有很大影响。对环境的认识要明确其层次——国际化的竞争环境、企业内部竞争环境、社会环境等，对于环境之趋势变化如有正确的解读能力，可从中获得许多成长的启示与动力。

面对环境的不断变迁，我们若想不被时代的大潮所淘汰，就要把学习当作一种信仰，通过学习不断地更新自己、提升自己，只有这样我们才能永远站在时代的前沿。终生学习是每个人经营生命的重要途径，在今日动荡变化激烈的年代，终生学习所代表的是活到老、学到老，积极地把握人生中的每一刻快速学习及学以致用。

如何应对工作压力

过度、持续的压力会导致员工严重的身心疾病。在压力之下，高血脂、动脉硬化、脂肪肝等老年人容易得的心脑血管疾病，目前也都在中青年白领身上提前报到。早衰、胃肠道疾病、颈椎病、抑郁症等，在白领中也较为普遍存在。而像失眠、头痛、视力下降、脱发、感冒这些看似平常的小毛病，也都无一不与压力有着直接或间接的联系。

作为公司经营者，来自各方面的压力之大是可想而知的。在工作中，每一个人都不可避免要面对许多压力，工作节奏快、竞争激烈，压力更是超乎寻常。

1.将压力转化为动力

联合国国际劳工组织，曾经发表过这样一份报告："心理压抑将成为21世纪最严重的健康问题之一。"

处理压力最巧妙的办法，就是将压力转化为动力，这是对待压力的最佳方法。压力是成长的动力。压力使我们不敢停下成长的脚步，使我们时时奋进，让我们面对挑战时不再退缩。压力使我们实现一个目标时不敢懈怠，压力让我们获得成就时

◇ 学会给自己解压 ◇

每个人在工作或生活中都有压力，而压力过大容易让人处于情绪风暴中，从而影响到工作、家庭及身体健康，学习如何减压也是一种生活的技巧。

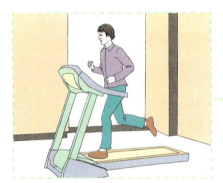

一是休假旅游或运动健身，旅游或者运动可以很好地转移注意力。

二是合理发泄，可以随身带个小橡皮球，郁闷时捏一捏，有条件也可以选择拳击沙袋。

通过多种方式，时常给自己减减压，每天用阳光的心情迎接朝阳，这样生活和工作才会更加有动力。

能够再接再厉。

没有压力就没有动力。生活中不能缺少必要的压力，生机勃勃的工作必须靠压力来维持，个人潜能的开发只有在重压下才能实现，公司的长远发展只能在市场和竞争对手的压力下得到推动。

压力越大，动力也就越大。只有不断在压力中获得重生的人才能茁壮成长；只有那些顶着压力一步一步向前走的员工，才能为公司创造更大的价值；只有在压力中实现员工的共同成长，才能实现公司的持续发展。天无绝人之路，生活抛给我们一个问题的同时，也一定给了我们解决问题的能力。

2.有效释放压力

应对压力的另一个方法就是释放压力。高效能的人士在高速进行的工作中都有一套应对压力的方法，下面就介绍几种：

（1）身体方面的途径：强调持之以恒的运动，特别是做"有氧运动"。例如，游泳、跳绳、踩单车、慢跑、急步行走与爬山等。这些运动不仅能够让血液循环系统的运作更有效率，还能够强化我们的心脏与肺功能，直接地增强肾上腺素的分泌，使整个身体的免疫系统强大起来，从而有更强的"体质"去应付生活中随时可能出现的各种压力。洛克菲勒、卡耐基等超级成功者都酷爱运动的原因即在于此。事实上，身体肌肉的劳动，能够让全身心得到松弛，并让大脑有一个恰当的休息机会。只有强健的身体，才是十足的成功的能源。

（2）心理方面的途径：心理学家视个人的情况而给予的个别指导和心理治疗，仍然是个人应付压力的最佳方法。他们也赞成利用有效的自助法来排除压力，例如循序式肌肉放松法、静坐和自我催眠等。

平衡家庭与事业发展

事业之路能否顺利，很大程度上取决于家庭之舟能否平稳行驶。当事业与家庭发生冲突时，只要学会多费一点心思，少算一点得失，即便家庭与事业不可兼得，总会找到一个平衡点。而这是高效能人士很重要的一个智慧。

无论改变传统的呼声如何高涨，革除陈规的行动如何声势夺人，我们都不主张，作为社会意义而存在的男人和女人只顾事业不顾家庭，或者只要家庭不要事业。家庭好比地基，事业好比大厦，地基牢固坚实，大厦才可以屹立不倒。

优秀的企业管理者是如何在家庭与事业之间找到平衡点的呢？

1.把事业和家庭都装在心中

能否处理好事业和家庭之间的关系，可以反映出一个人的素质水平。在工作过程中，这个问题常常弄得一些职业人士焦头烂额，似乎事业和家庭永远是一对难以协调和解决的矛盾。要顾事业，有时就顾不了家庭；要照料家庭，有时又顾不了事业。于是，一些职业人士不由自主地走入了误区：既然如此，那就以事业为重吧，家庭只好搁在一边。

然而，事实通常会令人尴尬，家庭危机、婚姻危机，有时把他们压得喘不过气来，根本无法集中精力"一心扑在事业上"，最终只有一败涂地。

其实，虽然事业和家庭确实存在矛盾，但并不是绝对对立的，只要你肯重视这对矛盾，事业和家庭是完全可以兼顾的。作为一名职业人士，必须正视这一问题，把事业和家庭都装在心中，既有利于家庭，也有利于事业，做到这一点，才是一个成功的人士。

2.有事须向家里人"请假"

工作中总会发生一些突如其来的状况，或者一些无法避免的应酬，如果因此影响了你回家的时间，千万可别忘了事先要跟爱人打好招呼。如果是几天以前就定好的，当天也不要忘了再跟爱人强调一下。如果事出紧急，一旦确定晚上不能早回家，更要尽快跟爱人说明。这样做不是怕他，也不是迁就，而是表明你很尊重他，很尊重你们在一起的时间。既然两人不能"腻"在一起共度良宵，那事先通报总应该吧！假如事情的发展不在你的预期之中，你无法按原定时间回家，最好也要跟爱人说明一下，免得他等到半夜。

3.尽量别把工作带回家

当锁上了办公室的大门时，也请把工作上的烦恼都锁在里面，别把它们带回家，否则你从中将得不到任何好处。当你把钥匙插到家门上时，记住这句话："在这里不允许有工作上的担心或焦虑，也不允许有工作的思考或讨论。"回到家后享受你今晚的家庭生活。不要在晚上浪费你宝贵的精力，不要过于疲惫，不要老在晚上反思一天的工作或为过去悲哀，更不要想自己能否把这个或者那个做得更好。当你这样做的时候，你只是在浪费你更多的宝贵精力和时间而已，那有什么用呢？

4.适时表达你的爱

在中国人的印象中，好像"爱"是谈恋爱时说的，结了婚就没那么多闲工夫浪漫了。其实，"我爱你"是一句"垫底"的话，通俗点说就是婚姻的基础，没什么大不了的，只要习惯就好了。学会每天跟爱人说"我爱你"，就等于加固你们的婚姻，在婚姻外面罩一层防护网，特别是当你每天不得不在外面接触很多异性的时候，"我爱你"更是一句无坚不摧的誓言。所以，不要感到不好意思，有空就对你的爱人说"I Love you"，这样会使你们的感情升温，不受繁忙的事业影响。

5.把应酬结束在家门外

哪种人最让人讨厌？喝得酒气熏天、神志不清的人肯定是其中一种。因此，不管是职业男性还是职业女性，在外应酬时，就是跟客户谈得再开心、再投机，哪怕对方许给你明年几百万的订单，也别喝得太多。即使你的酒量足以保证自己再多喝点也不会上错车，那也要学会适可而止。你大口吃菜，大口喝酒，在客户眼里是一种豪爽的气魄，在爱人眼里就成了一个好酒贪杯的酒鬼。所以，不管你的爱人如何喜欢你在外面的雷厉风行，在应酬这件事上，你最好还是小心翼翼一点儿好。

◇ 要工作也要兼顾家庭 ◇

"男主外女主内"似乎已经过时了，职场不再只是男人的天下，女性也开始在职场中绽放光彩。那么，职业男女应该如何在工作之余照顾家庭呢？

这是你爱吃的！

1.职业女性，把你的丈夫放首位

在意识上、在心灵深处始终给予丈夫一个无人替代的地位。应该在干事业的同时，不要忽略丈夫的存在。

2.职业男性，用家务"补偿"你的爱

如果你一年中的时间大部分都花在家庭以外，所有的家务都推给了爱人，那当待在家里的时候，你要体恤她的辛劳，在家时要表现表现。

家庭和事业并不矛盾，有时照顾家庭也不一定需要花费很多时间，只要有心，在细节处顾及对方，对方一定会感受到暖意。

远离工作焦虑感

莫名的烦恼，无端的焦躁、忧郁；白天坐立不安，心烦意乱，到了晚上还会失眠多梦……你是否有其中的某些症状？这其实是大部分人都存在着的焦虑现象。

一般来说，职场焦虑分别来自于工作、人际、家庭以及自身职业发展等四个方面，是一种情感的表现。据专家统计分析，对自身职业发展产生疑虑的职场人占到职场焦虑人群的73%。可见，自身职业发展的不确定性，是职场人士产生焦虑的主要因素之一。心理专家分析说，适当的焦虑可以催人奋进，但过于苛求则会使职场人士的身心健康受到影响。所以，我们在生活中要保持积极向上的心态。

焦虑是危害身心健康的万恶之源。首先它可能诱发神经系统症状，包括恐惧症、强迫症甚至癔症等。而对年轻人来说，长期的过度焦虑危害更大。虽然二十多岁的人人格已初步成型，但还具有很大的不稳定性，在遭受重大挫折或某段时间的过度疲劳后，可能会因此导致人格扭曲，出现理性、智慧水平下降，工作、思考能力下滑等现象。在人格改变后要进行调整、治疗，是相当困难的。

因此，为了更好地帮助人们远离这种不健康的心理现象，现在给职场人士推荐几种高效能人士远离焦虑的途径：

1.认识自己，接受自己

自我认识的肤浅是心理异常形成的主要因素之一。作为自然界的一个生物体，必须要遵循不可抗拒的自然规律，每个人都要经历童年、青年、中年、老年几个时期，有些人却不能接受自我衰退现象，并由此导致情绪低沉，进而束缚自己，贬低自己，产生焦虑情绪。自信自强者对自己有适当的估计，总是充满信心，对他人也深怀尊重。他们认为，在认识自己的前提下，没有什么是不可以战胜的，这能让一个人发挥最大潜力，欣然接受自己，于是避免了心理冲突和情绪焦虑。

2.寻觅成就感

有人说，成就感是化解焦虑的良方。当一个人有成就感的时候，他的内心也会充实。如何让自己有成就感呢？不断地提高自我可以说是一个不错的方法。与其每天承受焦虑的困扰，不如静下心来制订一份自我提升计划，可以为自己制订充电计划，如果能将充电成果运用在你的工作中，这种成就感自然而然就找到了。

3.保持平常心

工作中领导的眼神是否都会让你浮想联翩？其实没必要这样，无论什么时候，都要保持一颗平常心，凡事只要尽力就好，以平和的心态面对生活和工作。同时，在我们的事业之外，健康、家庭、亲人等同样需要关注。这样，保持一颗平常的心，才不至于面对激烈的竞争时产生心理失衡。

4.安排好时间

如果年终前你感到自己需要做的事情非常多，很多事情又没有头绪，紧张焦虑的情绪自然就会产生。所以，不妨找个安静的地方，整理一下自己的时间。可以罗列出自己所要做的事情，根据轻重缓急进行安排，按部就班去做，这样就会发现你的职场会平静许多。

5.向别人倾诉

当意识到自己的情绪不太好时，不妨找到自己的好友、同事，大家敞开心扉聊聊天，把压力和苦闷倾诉一下，你会发现自己的内心轻松了许多，这样，职场焦虑症自然也就消失了。

6.用知识"充电"

如果你热爱自己的工作，随时都可以在身边发现值得学习的东西，而且是最有用的、最适合你选择的充电内容。通过基础与后续努力相结合，必定会适应不断变化的环境，达到充电的良性循环。

◇ 摆脱焦虑情绪的方法 ◇

焦虑的人会常常担心还没有到来的一些事情，陷入焦虑情绪不能自拔，那么如何才能让焦虑症患者轻松摆脱焦虑情绪呢？

培养一项业余兴趣

培养广泛的兴趣和爱好，适时让自己放松身心，远离焦虑。

多沟通

现代人的情感和生活复杂多变，很容易产生焦虑的情绪，应该及时沟通，说出自己的感受，可以有效避免焦虑情绪。